हंसा करो पुरातन बात

काशीनाथ सिंह से संवाद

हंसा करो पुरातन बात

काशीनाथ सिंह से संवाद

काशीनाथ सिंह

संकलन-सम्पादन

शशि कुमार सिंह

राजकमल प्रकाशन

ISBN : 978-81-19028-65-8

मूल्य : ₹895

पहला संस्करण : 2023

प्रकाशक : राजकमल प्रकाशन प्रा.लि.
1-बी, नेताजी सुभाष मार्ग, दरियागंज
नई दिल्ली-110 002
शाखाएँ : अशोक राजपथ, साइंस कॉलेज के सामने, पटना-800 006
पहली मंजिल, दरबारी बिल्डिंग, महात्मा गांधी मार्ग, प्रयागराज-211 001
वेबसाइट : www.rajkamalprakashan.com
ई-मेल : info@rajkamalprakashan.com

मुद्रक : बी.के. ऑफसेट
नवीन शाहदरा, दिल्ली-110 032

HANSA KARO PURATAN BAAT
Interview by Kashinath Singh
Compiled and edited by Shashi Kumar Singh

बी-61, ब्रिज इन्क्लेव कॉलोनी, सुन्दरपुर,
वाराणसी, 221 005
9452826562
02-10-2022

प्रिय शशि,

मेरी आँखों के सामने है तुम्हारे द्वारा संकलित एवं सम्पादित पांडुलिपि—'हंसा करो पुरातन बात'। मुद्रण-प्रकाशन के लिए तैयार।

यह तो हद है यार, अभी-अभी तो कहकर गए थे—'मेरी नजर आप पर है। किसी और के लिए आपको नहीं छोड़ेंगे।' और तीन-चार महीने भी नहीं बीते कि यह 'हंसा करो पुरातन बात'। यह तो पता था कि किसी कॉलेज में सहायक प्रोफेसर हो, प्रबुद्ध युवा लेखक हो, 'वर्तमान साहित्य' के उपसम्पादक हो। यह भी जानता था कि पोर्ट ब्लेयर, अंडमान में रहते हुए भी समकालीन साहित्यिक गतिविधियों के सम्पर्क में हो, लेकिन यह नहीं जानता था कि वहाँ रहते हुए इतनी जल्दी सामग्री भी जुटा लोगे, रात-रात भर जगकर टाइप भी कर लोगे और सारा कुछ सेट भी कर लोगे। कमाल के आदमी हो, भई।

बहरहाल, 'हंसा करो पुरातन बात' में दो बातें मुझे अच्छी लगीं—एक तो यह कि इसमें शामिल साक्षात्कार मेरे दोनों संग्रहों में नहीं हैं। ये बिखरे-बिसरे रह गए थे जिन पर तुम्हारी नजर गई। दूसरी यह कि तुमने 'सोशल मीडिया' की बातचीत का सही इस्तेमाल किया है। वे कम काम के नहीं हैं।...बाकी बातें पाठक जानें।

अब बताओ, क्या कहूँ तुम्हें? कहूँ विस्मयादिबोधक अव्यय अर्थात जो कभी व्यय न हो, ऐसा विस्मय?

तुम्हारा

—काशीनाथ

क्रम

भूमिका 11

साक्षात्कार

महावीर अग्रवाल
प्रतिबद्धता चौराहा नहीं वरन् एक राजमार्ग है 19

अशोक वाजपेयी
संस्मरणों से मैं दुश्मनी नहीं साधता 24

सतीश द्विवेदी
एक मॉडल टूटा है, मार्क्सवाद असफल नहीं हुआ है 28

यशी
सारा जीवन, जीवन को पाने में रहते हैं 53

संजय राय
बनारस को चाहिए एक अदद त्रिलोचन 56

संजय श्रीवास्तव
कहानियों की संवादहीनता को संस्मरणों ने तोड़ा 63

श्याम सुन्दर निगम
सम्पादकों की रुचि-अरुचि का ध्यान तो रचनाकारों को रखना ही पड़ता है 70

प्रतिभा कटियार
लेखक बिकाऊ माल न बनें 82

अजित राय
प्रेमचन्द की जमीन अब उपजाऊ नहीं रही 85

महावीर अग्रवाल
संस्कृति-साहित्य और सिनेमा का संगम 88

शिशिर सन्तोष
अपने को तोप न समझें लेखक 92

आभा बोधिसत्व
काशी को कबीर का संस्कार मिला है 94

सर्वमित्रा सुरजन
साहित्य से समाज नहीं बदल सकता 97

राकेश शुक्ला
रास्ते की चीज है पुरस्कार 102

मनीषा पांडेय
पाठक की तलाश 106

संजय श्रीवास्तव
उन जैसा मनुष्य मिलना दुर्लभ है 107

अभिषेक श्रीवास्तव
2014 का संसदीय चुनाव और काशी 112

वेंकटेश कुमार
साहित्यकार के स्वाभिमान के प्रतीक थे धूमिल 116

बीरेन्द्र सिंह
भाषा तो प्रयोजन के अनुसार ही विकसित होती है 128

विश्वदीपक
मोदी के आने के बाद थोपी जा रही हड़बड़ी का नतीजा हैं ऐसी दुर्घटनाएँ 133

नाज खान
महिलाओं के बारे में लिखने से डरता हूँ 136

गोपाल मिश्र
फिल्म 'मोहल्ला अस्सी' में राम मन्दिर आन्दोलन के दृश्य उपन्यास से अलग हैं 140

अजय ब्रह्मात्मज
पूरी तटस्थता के साथ बनी है 'मोहल्ला अस्सी' 144

रमाकान्त श्रीवास्तव
आपाधापी के बीच 149

मुहम्मद हारून रशीद खान
बहुलता ही भारत की पहचान है 167

सर्वेश मिश्र
ग्लोबलाइजेशन एक आँधी की तरह है 174

शिव प्रकाश यादव
कितना धार्मिक, कितना लोकतांत्रिक है बनारस 180

आलोक पराड़कर
बनारस में नहीं रहा बनारस 191

वासुदेव उबेराय
विश्वसनीय हैं पुस्तकें और पत्रिकाएँ ही 193

प्रीति पांडेय
साहित्य संघर्ष का हथियार है 203

शैलेन्द्र कुमार सिंह
मेरे प्रिय लेखक फणीश्वरनाथ 'रेणु' हैं 210

विजय राणा
बनारस विमर्श 212

विष्णु नारायण
बनारस अपनी पहचान खोता जा रहा 215

चन्द्राली मुखर्जी
सोचा था बुढ़ापा आएगा तो प्रेम पर लिखूँगा 225

पाणिनि आनन्द
बनारसी रंग दहशत के रंग से गहरा 236

हिमांशु शर्मा
कोई लौटा दे मुझे पहले वाली काशी 238

अटल तिवारी
गालियाँ रहेंगी, भले 'ए' सर्टिफिकेट मिले 241

शशिभूषण
साहित्य रचना के लिए जरूरी है संवेदना 243

अमितांशु पाठक
यह सम्मान तो काशी का है 245

दीपक सेन
काश पुरस्कार 'अस्सी' को मिलता 247

सुरेन्द्र कुमार अधाना
पाठकों का लेखक हूँ, पुरस्कारों का नहीं 249

दीपक सेन
शरीफ इनसान कभी कायदे का लेखक नहीं हो सकता है 252

Puja Bhattacharjee
In Conversation with Author Kashinath Singh 254

राजेश जोशी
अगर राष्ट्रप्रेम यही है तो ईश्वर ही इस देश का मालिक है 256

Dipti Nagpaul
Tea, Time and Kashi 259

प्रश्नोत्तर

वागर्थ
कहानी जीवन से बनती है 265

अमर उजाला
प्रेमचन्द की जमीन अब उपजाऊ नहीं रही 267

पत्रकार सदन
तीसरी दुनिया का साहित्य अधिक प्रासंगिक 270

अनामीशरण ब्लॉग
प्रेमचन्द से उलट चल रहे हैं आजकल के साहित्यकार 276

दैनिक जागरण
सन्तान पैदा होने जैसी खुशी 279

दैनिक जागरण
पुरस्कार से बढ़ती है रचनाकार की कद्र 281

अमर उजाला
मोदी जीते तो काशी हार जाएगी 283

पत्रिका
खतरे में है अभिव्यक्ति की आजादी 285

नवोदय टाइम्स
न पाठक कम हुए हैं, न हिन्दी का महत्त्व घटा है 287

एपीएन न्यूज
समस्या की वजह संवादहीनता 289

राष्ट्रीय सहारा
खुशी इतनी जैसे बुढ़ापे में सन्तान पैदा हो 291

आई नेक्स्ट
मीना का आशिक है 'रग्घू' का रचनाकार 292

वीर अर्जुन
भद्र आदमी कायदे का लेखक नहीं हो सकता 294

भूमिका

काशीनाथ सिंह वरिष्ठ-प्रतिष्ठित-लोकप्रिय कथाकार, संस्मरणकार एवं संस्कृतिकर्मी हैं। उनका विश्वास है, "महज लिखने के लिए मत लिखो। फालतू, बेमतलब और भर्ती का तो कतई नहीं।" 1984 तक उन्होंने कहानियाँ लिखीं। फिर लम्बा अन्तराल। नामवर सिंह की षष्ठिपूर्ति पर 'पहल' विशेषांक (1988) उनके लेखन का एक बड़ा 'टर्निंग प्वाइंट' साबित हुआ। 'पहल' विशेषांक में ज्ञानरंजन के कहने पर काशीनाथ जी ने नामवर सिंह पर केन्द्रित संस्मरण 'गरबीली गरीबी वह' लिखा। इस संस्मरण ने उन्हें खूब ख्याति दिलाई। फिर क्या था! चल पड़े काशीनाथ जी रचना की नई यात्रा पर। पर यह यात्रा भी अपनी ही शर्तों पर। शर्त मात्र इतनी कि वहाँ लेखक भी व्यक्त हो, जो कहानी में नहीं हो पा रहा था। 'हंस' में धारावाहिक प्रकाशित इन संस्मरणों और बाद में कथा-रिपोर्ताजों ने 'हंस' की बिक्री पर व्यापक असर डाला। 'काशी का अस्सी' ने उन्हें गजब की मकबूलियत दी। इस उपन्यास पर 'मोहल्ला अस्सी' नाम से फिल्म भी बनी। लगभग आधी सदी रचनारत रहने के बाद साहित्य अकादेमी ने काशीनाथ जी को 2011 में 'रेहन पर रग्घू' के लिए सम्मानित किया। 'रचना की नई जमीन तोड़ना' अन्य लेखकों के यहाँ भले ही मुहावरे में चलता हो, पर काशीनाथ जी के यहाँ कथ्य, विधा, भाषायी वैविध्य, साहस एवं शिल्पगत प्रयोग में इसे साक्षात् देखा जा सकता है यानी काशीनाथ जी एक विशिष्ट रचनाकार हैं। उनकी पहचान मूलतः उनके रचना-कर्म से है। इस तरह की किताबों से उनके कद एवं प्रतिष्ठा पर रंचमात्र भी असर नहीं पड़नेवाला।

'हंसा करो पुरातन बात' उनके रचना-कर्म और व्यक्तित्व को समझने में मददगार होगी। इस किताब में 1989 से 2022 तक के साक्षात्कार हैं। इन्हें प्रकाशन-क्रम से रखा गया है ताकि पाठक उनकी रचनात्मक और वैचारिक यात्रा को प्रामाणिकता के साथ समझ सकें।

काशीनाथ जी लेखक बाद में, संस्कृतिकर्मी पहले हैं। वे लेखक संगठनों के संयुक्त मोर्चे की भी पहल करते हैं। नक्सलवाद से प्रभावित होकर उन्होंने 'सुधीर घोषाल' जैसी कहानी लिखी। बाद में जब वे दुर्गापुर स्टील फैक्टरी में इमरजेंसी के दिनों में माले के विभिन्न ग्रुपों की 'को-ऑर्डिनेशन कमिटी' के गुप्त सम्मेलन में शामिल होते हैं और वहाँ कम्युनिस्ट विचारधारा का व्यावहारिक रूप देखते हैं तो उनका मोहभंग होता है। इसी अवस्था में 'लाल किले के बाज' आदि कहानियाँ लिखते हैं। वे प्रतिबद्ध रचनाकार हैं। महावीर अग्रवाल से बातचीत में वे कहते हैं, "प्रतिबद्धता वह ठोस जमीन है जिस पर एक लेखक मूँछों पर ताव देते हुए किसी गलत आदमी और गलत विचार को ललकार सकता है।" विष्णु नारायण से बातचीत में वे कहते हैं, "विचारधारा का मतलब साहित्य में भी यही है और जीवन में भी यही है कि सही-गलत की पहचान आप कर लेते हैं। अच्छे-बुरे का ज्ञान होता है।" काशीनाथ जी ने यह समझ मार्क्सवाद की किताबों से नहीं वरन् साहित्य और जीवन से अर्जित की है। यह दर्शन उन्हें दो टूक बोलने का साहस देता है। बेबाक बनाता है। इसलिए दक्षिणपंथी रुझान वाली पत्रिका 'सोच विचार' को दिए साक्षात्कार में भी वे अपनी नजर सड़क किनारे निरन्तर उजड़ रहे सफाईकर्मियों के घरों पर रखते हैं। वे कहते हैं, "देश के सबसे बड़े पद पर आसीन नेता मँडुआडीह से अस्सी आते हैं। स्वच्छता आन्दोलन की शुरुआत करते हैं। उसके सबसे ज्यादा भुक्तभोगी नगर को स्वच्छ रखनेवाले ही होते हैं। हमारे सुन्दरपुर चौराहे के आगे नरिया मोड़ पर झुग्गी-झोंपड़ियाँ थीं, जिनमें मेहतर रहते थे। टाट-बोरे, कच्ची टूटी-फूटी ईंटों के घर और चूल्हे, सबसे पहले उन पर बुलडोजर चलता है।" सत्ता से टकराने और दृष्टि सर्वहारा पर केन्द्रित रखने का यह साहस काशीनाथ जी के साहित्य में ही नहीं बल्कि व्यक्तित्व में भी है। 'काशी का अस्सी' के एपिसोड्स के लेखन, प्रकाशन एवं प्रतिक्रिया से भी इस बात की तस्दीक होती है। काशीनाथ जी हजारीप्रसाद द्विवेदी के शिष्य रहे हैं। 'गुरु से भी नहीं, वेद से भी नहीं डरने' का गुरुमंत्र उन्हें मिला है। यही बात उन्हें कबीर की परम्परा का वाहक बनाती है। वही दो टूक बोलना, वही फक्कड़पन, वही जिन्दादिली, वही मस्ती और वही चुनौतियों का स्वीकार।

यह संयोग ही कहा जाएगा कि इस किताब में शायद ही कोई साक्षात्कार हो, जिसमें साक्षात्कारकर्ता उनके बचपन आदि के बारे

में पूछ रहा हो। यद्यपि 1953 से लगातार बनारस में रहने के बाद भी काशीनाथ जी को उनका गाँव और बचपन लगातार 'हांट' करता है। यशी के सवाल कि 'आपके एकान्त में कौन होता है' के जवाब में अन्य बातों के साथ वे कहते हैं, "बचपन का गाँव और तब की बचकानी हरकतें होती हैं।" वे किस्सागोई के लिए माँ को याद करते हैं। गाँव की चौपाल को याद करते हैं। कोल्हुआड़ को याद करते हैं। गाँव के दलितों-पिछड़ों को याद करते हैं और यहाँ भी अत्यन्त साहस के साथ कहते हैं कि सवर्णों की अपनी कोई संस्कृति नहीं है।

इस किताब में काशीनाथ जी से जुड़े वे हर सवाल मौजूद हैं, जिनमें एक पाठक की रुचि/जिज्ञासा हो सकती है। नामवर सिंह का भाई होने के क्या नुकसान हुए, पूछे जाने पर वे अमृतराय की तरह प्रेमचन्द को अपनी पहचान और विकास में रोड़ा नहीं घोषित करते हैं। अलबत्ता कहते हैं कि नामवर जी मेरे कथागुरु हैं। उनसे कहानी लेखन की तमीज सीखी है। अपने निन्दकों को काशीनाथ जी ने सदा लेखन से जवाब दिया। 'सुख', 'अपना रास्ता लो बाबा', 'लाल किले के बाज', 'कविता की नई तारीख', 'कहानी सरायमोहन की', 'बाँस', 'काशी का अस्सी', 'याद हो कि न याद हो', 'आछे दिन पाछे गए' जैसी रचनाएँ उनकी पीढ़ी में कितने लोगों के पास हैं! वे सदैव खुद को अपडेट करते रहे और समयानुकूल रचना की जमीन बदलते रहे। इसलिए हर युग की आहट पहचानी। वे केवल साठोत्तरी होकर नहीं रहे वरन् ग्लोबलाइजेशन, बाजारीकरण, उदारीकरण और साम्प्रदायिकता की पहचान की। यह सही है कि काशीनाथ जी ने महिलाओं के बारे में कम लिखा है। नाज खान के सवाल पर वे कहते हैं, "दरअसल इनके बारे में लिखने से मैं डरता हूँ, क्योंकि मैं पूरी तरह इनको समझ नहीं पाता हूँ और जो चीज मेरी समझ में नहीं आती, उसे मैं कम लिखता हूँ।"

सतीश द्विवेदी एक रोचक सवाल पूछते हैं, "आप अपने जीवन का सबसे महत्त्वपूर्ण क्षण या उपलब्धि किसे मानते हैं?" काशीनाथ जी जवाब देते हैं, "अभी तो मैं इन्तजार कर रहा हूँ उस क्षण का। अभी तक तो नहीं आया है।" सचमुच अभी वह क्षण आनेवाला था। वे क्षण आने में एक दशक लग गए। ये चार क्षण हैं जो एक लेखक के लिए महत्त्वपूर्ण हो सकते हैं और जिन्हें उपलब्धि कहा जा सकता है—

1. 'काशी का अस्सी' का प्रकाशन, 2. 'काशीनामा' के मंचन, 3. साहित्य अकादेमी पुरस्कार और 4. 'काशी का अस्सी' पर 'मोहल्ला अस्सी' फिल्म का निर्माण। यह नि:संकोच कहा जा सकता है कि इन चार क्षणों-घटनाओं ने काशीनाथ जी का क्षेत्र-विस्तार किया। उन्हें हिन्दीतर क्षेत्रों और विषयों में भी लोकप्रिय बनाया।

इन साक्षात्कारों में 'सदी का सबसे बड़ा आदमी' कहानी के प्रति उनका मोह दृष्टिगोचर होता है। 'काशी का अस्सी' को वे अपना सर्वश्रेष्ठ उपन्यास तथा 'अपना मोर्चा' को भूमिका मात्र मानते हैं। सामासिक संस्कृति की पक्षधरता और मनुष्यता में विश्वास भी प्रकट होता है। कहानी लेखन में बदलाव, कहानी से संस्मरण की ओर शिफ्ट होने के कारण देश-विदेश-छात्र राजनीति एवं वर्तमान लेखन पर उनके विचार इन साक्षात्कारों में अभिव्यक्त हैं।

काशी हिन्दू विश्वविद्यालय के हिन्दी विभाग के पूर्व प्रोफेसर गुरुवर कुमार पंकज इस पुस्तक के प्रस्थान-बिन्दु हैं। 2019 में जब वे सेवानिवृत्त होकर लखनऊ बसने के लिए गए तो एक दिन फोन कर कहा कि मेरे पास काशीनाथ जी के कई साक्षात्कार और उन पर केन्द्रित आठवें दशक तक के लेख हैं। स्टडी रूम सेट करते हुए उन्हें अलग फाइल में रखता जा रहा हूँ। आप इनका इस्तेमाल करें तो आज ही कोरियर कर दूँ। फोन पर ही मैंने सूची बना ली। काशीनाथ जी को सूचित किया तो वे चकित हुए। काशीनाथ जी ने कहा कि मेरे साक्षात्कारों की एक पुस्तक आनेवाली है। इन्तजार कर लो। उसमें जो न हो, उनका इस्तेमाल कर लेना। पुस्तक का इन्तजार किया। पुस्तक आई और कई साक्षात्कार बाहर करने पड़े। 2022 की जुलाई में लखनऊ जाकर सामग्री ले आया। काशीनाथ जी को पूरी सामग्री दिखाई। काशीनाथ जी ने भी कुछ साक्षात्कार तथा लेख दिए। कुछ व्यक्तिगत कोशिशों से हासिल किया। अधिकांश पन्ने काफी जर्जर थे। इसलिए टाइपिस्ट से दूर रखा। खुद टाइप किया और खुद ही प्रूफरीडिंग। यथासम्भव अशुद्धियाँ दूर की हैं। 'हंसा करो पुरातन बात' इन्हीं साक्षात्कारों का संग्रह है।

पुस्तक के शीर्षक के लिए कबीर की शरण ली। अली सरदार जाफरी की 'कबीर बानी' में एक काम का पद मिला। 'हंसा करो पुरातन बात' वहीं से लिया। पद की आरम्भिक पंक्तियाँ कितनी मौजूँ हैं—

हंसा करो पुरातन बात।
कौन देस से आया हंसा, उतरना कौन घाट।
कहाँ हंसा बिसराम किया है, कहाँ लगाये आस॥

[पद 12]

(ऐ हंस, अपनी पुरानी कहानी सुनाओ। तुम किस देश से आए हो, ऐ हंस, और किस घाट उतरोगे? तुम कहाँ आराम करोगे, ऐ हंस, और तुम्हें किसकी खोज है?)

काशीनाथ जी ने इस पुस्तक में अपनी पुरानी कहानी सुनाई है। साथ ही, नई भी। उनका देश आज भी जीयनपुर है और घाट अस्सी। आराम करना सीखा ही नहीं। निरन्तर एक रचनाकार के रूप में तथा संयुक्त परिवार की जिम्मेदारियों का निर्वहन करते हुए, दोनों में तालमेल बिठाकर चलते रहे और अभी भी चल रहे हैं। स्वास्थ्य से लाचार इस हंसा को आज भी नये विषयों और नये पाठकों की तलाश है। यह शीर्षक काशीनाथ जी को भी बेहद पसन्द आया। क्यों न आता? खुद काशीनाथ जी अपनी रचनाओं के शीर्षक के लिए कबीर की शरण गहते हैं। 'कौन ठगवा नगरिया लूटल हो', 'रहना नहिं देस बिराना है', 'पाँड़े कौन कुमति तोहे लागी' तथा 'देख तमाशा लकड़ी का' आदि ऐसे ही कुछ शीर्षक हैं।

इस किताब में ऐसे साक्षात्कार हैं जो काशीनाथ जी की पूर्व प्रकाशित दोनों पुस्तकों, 'गपोड़ी से गपशप' और 'बातें हैं बातों का क्या' में नहीं हैं। वार्ता का प्रवाह बाधित न हो, इसलिए वाचिक असावधानियाँ एवं पुनरावृत्तियाँ भी अधिकांश जगहों पर जस की तस हैं। संजय श्रीवास्तव द्वारा लिये गए साक्षात्कार की अन्त:कथा यह है कि इसका संक्षिप्त रूप 'अमर उजाला' ने छाप दिया था। संजय श्रीवास्तव द्वारा लिया गया साक्षात्कार अविकल प्रस्तुत है। इसमें जगह-जगह काशीनाथ जी ने संशोधन भी किए हैं। पत्रकार अशोक वाजपेयी (खंडवा) द्वारा लिया गया साक्षात्कार किस अखबार में है, यह पता नहीं लग पाया।

सतीश द्विवेदी ने शोध कार्य के दौरान काशीनाथ जी से लम्बी बातचीत की है। यह सोवियत संघ के विघटन और कहानी से संस्मरण में शिफ्ट होने के दौर का साक्षात्कार है। 'इंडिया टुडे' की 'साहित्य वार्षिकी' (2022) में प्रकाशित साक्षात्कार में काशीनाथ जी ने कुछ बातें जोड़कर विषय को और भी स्पष्ट कर दिया है।

इस पुस्तक के नायक काशीनाथ सिंह का आभार प्रकट करने के लिए मेरे पास शब्द नहीं हैं। बस, इतना कि 'तेरा तुझको अर्पण'! गुरुवर कुमार पंकज का आभार, जिन्होंने सदैव काशीनाथ जी के वास्तविक महत्त्व से रू-ब-रू कराया। काशीनाथ जी की सहधर्मिणी कुसुम सिंह का आभार। भारत भारद्वाज, वाचस्पति, महावीर अग्रवाल, सेवाराम त्रिपाठी, 'वर्तमान साहित्य' के सम्पादक संजय श्रीवास्तव, प्रो. सिद्धार्थ सिंह, पल्लव, श्याम बिहारी श्यामल, राकेश कौशिक, प्रमोद पांडेय, शैलेन्द्र कुमार सिंह, गंगाशरण सिंह, अलका प्रकाश, सुजीत कुमार सिंह, विकास सिंह, अभिषेक ओझा, सुनील, किसलय सिंह, वी.आर. विपिन एवं संजीब मंडल का सहयोग के लिए आभार। सभी साक्षात्कारकर्ताओं, पत्र-पत्रिकाओं, ब्लॉगों एवं यूट्यूब चैनलों का आभार, जिनकी मेहनत इस पुस्तक में मूर्त हुई है।

और अन्त में राजकमल प्रकाशन समूह के प्रबन्ध निदेशक श्री अशोक महेश्वरी जी के प्रति विशेष आभार, जिन्होंने पुस्तक के प्रकाशन की इच्छा व्यक्त की।

—शशि कुमार सिंह

साक्षात्कार

महावीर अग्रवाल ➡
⬅ काशीनाथ सिंह

प्रतिबद्धता चौराहा नहीं वरन् एक राजमार्ग है

अब तक छपी कहानियों में कौन-सी कहानी आपको अधिक प्रिय है और क्यों?

'कविता की नई तारीख', 'कहानी सरायमोहन की' और 'सदी का सबसे बड़ा आदमी' ये तीन कहानियाँ हैं और इन तीनों की पसन्द के कारण भी अलग-अलग हैं। पहली कहानी मेरी है, दूसरी मेरे गाँव-घर की और तीसरी मेरे गोत्र की—सामन्तवाद की विकृति की। 'कविता की नई तारीख' मुझे इसलिए पसन्द है कि मैंने ऐसी कहानियाँ बहुत कम लिखी हैं, जिसमें मैं या मेरा परिवार या मेरा निजी अनुभव दिखलाई पड़े। यह कहानी ऐसी है, जिसमें मैं अपनी पूरी तबीयत से मौजूद हूँ। 'सदी का सबसे बड़ा आदमी' में बनारस है। उस मिट्टी की गन्ध है, जहाँ मैं जन्मा हूँ। यह कहानी लोकरस में डूबी एक फैंटेसी है। जो लोग आजकल 'जादुई यथार्थ' की चर्चा करते हैं, शायद वे इस कहानी में नजर आएँ।

अच्छा यह बताइए कि आपकी पहली कहानी कब और किस पत्रिका में छपी?

'जोतसी ने कहा था' पहली लिखी कहानी थी। 1960-61 में हैदराबाद से प्रकाशित 'कल्पना' के किसी अंक में यह छपी थी। यह ठीक से याद नहीं कि श्रीकान्त वर्मा ने 'कृति' में 'संकट' नाम से जो कहानी छापी, वह पहले प्रकाशित हुई या 'जोतसी ने कहा था'। मेरे किसी संग्रह में यह कहानी नहीं है।

आप कहानियाँ क्यों लिखते हैं?

खुद को और दुनिया को जानने के लिए। जिस समाज में रहता हूँ, उसे समझने के लिए और इस बहाने चल रही जिन्दगी और व्यवस्था में हस्तक्षेप के लिए। जब तक चीजें बर्दाश्त होती हैं, चुप रहता हूँ। जब बर्दाश्त से बाहर होती हैं तो कहानी की भाषा में बोलता हूँ।

कहानियों में कथ्य और कलात्मक सन्तुलन की कोई सीमा तय होनी चाहिए या कहानी कथ्यप्रधान होनी चाहिए?

तय कौन करेगा? आलोचक कर नहीं सकता। केवल नाक-भौं सिकोड़ सकता है। और रहा कहानीकार। इतना बिलकुल साफ है कि वह कला के लिए कहानी नहीं लिखता। वह तब लिखता है जब कथ्य उसे विवश कर देता है। यह स्थिति कहानी को कभी असन्तुलित भी कर सकती है और कभी सन्तुलित भी कर सकती है। प्रेमचन्द की कई कहानियाँ इस सन्तुलन की सर्वोत्तम उदाहरण हैं, किन्तु इस वक्त दस-बारह वर्षों से कथ्य पर इतना अधिक जोर दिया गया है कि कहानी कला के रूप में सूखी लकड़ी की तरह बेजान हो चली है। इतनी सूखी कि आप उसे डंडे की तरह किसी के सर पर मार भी नहीं सकते क्योंकि आपके उठाने के पहले ही वह घुन खाई लकड़ी की तरह तिनका-तिनका होकर अलग हो जाती है। सिर्फ कलात्मकता या कहानी कहने का अन्दाज है, जो उस सूखी लकड़ी को या तो हरा और रसमय बना सकता है या ठोस और दमदार।

कहानी की भाषा के सम्बन्ध में आपके विचार?

कहानी की भाषा उत्तम होनी चाहिए। यह तो मानी हुई बात है कि कहानी की भाषा, जिन्दगी की भाषा से अलग नहीं होनी चाहिए, लेकिन यह कहनेवाले बहुत हैं, लिखनेवाले बहुत कम। आज हालत यह हो गई है कि अधिकांश कहानीकार पात्रों की जुबान तो लिखते हैं, लेकिन जिन्दगी की जुबान छोड़ चुके हैं। यह हमारे सोचने की बात है कि हिन्दी कहानी में भोजपुरी, छत्तीसगढ़ी, बुन्देलखंडी या अवधी जुबान बोलनेवाले सारे पात्र अपनी निजी चारित्रिक विशेषताएँ छोड़कर किसी एक सामान्य पात्र के ही अलग-अलग प्रतिरूप लगते हैं। मुझे नहीं मालूम कि पढ़नेवालों को वे कितना छूते हैं? मेरे साथ विडम्बना यह है कि कहानी को हमेशा जिन्दगी की भाषा देना चाहता हूँ। जब कुछ लोगों को विरोध के लिए कुछ नहीं मिलता तो वे मुझे रूपवादी कह बैठते हैं।

क्या लेखन के कारण आपको व्यक्तिगत जीवन में कभी संघर्ष का सामना करना पड़ा? कोई अविस्मरणीय घटना?

छोटी-छोटी बातों को घटना में शुमार नहीं करना चाहिए और ऐसी कई हुई हैं, होती रहती हैं, लेकिन लेखक के नाते तो नहीं सम्पादक के नाते जरूर एक मुश्किल का सामना करना पड़ा। मैं काशी विश्वविद्यालय से निकलनेवाली पत्रिका 'परिवेश' का सम्पादन कर रहा था, जिसे कुलपति ने आपातकाल के पहले ही लगभग बन्द कर दिया था। कारण यह था कि सन् 74 में मानस चतुश्शती समारोह के अवसर पर मैंने बनारस में एक गोष्ठी की थी और उसकी लम्बी रिपोर्ट 'परिवेश' में छापी

थी। वह रिपोर्ट तुलसीदास और 'मानस' की प्रासंगिकता पर अनेक प्रश्न खड़े कर रही थी। बनारस में यह एक चुनौतीभरा काम था। नगर के मानस भक्तों को किसी तरह अनशन पर बैठने से मनाया। कुलपति श्रीमाली ने एक दिन बुलाकर बताया कि कुलपतियों के किसी सम्मेलन में उत्तर प्रदेश के मुख्यमंत्री ने मुझसे पूछा कि आपके रहते हुए काशी विश्वविद्यालय में यह क्या हो रहा है? मिनिमम सजा के रूप में पत्रिका बन्द कर दी गई।

आप किन कथाकारों से अधिक प्रभावित रहे हैं?

मैं एक बात बताऊँ कि कथाकार तो बाद में प्रभावित करते हैं, पहले प्रभावित वे करते हैं जो कथा कहते हैं और कहते ही नहीं बल्कि जीते हैं। और वे भी जो कथा भले न करते हों, पर कथा जीते हैं, क्योंकि मेरे लिए चेखव, टॉल्स्टॉय, तुर्गनेव, प्रेमचन्द से वे लोग कम महत्त्वपूर्ण नहीं हैं, जिन्होंने मेरे भीतर कहानियाँ लिखने की इच्छा उत्पन्न की। अगर इन देसी-विदेशी लेखकों ने मेरे कहानीकार का संस्कार किया तो ऐसे लोगों की संख्या कहीं ज्यादा बड़ी है जिन्होंने मुझमें कहानीकार का संस्कार दिया, लेकिन इन सबको प्रभाव न कहकर 'प्रेरणा' कहना चाहिए। प्रभाव वह होता है जो पानी के ऊपर तेल की तरह तैरता दिखे। सुना या पढ़ा साहित्य सिर्फ एक रचनाकार का मानसिक संस्कार करता है। उसे चुनौतियाँ देता है, लिखने के लिए आमंत्रण देता है।

नए कहानीकारों की कुछ उल्लेखनीय कहानियों के साथ कथाकारों के नाम भी बताइए अपनी दृष्टि से।

नई कहानी के दिनों या हमारी पीढ़ी के कहानीकारों के समय कहानी की जो स्थिति थी—वह आज नहीं रह गई है। जैसे ज्ञानरंजन की 'पिता', मेरी कहानी 'सुख', दूंधनाथ सिंह की 'रक्तपात' रवीन्द्र कालिया की 'नौ साल छोटी पत्नी' —ये कहानियाँ हमारी पहचान बन गई थीं। बड़े दुख के साथ कहना पड़ता है कि आठवें और नौवें दशक में दो-तीन ही ऐसे कहानीकार हैं जो कथा पाठकों को अपनी अलग पहचान दे सकें। जैसे 'नीलकान्त का सफर' (स्वयं प्रकाश), 'टेपचू' (उदय प्रकाश), 'दिल्ली पहुँचना है' (असगर वजाहत) आदि और रमाकान्त श्रीवास्तव, अब्दुल बिस्मिल्लाह, उदय प्रकाश इनके बाद भी आ रहे हैं महेश कटारे, देवेन्द्रनाथ, राजेन्द्र दानी, लोक बाबू, मनोज रूपड़ा और कैलाश बनवासी जैसे युवक। इन युवकों की अगर एक कहानी उम्मीद बँधाती है तो बाद की तीन उस पर पानी फेर देती हैं। हालाँकि ऐसा कहानीकार और कवि के साथ होता ही रहता है, लेकिन अभी कुछ कहना जल्दबाजी होगी। यह मेरी पसन्द की सीमा हो सकती है, लेकिन शोरगुल में उभरे कई कहानीकारों के मुकाबले स्वयं प्रकाश मुकम्मल कहानीकार हैं। इसमें मैं

हाल में पढ़ी हुई सृंजय की कहानी 'कामरेड का कोट' का जिक्र कर सकता हूँ। इन नये कहानीकारों के पास अभी कहानियाँ भले न हों, लेकिन ये अपनी छिटपुट रचनाओं से हमें आश्वस्त तो कर रहे हैं।

क्या रचनाकार के लिए वैचारिक प्रतिबद्धता का होना आप जरूरी मानते हैं? यदि हाँ, तो क्यों?

वैचारिक प्रतिबद्धता को आवश्यक इसलिए मानते हैं कि नम्बर एक—यह लेखक को कलावादी या रूपवादी नहीं बनने देती। नम्बर दो—प्रतिबद्धता वह ठोस जमीन है जिस पर एक लेखक मूँछों पर ताव देते हुए किसी गलत आदमी और गलत विचार को ललकार सकता है। नम्बर तीन—प्रतिबद्धता चौराहा नहीं वरन् एक राजमार्ग है जिस पर आप पूरे समूह के साथ चल सकते हैं। प्रतिबद्धता न होना दलदल में खड़े होने के समान है। आप भी धँसें और दूसरों को भी धँसाएँ। आखिर एक लेखक के नाते किसी भी आदमी को यह तो जानना चाहिए कि वह क्यों लिख रहा है, किसके लिए लिख रहा है और क्या लिख रहा है? प्रतिबद्ध न होना अपने कर्म के प्रयोजन से ही अनजाना रह जाना है।

कहानी के साथ-साथ और किस विधा (नाटक, उपन्यास, कविता) में लिखना आपको अच्छा लगता है?

मेरी योजना के अन्तर्गत एक उपन्यास और कई नाटक हैं। कहानी और उपन्यास की तुलना में नाटक की ओर मेरा ध्यान इसलिए भी गया है कि रंगमंच घटित होती हुई स्थितियों को दर्शकों की आँखों के आगे प्रत्यक्ष करता है और इस प्रत्यक्ष दर्शन का प्रभाव पढ़ने के बोध के प्रभाव की तुलना में कहीं ज्यादा तीव्र और गहरा होता है।

रूस और फ्रांस की क्रान्ति के समान ही आज की बदलती हुई परिस्थितियों में लेखन द्वारा सामाजिक, वैचारिक और क्रान्तिकारी परिवर्तन सम्भव है?

आज की स्थितियाँ तब की स्थितियों से बहुत भिन्न हैं। अब तो ऐसा लगता है कि वैसी क्रान्ति भी आज सम्भव नहीं है। क्रान्ति होगी, लेकिन उसकी शक्ल दूसरी होगी, रूप दूसरा होगा। इसके साथ ही लिखित शब्दों की भी अपनी सीमाएँ हो गई हैं। दिनोंदिन मीडिया के रूप बदलते जा रहे हैं। इसके बावजूद मुझे अब भी यह विश्वास है कि साहित्य और लिखित साहित्य का स्थान लेने की क्षमता मीडिया के किसी भी अन्य रूप में नहीं है, वरना टीवी में दिखाई पड़नेवाले समाचारों की तुलना में अखबारों के समाचारों पर लोग ज्यादा विश्वास क्यों करते हैं? सचाई तो यह है कि दूरदर्शन तथा आकाशवाणी के समाचारों को लोग सन्देह की नजर से देखते और सुनते हैं। उन्हें लगता है कि वास्तविकता कुछ और है। उन्हें दिखाया

या सुनाया और जा रहा है। तो जैसा मैंने कहा कि क्रान्ति की शक्ल वैसी तो नहीं होगी, लेकिन जैसी भी होगी, उसमें साहित्य और साहित्यकारों की भूमिका निश्चित रूप से हरावल दस्ते की होगी। प्रमाण है, 'तमस' के प्रदर्शन की प्रतिक्रिया में क्या हुआ है? इस बात का पता इससे भी लगाया जा सकता है कि पिछले कुछ वर्षों से पत्रकारों और रंगकर्मियों के साथ-साथ पाश और सफदर हाशमी पर कैसी गुजरी है?

रचनाकार के लिए सामाजिक दायित्व का बोध बहुत जरूरी माना जाता है। साम्प्रदायिक दंगों की इस आग को बुझाने में लेखक को अपनी भूमिका किस रूप में अदा करनी चाहिए?

लगभग 65-70 तक लेखक अपनी बातें लिखित रूप में ही व्यक्त करता था और उससे सन्तुष्ट (एक सीमा तक) रहता था, लेकिन पिछले 15-20 वर्षों से अपने कुटुम्ब और साहित्यिक दायरे से बाहर आना, बल्कि उसके साथ बाहर आना और सामाजिक संघर्षों में हिस्सा लेना, जुलूस निकालना, नारे लगाना—एक लेखक के कर्तव्य का अंग बन चुका है।

साम्प्रदायिक दंगे हों या कोई और सामाजिक संकट, लेखक अपने संगठन के साथ सड़क पर आने लगा है, जैसे अरवल कांड (बिहार) के समय, सफदर हाशमी की हत्या के विरोध में हमने जुलूस निकाले हैं। साम्प्रदायिक दंगों की आशंका को देखते हुए या हिन्दू-मुस्लिम भाईचारे को कायम रखने के लिए प्रगतिशील और सचेत हिन्दू, मुस्लिम, अदीबों, संस्कृतिकर्मियों और समाजसेवियों को लेकर सौहार्द और भाईचारे का वातावरण बनाने की कोशिश की है। दोनों सम्प्रदायों के भीतर से डर निकालने के लिए जो कुछ सम्भव बन पड़ा है, करते रहे हैं। इससे इतना तो स्पष्ट ही होता है कि मैंने स्वयं लिखित शब्दों को काफी नहीं समझा। एक बात और—आज अपने लिखे को विश्वसनीय बनाने के लिए सामाजिक कार्यों में हिस्सेदारी बेहद आवश्यक हो गई है। पाठकों के मन में लेखकों का लिखना और नेताओं का मंच से भाषण देना—एक जैसा प्रभाव छोड़ने लगा है। पाठक यह भी देखना चाहता है कि आप अपने लिखने को व्यावहारिक जीवन में उतारते हैं या नहीं? वह आपका तभी विश्वास करेगा, जब उसे लगे कि आप अपनी ये बातें सिर्फ अपने गले से नहीं, हाथों और पैरों से भी बोल रहे हैं।

['अमृत सन्देश', रायपुर, 23 अप्रैल, 1989]

अशोक वाजपेयी ➡
⬅ काशीनाथ सिंह

संस्मरणों से मैं दुश्मनी नहीं साधता

कहानी विधा को छोड़कर आपने संस्मरण विधा क्यों अपनाई?

कहानी में अपनी बात कहने की गुंजाइश कम थी। कहानी का शिल्प-अनुशासन अपनी बात कहने के लिए मुक्त नहीं करता। सारी कहानियाँ लिखने के बाद 'मैं' नहीं आ पा रहा था। पात्र आते थे, वे पात्र भी न तो स्वयं के हो पाते थे न हमारे। दूसरी बात यह भी है कि मुझे बार-बार लगा कि एक कवि जो आम आदमी की बात करता है, जीवन में आदमी जैसा आम आदमी होता नहीं है। अपने संघर्षों को झेलने का उसका तरीका अपने संस्कार, निजी वस्तुगत स्थिति होती है। रचनाओं को तो हम जानते हैं, आदमी को नहीं। रचनाओं को प्यार करने का मतलब रचनाकार को प्यार करना और यह प्यार रचनाकार को पूरा जान लेने पर ही आता है। पसन्द करते हैं। जानें भी कि क्यों पसन्द करते हैं? रचनाकार स्वयं विशिष्ट रचना होता है।

आपने पहला संस्मरण कब लिखा?

ज्ञानजी 'पहल' का अंक प्रख्यात समीक्षक नामवर सिंह की षष्ठिपूर्ति पर निकाल रहे थे। वे मेरे बड़े भाई हैं, उन पर लिखने का उनका आग्रह था। अपने बड़े भाई नामवर सिंह पर पहला संस्मरण 'गरबीली गरीबी वह' लिखा।

उस पर क्या प्रतिक्रिया पाठकों की हुई?

ढेर सारे पत्र आए, जिनमें संस्मरण लेखन की अच्छी प्रतिक्रियाओं के साथ निरन्तर ऐसे ही संस्मरण लिखने का पाठकों का आग्रह था। सो, हिम्मत बँधी फिर लिखा, अपनों पर खूब लिखा।

आपके संस्मरणों में पूर्वग्रह आते हैं क्या?

आदमी चाहे जैसा हो, हम आदमी की कमजोरी को देखते हैं। कमजोरी और बुराई

घृणास्पद है। पूर्वग्रह भीतर होते हैं, आत्मकेन्द्रित हैं। अगर आप व्यक्तिवादी नहीं हैं तो पूर्वग्रह से मुक्त हो सकते हैं। अपनी समझ पाठकों पर थोपनी नहीं चाहिए। एक रचनाकार को जो वास्तविक या सचाई है, उसे ज्यों-का-त्यों रख देना चाहिए। यदि लेखक सही लगता है, विश्वसनीय है तो उसकी बात मानें। एक लम्बे अरसे से रचनाकार अपनी रचनाओं में समाधान देते रहे हैं। समाज में शोषण है, अत्याचार है, जुल्म है, बन्द होना चाहिए। यह बात कहते रहे हैं, लेकिन हमने देखा, रचनाकार समाज को बदलना तो चाहते हैं, पर समाज को उतना नहीं बदल पा रहे हैं। जो हमें पढ़ते हैं, उनकी अपनी जिन्दगी इतनी मुश्किल टेढ़ी-मेढ़ी है कि उन्हें लगता है कि हमारी बात कह रहे हैं। हमारे संघर्षों से परिचित हैं, संवेदना अछूती होने के कारण सँभालती नहीं है पाठक को। लोग अपने हिसाब से बदल रहे हैं, लेकिन समाज का हिसाब उनकी किताब से मेल नहीं खाता है।

पन्ने और परदे के बिम्ब में कौन असरकारी हो सकता है, इस विषय में आपकी क्या राय है?

एक लेखक की रचना का पात्र बिम्ब है। परदे के बिम्ब और कैमरे से बननेवाले बिम्ब में एक फर्क है। कैमरे से बना बिम्ब दर्शक को वहीं छोड़ देता है जहाँ वह अदृश्य होता है। लेखक का शब्द-बिम्ब लम्बे समय तक ठहरता है। उसकी गूँज-अनुगूँज बनकर पाठक को झनझनाती रहती है। पाठक की आँखें परदे और पन्ने पर बने दोनों बिम्बों को देखती हैं। परदे के बिम्ब की गति आँखों तक होती है, किन्तु पन्ने पर उभरनेवाले बिम्ब आँखों से दिमाग और दिल तक पहुँचा करते हैं और शाश्वत बन जाते हैं।

आपके संस्मरण अन्य संस्मरणकारों से किस अर्थ में भिन्न हैं?

संस्मरण लेखन में कई रचनाकारों ने उसकी रँगाई-पुताई कर सजाया है तो कइयों ने अपने संस्मरणों के माध्यम से करुणा उपजाई है। त्रिलोचन अपनी रचनाओं के कद से बड़े हैं। हमारे हिन्दी साहित्य में रचनाकार को समझने-समझाने की परम्परा नहीं रही है। मैंने अपने संस्मरणों में जिनको भी लिया है, इस एहसास के साथ लिया है कि वह स्वयं एक रचना है और उस समाज के छोटे-छोटे हिस्से हैं उसकी कविताएँ या रचनाएँ, वह स्वयं अपने-आपमें एक विशाल रचना है।

कहानी के पात्र और संस्मरणों के पात्रों के व्याकरण के बारे में आपके क्या विचार हैं?

कहानी के पात्रों की दिक्कत है कि वे सब एकाकी होते थे। विद्रोही अगर है तो अन्त तक विद्रोही ही रहेगा। इस तरह वे अवरुद्ध हो जाते थे। उनमें विकास मालूम

नहीं पड़ता था जबकि संस्मरण के पात्र विशिष्ट जीवन्त होते हैं। कथा के पात्र अपने समूचे अन्तर्विरोध के साथ काल्पनिक भी होते थे। संस्मरणों के सभी पात्र सजीव होते हैं और संस्मरण के विषय बनते हैं। वे मात्र संस्मरण नहीं हैं जो जाने नहीं जाते थे। एक खास पात्र हैं।

लेखन में पूर्वग्रह आते हैं क्या?

नहीं। मैं संस्मरण दुश्मनी साधने का साधन नहीं मानता हूँ। मैं शिद्दत से उन्हें महसूस कर, आत्मीयता के साथ प्याजधर्मा परतें उकेरना चाहता हूँ। कला वही है जो मालूम पड़े। संस्मरण विधा जो उपेक्षित थी, उसे पाठकों की अपेक्षा लायक बनाने की कोशिश की है मैंने। इस विधा में बड़ी सम्भावनाएँ हैं।

संस्मरण को आप अतीत और वर्तमान का पुल बनाते हैं या खाई?

संस्मरण अतीत होते हुए भी वर्तमान से जुड़ा है। झरना है वर्तमान का। जिन पहाड़ियों की खोह से निकला है, वे अतीत हैं। इसलिए संस्मरण झरने जैसा अविरल, तरोताजा होकर नयनाभिराम होता है।

आज के अधिकांश नये रचनाकार कम मेहनत में ज्यादा पाने की ललक रखते हैं। आपकी नये रचनाकारों से क्या अपेक्षा है?

वर्तमान में जो नये लोग लिख रहे हैं, स्वाध्याय कम करते हैं। कवि घाघ की एक उक्ति इस दौर में मुझे सटीक लगती है—

जोत कम हिंगावे ढेर
कसके बाधा आरी
इतनो पर जब न उपजे
तब घाघ को दे गारी।

यहाँ जोत कम का मतलब जमीन को तोड़-फोड़ कर महीन करना है। सभी किनारों (मेंड़ों) को कसकर बाँध दो, नहीं तो सब पानी बह जाएगा। बाँधने से बारिश होगी तो बहेगा नहीं। घाघ कवि कहते हैं कि इतने पर भी न उपजे तो हमें गारी देना।

एक रचनाकार के लिए जुताई का मतलब अध्ययन है। मेंड़ बाँधने का मतलब शिल्प कलात्मकता है। इससे ही अन्न (रचना) उपजती है। आज के नये रचनाकार बेहतर लिख सकते हैं यदि मेहनत से जी न चुराएँ। तब उनमें क्षमताएँ हैं, सम्भावनाएँ हैं। आज समाज की प्रवृत्ति ही बन गई है, कम मेहनत में ज्यादा फलाकांक्षा। रचनाकार की उम्र छोटी होती है। (लगातार प्रेमचन्द-प्रसाद लिखते रहे हैं)। अनुभव

की भी कमी है। न उनकी अपनी जिन्दगी है न ही दूसरों की जिन्दगी की परख है, जो अनुभव को ग्राह्य करे।

नये रचनाकारों को निराला जैसा खून सुखाकर लिखना चाहिए, तभी वे निराले होंगे, अपने पाठकीय साहित्यिक समाज में।

[21 जून, 1992]

सतीश द्विवेदी ⟶
⟵ काशीनाथ सिंह

एक मॉडल टूटा है, मार्क्सवाद असफल नहीं हुआ है

आपने जब कहानी लिखने की शुरुआत की थी, तब कैसा अनुभव करते थे और आज जबकि आप स्थापित, महत्त्वपूर्ण और विश्वसनीय रचनाकार के रूप में माने जाते हैं, तो अब कैसा अनुभव करते हैं?

ऐसा है कि जब मैंने शुरू किया था तो मेरे दिमाग में यह नहीं था कि मुझे क्या होना है आगे चलकर? लिखना बस शुरू किया था और ये सोचा नहीं था कि कभी हम एक महत्त्वपूर्ण कथाकार के रूप में उभरकर आएँगे। बहुत कुछ शौकिया था वह, लेकिन धीरे-धीरे जैसे-जैसे जिम्मेदारी का अहसास होता गया, वैसे-वैसे यह काम कठिन लगता गया और उसके बाद मैं देखने की कोशिश करता हूँ कि तीस वर्षों तक लगातार लिखने के बाद मैं कहाँ हूँ, तो अभी लगता है कि दूरियाँ अब बहुत ज्यादा हैं और मैं बहुत पीछे हूँ।

इन दूरियों को मुकम्मल रूप देने के लिए अब आपके क्या प्रयास हैं?

देखो, जब मैं दूरियों की बात करता हूँ तो मेरे सामने केवल अपनी ही भाषा का साहित्य नहीं है। मात्र हिन्दी भाषा का साहित्य नहीं है बल्कि हिन्दुस्तान में बोली जानेवाली जितनी भाषाएँ हैं, उन सबका साहित्य है, और मैं ढूँढ़ता हूँ कि उन तमाम लेखकों के बीच मैं कहाँ हूँ? और कभी तो यह लगता है कि उस ठौर की तलाश अभी मुश्किल से की जा सकती है। तो, एक तरह से कह सकते हो कि अभी मैं उस यात्रा में लगा हूँ। क्या मेरे दिमाग में है? क्या करना है, यह धीरे-धीरे मेरे सामने साफ होता जाता है, फिलहाल तो नहीं।

ठीक उसी तरह से सर, जैसे 'हरि अनन्त हरि कथा अनन्ता'। इस प्रक्रिया में डॉ. नामवर सिंह जी ने कहा है, हिन्दी कविता की अपेक्षा कहानी में स्वस्थ सामाजिक शक्ति कहीं अधिक है। आज उपन्यास की तरह कहानी सामाजिक

परिवर्तन के लिए जोरदार साहित्यिक शस्त्र का काम कर रही है। क्या आप इससे सन्तुष्ट हैं?

यह उन्होंने कब कहा था, मुझे याद नहीं है, लेकिन इसमें एक सचाई जरूर है कि कहानी, कविता की तुलना में एक ताकतवर विधा रही है। इस वक्त तो नहीं है, लेकिन हमारा खयाल है, सत्तर के बाद जो कहानियाँ लिखी जा रही थीं, उस दौरान ये बातें कही गई थीं। जब कहानी को शस्त्र के रूप में हम अख्तियार कर रहे थे, इसका इस्तेमाल भी कर रहे थे, लेकिन मुझे लगता है कि पिछले छह-सात वर्षों से कहानियाँ जरूर लिखी जा रही हैं, अच्छी तादाद में लिखी जा रही हैं, लेकिन सामाजिक बदलाव में उनकी भूमिका नगण्य-सी है यानी कविता की भी है, बल्कि कहना चाहिए कि समूचे साहित्य की है आज। तो शस्त्र के रूप में तो नहीं रह गया है, साहित्य। कहानी व कविता। यह एक भ्रम जैसा हमारे दिमाग में बना था नक्सल आन्दोलन के दौरान कि साहित्य का इस्तेमाल साहित्यकार शस्त्र के रूप में कर सकता है, लेकिन जैसे-जैसे यथार्थ जटिल होता गया और देश की स्थितियाँ भी बड़ी पेचीदा और मुश्किल होती गईं, वैसे-वैसे लगा कि साहित्य की वह भूमिका जिसे हम मानकर चले थे कि हथियार है, शस्त्र है। इससे समाज को बदला जा सकता है, बहुत कुछ किया जा सकता है, यह एक भ्रम था, जो धीरे-धीरे टूटता गया और लगता यह है कि हमारा मुख्य काम या लेखकों का मुख्य काम अपने पाठकों में या जिसे हम जनता कहते हैं, उसमें एक संस्कार पैदा करना है, सामाजिक बदलाव लाने का संस्कार। एक चेतना पैदा करनी है और हम समझते हैं कि जो हम लोग लिख रहे हैं, इसी समझ के साथ लिख रहे हैं कि हम दुनिया तो नहीं बदल सकते, देश भी नहीं बदल सकते, लेकिन देश को बदलनेवाली ताकतों के भीतर एक समझ पैदा कर सकते हैं और इसी कोशिश में हम सारे लोग लगे हैं।

गोया आपकी समूची रचना-प्रक्रिया में जैसा कि प्रारम्भिक दौर में आपने जो भोला बाबू का सुख दिखाया और उसके बाद 'सिद्दीकी की सनक', जो कि दिल्ली में विसंगतियों को उजागर किया तो यह कुल परिस्थितिजन्य विकास मेरी समझ में आता है जैसाकि आपने नक्सलवाद से प्रभावित होते हुए और उसके बाद के संस्कारों के ऊपर आपने चोट की है और 'सदी का सबसे बड़ा आदमी' में परिस्थितिगत विकास। इस तरह से परिस्थितियों के अनुरूप जो है, साहित्य में बदलाव आया है। और जिस दौर का जो हांटिंग, जो हांट करनेवाली वस्तुस्थिति थी, वह हमारे साहित्य में और आपकी रचना-प्रक्रिया के विकास में दिखाई पड़ी है, मेरा ऐसा सोचना है। क्या आप इसे सही मानते हैं?

मैंने लिखना शुरू किया 1960 से। 1960 से लेकर अब तक लगभग 30 साल हो रहे हैं, और मोड़ आए हैं हमारे लिखने में। ऐसा रहा कि जो मैं लिखता रहा हूँ,

उसी ढर्रे पर बराबर मैंने नहीं लिखा। समय यानी जो सामाजिक परिवर्तन होते रहे हैं, उसका असर पड़ा है, मैं महसूस करता हूँ और इसी परिवर्तन के चलते कहानियों के तेवर में भी फर्क आया है। जैसे मैं यों कहूँ कि 'आदमीनामा' की कहानियाँ जब मैं लिख रहा था, उस समय मेरी यह धारणा थी कि हम ऐसी कहानियाँ लिखकर कहीं-न-कहीं समाज को तोड़ रहे हैं, बदल रहे हैं, चली आ रही व्यवस्था पर सीधे प्रहार कर रहे हैं और वह व्यवस्था टूट रही है, लेकिन आपातकाल के बाद मैंने देखा कि व्यवस्था को जिस तरह से हम तोड़ना चाहते हैं, वैसे नहीं टूट रही है। व्यवस्था के टूटने के पीछे और परिवर्तन आने के पीछे जो कारण हैं, वे दूसरे हैं। वे कारण साहित्य से बाहर के हैं। इसीलिए उसके बाद जो कहानियाँ आईं, जैसे 'सदी का सबसे बड़ा आदमी' में संगृहीत कहानियाँ। उन कहानियों का स्वर आक्रामक नहीं है। तो, परिवर्तन तो आया है खुद में, अगर आप चाहें तो मेरे कहानीकार के विकास को रेखांकित कर सकते हैं, दो-तीन तरह से, लेकिन ऐसा भी नहीं है कि वह विकास अस्वाभाविक है। मेरे ही अपने रचनाकार के भीतर से उनका विकास हुआ है।

तो इसी सन्दर्भ में आप बताइए कि आप अपनी रचना-प्रक्रिया कैसे सम्पन्न करते हैं?

ये तो देखो एक टेढ़ा काम है बताना। और दूसरे कि सारी कहानियाँ एक तरह से नहीं लिखी गई हैं। अधिकांश कहानियाँ जैसे जब मैंने शुरू किया था लिखना, तो काफी मेहनत करनी पड़ती थी एक कहानी पर यानी दो महीने, तीन महीने एक कहानी लिखने में लग जाते थे। वाक्यों के प्रति सावधानी बरतनी पड़ती थी। शब्दों के प्रति बेहद सतर्कता जरूरी थी। यहाँ तक कि कितना इर्रेलेवेंट आ रहा है, इस पर बराबर नजर रहती थी कि जो अनावश्यक है, फालतू है, भरती है, उन्हें छोड़ा जाए और कभी-कभी होता यह है कि जिस कहानी को समझते हैं कि सबसे अच्छी कहानी है यानी जो कहानी हम लिख रहे हैं, बड़ी महत्त्वपूर्ण कहानी है, और जिस पर मेहनत भी करते हैं, लिख जाने के बाद हम पाते हैं कि वह कहानी यूँ ही-सी है या महत्त्वहीन है, और जिस कहानी को मानकर चलते हैं कि यह कहानी साधारण ही है, यूँ ही है, जिस पर मेहनत भी नहीं करनी पड़ती, वह कहानी सहसा महत्त्वपूर्ण कहानी के रूप में उभरकर सामने आती है। जैसे मैं दो कहानियों का उल्लेख करूँ। हमारा खयाल है कि आरम्भिक कहानियों में जो मैंने लिखी थीं, उनमें सबसे कम मशक्कत मुझे करनी पड़ी थी 'सुख' कहानी लिखने में। सबसे कम मेहनत, हमारा खयाल है कि शायद हफ्ते भर में वह कहानी लिखी गई हो और सबसे ज्यादा मेहनत मैंने की थी उन दिनों 'लोग बिस्तरों पर' कहानी लिखने में। कई महीने लगे थे। कई बार कोशिश करके लिखी थी। एक बार लिखी। दूसरी बार लिखी। तीसरी बार लिखी। बार-बार रिपीट मैंने की और चाहा कि वह कहानी ठीक हो जाए, बन जाए और कहीं मेरे

दिमाग में था भी कि कहानी बड़ी महत्त्वपूर्ण होगी और जब पत्रिकाओं में भेजी थी मैंने वह कहानी 'लोग बिस्तरों पर', जैसा मुझे ध्यान है कि पहली बार वह कहानी मैंने भेजी थी सम्भवत: 'माया' में। कहानी विशेषांक का सम्पादन कर रहे थे मार्कंडेय। उनके पास भेजी थी। उन्होंने वापस कर दी वह कहानी 'लोग बिस्तरों पर।' मुझे लगा था कि मार्कंडेय में कहानी की समझ कम है या नहीं है। उन्होंने समझा नहीं। फिर शायद वह कहानी मैंने भेजी थी उसी के आसपास, भीष्म साहनी—'नई कहानियाँ' का सम्पादन कर रहे थे, उनके पास। भीष्म साहनी ने भी वह कहानी वापस की और कहा कि इसका व्यंग्य स्पष्ट नहीं है। मुझे इन सम्पादकों की समझ पर सन्देह हुआ था और तब तक मैं यही समझ रहा था कि कहानी बहुत महत्त्वपूर्ण है, लेकिन एक लम्बे अन्तराल के बाद पाया कि जिस कहानी को मैं सबसे महत्त्वपूर्ण समझ रहा था, वह कहानी बहुत ही कमजोर, अस्पष्ट और उलझी हुई है। और 'सुख' कहानी जिसे लिखने में बहुत कम समय लगा था और जिसे मैं यूँ ही समझ रहा था वह एक महत्त्वपूर्ण कहानी के रूप में सामने आई। तो, इसमें एक तो यह कि शुरुआत के दिनों में जैसे मैं लिखता था, उसके बारे में बताएँगे, थोड़ा समय लेकर तुम्हें कि तब लिखने की पद्धति मेरी दूसरी थी। जैसे पूरा दिन मिलाकर कभी-कभी एक पैराग्राफ मैं लिखता था। कहानी हालाँकि बराबर मेरे साथ रहती थी, सोते में भी और सर्विस के दौरान बाहर निकलते समय भी। क्लास में पढ़ाते समय भी कहानी मेरे दिमाग में रहती थी। दिमाग काम करता रहता था उस कहानी पर, लेकिन पूरे दिन मिलाकर एक पैराग्राफ से ज्यादा मैं नहीं लिख पाता था। इस तरह बहुत लम्बा समय लगता था। बहुत मेहनत करनी पड़ती थी जबकि बाद की कहानियों के साथ ऐसा हुआ कि 'सदी का सबसे बड़ा आदमी' की कई कहानियाँ हमारा खयाल है कि बल्कि पूरा का पूरा संग्रह सम्भवत: संग्रह की सारी कहानियाँ 21 या 22 दिनों के भीतर लिखी गई थीं। विश्वविद्यालय में आ गया था और गर्मी का मौसम था। मैं रात को खा-पीकर लगभग 9-10 बजे के आसपास बैठता था और सुबह 5 या 6 बजे तक लिखता था, तो उसकी अधिकांश कहानियाँ यानी टोटल सब मिलाकर हमारा खयाल है कि महीने भर में सारी कहानियाँ लिखी गई थीं। तो इसमें परिवर्तन आता है। एक ही जैसी रचना-प्रक्रिया कोई स्थिर चीज नहीं है, ऐसा मुझे लगता है। हर कहानी के साथ उसकी अलग-अलग लेखन की प्रक्रिया हो सकती है।

आपका लेखन घर-परिवार से प्रत्यक्ष और परोक्ष रूप से कितना प्रभावित हुआ है, जैसा कि प्रत्येक साहित्यकार के साथ कमोबेश होता रहा है? आपके अपने क्या अनुभव हैं?

घर-परिवार का रोल तो निश्चित रूप से होता है क्योंकि समाज या दुनिया का एक छोटा-सा, जिसे कहो कि सबसे छोटी इकाई है परिवार। और किसी भी लेखक का

सबसे पहले सामना होता है अपने घर में, घर की जटिलताओं से। छोटी-छोटी चीज़ें होती हैं, जिससे घर बना होता है और वे छोटी बातें घर के लिए बड़ी पेचीदगियों से भरी होती हैं। ढेर सारी कॉम्प्लिकेशंस होते हैं। मानवीय रिश्ते होते हैं। पति-पत्नी के, बाप-बेटों के या माँ-बेटों के, भाई-भाई के। और हमारा खयाल है कि बहुत नहीं, फिर भी कई ऐसी कहानियाँ हैं जिसमें एक यानी परिवार सीधे-सीधे रिफ्लेक्ट करता हुआ दिखाई देता है। मजाक में कभी-कभी हम लोग कहा करते थे कि क्या बात है कि अज्ञेय के यहाँ परिवार है ही नहीं यानी उनकी कविताओं में पारिवारिक जटिलताएँ या कॉम्प्लिकेशंस नहीं हैं। श्रीकान्त वर्मा के यहाँ कम है। बाद के दिनों में है। शुरू में 'भटका मेघ' कविता-संग्रह था, वहाँ नहीं है। और तब लगता था कि जिस आदमी का परिवार ही नहीं है, वह आदमी सारी चीजों के बारे में लिखेगा, लेकिन मानवीय रिश्तों की जटिलताओं से एकदम अपरिचित रहेगा और उसके बारे में लिखना बहुत मुश्किल होता है उसके लिए। हमारा खयाल है कि ये रिश्ते जो परिवार में बनते-बिगड़ते हैं, जहाँ परिवार तनाव में होता है, 'नदी के द्वीप' या 'अपने-अपने अजनबी' जैसे उपन्यासों में मानवीय रिश्ते आपको नहीं दिखाई पड़ते। वे रिश्ते दूसरे हैं, व्यक्तियों के हैं और व्यक्तियों के रिश्ते भी बहुत यानी कि कहना चाहिए, समाज से कटे हुए लोगों के हैं। तो किसी भी लेखक की पारिवारिक जिन्दगी उसके समूचे लेखन को बेहद प्रभावित करती है। वह कहीं-न-कहीं जूझता है। इसी तरह से हमारी जैसे 'आखिरी रात' कहानी है, मान लो। 'कविता की नई तारीख' है, 'घर का अपना देश' है। इस तरह की बहुत सारी कहानियाँ हैं, जिसमें कहीं-न-कहीं परिवार दिखाई पड़ता है।

तो जैसा कि आपने अज्ञेय जी का उदाहरण दिया तो अज्ञेय जी की कहानियों से अलग नई कहानियों की शुरुआत थी और जब आपकी पीढ़ी ने, आपने लिखना शुरू किया तो ये जो आपके आसपास विभिन्न परिपार्श्व या विभिन्न कहानी आन्दोलन रहे हैं, उन्होंने आपकी कहानी के निर्माण में या आपकी रचना में क्या सहयोग या असहयोग दिया? इसके बारे में कुछ बताइए।

देखो, एक चीज बताएँ। जब हमने लिखना शुरू किया, उस समय गंगाप्रसाद विमल, रवीन्द्र कालिया, ममता कालिया वगैरह ने 'अकहानी' का नारा दे रखा था। एक तरफ 'नई कहानी' आन्दोलन अपने अन्तिम चरण में था यानी शोर-शराबा उसका खत्म हो रहा था और दूसरी तरफ हमारे दौर के जो लोग आ रहे थे, महानगरों से जुड़े हुए लोग, वे लोग 'अकहानी' का नारा दे रहे थे। हमारे समकालीनों में उन दिनों ज्ञानरंजन थे, दूधनाथ थे और कुछ दूसरे, गिरिराज किशोर थे, शैलेश भी लिख रहे थे। दूसरे-दूसरे लोग थे। हमारा खयाल है कि 'अकहानी' का इम्पैक्ट इनमें से थोड़ा दूधनाथ पर पड़ा। बाकी 'अकहानी' का असर तो नहीं

पड़ा। अच्छा, हमारे संस्कार दूसरे थे। हम गाँव से आए थे और गाँव में अलाव या फिर पुआल या माँ, कहानियों का एक संस्कार बना था उनसे कहानियाँ सुनते हुए। तो किस्सागोई या कहानी कहने की कला या जिसमें कहानीपन हो ऐसी चीज, इनसे संस्कार मेरा बना था, तो 'अकहानी' कहीं से भी मुझे न छू पा रही थी न उसका कोई असर पड़ रहा था। हमारा खयाल है कि अगर तुम ध्यान से देखो तो ऐसे भी आरोप, हो सकता है, मुझ पर लगाए गए हों कि 60 के बाद के लेखकों में कुछ उनसे अलग या दूसरे ढंग की कहानी लिखता चला आ रहा हूँ। उनके मिजाज से सीधे-सीधे मेल नहीं खाता। तो आन्दोलन का कोई असर नहीं पड़ा। फिर 'सचेतन' या 'सक्रिय' मान लो या 'समान्तर', ये बाद के आन्दोलन हुए, लेकिन जिन चीजों के बारे में ये लोग बातें करते थे, उसे वे 'आन्दोलन' कहते थे और ये चीजें बड़े सहज और स्वाभाविक रूप में मेरी कहानियों में पहले से चली आ रही थीं। तो मैं किसी आन्दोलन में नहीं था और न किसी आन्दोलन का मुझ पर कोई असर था।

यही बात सम्भवत: नामवर जी ने भी कही है कि साहित्य का विभाजन जातिमूलक या समूहमूलक आधार पर नहीं किया जा सकता है। तो इसी सन्दर्भ में आपने बताया विस्तार से। आप अपनी सर्वश्रेष्ठ कहानी किसे मानते हैं और क्यों?

मेरे मानने से क्या होता है? मैं किसी को मानूँ, मान लो। और उसके बाद पाठक कहे यह नहीं, यह कहानी ज्यादा अच्छी है। तो मेरे मानने का कोई अर्थ नहीं रह जाता। हमको नहीं ध्यान है कि प्रेमचन्द से पूछा गया हो और उन्होंने 'कफन' या 'पूस की रात' का नाम लिया हो। वस्तुत: सर्वश्रेष्ठ तो नहीं, लेकिन सर्वप्रिय कहानी जैसा सवाल एक लेखक से किया जाना चाहिए इसलिए कि आवश्यक नहीं कि जो उसे प्रिय हो, सर्वश्रेष्ठ हो। और प्रिय होने के कारण दूसरे हुआ करते हैं यानी लिखने के दौरान जिस कहानी ने उसे सबसे ज्यादा तंग किया हो, जल्दी न बन सकी हो या एक खास तरह की रागात्मकता या आत्मीयता उस कहानी से उसकी बनी हो। लिखना चाहता रहा हो, लिखा भी हो, लेकिन फिर भी उसे लगा हो कि जो बात वह कहना चाहता था, नहीं कह सका है। तो प्रिय की बात तो हो सकती है। एक समय मुझे 'कविता की नई तारीख' कहानी बहुत प्रिय थी। इसलिए कि वह स्वजनों के बारे में थी। बीवी-बच्चे। और जहाँ हम गए थे, वे भी रिश्ते के लोग थे। और जो अपने बहुत निकट के लोग हों, उनके बारे में लिखना बहुत मुश्किल होता है, बहुत कठिन होता है। फिर भी मैंने अपनी ओर से पूरी तटस्थता एवं ईमानदारी से लिखने की कोशिश की और चूँकि लिख दिया, इसीलिए उस कहानी से खास तरह का लगाव पैदा हुआ मेरा, तो उसे मैं कह सकता हूँ।

जैसा कि आपने अभी कुछ समय पहले बताया कि आप गाँव से आए थे तो आपकी जो ज्यादातर कहानियाँ हैं, उनमें ग्रामीण परिवेश का चित्रण हुआ है, लेकिन मुझे ऐसा लगता है कि आपका एक खास 'विजन' है और एक खास एंगिल भी है। हालाँकि आपकी कहानियाँ मध्यवर्ग को केन्द्र में ले आती हैं, रखती हैं। तो, इस बारे में आप क्या कहना चाहेंगे?

देखो, हम लोग दरअसल निम्न-मध्यवर्ग से आए हुए लोग हैं। गाँव ने मुझे बनाया है, रचा है या पैदा किया है, निर्माण गाँव में हुआ है। मैं बहुत पहले कहा करता था कि मैं उन लोगों के बारे में लिखता हूँ या मेरी कहानियाँ उन लोगों की कहानियाँ हैं जो गाँव तो छोड़ चुके हैं, लेकिन शहर में नहीं पहुँचे हैं या अगर शहर में आए हैं तो शहर के नहीं हो सके हैं। तो ऐसे आदमी की कहानियाँ जो गाँव से छूटा हुआ हो या जिससे गाँव छूटा हुआ हो और शहर उसका अपना न हो सका हो। ऐसे स्ट्रगल करते हुए आदमी की कहानियाँ हैं ये यानी इसे कहना चाहो तो ऐसे कह सकते हो, ऐसा आदमी जो शहर में आ गया है, लेकिन उसे शहर खराब कर रहा है, अपनी गँवई आँखों से मुझे लगता है कि शहर उस आदमी को बिगाड़ रहा है, जिन संवेदनाओं के साथ वह आया था, वे संवेदनाएँ धीरे-धीरे उसके भीतर मर रही हैं, तो ऐसे लोगों के बारे में मैंने लिखा है।

आप अपनी कहानियों का सबसे विश्वसनीय आलोचक किसे मानते हैं और क्यों? कहानी या आलोचना के बारे में इन 30 वर्षों के अन्तराल में आपके लिखने में क्या अन्तर आया है?

देखो, कहानियों का सबसे विश्वसनीय आलोचक जिसे मैं मानता हूँ, उसने हम लोगों की कहानियों के बारे में लिखा ही नहीं। जैसे कहानी, हिन्दी कहानी का सबसे विश्वसनीय आलोचक अभी कोई रहा है तो नामवर सिंह रहे हैं और उन्हें मैं मानता हूँ, लेकिन स्थिति यह है कि नामवर जी ने कभी हमारे दौर की कहानियों पर गम्भीरता से लिखा ही नहीं। कारण जो रहे हों। टिप्पणियाँ जरूर की हैं समय-समय पर। ये तो आलोचक की बात हुई। दूसरे, आलोचक अपने को पाठक भी कहता है और मैंने देखा यह है कि पाठक तो पसन्द भी करता है, और आलोचक जाने क्यों मेरी कहानियों के बारे में ज्यादातर चुप्पी साधे रहते हैं या फिर नहीं बोलते और अगर बोलते हैं तो उनके बोलने के पीछे कहना कठिन है कि किस तरह का भाव होता है, लेकिन जिस उन्मुक्तता के साथ उन्हें मेरी कहानियों पर टिप्पणी करनी चाहिए, मुझे लगता है कि उन्होंने की नहीं। बचते रहे हैं टिप्पणी करने से। हमसे लोग कहते हैं कि इसकी वजह एक आलोचक का भाई होना है। अगर यह वजह है तो और ज्यादा दुखद है क्योंकि ऐसी स्थिति में कहानी से ज्यादा महत्त्वपूर्ण वह आदमी है, जिसका हमारी कहानी से कोई सरोकार नहीं है।

और इस तरह की टिप्पणियाँ हमारा खयाल है कि आलोचना के आगे स्वयं एक प्रश्नचिह्न हैं कहानी, आलोचना के आगे। तो ये विश्वसनीयता ही अपने आपमें बहुत सन्देहास्पद है।

हालाँकि मुझे जहाँ तक याद पड़ता है, उन्होंने एक जगह कहा था, नामवर सिंह जी ने कि "बढ़ते हुए पौधों को नापना नहीं चाहिए क्योंकि उनकी बाढ़ मारी जाती है।" शुरू में जैसा कि आपने कहा कि आरम्भिक दौर में उन्होंने नहीं कहा। तो अगला प्रश्न यह है कि आज आपके साहित्य पर एक ओर विदेशी लेखकों की नकल और दूसरी ओर रूपवादिता का तथाकथित आरोप चस्पाँ किया जाता है। इस सन्दर्भ में आप क्या कहना चाहेंगे?

पहले तो मैं जान लूँ कि विदेशी नकल का आरोप किसने लगाया है, कुछ याद है आपको?

जी, मधुकर सिंह ने 'वर्तमान साहित्य' के अंक में।

ये इधर, अच्छा इसके पहले मधुकर सिंह ने तो कुछ नहीं कहा था। और मधुकर सिंह ने 'वर्तमान साहित्य' के अंक में संस्मरण में ये बातें कही हैं। और चूँकि संस्मरण में इसके पहले 'किस्सा साढ़े चार यार' में मधुकर सिंह का जिक्र आया है। अगर आपको याद हो तो। उसमें जो वास्तविकता थी, वही चित्रित है। आरा में मैंने देखा था। मैंने सीधे-सीधे मधुकर सिंह पर कहा था कि किस तरह मधुकर 'सारिका' सम्पादक के पीछे लगे हुए थे और वे कुछ लोलुप नेत्रों से उसकी तरफ देख रहे थे ऐसे, जैसे घटा इतनी दूर क्यों घिर रही है? कमलेश्वर के सन्दर्भ में मैंने ये बातें की थीं। मधुकर सिंह चूँकि उससे आहत हुए थे। सचाई से घायल थे वे। इसलिए ये आरोप लगाया उन्होंने, जो निहायत ही गलत और भोंड़ा किस्म का है। एक हारे हुए पराजित आदमी की अपनी पीड़ा है, जिसे बिलकुल सच नहीं मानना चाहिए। गलत है, वो सरासर गलत है। रही रूपवाद के आरोप की बात। एक बुनियादी चीज है जो अपने समकालीन लेखकों से बराबर मैं डिफर करता रहा हूँ, वे कहानी में रूप या शिल्प या भाषा की बराबर उपेक्षा करते रहे हैं और महत्त्व देते रहे हैं कथ्य को यानी प्रगतिवाद के नष्ट होने के कारणों में से एक यह भी था कि रूपवाद एकदम उपेक्षित था यानी कला। रूपवाद का मतलब कला। कला पक्ष। हम जो लिख रहे हैं, उसमें आकर्षण का केन्द्र बनती है, किसी भी पाठक के लिए—आकर्षण का केन्द्र बनती है कला। मैंने आरम्भ से ही लेकर जिस पर आज लोग जोर दे रहे हैं, कह रहे हैं, बार-बार कह रहे हैं कि हम वामपंथियों का कथा-साहित्य या वामपंथी विचारों के लेखकों की कहानी हो या कविता, उसमें रूपवाद की या कला की बहुत उपेक्षा होती रही है जबकि हम अपनी रचनाओं

में जनता से कला ही सीखने की बातें करते हैं, लेकिन सीखते नहीं हैं। रचनाओं में उसका इस्तेमाल नहीं करते। मुझे जो कहना है, वह तो अपनी जगह है, लेकिन किसी भी कहानी में मैंने यह ध्यान बराबर रखा है कि आवृत्ति न हो, पुनरावृत्ति न हो, कहानी एकरस न हो। जो लिखा जाए उस कहानी में, पाठकों से अपने को पढ़ा लेने की क्षमता हो। ऐसा नहीं कि हम पढ़ें, एकाध पैराग्राफ पढ़कर उसको छोड़ दें। भाषा नीरस हो, वाक्य-विन्यास प्रभावहीन हो, जो हम बातें कर रहे हों, उन बातों में चाहे जितना दम हो, लेकिन कहे जाने का ढंग बहुत ही बेदम और बहुत कमजोर हो। जब भी मैंने कहानियाँ लिखीं, इन बातों को बराबर ध्यान में रखा है। यह आरोप नहीं है। सबसे बड़ी बात जो मैं कहना चाहता हूँ कि अगर कथ्य पक्ष को लेते हुए कोई कहता हो कि इस पर मैंने ज्यादा ध्यान दिया है, ज्यादा जोर दिया है, तो यह कहीं से भी कमजोरी नहीं है लेखक की। हम जो कहना चाहते हैं, वह अगर इस कला में दब रहा हो, तब तो आरोप है, लेकिन वह कला, जो हमारे कथ्य को और ज्यादा पैनी बनाती हो, तीव्र करती हो, बल्कि संवेदना से भरती हो, वह कहीं से आरोप नहीं है।

तो विश्व कहानी में आज हमारी हिन्दी कहानी का क्या दर्जा है और आप अपनी रचनाओं के साथ, किस्सागोई की कला के साथ उस स्तर के निर्माण में कैसा योगदान आपका है?

भई, एक चीज बताएँ हम इस सिलसिले में। मैं अब की बात तो नहीं करता हूँ, लेकिन टॉल्स्टॉय, तुर्गनेव, दोस्तोयेव्स्की, मैक्सिम गोर्की, शोलोखोव—एक तरफ ये रूसी क्लासिक मास्टर हैं। दूसरे मैं हेमिंग्वे और फॉकनर को देखता हूँ। जब हमने लिखना शुरू किया था, तो ये लेखक थे जिन्हें हम लोग पढ़ते थे। बड़े चाव से पढ़ते थे या चीनी लेखकों में लुशुन का नाम लिया जाता है। इन्हें पढ़ते थे हम। इन्हें देखते हुए ये मैं कह सकता हूँ कि उन लेखकों से अभी हमें बहुत कुछ सीखना है। जहाँ तक विश्व साहित्य का सवाल है, एक बात जरूर कहना चाहते हैं कि अपनी छोटी-सी उम्र में, बहुत ज्यादा उम्र नहीं हुई कहानी लिखने की हिन्दी की यानी अभी 100 साल भी पूरे नहीं हुए, लेकिन मात्र इतने वर्षों में हिन्दी कहानी ने विश्व कथा साहित्य में या कहानी साहित्य में ऐसी जगह तो बना ही ली है, जिसकी उपेक्षा नहीं की जा सकती यानी अब नगण्य नहीं है। अगर चर्चा नहीं होती हिन्दी कहानी की विश्व साहित्य में तो इसलिए कि हिन्दी की कहानियों से अपरिचित है दुनिया। अभी भारतीय कथा-साहित्य के नाम विदेशों में उन्हीं लेखकों की कहानियों को भारतीय कहानी माना जा रहा है, जो अंग्रेजी में लिखते हैं। इनके कम-से-कम अनुवाद हुए हैं, लेकिन अगर अनुवाद के माध्यम से हिन्दी कहानी सामने आए तो निश्चित रूप से यह मैं कह सकता हूँ कि हिन्दी कहानी बहुत पीछे नहीं है बल्कि

इस समय जैसी कहानियाँ हिन्दी में लिखी जा रही हैं और यूरोप में भी लिखी जा रही हैं। यूरोप की कहानियों से तो हिन्दी में अच्छी कहानियाँ लिखी जा रही हैं, लेकिन अगर कहीं पीछे है, मेरी नजर में तो तीसरी दुनिया का जो कहानी साहित्य है, जिनमें लैटिन-अमरीकी लेखक आते हैं या अफ्रीकी लेखक आते हैं, उनसे वह टक्कर ले रही है, इसलिए मैं निराश कतई नहीं हूँ।

ऐसी ही कुछ बातें आपने अफ्रीकी-एशियाई-लातिनी अमरीकी संस्कृतिकर्मियों के जिस सम्मेलन में आप गए थे, उसमें आपने रखी थीं।

मैंने कही थीं।

कथा-आलोचना का आज क्या स्वरूप है और इससे कथा-जगत् का क्या नफा और नुकसान हो रहा है?

कथा-आलोचना की स्थिति बड़ी ही दयनीय है इस वक्त। और दो-तीन कारण हैं उसके दयनीय होने के। जो कहानी की आलोचना कर सकते थे, वे कर नहीं रहे हैं यानी जिनमें क्षमता थी एक अच्छे आलोचक की, समर्थ आलोचक की यानी नामवर सिंह को हम छोड़ दें तो विजयमोहन सिंह में कहानी समीक्षक की बहुत अच्छी सामर्थ्य थी और बहुत अच्छी आलोचनाएँ कर सकते थे, वे लिख नहीं रहे हैं और जो लिख रहे हैं कहानी की आलोचनाएँ, उनमें एक तो वे हैं जो राजनीतिक पार्टियों के आधार पर बने हुए लेखक संगठन हैं, उससे जुड़े हुए हैं। मसलन, जनवादी लेखक संघ के कुछ आलोचक हैं जो कहानी की आलोचना लिख रहे हैं, लेकिन लिखते समय उनके दिमाग में पूरी हिन्दी कहानी की दुनिया नहीं होती है। उसका एक टुकड़ा यानी जो जनवादी लेखक संघ से जुड़े हुए कहानीकार कहानियाँ लिख रहे हैं, उनके सामने सिर्फ वे कहानियाँ होती हैं। बहुत कुछ इनसे काफी उदार हैं, प्रगतिशील लेखक संघ के आलोचक, लेकिन पिछले 10 वर्षों में हुआ यह है कि वे कहानी को कहानी के रूप में न देखकर एक विचारधारा के रूप में देखने की कोशिश कर रहे हैं। हुआ यह है कि वे कहानियों में विचार तो देखते हैं, लेकिन कहानी नहीं देखते। परिणाम यह हुआ है कि कहानी की आलोचना निरन्तर दरिद्रतर होती जा रही है। और जो सच्चे अर्थों में कहानियाँ हैं, वे कहानियाँ चर्चा के बाहर रही हैं। जैसे मैं बताऊँ, मैं यह नहीं मानता जिसकी चर्चा नहीं हुई, प्राय: 'सदी का सबसे बड़ा आदमी'। वे ढेर सारी कहानियाँ हैं, ऐसी जो पिछले 10-12 वर्षों में मैं कह सकता हूँ कि महत्त्वपूर्ण कहानियाँ हैं, लेकिन विचारधारा के प्रति कथालोचक के आग्रह ने उन कहानियों तक आलोचकों को पहुँचने ही नहीं दिया है क्योंकि सीधे-सीधे विचारधारा उन कहानियों में नहीं दिखाई पड़ती। तो इस तरह कहना चाहूँगा कि कहानी की आलोचना इस समय जितनी

दयनीय स्थिति में है, इसके पहले नहीं थी और इसका असर कहानी लेखन पर भी पड़ता है यानी कहना चाहें, आप कह सकते हैं कि 15 वर्षों से कहानी में कोई आन्दोलन नहीं हुआ। आन्दोलन अच्छी बात नहीं है, लेकिन आन्दोलन जब होता है, तो उस आन्दोलन के बहाने कुछ एक अच्छी कहानियाँ भी सामने आती हैं, जैसे 'नई कहानी' आन्दोलन के दौरान हुआ था। 'साठ के बाद की कहानी' भी एक आन्दोलन के रूप में उभरी थी और उसमें कई कहानियाँ अच्छी आई थीं। इधर ऐसा नहीं हो सका है।

आपकी स्वयं के बारे में क्या राय है? दूसरे शब्दों में अपेक्षित तटस्थता बरतते हुए आप यह बताने का कष्ट करें कि यदि काशीनाथ सिंह की कहानियाँ नहीं होतीं तो कहानी विधा और साहित्य में क्या कमी-बेशी होती?

यह प्रश्न मुझसे नहीं किया जाना चाहिए वरना मैं जो कुछ कहूँगा, उसमें हो सकता है कि अहंकार या दम्भ की अनुगूँज मिले। इसलिए मैं इस पर कोई टिप्पणी नहीं करना चाहूँगा। ये दूसरे, बेहतर है, दूसरे बताएँ कि अगर हम न होते तो कहानी में क्या फर्क पड़ता? एक बात जरूर मेरे दिमाग में आती है कि हमारे बाद के ढेर सारे लेखक हैं, हमारे दौर के बाद के युवा लेखक जो मिलते हैं, उनसे बातें करते हुए ऐसा मुझे लगता है कि उन लेखकों के निर्माण में कहीं-न-कहीं थोड़ा-बहुत मेरा भी योग है। जो वे कहते हैं कि मैंने ये चीजें आपसे सीखीं। उससे मुझे अनुमान लगता है या लगा सकता हूँ कि थोड़ी-बहुत मैंने मदद की है अपने बाद की पीढ़ी के निर्माण में, उसे बनाने में। जैसे एक बात तो मैं कह ही सकता हूँ कि एक लम्बे अरसे बाद कहानी का समकालीन राजनीति से जुड़ना जबकि साठ के बाद की कहानियाँ हमारे दौर की कहानियाँ लगभग खामोश हो रही थीं। ज्ञान ने लिखना बन्द कर दिया था। दूधनाथ नहीं लिख रहे थे। कालिया नहीं लिख रहे थे। बहुत-से ऐसे लोग थे जिनके साथ हमने लिखना शुरू किया था, उन्होंने लिखना बन्द कर दिया था। उस समय बदले हुए माहौल के साथ 'सूचना' कहानी का प्रकाशित होना, 'माननीय होम मिनिस्टर के नाम' कहानी का प्रकाशित होना, 'सुधीर घोषाल' कहानी का प्रकाशित होना, 'लाल किले के बाज' कहानी का प्रकाशित होना, ये कहानियाँ हैं जिन्होंने कहानी के 'टेम्पर' को बदला। मेरी समझ से क्योंकि 71 के आसपास से ये कहानियाँ लिखी जानी शुरू हुई थीं और उसके बाद से कहानियों का पूरा मिजाज ही हमारे जो साथ लिखनेवाले थे, उन्होंने तो नहीं लिखा, लेकिन हमारे बाद जो आए जैसे रमेश उपाध्याय, असगर वजाहत, अब्दुल बिस्मिल्लाह वगैरह, इन लोगों की कहानियों का मिजाज हमारे दौर की कहानियों के मिजाज से एकदम अलग हुआ और हमें लगता है कि कहीं-न-कहीं छोटी-मोटी भूमिकाएँ इन कहानियों की भी थीं।

जैसा कि जहाँ तक मैं समझता हूँ, कहा जाता है कि 'आम आदमी की कहानी' जो आपने लिखी, वो आठवें दशक में लोगों के लिए पृष्ठभूमि के रूप में साबित हुई और आरा के सम्मेलन में भी आपने कहा था, जो फेफड़े निश्चल हो रहे थे कमलेश्वर आदि की कहानियों के कारण, उसमें आपने ऑक्सीजन देने का काम किया, जहाँ तक मेरा विचार है।

सही कह रहे हो। इस पर मेरा कुछ टिप्पणी करना बेकार है, लेकिन ये जरूर है कि अपने समय के लोगों में, सबसे आरम्भिक लोगों में से मैं रहा हूँ, जिसने आम आदमी की चर्चा शुरू की और साहित्य को उस आदमी से जोड़ने पर बल दिया।

'जोतसी ने कहा था' से लेकर और आज जबकि जैसा आपने कहा भी कि 30 साल से ऊपर हो चुके हैं, आपका समकालीन कथा-साहित्य में या समकालीन कथाकार आपके जो हैं, पीछे रह गए हैं। आप निरन्तर अपराजेय और सदाबहार बने हुए हैं। इसका क्या राज है?

इसका राज यह है, अपराजेय तो मैं नहीं कहूँगा, लेकिन इसका राज यह है कि मेरी दुनिया साहित्यकारों की दुनिया नहीं है। मैं सिर्फ साहित्यकारों के ही बीच में नहीं रहता। लगातार साहित्यकारों के बीच में रहते हुए एक लेखक धीरे-धीरे चुकना शुरू करता है और वह चुक जाता है। ऐसा नहीं कि हमारा अपना कोई संगठन है, जिसके बीच मैं काम करता हूँ, किसानों-मजदूरों के बीच। ऐसा भी नहीं है, लेकिन इतना जरूर है कि नगर, शहर, गाँव और जो शहर के चौराहों पर काम करनेवाले तरह-तरह के पेशों के लोग यानी कुछ क्लर्क हो सकते हैं, कुछ मास्टर हो सकते हैं, कुछ पानवाले हो सकते हैं, परचून वाले हो सकते हैं, मोची हो सकते हैं, छोटे-मोटे दुकानदार हो सकते हैं, स्कूलों में पढ़ानेवाले मास्टर हो सकते हैं। मेरे भीतर कभी ये दम्भ नहीं रहा कि मैं एक विश्वविद्यालय में पढ़ाता हूँ या प्रोफेसर हूँ, प्राध्यापक हूँ और दूसरे लोग मुझसे छोटे हैं। आर्थिक स्तर पर या किसी स्तर पर वह छोटे हैं। मैं यह मानकर चलता हूँ कि जैसा मैं हूँ, एक संयोग है कि मैं ज्यादा पैसा पाता हूँ या ज्यादा अच्छे पद पर हूँ। यह दूसरा भी हो सकता था कोई। या मैं खुद प्राइमरी या मिडिल स्कूल का मास्टर हो सकता था या क्लर्क हो सकता था। इस रूप में एक जिसे मैं 'कॉमन मैन' कहता हूँ, साधारण आदमी। उससे मिलने-जुलने, बात करने में और अपने को मूर्ख बताकर या दिखलाते हुए कि बहुत कुछ मुझे नहीं मालूम है, उससे बात करने में मुझे ज्यादा आनन्द आता है और मैं यह मौका देता हूँ कि अधिक-से-अधिक वह आदमी मेरे सामने खुले। मेरा मजाक ही उड़ाए या मुझ पर व्यंग्य करे, लेकिन खुले। तो ऐसे आदमी को मैं, या तो मैं उसके धरातल पर जाता हूँ या उसे मैं अपने धरातल पर बराबर ले आता हूँ। इस तरह जिन्दगी के बराबर करीब होने का मतलब है—मैं उससे बराबर सीखता रहता हूँ, उसे जानने

की कोशिश करता हूँ क्योंकि हर आदमी की अपनी जिन्दगी होती है। उसकी अपनी समस्याएँ होती हैं, मुश्किलें होती हैं। पारिवारिक हों, संस्थागत हों, सामाजिक हों, तो उन चीजों को समझने-बूझने में मेरी नौकरी या मेरा पद कहीं आड़े नहीं आता। सहज भाव से चौराहे पर, कहीं भी फुटपाथ पर या बेंच पर बैठकर चाय पीने में और उनसे गप्पें करने में हमें कोई आपत्ति नहीं होती, बल्कि आपत्ति तब होती है जब उसे अटपटा लगता है। वह हमको जानता होता है और उसे अटपटा लगता है कि ये हमसे बातें नहीं कर रहे हैं। संकोच होता है उसे। मैं उस संकोच को बराबर तोड़ता रहता हूँ।

गोया जो परेशानियाँ आम आदमी को तोड़ देती हैं, भीतर तक तोड़ देती हैं, आपने कहा भी है, वही एक साहित्यकार को या सच्चे रचनाकार को क्रिएटिव बनाती हैं।

ढेर सारी परेशानियाँ मेरे जीवन में भी आई हैं, लेकिन मैं यह मानता हूँ कि एक रचनाकार का काम है कि उन तनावों के रचनात्मक उपयोग करने की दक्षता उसमें होनी चाहिए। जो परेशानियाँ दूसरों को निराश करती हैं, तोड़ती हैं, पराजित या कुंठित करती हैं, वे परिस्थितियाँ अगर एक रचनाकार, सचमुच में रचनाकार है, तो चाहिए कि उनका रचनात्मक इस्तेमाल करे। अपनी कहानी में या कहीं भी, अपनी कुंठा से लड़ने का यही एकमात्र रास्ता है उसके लिए।

आज जबकि रूस की साम्यवादी व्यवस्था के, जो रूस की साम्यवादी व्यवस्था है, उसके बदलते स्वरूप का जो प्रभाव है, वह हमारे भारतीय कम्युनिस्ट पर और आप जैसे लेखकों पर क्या पड़ा?

देखो ऐसा है न, पड़ा तो बहुत गहरा है। गहरा यह है कि जिस आत्मविश्वास के साथ लोग क्रान्ति की बातें किया करते थे और रचनाओं के भीतर किसानों और मजदूरों का संगठन बना रहे थे, और सेठ या पूँजीपति या जमींदार को परास्त होते दिखा रहे थे, रूस के परिवर्तन ने उनकी समझ को प्रभावित किया है, लेकिन मुझे लगता है कि इस प्रभावित करने के कारणों में से जो सबसे महत्त्वपूर्ण है कि यहाँ की कम्युनिस्ट पार्टियाँ अपने आगे एक मॉडल लेकर चल रही थीं, वह मॉडल ध्वस्त हो गया। अगर शुरू से ही इनके दिमाग में रहा होता कि हमारा अपना एक मॉडल होगा, हम इस तरह का बनाना चाहते हैं हिन्दुस्तान। और सारा संघर्ष, सारी लड़ाइयाँ उस निजी मॉडल के लिए लड़े होते लोग, तो मुझे लगता है कि भारतीय जनता का विश्वास अर्जित किया होता, लेकिन मॉडल के लिए बराबर अपने यहाँ की कम्युनिस्ट पार्टियाँ चीन या रूस को रटती रहीं। भ्रम लोगों को यह हुआ कि ये पार्टियाँ परमुखापेक्षी हैं या आरोप लगाया जाने लगा,

रूस या चीन की दलाल हैं, तो इसका असर रूस के विघटित होने का पड़ा ही। असर एक तो इन पार्टियों पर पड़ा है, और पार्टियों पर पड़ने के साथ ही साथ लेखकों पर भी क्योंकि लेखकों के सामने ये पार्टियाँ एक मॉडल रखती रही हैं। रूस या चीन को छोड़ भी दें तो किसी-न-किसी वामपंथी विचारधारा से सम्बद्ध रहे हैं ये सारे वामपंथी लेखक। तो, सहसा उन्हें लगा कि अब ये पार्टियाँ उन्हें कोई रास्ता नहीं दे सकतीं। इधर नतीजा यह हुआ है कि हम बहुत शिद्दत से एक ऐसे सांस्कृतिक मोर्चे के लिए चिन्तित हैं, जिसमें सभी वामपंथी लेखक हों। ये अलग-अलग छोटे-मोटे जनवादी या प्रगतिशील लेखक संगठन न हों बल्कि एक बड़ा सुसंगठित सांस्कृतिक मोर्चा हो। और हममें ये विश्वास पैदा हुआ है, कहीं-न-कहीं कि यहाँ के राजनैतिक कर्मियों को, जो पस्ती की हालत में हैं, ये संगठन उन्हें पुनर्जीवित कर सकते हैं यानी रूस में समाजवाद के खात्मे से चाहे जो कुछ हुआ हो न हुआ हो, लेकिन यहाँ के बुद्धिजीवी जो राजनैतिक पार्टियों के बराबर पीछे रहे, पिछलग्गू रहे हैं, और राजनैतिक पार्टियाँ, जिन्हें महत्त्व नहीं देती रही हैं, उन लेखकों को सम्भवत: बहुत दिनों बाद अपने स्वतंत्र अस्तित्व का एहसास हुआ है और उन्हें लगा है कि वे अपने को संगठित करके इनके लिए एक रास्ता तैयार कर सकते हैं। बाकी असर तो पड़ा है, लेकिन यह भी मैं बताऊँ कि दो बातों को ध्यान में रखो कि हम यह मानते हैं कि एक मॉडल टूटा है, मार्क्सवाद असफल नहीं हुआ है। विचारधारा अपनी जगह बिलकुल सही है। एक ढाँचा है जो चरमराया है, और अगर ढाँचा चरमराया है रूस का या किसी दूसरे देश में, जहाँ समाजवाद हो, तो उसके अपने आन्तरिक कारण थे, जिनके कारण वह चरमराया है। इसके लिए वह खुद जिम्मेदार है यह मार्क्सवाद की असफलता नहीं है, लेकिन इस पूरे हादसे का साहित्य पर बहुत ही पॉजिटिव असर पड़ने जा रहा है, जो मैं मानता हूँ कि इन सारी बातों का जो असर पड़ेगा, वह साहित्य के हित में होगा। उसके खिलाफ नहीं होगा।

कहानी में यथार्थ और फैंटेसी के अन्तर्सम्बन्धों का सीमांकन आप कैसे करते हैं? आपकी दृष्टि में कहानी स्वाभाविक से कृत्रिम आवरण कब धारण करती है?

देखो, फैंटेसी के सन्दर्भ में एक-दो बातें पहले मैं बतला दूँ। फैंटेसी तो मैंने सिर्फ एक लिखी है 'लोग बिस्तरों पर', जो असफल है। हमारे दौर में फैंटेसी दूधनाथ ने लिखी है। बाकी फैंटेसी की चर्चा हिन्दी में ज्यादातर मुक्तिबोध के एक सन्दर्भ में हुई है और उसके बाद आज 'जादुई यथार्थवाद' के नाम से फिर से फैंटेसी को तो लोग नहीं कर रहे हैं, लेकिन उसे ही एक नये नाम के साथ, उन्हीं बातों को 'जादुई यथार्थवाद' के नाम से कर रहे हैं।

आपने 'हंस' में अनेक संस्मरण लिखे हैं। इधर यह कहा जा रहा है कि आपके संस्मरण कहानियों से भी अच्छे हैं। आप कैसा सोचते हैं, इस संस्मरण पर जबरदस्त प्रतिक्रियाएँ हुई हैं, आपको कैसा लगा?

संस्मरणों की किताब तो आ रही है, और जैसा मैंने सुना, शायद आ गई है। मैंने उसमें एक भूमिका लिखी है। वह भूमिका तुम्हारे और पाठकों के लिए भी काम की होगी। काम की इस अर्थ में कि मैंने यह बताया है कि मैंने संस्मरण लिखना क्यों शुरू किया? सम्भवतः आरम्भिक वाक्य ही कुछ ऐसा है, "जिन दिनों 'कहानी' से मेरी बोलचाल बन्द-सी हो रही थी, उन्हीं दिनों मुझे 'गरबीली गरीबी वह' लिखना पड़ा।" कुछ इस तरह का वाक्य आता है, शुरू में, तो कहानियाँ जिस तरह की लिखी जा रही थीं, उनमें मुझे लगा कि कहानी लिखकर मैं कुछ नया न कर पाऊँगा। क्योंकि आप गौर से अगर देखें तो संस्मरण तो लिखते हुए मुझे साल-डेढ़ साल ही हुए थे, इसके पहले भी कहानियाँ लिखी जा रही थीं, लेकिन लिखी जाने के बावजूद कोई ऐसी कहानी नहीं थी, जिसने बहुत ज्यादा लोगों को उकसाया हो या झकझोरा हो, प्रभावित किया हो। पता नहीं क्यों मुझे लग रहा था कि जिस तरह से मैं कहानियाँ लिखता आ रहा हूँ, अगर मैं कहानियाँ लिखता भी हूँ, अपने को थोड़ा बदल भी दूँ यानी हमारे भीतर जो परिवर्तन हुए हैं, उसी परिवर्तन के आधार पर भी हमारी कहानियाँ अगर आएँ, तो शायद उन कहानियों में वह जान न होगी, जो मैं चाहता हूँ पैदा करना। तो कहानियाँ छोड़कर मैंने संस्मरण लिखना शुरू किया। और संस्मरण लिखने के दौरान मुझे कुछ ऐसा लगा कि कहानियाँ कहीं-न-कहीं मुझे रोकती थीं जबकि संस्मरण अपने को व्यक्त करने के लिए मुझे खुलेआम आमंत्रित कर रहे हैं। सरेआम बुला रहे हैं कि आओ, और जो कहना हो, कहो। मुझे पहली बार लगा कि मैं अपने को जितनी स्फूर्ति के साथ, शक्ति के साथ और बल्कि मेरे पास जो कुछ रचनात्मक सम्पदा है, उसके साथ, मैं संस्मरणों में अपने को व्यक्त कर सकता हूँ, जो कहानियों में नहीं कर सका हूँ। एक तो ये, दूसरे, इसमें दो राय नहीं है कि मेरी अपनी ही कहानियों से नहीं, बल्कि कहा तो यहाँ तक जा रहा है कि पिछले साल-दो साल में कहानियाँ हाशिए पर चली गईं और 91 का पूरा वर्ष संस्मरणों का वर्ष रहा है, गिनाने के लिए कालिया या एक-दो और नाम ले लिए जाते हैं, लेकिन जब यह कहा जाता है, तो सबके दिमाग में सिर्फ मेरे संस्मरण होते हैं और अभी झाँसी में ही एक आयोजन हुआ था दो दिन का। वह आयोजन कहानियों पर ही हुआ था, लेकिन कहानियों पर चर्चाएँ कम हुईं और संस्मरणों पर ज्यादा। और यही नहीं, बल्कि उसी मंच से राजेन्द्र यादव, सुधीश पचौरी ने यह भी कहा कि कहानियों का भविष्य समाप्त हो गया है। अब अगर शिक्षण में कहीं कुछ सम्भावना बनती है, तो संस्मरण जैसी ही किसी विधा की। और इसमें दो राय नहीं कि संस्मरणों ने पूरे लेखन में ही नई स्फूर्ति पैदा की है। और जीवन्तता

दिखाई पड़ती है अगर कहीं तो इनमें दिखाई पड़ती है। बाकी यह तो है कि पाठकों ने बेहद पसन्द किया है।

लेकिन जहाँ तक जबरदस्त प्रतिक्रिया का सवाल है, उस सन्दर्भ में आप थोड़ा खुलासा कीजिए।

देखिए, 'देख तमाशा लकड़ी का' अस्सी से सम्बन्धित संस्मरण था। हमने सोचा नहीं था कि ऐसी प्रतिक्रिया हो सकती है यानी फुटपाथ पर जो तरकारी बेचनेवाले हैं, अपढ़, कुँजड़े या कुँजड़िन, परचून की दुकान करनेवाले, मोची, चायवालों की बात छोड़िए और साधारण से साधारण आदमी भी जो चौराहे पर आता है, वह महीनों तक 'हंस' की तलाश करता रहा यानी यह कि लूट तो मची ही थी। 'हंस' पढ़ने को नहीं मिला बहुतों को। यही नहीं, बल्कि बारी-बारी से एक दूसरे से माँग-माँग कर पढ़ा लोगों ने। पत्रिका ब्लैक में बिकी। 'हंस' पत्रिका जो दस रुपये में बिकती है, वह पचास-पचास रुपये तक में बिकी है अस्सी पर। फोटोस्टेट करवाकर लोगों ने उसे पढ़ा है। और एक प्रति लेकर जाने कितने फोटोस्टेट करवाए गए हैं, पचासों की संख्या तक। प्रतिक्रिया मेरी समझ से ऐसी ही चीजों की होती है, जिसमें जान हो। ऐसी रचना या ऐसी चीज, जो नोटिस लेने के काबिल हो क्योंकि अस्सी पर ऐसा नहीं कि मैंने ही लिखा है, अस्सी पर पहले भी एकाध लोगों ने लिखा है। 'संडे मेल' जैसे अखबार में भी छपा है या 'ऑब्जर्वर' में छपा है। लोकल अखबारों में भी आता है, लेकिन कभी किसी ने नोटिस नहीं ली, पढ़ा नहीं, लेकिन अगर इसे पढ़ा है तो दो-तीन चीजें इस सिलसिले में हम कहना चाहेंगे। एक तो बाहर के लोगों को यह लगता है कि चूँकि कुछ अश्लील या गालियों वाले शब्दों का इस्तेमाल है, वह चौंकाने के प्रयास के चलते हुआ है। इसलिए लोगों की नजर गई। लोगों ने पढ़ा और चर्चा शुरू की। तो एक बात ये बताऊँ मैं आपको कि दूसरे लोगों के लिए ये शब्द गालियों के शब्द हो सकते हैं या अश्लील हो सकते हैं, वर्जित हो सकते हैं। अस्सी के लोगों के लिए ये शब्द रोजमर्रा के जीवन में, बातचीत में, व्यवहार में आनेवाले शब्द हैं। उनके लिए अश्लील नहीं हैं। एक बात। दूसरी बात यह भी देखी जानी चाहिए थी कि मैं इतने लम्बे अरसे से लिख रहा हूँ, इन शब्दों का इस्तेमाल मैंने पहले क्यों नहीं किया? अब क्यों कर रहा हूँ? ये कोई शौक नहीं था मेरा, चूँकि जिनके बारे में मैं लिख रहा था, वे कैरेक्टर्स या वे पात्र इन्हीं शब्दों के साथ व्यक्त हो सकते थे, इसलिए उन शब्दों को मैंने लिया। तीसरी बात और जो 'हंस' के पिछले अंक में पत्र छपे हैं, जिनमें लिखा है कि जो-जो पत्र आए हैं, उसमें अस्सी पर रहनेवाले लोगों में भयानक प्रतिक्रिया हुई है। लोगों ने गालियाँ दी हैं लिखनेवाले को। अगर आप अब जाएँ और पूछें उन लोगों से तो आप पाएँगे कि वे सारे लोग बदले हुए हैं। वे प्रतिक्रियाएँ जो रविशंकर सिंह ने अपने पत्र में दी हैं,

लम्बी प्रतिक्रियाएँ लोगों की, वे आरम्भ के दो-तीन दिनों के भीतर की प्रतिक्रियाएँ थीं, जब उन्होंने उसके महत्त्व को समझा नहीं था। आज वे सारे लोग बदले हैं, वे वही राय नहीं रखते, उस संस्मरण के बारे में, जो छपने के तत्काल बाद रख रहे थे, बाकी पाठक बहुत मिले इन संस्मरणों को और इस बात को मुझसे ज्यादा राजेन्द्र यादव जानते हैं कि इन संस्मरणों ने 'हंस' की बिक्री पर क्या असर डाला है?

तो कहने का मतलब यह कि जो ये अस्वीकार है, वह भी एक स्वीकार का अन्दाज है।

हाँ, कह सकते हैं आप।

तो जैसा कि आपने बताया कि राजेन्द्र यादव जी ने आयोजन में कहा कि कहानी से अलग अब संस्मरणों का जमाना आ रहा है, तो उस सन्दर्भ में मैं पूछना चाहूँगा आपसे कि एक उत्तम कहानी या कहानी की लक्ष्मण रेखा क्या है और उसके तोड़ने पर उसकी 'क्वालिटी में कैसा अन्तर आता है और क्यों?'

देखो, अच्छी कहानी की लक्ष्मण रेखा तो बराबर बन्धन में रखती है, किसी को। और अगर वह लेखक है, तो उसे तोड़ने के लिए बाध्य होता है। इस सिलसिले में मैं प्रेमचन्द का एक उद्धरण देना चाहूँगा। कहीं प्रेमचन्द ने लिखा है कि कहानी के नियम हैं और वे उपयोगी होने के लिए हैं, लेकिन वे नियम अगर हृदय के प्रवाह में बाधक हों तो उन्हें तोड़ देना ही अच्छा है, प्रेमचन्द ने कहीं ये लिखा है। तो कहानी के अपने कुछ नॉर्म्स होते हैं, कभी-कभी आवश्यकता पड़ती है, उसे तोड़ने की। और जहाँ वे टूटते हैं, कहानी अच्छी होती है। मैं अपने सन्दर्भ में न कहते हुए प्रेमचन्द के ही सन्दर्भ में बताना चाहूँगा, जैसे 'कफन'। सामान्य जीवन में ये नहीं होता कि कफन के लिए पैसा लिया जाए और कफन न खरीदा जाए। लोग कफन का पैसा लेते हैं, कफन खरीदते हैं। मान लीजिए अपने पास न हो, उधार माँग कर आए, गए बाजार से कफ़न लिया। लाश पड़ी हुई है, टिकठी-अर्थी बाँधी, अर्थी उठाई और घाट पहुँचाया। यह करते हैं लोग, लेकिन जैसे ही प्रेमचन्द 'कफन' कहानी में घीसू, माधव को बाजार में ले जाते हैं, क्योंकि उसके पहले कहानी यथार्थ के स्तर पर चल रही है, वह एक नॉर्म है, बना हुआ। और प्रेमचन्द की कहानियों का ही वो नॉर्म है। यथार्थ से बुरी तरह बँधे हुए लेखक रहे हैं, प्रेमचन्द, लेकिन वहाँ से प्रेमचन्द यथार्थ को छोड़कर अतिरंजना में जाते हैं और वह अतिरंजना या कहानी के नॉर्म को तोड़ने की एक कला है। यह कला 'कफन' को कहाँ पहुँचाती है, इसे आप भी जानते हैं, हम भी जानते हैं। तो, कहानी लिखने का मैं नहीं मानता कि कोई नियम है। सिर्फ अपने यहाँ एक पैटर्न बना हुआ है। उस पैटर्न पर सारे लोग कहानियाँ लिख रहे हैं, लेकिन जहाँ कहीं वह पैटर्न टूटता

है, हमारा खयाल है, कहानियाँ ज्यादा जानदार हो उठती हैं। आवश्यक नहीं कि जानदार ही हों, कमजोर भी होती हैं, लेकिन अगर एक लेखक तोड़ता है तो उस कहानी में और ज्यादा शक्ति भरने के लिए तोड़ता है, ज्यादा संवेदनशील बनाने के लिए। मैं यही समझता हूँ।

तो जैसा कि आपने कहानी पढ़ने के प्रति पाठकों की अपने कहानीपन व किस्सागोई से जो रुचि परिष्कृत की, तो इस कला या हुनर को आपने कहाँ से हासिल किया? थोड़ा विस्तार से बताएँ।

ऐसा है कि जहाँ तक कहानी कहने की कला का सवाल है, मैं दो-तीन बातों का जिक्र करना चाहूँगा। एक तो बचपन में हमारी माँ थी। मैं यह भी कह सकता हूँ कि मेरे भाई नामवर सिंह और मैं, साहित्य संस्कार अगर हममें आया है, तो वह हमारी माँ की देन है। गाँव में जितने अधिक गीत उसे याद थे, बहुत कम औरतों को याद थे। मेरे अपने गाँव में, जीयनपुर में, कोई ऐसा जीवन का मौका नहीं होता था जिससे जुड़े हुए गीत उसे याद नहीं होते थे। और गीत ये नहीं कि केवल दिमाग में होते थे, वह बैठी रहती थी और सहसा गाने लगती थी। गाते-गाते रोने लगती थी या रोते-रोते गाने लगती थी। तो जिन्दगी से जुड़े हुए ढेर सारे प्रसंग जैसे वह अपनी उसी लोक संस्कृति में, उन्हीं लोकगीतों में और लोककथाओं में जीती थी। हर बात पर, जिसे वह कहती थी परतोख देना। परतोख देने का मतलब है कि कहानी किसी पात्र की बातचीत में ले आना या कोई लोकगीत की कड़ी गुनगुनाने लगना। तो एक तो ये था उसके साथ। अच्छा, इसमें वह जात-पाँत कतई नहीं मानती थी। कोई गाने का अवसर हो तो अपने यहाँ, हम लोग तो राजपूत हैं, लेकिन अहीरों के टोलों में, गड़रियों के टोलों में, लोहारों के टोलों में, जहाँ शादी-ब्याह, गमी या ऐसा कुछ पड़ता था, सीधे वह चल देती थी और वहाँ दो-चार औरतों को जुटाकर गाने लगती थी। तो एक तो ये बात। दूसरी बात कि हमारे यहाँ आज तो ऐसा कम दिखाई पड़ता है, सुनाई पड़ता है, बचपन में जब हम लोग सोते थे, कोई ऐसी रात न जाती थी जिसमें कहानी सुनते हुए न सोते हों, उसके चलते। सोने के पहले हम लोग इन्तजार करते थे कि माँ बर्तन-भाँड़े जो कुछ चौका-बासन करती, खा-पीकर आए और हम कई बच्चे होते थे, कहानियाँ सुनाती थी वो। और कई तरह की कहानियाँ। ऐसी कहानियाँ, जिनमें गीत भी होते थे और लम्बी-लम्बी होती थीं वो। तो कहानियाँ सुनाती थी वो। दूसरे, अपने यहाँ गाँव में तो कम थे ऐसे कहानी कहनेवाले, लेकिन मैंने देखा कि कहानियाँ सवर्णों को तो नहीं याद होती थीं, लेकिन जैसे कहार हों, नाई हों, धोबी हों या दूसरे गाँव से मल्लाह आए हों, कुछ न्यौता-व्यौता लेकर। जब वे रात को ठहरते थे और रुकते थे तो अपने यहाँ जहाँ गन्ने की पेराई होती थी, 'कोल्हुआड़' जिसे हम बोलते हैं, जैसे गन्ने का रस कड़ाह में चढ़ा हो, गुड़

तैयार होनेवाला हो। कभी-कभी रात-रात भर गुड़ तैयार होता था और हम लोग बैठे होते तो वे चूल्हे में गन्ने की खुइयाँ झोंकनेवाले जो हैं, वे या छोटी जातियों के जो काम करनेवाले कामगार लोग हैं, वे कोई-न-कोई चूँकि अकेले न रह जाएँ इसलिए बाकी लोग भी रहें और जगे रहें, इसके लिए कहानियाँ सुनाते थे। तो माँ से और गाँव पर कहानियाँ सुनने का चस्का लगा था। और उसी में कहानियाँ सुनाने के कितने पैटर्न हो सकते हैं, क्या विधियाँ हो सकती हैं, कहानियाँ कितने प्रकार की हो सकती हैं, ये सारा कुछ हमने सुना था। फिर नगर में आने के बाद, जातक तो मैं पढ़ाता हूँ विश्वविद्यालय में, 'पंचतंत्र कथा' से 'कथासरित्सागर', 'महाभारत' इनकी पढ़ाई मैंने की। और हमें लगा कि जो किस्सागोई है, वह कहानियों की जान है क्योंकि और कुछ हो या न हो, लेकिन उन्हीं के बीच से चीजें उभरनी शुरू होती हैं, आकार लेना शुरू करती हैं और उसके बाद समूचा खड़ा इनसान दिखाई पड़ता है। लड़ते-झगड़ते, संघर्ष करते हुए, रोते-चीखते, बिलखते या मारपीट करते हुए, उसके भीतर से आदमी खड़ा होता है। तो, ये चीजें मैंने यहाँ से लीं।

आपने सही कहा। आपकी कहानियाँ इसका प्रमाण रही हैं। 'बाइस्कोप का लल्ला' में जो आपने जन्म के समय गाए जानेवाले गीत हैं या 'कहानी सरायमोहन की' में जो पहेलियाँ बुझाना है, मोहन राम का। ये इसके जीते-जागते ऐसे चरित्रों के, पात्रों के और परिवेश के प्रमाण हैं।

ऐसे ही 'जंगलजातकम्' में एक कहानी है।

'जंगलजातकम्', जिसमें आपने अन्त में, एक गाथा, जो अपनी बेहोशी में गाते हैं, वह एक विशेष सौष्ठव उत्पन्न करती है पूरी कहानी में। जैसा कि ज्ञानरंजन जी ने कहा है कि लेखक की प्रतिबद्धता किसी घोषणा-पत्र की तरह नहीं हो सकती, उसकी रचना ही उसको कमिट करती है। आप अपनी समग्र रचनाशीलता के परिप्रेक्ष्य में इस बात से कहाँ तक सहमत हैं?

ज्ञानरंजन ने बिलकुल सही कहा है। स्थिति यह है कि जब मैंने इस बोध के साथ कहानियाँ लिखीं कि मैं मार्क्सिस्ट हूँ, मार्क्सवादी हूँ, एक कम्युनिस्ट हूँ, कहानियाँ कमजोर हो गईं। जो अब मैं मानता हूँ। हम समझते हैं कि कमिटमेंट या विचारधारा, अगर उसे हम ज्यादा महत्त्व देते हैं, बल्कि हमारे दिमाग में यह प्रतिबद्धता छाई रहती है कि हम प्रतिबद्ध कलाकार हैं या कथाकार हैं तो यह पानी पर तैरनेवाले तेल की तरह होती है, जो पानी में बिलकुल घुलती ही नहीं, मिलती ही नहीं। जैसे तेल नहीं मिलता है पानी में। ऊपर तैरता रहता है, वैसे ही प्रतिबद्धता है। कायदे की वे कहानियाँ हो सकी हैं जब मुझे कतई बोध नहीं रहा कि मैं क्या हूँ? मेरे सामने सिर्फ कहानियाँ रही हैं और जीवन रहा है, जिसके बारे में मुझे लिखना रहा है। अगर मैं

यह मान कर लिखता हूँ कि मैं कहानीकार हूँ, कहानी लिख रहा हूँ, तब तो ठीक लेकिन अगर हमारी प्राथमिकता प्रतिबद्धता की हो तो कहानी क्या, कविता क्या, सब नष्ट होंगी। इस प्रतिबद्धता को या अपने विचारों को या विचारधारा को हमारी नसों में खून की तरह बहना चाहिए। ऊपर से दिखाई नहीं पड़ना चाहिए यानी यह झंडा नहीं जिसे हम लेके चलें और कहानी सुनाएँ या कविता करें। इसे हमारी रगों में होना चाहिए। भीतर होना चाहिए, बाहर नहीं।

जैसा कि कामू, सार्त्र और काफ्का से प्रभावित 'नई कहानी' के दौर में एक जो आपने झंडा लेने की बात कही, यह बात नहीं होनी चाहिए। 'सदी का सबसे बड़ा आदमी' कहानी अपनी अस्वाभाविक कृत्रिम स्थिति के कारण प्रभाव में अस्पष्ट है। खासकर उसका उत्तरार्द्ध आपके मन्तव्य को स्पष्ट नहीं कर पाता, जबकि पूर्वार्द्ध में अपने ऊपर थुकवानेवालों की फौज इकट्ठा करने का प्रयास करता है। इसका असली कारण बताइए।

कहानी अगर प्रभाव नहीं डालती है तो उसका एक कारण तो यह है कि इन दिनों कहानी समीक्षा विचारों को ढूँढ़ने का चलन जैसा चल पड़ा है कि कहानी किस विचार को सम्प्रेषित करती है? उस कहानी में यह चीज नहीं दिखाई पड़ती है। अगर प्रभावित वह नहीं करती तो देखना चाहिए कि हमारे लिखने में कमी है या पाठकों के उस संस्कार की कमी है, जिसमें इधर की कहानियों को पढ़ते हुए उसमें बने हैं क्योंकि मुझे यह, मैं उसे कतई कमजोर कहानी नहीं मानता। मैं अब भी मानता हूँ कि वह एक मजबूत कहानी है, लेकिन कहानियों को समझने और समझाने का जो ढर्रा चल पड़ा है, उस ढर्रे से वह कहानी बाहर है। इसलिए उसकी तरफ ध्यान नहीं दिया जा रहा है। जैसे मैं बताऊँ कि उस कहानी की सबसे ज्यादा तारीफ जिस आदमी ने की, विजयदान देथा ने। उन्होंने कहा कि काशी ने कोई कहानी न लिखी होती, अगर केवल यही लिखी होती, तब भी मैं काशी को एक महत्त्वपूर्ण कहानीकार मानता यानी उनके लिए हमारी बाकी कहानियाँ व्यर्थ हैं, लेकिन वह कहानी बहुत कुछ अपनी लोककथात्मकता के कारण है या लोकशैली के कारण है। हो सकता है, इसलिए कि वो ऐसा ही लिखते रहे हैं, उन्हें महत्त्वपूर्ण लगी है। तो इसलिए मैं कतई निराश नहीं रहा।

यह तो मैं भी मान रहा हूँ कि जो उसका पूर्वार्द्ध भाग है, वह काफी सफल रहा है। उत्तरार्द्ध में थोड़ी-सी पेचीदगी है।

नहीं, उत्तरार्द्ध को भी हम उस रूप में तो नहीं देख रहे हैं। हो सकता है कि थोड़ी अस्पष्ट रह गई हो कहानी, लेकिन मैंने कहा कि कहानी को विचार के रूप में निचोड़ के देखने की आदत ने उस कहानी को अभी खारिज कर रखा है, बहुतों

के लिए। जिस दिन इस रूप में देखना लोग छोड़ देंगे, उस दिन शायद लोगों की नजर जाए उस कहानी पर फिर।

जैसा कि 'आखिरी रात' में भी विचारधारा को कपड़े की तरह निचोड़कर कुछ लोग निकालने की कोशिश में रहे हैं और सपाटबयानी ही कहते रहे हैं।

बेमतलब करते रहे हैं।

आप अपने जीवन का सबसे महत्त्वपूर्ण क्षण या उपलब्धि किसे मानते हैं और क्यों?

अभी तो मैं इन्तजार कर रहा हूँ उस क्षण का। अभी तक तो नहीं आया है, अभी वह क्षण मुझे लगता है, आना है। अभी तक नहीं आया।

अपने आपको एक मनमौजी कलाकार की तरह कभी जैसा कि विजयमोहन जी ने कहा था कि, जैसा आपने निराला का भी उदाहरण दिया है, कि कभी काफी फैल-पसर कर, कभी गीतिकाओं, परिमल की रचना, कभी गहरे उथले पाने की कोशिश। जैसे कि आपके संस्मरण काफी चर्चित रहे हैं, उस दिशा में मैंने यह आपसे पूछना चाहा था। यह एक तरह से उपलब्धियाँ ही हैं, हम पाठकों की निगाह से और एक छात्र की निगाह से।

दरअसल मैंने सोचा ही नहीं कि सबसे ज्यादा महत्त्वपूर्ण क्षण कौन थे मेरे जीवन में। ऐसा कोई भी याद नहीं आ रहा यानी उथल-पुथल होते रहे हैं। मुझे अपने बचपन के दिनों की वह जिन्दगी जो बहुत ही मुसीबत और कहीं-न-कहीं गरीबी की भी थी, वह मुझे भूलती नहीं है। मसलन, हमारे घर के आँगन में, जो घर की मालकिन थीं हमारी बड़ी माँ, वह एक घड़ा मट्ठा लेकर बैठती थीं और घर के आठ बच्चे, सारे लोग गिलास, कटोरी जो भी जिसके पास होता था, वह लेकर इकट्ठा होते। और उसमें से चम्मच की मात्रा के बराबर वह बाँटा करतीं मट्ठा पीने के लिए हम लोगों को यानी एक-चौथाई गिलास एक को। वह लड़का कितना बड़ा है, इस हिसाब से देती थीं। छोटे को बहुत कम, उससे जो बड़ा है, थोड़ा ज्यादा, उससे जो बड़ा है, और थोड़ा ज्यादा, और।

आप अपनी पीढ़ी के रचनाकारों के बारे में क्या कहना चाहेंगे? उनके कथ्य और शिल्प के दृष्टिकोण से।

देखो एक चीज बताएँ यानी गड़बड़ी ये हुई कि बीच में 'किस्सा साढ़े चार यार' संस्मरण या उस संस्मरण को कुछेक मित्रों ने, जिस स्पिरिट में लिखा गया था संस्मरण, उस स्पिरिट में नहीं लिया। और न लेने का शायद कुछ कारण हो क्योंकि

हमें लगता है कि बनारस ने एक साहित्यकार के नाते मुझे एक दूसरा संस्कार दिया है और इलाहाबाद में वह संस्कार दूसरे रूप में मिला है। वरना उसके पहले और अब भी जितना याराना सम्बन्ध हमारी पीढ़ी के लेखकों में आपस में रहा है, उतना याराना व अच्छे सम्बन्ध किसी जेनरेशन में नहीं है। लेखकों के बीच नहीं रहा है। मैं हूँ, ज्ञान हों, दूधनाथ हों, कालिया हों, गिरिराज किशोर हों या विजयमोहन हों, तो एक साथ हम लोगों ने लिखना शुरू किया। और यह कि आत्मीयता, प्रेम, भाईचारा मनुष्य के रूप में जो हममें आया है, और दिखाई पड़ा, और जिसकी आयु बहुत लम्बी है, उतना हमारा खयाल है कि किसी दौर के लेखकों के बीच ऐसा नहीं हुआ है। एक-दो लोगों के बीच हो सकता है, लेकिन परस्पर छह-सात लोग हों, आठ लोग हों और उनके बीच इस तरह का रिश्ता है, ये बहुत कम हुआ है। सबके अपने लिखने के अलग-अलग रंग हैं। मेरे अलग हैं, ज्ञान के अलग हैं, दूधनाथ के अलग हैं, गिरिराज के या कालिया के अलग हैं। उसमें अच्छे-बुरे का कोई सवाल नहीं है, जो थोड़ी चिन्ता में डालनेवाली बात है। बहुत सारी बातों के बारे में मेरा सोचने का ढंग दूसरा है, और हमारे मित्रों के सोचने का ढंग दूसरा है और उनके दु:ख या हमारे मतभेद के कारण यही हैं। और वह क्या है, वो बताएँ हम आपको। जैसे मुझे जो संस्कार मिला है, वो ये कि आप लाख गहरे दोस्त हों, एक-दूसरे पर जान न्योछावर करनेवाले दोस्त हों, लेकिन अगर आप लेखक हों, और मैं भी लेखक हूँ, तो आपके बारे में लिखते समय मुझे पूरी तटस्थता बरतनी चाहिए, वहाँ दोस्ती नहीं चलेगी। क्योंकि मुझे और आपको केवल हम और आप ही नहीं देख रहे हैं बल्कि पाठकों का पूरा एक संसार है, जो आपके साथ ही मुझे देख रहा है, मेरे साथ आपको भी देख रहा है। वहाँ हम किसी तरह की धाँधली या बेईमानी नहीं कर सकते। इसीलिए कालिया के बारे में जो कुछ मैंने लिखा, अपनी पूरी आत्मीयता के बावजूद तटस्थ होकर जो मैं कालिया को देख रहा था, और जो मैं लिख सकता था। जिन बातों को छिपाने की कोई तुक नहीं थी, मैंने सीधे-सीधे लिखा। आलोचनात्मक रुख रखा मैंने, जिसे लेकर वह नाराज हुआ, लेकिन मैं उसके नेचर को जानता हूँ। भावुक किस्म का है वो। ठीक-ठाक हो जाएगा, जैसे उसे लगा कि लोग चीजों को भूल गए हैं, ठीक हो गए हैं। तो अपने दौर के लोगों के बारे में बहुत ही प्यार भरी राहें हैं मेरी, उनमें से किसी से किसी भी तरह की गिला मुझे नहीं है।

आज जो नये कहानीकार कहानियाँ लिख रहे हैं, उसमें आप किन-किन में अधिक सम्भावनाएँ देखते हैं और कौन-कौन हर दृष्टि से महत्त्वपूर्ण लगते हैं?

हम लोगों के बाद हमारा खयाल है कि दो-तीन पीढ़ियाँ आईं, जैसे असगर वजाहत, रमेश उपाध्याय, स्वयं प्रकाश, अब्दुल बिस्मिल्लाह एक ये पीढ़ी आई। उसके

बाद अपेक्षाकृत थोड़ा बाद में आते हैं, उदय प्रकाश वगैरह और उनके बाद आते हैं यानी उदय प्रकाश के साथ ही संजीव भी हैं, लेकिन इधर लेखक-लेखिकाओं की एक नई पौध आई है। कुछ दूसरे लोग हैं, जो लिख रहे हैं, मनोज रूपड़ा, देवेन्द्रनाथ सिंह हैं, देवेन्द्र के नाम से लिखते हैं, महेश कटारे हैं, हरि भटनागर हैं, ये लोग लिख रहे हैं। सम्भावनाओं की बात तो बाद में हम करेंगे। बल्कि उसके बारे में बात करना तो बेकार है क्योंकि हम सम्भावना जाहिर करें, उसके बाद तो लिखना न लिखना या खराब लिखना ये उन पर है। इसलिए भविष्यवाणी तो नहीं कर सकता मैं, लेकिन एक-दो बातें ऐसी जरूर हैं, जो खटकती हैं। ये लेखक हैं। अच्छा लिख सकते हैं, एक तो जो एकदम नई आयु की पीढ़ी है, उसके भीतर आत्म विज्ञापन की बेहद भूख है यानी जैसा अपने समाज में एक नया मध्यवर्ग आया है, जो कम-से-कम मशक्कत में ज्यादा-से-ज्यादा रुपया पैदा करना चाहता है कि मेहनत बहुत कम करनी पड़े और अधिक-से-अधिक पैसा मिले। वही स्थिति इन लेखकों की है, जो कम-से-कम मेहनत करके अधिक-से-अधिक प्रतिष्ठा और विज्ञापन, प्रचार-प्रसार अर्जित करना चाहते हैं। यह इनके लेखन को प्रभावित करेगा। अगर आप लेखक हैं, तो एक तो 'पार्ट टाइम' काम यह नहीं है, शौकिया नहीं है कि लिखने का शौक है, इसलिए लिख रहे हैं। ये कुछ नहीं चलेगा। लेखन आपके अस्तित्व का, बल्कि आपके जीवन का एक अनिवार्य हिस्सा है। अगर आप लिख रहे हैं तो उस रूप में आपको लेना चाहिए। दूसरे, यह काम भी हड़बड़ी का नहीं है यानी यह नहीं कि एक-दो-तीन-चार-पाँच कहानियाँ आप लिखें और उसके बाद तो आप चाहो कि सारा पाठक समुदाय, आलोचक समुदाय और सारे साहित्यकारों का ध्यान आपकी ही तरफ चला जाए। क्योंकि ऐसा बहुत हुआ है कि किसी ने एक कहानी लिखी, ध्यान गया और उसके बाद तो लगातार वह खराब लिखता गया। और अब लिख रहा है कि नहीं लिख रहा है, कोई ध्यान नहीं दे रहा है। तो रास्ता बड़ा लम्बा है ये। आप दौड़ेंगे, थक जाएँगे। हाँफने लगेंगे, उसके बाद आराम करने लगेंगे। आप चल रहे हैं, धीरे-धीरे चलिए और एक विश्वास के साथ कि आपका चलना व्यर्थ नहीं जाएगा। यह नहीं कि आप चल रहे हों और चाहें कि सारी दुनिया आपको ही चलते हुए देखती रहे, ऐसा नहीं होता। मुक्तिबोध की सारी उमर चली गई और मरने के बाद मुक्तिबोध को लोगों ने जाना। निराला सारी जिन्दगी संघर्ष करते रहे। धूमिल का एक ही संग्रह आया और उस संग्रह के बाद ही धूमिल मर गए। हालाँकि धूमिल इन तमाम लोगों में ज्यादा भाग्यशाली हैं कि अपने जीते-जी उनकी पहचान बन सकी थी। हम समझते हैं कि 15-20 साल तो मेरी सिर्फ यही पहचान रही कि नामवर सिंह का मैं भाई हूँ। इससे ज्यादा मुझे कभी महत्त्व नहीं मिला। ऐसा नहीं कि महत्त्वहीन लिखता था मैं। उसके दूसरे कारण हो सकते हैं। आज जो मैं लिखता हूँ, मानकर चलता हूँ कि मैं अभी सीख रहा हूँ।

और मुझे लगता है कि अगर किसी लेखक में यह भावना नहीं है कि वह सीख रहा है तो बहुत जल्दी ही उसका लिखना खत्म होनेवाला है; तो ये धैर्य होना चाहिए। जिस आदमी में ये धीरज रहेगा, आत्मविज्ञापन, प्रचार की अतिरिक्त लिप्सा और महत्त्वाकांक्षा नहीं होगी तो ऐसा लेखक आगे चलकर बहुत अच्छा लिखेगा और टिकेगा भी। ऐसी सम्भावना वाले कहानीकारों में स्वयं प्रकाश, उदय प्रकाश, महेश कटारे का नाम ले सकता हूँ।

जैसा कि आपने कहा, एक सच्चे रचनाकार के लिए जीवन भर विद्यार्थी बना रहना जरूरी है, तभी वह अपनी रचनाशीलता में प्रगति कर सकता है। अब जब प्रगति की बात आई है, तो आप एक लम्बे अरसे से प्रगतिशील लेखक संघ से जुड़े हैं, जबकि आप नक्सलवादियों एवं जनवादियों से भी गहरा लगाव अनुभव करते रहे हैं। अब आपका रुझान किस तरफ है?

ऐसा है कि इन्हें देखते हुए मैं उस बस्ती की कल्पना करता हूँ, जिस बस्ती में तीन-चार टोले हैं यानी जैसे गाँवों में होता है, ठकुरहन, बाम्हन टोला, अहिरान, फलाने-ढिमाके, ये सब जो हुआ करता है न, ये गाँव में कई टोले हुआ करते हैं। तो अब साहित्यकारों की एक बस्ती है, जिसमें कई टोले हैं। जिसमें प्रगतिशील लेखक संघ है, एक टोला। एक टोला जनवादी लेखक संघ है। एक टोला जन संस्कृति मंच है। मेरी अपनी झोंपड़ी प्रगतिशील लेखक संघ वाले टोले में है। अब दूसरे लोग हो सकता है कि किन्हीं कारणों से नाराज हों, दूसरे टोलों में न जाते हों। मेरा हुक्का-पानी हर टोले के लोगों के साथ है, इसलिए कि हम यह मानकर चलते हैं कि एक ही बस्ती है यानी उस बस्ती का एक ही नाम है, जिसमें हम रहनेवाले सारे लोग हैं। यही वजह है कि हूँ तो प्रगतिशील लेखक संघ में, अब भी हूँ, लेकिन जनवादी लेखक संघ के लोग हों, वो जन संस्कृति मंच के लोग हों, सारे लोगों से अलग सम्बन्ध हैं। सम्बन्ध का कारण कुछ और नहीं है, सम्बन्ध का कारण मात्र ये है कि संगठन आपने अलग-अलग बना रखा है जरूर, लेकिन लेखन के स्तर पर कहीं कोई फर्क नहीं है यानी जैसा मैं लिख रहा हूँ, वैसा जन संस्कृति मंच के लोग भी लिख रहे हैं, जनवादी लेखक संघ के लोग भी लिख रहे हैं। तो किस बात का फर्क है, भई। तो मैं ये सुविधापरस्ती मानता हूँ, लेखक संगठनों का गठन, वरना हम सारे लोग एक ही बस्ती के रहनेवाले लोग हैं। और जहाँ मैं हूँ, प्रगतिशील लेखक संघ में, सिर्फ इसलिए हूँ कि राजनीतिक लाइन को कट्टरता से लागू करने की प्रवृत्ति प्रगतिशील लेखक संघ में कभी नहीं रही। यह ज्यादा खुला मंच रहा है बराबर से। हम उसमें रहते हैं, उनकी खिलाफत कर सकते हैं, उससे असहमत हो सकते हैं, हम विरोध कर सकते हैं। तो सबसे ज्यादा जनतंत्रात्मकता यों डेमोक्रेसी कहें, प्रगतिशील लेखक संघ में है। इसलिए मैं वहाँ हूँ, वहाँ लेखकों

में परस्पर काफी डेमोक्रेसी है, किसी तरह की कट्टरता नहीं है कि आप ये हो रहे हैं, आप वो हो रहे हैं, आपमें भटकाव आ रहा है, ऐसा कुछ नहीं है।

एक सच्चे लेखक के लिए आपकी उससे क्या अपेक्षाएँ हैं और क्या आप अपने लेखन में इन अपेक्षाओं पर खरे उतरते हैं?

यह तो मैं नहीं जानता कि खरा उतरता हूँ कि नहीं, लेकिन एक सच्चे लेखक से मेरी जो अपेक्षा है, वह ये है कि लेखन को 'पार्ट टाइम जॉब' न समझिए। लेखन को शौक न समझिए। लेखन को मनोरंजन न समझिए, समय व्यतीत करने की एक क्रिया न समझिए। और दूसरी बात कि लेखक समूची जिन्दगी में दिलचस्पी लें। सिर्फ उस पेशे में नहीं, जिस पेशे से वह सम्बद्ध है या उसके आसपास के लोगों में ही नहीं बल्कि सारी जिन्दगी में।

'अपना मोर्चा' एक अर्द्ध सत्य है। खासकर औपन्यासिक कलेवर में इसकी पूर्णता की ओर आपका अगला कदम क्या है?

दरअसल 'अपना मोर्चा' छपवाने की पता नहीं कहाँ से मुझमें जल्दबाजी आ गई और छपवा दिया। जो उपन्यास मुझे लिखना था, उसकी भूमिका थी 'अपना मोर्चा'। और हुआ यह कि भूमिका लिखी गई, उपन्यास रह गया, लेकिन आज उस रूप में वह उपन्यास लिखा भी नहीं जा सकता, जिस रूप में तब मैंने कल्पना की थी। आज चीजें बदल चुकी हैं, इसलिए मैं अब उसे तो लिखने की नहीं सोच रहा हूँ, लेकिन उपन्यास लिखना जरूर मैं चाहता हूँ, वह क्या होगा, इसके बारे में मैं कुछ नहीं बता सकता।

जैसा कि 'हंस' के एक अंक में आपकी रचनाओं का जिक्र करते हुए था कि आप आजकल एक नाटक और एक उपन्यास पर कार्यरत हैं। इस सन्दर्भ में मैं...

तो नाटक मैं बहुत दिनों से लिखना चाह रहा हूँ। दो-तीन साल से, लेकिन अभी कुछ कमियाँ हैं, मेरी ही कमियाँ हैं, जिसके चलते नाटक नहीं हो रहा है, लिख नहीं पा रहा हूँ। रही बात उपन्यास की तो, उपन्यास का एक टुकड़ा तो मैंने लिखा जरूर है, लेकिन उसे फिर से लिखने की जरूरत है, और नये सिरे से मैं लिखने की सोच रहा हूँ, उसे मैं करूँगा। बाद में करूँगा, खाली होने के बाद।

(1993)

सारा जीवन, जीवन को पाने में रहते हैं

क्या कुछ छूटा रह गया है, जो अभी तक आपने नहीं किया?

मैंने एक छोटा-सा उपन्यास लिखा था; जिसका नाम है—'अपना मोर्चा'। उसके पहले ही परिच्छेद में अपभ्रंश का एक दोहा मैंने लिखा था, जिसका अर्थ था कि ये जन्म अकारथ ही चला गया। क्योंकि मैंने न किसी भट्ट के सिर पर तलवार तोड़ी और न घोड़े की सवारी की और न गोरी को गले लगाया। आज इस सवाल ने फिर मुझे ऐसे प्रश्न के सामने खड़ा कर दिया। मैं लेखक हूँ, मेरे हाथ में कलम है। आपके प्रश्न का सीधा उत्तर ये है कि क्या है जो मैंने अब तक नहीं लिखा। मैं कहना चाहूँगा कि फिलहाल मेरी समुचित चेतना किसी ऐसी रचना पर केन्द्रित है जो मैं नहीं लिख सका हूँ और वह उपन्यास जैसी ही कोई चीज नहीं। यह नहीं कह सकता कि जो लिखूँगा, वह उपन्यास ही होगा।

जीवन के बारे में आप किस तरह सोचते हैं?

अब तक तो जीवन को हर रंग ने जीने का कायल बना दिया, लेकिन बीच-बीच में विद्रोह होता है कि जिन्दगी के बने-बनाये ढर्रों को तोड़कर बाहर चला जाऊँ। मुझे लगता है कि सारा जीवन, जिन्दगी को ही तलाश करने की क्रिया का नाम है। तलाश यानी सार्थकता की तलाश। जीने के रूटीन से अलग की तलाश।

आपके एकान्त में कौन होता है?

जब मैं लेखन कार्य कर रहा हूँ, तो मेरे एकान्त में वे चरित्र या स्थितियाँ होती हैं, जिनके साथ मुझे जीना है, और कभी-कभी जिस एकान्त में सिर्फ कड़वापन होता है और तब वह एकान्त शायद बहुत दयनीय होता है। जब पात्र-स्थितियाँ नहीं होतीं तब मेरे बचपन का गाँव और तब की बचकानी हरकतें होती हैं।

अपने एकान्त के खालीपन को आप किस तरह जीते हैं?

यौवन के दिनों की यादों से भरते हैं। या फिर मेरे साथ जब पुस्तकें होती हैं, दुनिया के उस्ताद कथाकारों की, जिनकी रचनाएँ मुझे अकेला नहीं रहने देतीं।

फुर्सत के क्षणों में आप क्या करते हैं?

मैं ये तो बता सकता हूँ कि क्या-क्या नहीं करता हूँ, परन्तु ये बताना मुश्किल है कि क्या करता हूँ?

आपका प्रिय स्वप्न क्या है? और दु:स्वप्न क्या है?

पता नहीं क्यों, अब सपने नहीं आते। पता नहीं किस चीज ने मुझे बहुत परेशान किया है कि सपने क्यूँ नहीं आ रहे। किन्हीं दूसरी स्थितियों में इनके उत्तर मुझे नहीं ढूँढ़ने पड़ते, लेकिन अचानक किसी बड़ी खतरनाक खोह के सामने आदमी की खोह में खड़ा कर दिया जाता है। ऐसा मुझे लग रहा है क्योंकि वास्तविकता यह है कि यानी अनेक बार मेरे मन में ये सवाल उठा है कि दस-पन्द्रह वर्षों के सपने हमारे मन में क्यों नहीं आ रहे हैं और जिन्दगी के भीतर सपनों का गायब हो जाना ही दु:स्वप्न है। ऐसा क्यूँ हो रहा है!

दूसरों के व्यक्तित्व में आप क्या पसन्द करते हैं?

हँसी, मस्ती, फक्कड़पन, जिन्दगी को समूचे उल्लास के साथ जीने की हविश।

किन बातों पर हँसी आती है और किन बातों पर रोना?

अपनी बेवकूफी पर हँसी आती है और अपने प्रतिस्पर्धा की हार पर रोना।

प्रेम पर आपका क्या कहना है?

एक तो ये है कि प्रेम का सच्चा अर्थ बूढ़ा भी जानता है, दूसरे ये कि प्रेम जीवन की लगातार खोज का नाम है। हम जिसे प्यार करते हैं, उसमें स्वयं को खोजते हैं। हम स्वयं को ढूँढ़ते हैं उसे नहीं। और ये सिलसिला तब तक चलता है जब तक हम जीते हैं।

किस तरह की स्थितियाँ नापसन्द करते हैं?

विश्वासघात, छल, कपट, धूर्तता—वे स्थितियाँ हैं जो एक मनुष्य को गँदला बनाती हैं।

कैसा समाज चाहते हैं?

झरने के पारदर्शी जल की तरह, जिसमें गति भी हो, संगीत भी और निर्मलता भी हो।

झूठ भी बोलना पड़ता है?

बहुत ज्यादा, लेकिन जब बोलता हूँ तो पकड़ में आ जाता हूँ।

किस प्रकार की मृत्यु चाहेंगे?

फिलहाल तो नहीं चाहेंगे, लेकिन हम अस्पताल में या घर में बिस्तर पर मौत नहीं चाहते हैं।

किस बात से सबसे ज्यादा डरते हैं?

अपने आप को धोखा देने से।

आपके आदर्श कौन रहे?

साहित्य में टॉल्स्टॉय और राजनीति में गांधी।

['स्वतंत्र भारत', 20 अगस्त, 1995]

संजय राय ⟶
⟵ **काशीनाथ सिंह**

बनारस को चाहिए एक अदद त्रिलोचन

वरिष्ठ प्रगतिशील कवि त्रिलोचन शास्त्री को लेकर कथाकार काशीनाथ सिंह ने एक संस्मरण 'दन्तकथाओं में त्रिलोचन' लिखा था, जो 'हंस' में प्रकाशित होने के बाद अत्यधिक चर्चित रहा। वह संस्मरण त्रिलोचन की एक ऐसी मुकम्मल तस्वीर बनाता है, जिसमें उनका व्यक्ति, कवि, अध्येता और स्वभाव की अलमस्त फक्कड़ता एक साथ उभर जाते हैं। ये सारे तत्त्व इतने गुम्फित और संश्लिष्ट हैं कि किसी एक तन्तु को खींचने पर पूरा रूप ही चला आता है। लगता है, एक के बिना दूसरे का अस्तित्व सम्भव ही नहीं था। कवि के सम्बन्ध में लेखक की मनोरचना का महत्तम अंश यहाँ आ चुका है क्योंकि उसके बाद जब कहीं भी उन्होंने त्रिलोचन का जिक्र किया तो बात उसी तस्वीर के आसपास होती रही। यह बातचीत मैंने इस उद्देश्य से की है कि त्रिलोचन से जुड़े वे प्रसंग जो संस्मरण में न आ सके थे, उनका भी खुलासा हो सके क्योंकि बहुत सम्भावना थी कि उनके मानस में कवि की वह रंग-छवियाँ भी हों, जो उसके कृतित्व की समझ और भी पूर्ण करे।

डॉक्टर साहब, आपने जो संस्मरण 'दन्तकथाओं में त्रिलोचन' लिखा था, उसका सन्दर्भ देना चाहता हूँ। दन्तकथाओं का सम्बन्ध श्रुति-परम्परा से जुड़ता है, जबकि संस्मरण एक गैर काल्पनिक विधा है। उसमें अपने नायक को करीब से देखना, समझना, उसकी खूबियों-खामियों को परखना अनिवार्य होता है और आपने त्रिलोचन को सुन रखा था। खैर, सबसे पहले आप यह बताएँ कि त्रिलोचन को आपने पहली बार कब देखा?

आपने सही कहा है। संस्मरण का शीर्षक है 'दन्तकथाओं में त्रिलोचन', वह त्रिलोचन नहीं जिसे मैंने देखा है, लेकिन देखने के बाद मैंने पाया कि सुनाई पड़नेवाला त्रिलोचन, दिखाई पड़नेवाले त्रिलोचन का ही विस्तार है। फर्क मात्र इतना है कि

दिखाई पड़नेवाला त्रिलोचन बहुत कुछ 'शास्त्रबद्ध' है और 'मुक्त छन्द' की तरह, जबकि सुनाई पड़नेवाला त्रिलोचन 'शास्त्र विरुद्ध' और 'छन्द मुक्त'। सच कहिए तो सुना हुआ त्रिलोचन कहीं ज्यादा काव्यात्मक, ज्यादा उत्साहपूर्ण और ज्यादा प्रेरक है।

मुझे त्रिलोचन के प्रथम दर्शन की याद बहुत धुँधली है। ग्यारह-बारह साल का रहा हूँगा। सन् और तिथि याद नहीं। शायद उन्नीस सौ अड़तालीस-उनचास के वर्ष रहे हों, मझले भाई रामजी सिंह की शादी हो चुकी थी, गौना कराने के लिए एक छोटी-सी बारात रैपुरा जा रही थी। रैपुरा मेरे गाँव और सकलडीहा स्टेशन के बीच पड़ता है। मेरे गाँव से तीन-चार किलोमीटर दूर, रैपुरा से उतनी ही दूर सकलडीहा स्टेशन है। बारात में मैं भी गया था। यह होली के दो-तीन दिन पहले की बात होगी। सकलडीहा से किसी ट्रेन से उतरकर भैया रैपुरा आनेवाले थे। वे उस समय पहुँचे जब बारात विजय (भोजन) के लिए तैयार हो रही थी। भैया के साथ एक और युवक आया था, जिसका परिचय उन्होंने त्रिलोचन करके दिया था। युवक साँवला, गठीले बदन का छरहरा और बेतकल्लुफ जैसा था। उसके व्यवहार से ऐसा लग रहा था, जैसे बारात में शामिल कोई भी आदमी उसका अपरिचित या अनचिन्हार नहीं है। वह सबसे भोजपुरी जैसी बोली में धड़ल्ले से बतिया रहा था। उसी समय किसी घराती ने बताया मजाक करते हुए कि 'आप ठीक से तैयार होकर चलें, रंग डालने की पूरी व्यवस्था है।' मैंने देखा कि त्रिलोचन कुर्ता-पाजामा उतारकर लँगोट में विजय के लिए तैयार। इसके बाद काफी हो-हल्ला मचा। घरातियों ने उनसे अनुरोध करके कपड़े पहनने को कहा और वादा किया कि रंग नहीं डाला जाएगा।

इतना और याद है कि भोजन के बाद जब सारी बारात सो गई थी, त्रिलोचन हमारे नाई महमूद मियाँ से भोर तक 'किस्सा गुल-बकावली' सुनते रहे। मैं तो सो गया था, लेकिन लोगों ने तब बताया, जब त्रिलोचन भैया के साथ वापस रेलवे स्टेशन जा चुके थे। त्रिलोचन का यह बानक मेरे मानस पटल पर आज भी अंकित है।

यह तो तब की बात है जब आप अबोध थे। उसके बाद जब आप बनारस आए, तब से लगातार त्रिलोचन को देखते-सुनते रहे। उस त्रिलोचन को आपने बनारस में कैसा या किस हाल में देखा?

मैं सन् तिरपन में बनारस आया। भैया के साथ ठहरा 'सरस्वती प्रेस' में। गोदौलिया के पास जो आज 'निदान केन्द्र' है। दूसरी मंजिल के कमरे में। उस समय सरस्वती प्रेस के मैनेजर जगत शंखधर जी थे। वहीं मैंने सफेद साड़ी में, सिर पर आँचल रखे प्रेमचन्द की पत्नी शिवरानी देवी को भी देखा और अमृतराय को भी। सम्भवत: अगस्त में उसी प्रेस के हॉल में प्रगतिशील लेखक संघ या सांस्कृतिक संघ की कोई गोष्ठी हुई थी। संयोजक शायद भैया ही थे। विद्यासागर नौटियाल और विष्णु स्वरूप ने कहानियाँ पढ़ी थीं। अध्यक्षता विजयशंकर मल्ल कर रहे थे, लेकिन गोष्ठी के

बीच में ही इलाचन्द्र जोशी आए तो उन्हें अध्यक्ष के आसन पर बिठा दिया गया। उस गोष्ठी में नगर के प्राय: सभी प्रतिष्ठित और युवा लेखक उपस्थित थे, लेकिन त्रिलोचन नहीं थे। यह मुझे इसलिए याद है कि मैं उन्हीं की याद लिये गोष्ठी में बैठा था। उनके सिवा किसी दूसरे को जानता भी नहीं था।

त्रिलोचन आए लोलार्क कुंड पर, जहाँ बाद के वर्षों में हम किराए पर रहे थे। वहीं पता चला कि त्रिलोचन ने पक्का महाल या उधर ही कहीं घर लिया है और कुछ परेशान से हैं, लेकिन परेशानी की भनक न तो त्रिलोचन के चेहरे से मिलती थी और न जबान से, न उनकी चाल-ढाल से।

सच कहिए तो बाद के कई वर्षों तक मैं शुद्ध रूप से विद्यार्थी रहा। साहित्य से मेरा सम्बन्ध सिर्फ साहित्यकारों से था। कारण जो भी रहे हों, लेकिन इतना याद है कि त्रिलोचन अस्सी की तरफ उन दिनों बहुत कम जाते थे। शहर में लिखने-पढ़नेवाले युवा लेखकों की इतनी तादाद थी जितनी इस नगर में कभी नहीं थी। त्रिलोचन उन युवा लेखकों की बातों में सुनाई पड़ते थे, दिखाई कम पड़ते थे। यह नगर का छठा दशक था, जिसके सारे साहित्यिक-सांस्कृतिक रास्ते नामवर सिंह से होते हुए आचार्य हजारीप्रसाद द्विवेदी की ओर जाते थे। आचार्य द्विवेदी उस दशक के सबसे महत्त्वपूर्ण आकर्षण केन्द्र थे।

अनावश्यक विस्तार में न जाकर मैं यह कहना चाहूँगा कि मैंने त्रिलोचन को जाना, मगर सातवें दशक में। और यह जाना कि त्रिलोचन वह धुरी (गुल्ली) है, जिस पर बनारस के साहित्य का चाक सन् चालीस के जमाने से घूम रहा है। घूमता हुआ चाक दिखाई पड़ता है, गुल्ली नहीं। साहित्यिक चर्चा के लिए वे समकालीनों की तुलना में युवा और युवतर रचनाकारों को ज्यादा पसन्द करते थे। 'धरती' छपने के बाद 'गुलाब और बुलबुल' आई थी, जिस पर शायद ध्यान नहीं दिया गया था, लेकिन इससे त्रिलोचन की सेहत पर कोई फर्क नहीं पड़ा।

लगभग बीस-बाईस साल हो गए त्रिलोचन को बनारस छोड़े हुए। तब से बनारस ने ले-देकर 'क्षमा करो हे वत्स' के कहानीकार देवेन्द्र और 'लड़की' सीरीज कविता लिखनेवाले दिनेश कुशवाह को पैदा किया। आलोचक कोई नहीं। एक कवि और एक कहानीकार। जाने क्यों, मुझे लगता है कि त्रिलोचन इस नगर में होते तो यह स्थिति न होती। वे अपने-आप में एक चलता-फिरता साहित्य मंडल थे। साहित्यिक वातावरण भी और साहित्यिक संस्कार भी। साहित्य में रुचि रखनेवाले युवकों की ओर वे खुद अनायास चले आते थे। उन्हें किसी को ढूँढ़ने की जरूरत नहीं पड़ती थी।

डॉक्टर साहब, आपके संस्मरण में एक प्रसंग आता है कि 'जगे में तो सभी चलते-फिरते, नहाते-धोते हैं, लेकिन त्रिलोचन वह जो पूरी बस्ती के सो जाने पर नींद में अकनू भवन से उठे, कमरे में ताला लगाए, गंगा में नहाए आदि

आदि। यह प्रसंग संकेत भर है। इसके पीछे की कथा नहीं मालूम। आप जरा बताएँ, बात क्या थी?

मुझे यह याद नहीं कि यह कथा किसने किससे कही और कहाँ-कहाँ से होते हुए मुझ तक कैसे पहुँची? लेकिन किसी सूत या अवधूत ने ही बताई होगी। हो सकता है, उसे त्रिलोचन ने ही बताई हो। इतना है कि त्रिलोचन उन दिनों नगवा पर अकनू भवन में रहते थे। अकनू भवन से सीधा एक रास्ता, जो गंगाधार की ओर जाता है। मुझे नहीं याद कि बनारस में रहते हुए कभी किसी ने सुना हो कि त्रिलोचन को सर्दी-जुकाम है, वे अस्वस्थ हैं, बीमार हैं, बिस्तर पर पड़े हैं या फोड़ा-फुंसी निकली हो या कुछ टूटा-फूटा हो, अस्पताल में भर्ती हैं। कभी उनके बारे में ऐसा नहीं सुना गया। ये ऐसे रोग हैं जो सामान्य जन या औसत आदमी को होते रहते हैं। अकनू भवन में रहते हुए त्रिलोचन 'फटक चन्द गिरधारी' थे। रात-बिरात और दिन-दहाड़े कुछ भी हो सकता था, लेकिन अकनू भवन में रहते हुए उन्हें एक ऐसा रोग सुना गया, जो कहते हैं शेक्सपियर की लेडी मैकबेथ को था यानी नींद में चलना। वे सारे कार्य जो दिन में, होशो-हवास में, जगे में एक सामान्य आदमी करता है। त्रिलोचन की मठिया के ही किसी साधु ने बताया था कि कुछ दिनों के लिए ऐसा हो गया था कि त्रिलोचन जी पूरे मुहल्ले के सो जाने पर नींद में उठते थे और घर में ताला लगा के गंगा की ओर चल देते थे। रात के दो बजे के आसपास खूब तबीयत से नहाते थे, कपड़े बदलते थे और सो जाते थे। सुबह उनके भीगे कपड़ों को देखकर उनकी पत्नी को आश्चर्य होता था और खुद त्रिलोचन को भी। ध्यान रहे कि यह सारा काम त्रिलोचन जी नींद में ही करते थे। इसका पता त्रिलोचन को उस दिन चला, जब वे ढाई-तीन बजे नहाकर आ रहे थे और उनके पड़ोस के ही कोई सज्जन पेशाब करने के लिए उठे। उन्हें टोका, जब टोकने पर भी त्रिलोचन जी नहीं बोले, तब उन्हें झकझोरा। त्रिलोचन ने आँखें खोलीं और उन्हें इस रोग का पता चला। कहते हैं, सामान्य स्थितियों में आदमी झकझोरे जाने के बाद बेहोश होकर गिर पड़ता है और कभी-कभी मर भी जाता है, लेकिन त्रिलोचन के साथ ऐसा नहीं हुआ। जीवित रहने के लिए त्रिलोचन का कलेजा चाहिए।

मैंने जब यह कहानी सुनी तो इसकी प्रामाणिकता जाँचने की कभी कोशिश ही नहीं की क्योंकि विश्वास था कि त्रिलोचन के साथ कुछ भी गलत और झूठ हो ही नहीं सकता।

इसी तरह के संकेतित प्रसंगों में त्रिलोचन की परीक्षा का प्रसंग भी है, इससे भी प्राय: हम अनजान हैं। हो सके तो इसे भी बताइए।

यह तब का प्रसंग है, जब नामवर 'गोविन्द लॉज' में लंका पर रहते थे और त्रिलोचन अकनू भवन में नगवा पर, लेकिन यह बात भी मुझे किसने बताई, ठीक से याद

नहीं। उस समय काशी हिन्दू विश्वविद्यालय में प्राइवेट इम्तिहान देने की सुविधा थी। या तो त्रिलोचन जी से लोगों ने कहा होगा या स्वयं उनकी आर्थिक जरूरतों ने मास्टर की डिग्री हाथ में होने के लिए विवश किया होगा। यह सोचा होगा कि चलो अपना क्या जाता है, एम.ए. कर ही लेते हैं। तो एम.ए. तो वे किसी भी विषय से कर सकते थे, फ्रेंच, जर्मन, संस्कृत, हिन्दी, अंग्रेजी यानी मानविकी से जुड़े किसी भी विषय से, लेकिन उन्होंने अंग्रेजी से एम.ए. करने का निर्णय किया और उनके आत्मीयों ने उनसे फॉर्म भी भरवा दिया। यही नहीं, जैसा कि सुना कि कई लोगों ने मिलकर उनके लिए पाठ्यक्रम की पुस्तकें भी जुटाईं। अंग्रेजी विभाग के प्राय: सभी अध्यापक उनके परिचित और मित्र, उन लोगों ने भी कहा कि आपको कुछ करना नहीं है, सिर्फ घूमना-घामना और साहित्य चर्चा बन्द करें और डेढ़-दो महीने के लिए खुद को कमरे में बन्द रखें। सारी किताबें आपकी देखी-भाली हैं, सिर्फ एक बार पन्ने पलट जाने हैं। त्रिलोचन ने इस सलाह को गम्भीरता से लिया और अपने यहाँ आने-जानेवालों को मना कर दिया। त्रिलोचन रात-दिन पढ़ाई-लिखाई में जुट गए। बाहर निकलना, घूमना, साहित्य चर्चा बन्द, ऐसा था या नहीं, नहीं जानता, लेकिन लोग बताते हैं। त्रिलोचन ने नामवर से भी कहा कि परीक्षा के बाद मिलेंगे, इधर नहीं। जब अंग्रेजी का पहला प्रश्न-पत्र हुआ, तो नामवर यह देखने के लिए कि पेपर कैसा हुआ है, अकनू भवन पहुँचे। पेपर दस बजे खत्म होता था और परीक्षा भवन से घर तक त्रिलोचन के लौट जाने की मार्जिन देकर यानी ग्यारह बजे। कमरे के बाहर उन्हें हाँफने-हूँफने की आवाज सुनाई पड़ी। माथा ठनका कि यह क्या हो रहा है? उन्होंने त्रिलोचन को आवाज दी। थोड़ी देर बाद जब किवाड़ खुला तो नामवर ने देखा त्रिलोचन नंगे बदन, लँगोट में पसीने से तर-बतर हाँफ रहे हैं। पता चला कि त्रिलोचन ने परीक्षा छोड़ दी है और सुबह से दंड-बैठक कर रहे हैं।

डॉक्टर साहब! त्रिलोचन से जुड़ी कोई ऐसी भी याद है, जिसका जिक्र आपने उस संस्मरण में न किया हो या उस समय आपके ध्यान में न रही हो, या रही भी हो, तो आपने जान-बूझकर छोड़ दिया हो।

ध्यान में तो थी, लेकिन मैंने जान-बूझकर छोड़ दिया, इसलिए कि त्रिलोचन जैसे लौह-पुरुष का इस वाकये से कोई सम्बन्ध नहीं हो सकता। हो सकता है, त्रिलोचन जैसा ही कोई व्यक्ति रहा हो या उनके जैसे किसी व्यक्ति के होने का भ्रम हुआ हो। तो, मैं समझता हूँ कि 'भ्रमालंकार' को साहित्य के बाहर की वस्तु समझना चाहिए। किसी भी सुबुद्ध आदमी को यह बात कभी नहीं कहनी चाहिए, इतिहास ही नहीं, साहित्य में भी, जिसकी प्रामाणिकता में सन्देह हो, लेकिन इसमें सन्देह नहीं कि हर व्यक्ति में एक दिल होता है, जो हमेशा 'धुकधुकाता' है। वाकया तब का है जब 'आलोचना' का त्रिलोचन विशेषांक आया था और उस अंक के साथ मैं

हिन्दी विभाग में था। विभाग में एक महिला आईं, जिनका मैं तब भी आदर करता था और आज भी करता हूँ। बेहद सम्भ्रान्त, शालीन, कुलीन और आभिजात्य से भरी-पूरी। वे अपने समय की अत्यन्त रूपवती युवती रही होंगी। उनका बनारस के रंगमंच पर अभिनेत्री के रूप में उदय हुआ था, जब महिलाएँ साहस भी नहीं करती थीं। वे नगर के सम्मानित परिवार की महिला थीं और शहर से दूर एक कस्बे में रहती थीं। उन्होंने मेरे हाथ से 'आलोचना' का अंक लिया। पन्ने पलटे और काफी देर चुप रहीं। उन्होंने मुझसे कहा, अगर आपका पीरियड न हो तो घर चलें। आपको कॉफी पिलाऊँ। वे उन दिनों एक-दो महीने के लिए विश्वविद्यालय परिसर में आ गई थीं और अकेली रह रही थीं। ऐसे भी वे अविवाहित थीं। मैं उनकी कार से उनके घर आया। उन्होंने कॉफी तैयार की, मेरी ओर प्याला बढ़ाया और बैठ गईं। बोलीं, "जब मैं एम.ए. कर रही थी तो मुझे एक कवि कभी-कभी हिन्दी पढ़ाने मेरे घर आते थे। आपको मेरा घर याद है न! जी.टी. रोड से लगभग सौ-डेढ़ सौ गज दूरी पर होगा। उस रोड के बाईं तरफ तीन-चार ताड़ के पेड़ अब भी हैं जो मेरी खिड़की से दिखाई पड़ते हैं। इम्तिहान खत्म हो चुका था और जून का महीना था। एक दिन दुपहरिया में मैंने खिड़की खोली, तो दूर सड़क के पार धधकती दोपहर की लू में ताड़ के पेड़ की छाया में मैंने एक युवक को अपने घर की ओर ताकते देखा। बाद के दिनों में मैंने ध्यान दिया कि वह अक्सर दोपहर के आसपास आ जाता है और उसी ताड़ के नीचे खड़ा हो जाता है और मेरे घर की तरफ देखता रहता है। चारों तरफ सन्नाटा, सुनसान ताड़ का पेड़, वह युवक, न मैं ठीक से दीख सकती थी न वह देख सकता था। वह इसी तरह डेढ़-दो घंटे खड़ा रहता था, सिर्फ कुर्ता-पाजामे में।

मैंने उस कवि का नाम पूछा। उन्होंने कहा, नाम नहीं याद है। इसके बाद भी वे मुस्कराती रहीं। देर तक मेरे दिमाग में जून की दोपहर, ताड़ का पेड़ और अगर ताड़ की छाया हो सकती है तो छाया, और उसके नीचे खड़ा एक युवक गूँजता रहा।

जब नामवर या केदार, त्रिलोचन को प्रेम का मूल कवि कहते हैं तब भी मेरे दिमाग में यह बिम्ब घूमता रहता है। मैं जानता हूँ, यह त्रिलोचन नहीं हो सकते, लेकिन कवि तो हो सकता है और जेठ की दुपहरिया में ताड़ की छाँह और नंगे सिर कवि।

जब बात दिल पर आ ही गई है तो एक बात और। आपने त्रिलोचन के सम्बन्ध में कहा है कि कौन मानेगा कि उसे अपने पाँवों के नाप से छोटे जूते पहनने की लत लग गई थी? कौन सुनेगा कि सॉनेट की चौदह नम्बर की साइज उसकी अपनी साइज नहीं थी? इससे आपका क्या आशय था?

देखिए, त्रिलोचन आज बहुत बड़े और बेहद महत्त्वपूर्ण कवि हैं। मैं कह सकता हूँ कि उनकी 'धरती' मेरी सबसे प्रिय कविता पुस्तक है। मैंने बहुत कुछ सीखा

भी है उससे। मुझे प्राय: कविताएँ याद नहीं रहतीं, लेकिन 'धरती' ही ऐसा संग्रह है जिसकी कई कविताएँ मुझे याद हैं। मैं त्रिलोचन को एक महाकाव्य के रूप में देखता हूँ, लेकिन मेरी समझ में यह आज तक नहीं आया कि सॉनेट, बरवै, गजल जैसे छोटे-छोटे छन्दों में त्रिलोचन क्यों चले गए? जो निर्बन्ध और अबाध है, वह कहाँ जाकर बँध गया? अगर सारे सॉनेट मिलकर इस महाकाव्य को व्यक्त करते हैं तो मुझे नहीं जानकारी। इन बातों से मेरा संकेत इसी ओर था।

इधर हाल के वर्षों में त्रिलोचन से आपकी मुलाकात कब और कहाँ हुई थी? उसके बारे में भी बताएँ।

आज से दो-ढाई साल पहले जब बनारस में 'जन संस्कृति मंच' का आयोजन हुआ था और त्रिलोचन उसके राष्ट्रीय अध्यक्ष चुने गए थे। आयोजन के पहले दिन की रात साढ़े ग्यारह बजे मेरे पास फोन आया, 'आइडियल टॉप' होटल से। नये खुले थ्री स्टार होटल से। त्रिलोचन भगवान बड़ी तरंग में थे। वे दस-पन्द्रह मिनट तक लगातार बोलते रहे बड़ी मस्ती में और कहा, "कल आओ, यहीं सुबह मिलो।" वे उस समय 'आइडियल एक्सप्रेस' नाम के साप्ताहिक के 'सलाहकार सम्पादक' थे। यह साप्ताहिक भदोही का एक कालीन व्यवसायी निकाल रहा था, जो नम्बर दो के धन्धे के लिए नगर में काफी कुख्यात और चर्चित था। नगर में त्रिलोचन के सलाहकार सम्पादक होने पर बड़ी खराब प्रतिक्रिया थी। मुझे लग रहा था कि त्रिलोचन भगवान औघड़ बाबा हैं। इन्हें सचाई का बिलकुल पता न होगा। यह भी पता न होगा कि लोग क्या सोचते हैं? यों तो त्रिलोचन नगर में हों, मुझे पता चले, और मैं न मिलूँ, यह असम्भव है, लेकिन अगली सुबह मैं सिर्फ यह कहने गया था कि आपने यह क्या किया है। वातानुकूलित कमरा, डबल बेड, लुंगी पहने हुए त्रिलोचन। उन्हें घेरकर बैठे हुए होटल के मालिक और साप्ताहिक के सम्पादक। त्रिलोचन इस सारे आबा-काबा से बेपरवाह। शब्दों को चबाते हुए चिर-परिचित ठहाके वाले लहजे में पूछा, "बोलो पंडित क्या खाओगे? यहाँ सब कुछ मिल सकता है।" मैंने देखा, उस थ्री स्टार या फाइव स्टार होटल से त्रिलोचन का कहीं मेल नहीं बैठ रहा था। मैंने उनसे कहा, "भगवन! आपने यह क्या किया?" वे थोड़े गम्भीर हुए और उसी मुद्रा में बोले, "पंडित, चिन्ता मत करो। थोड़े दिनों की बात है।" और बात बदल दी।

और थोड़े दिनों बाद ही देखा कि 'आइडियल एक्सप्रेस' से सलाहकार सम्पादक की जगह से त्रिलोचन का नाम गायब है, बस।

['सापेक्ष' - 38, जुलाई-सितम्बर, 1996]

संजय श्रीवास्तव ➡
⬅ काशीनाथ सिंह

कहानियों की संवादहीनता को संस्मरणों ने तोड़ा

लिखना कब से शुरू किया?

सन् 1960 से, काशी में अस्सी के पास 'साधुबेला आश्रम' से एक पत्रिका निकलती थी 'बासन्ती' वह हिन्दी की अच्छी पत्रिका समझी जाती थी। उसके सम्पादक थे महेन्द्र शंकर 'अधीर'। वे गीतकार थे और 'बासन्ती' पत्रिका का कहानी विशेषांक निकाल रहे थे। उन्होंने वर्ष के आरम्भ में ही मुझसे कहा, हिन्दी कहानी पर लेख के लिए। मेरे लेख का शीर्षक था 'हिन्दी कहानी के साठ वर्ष'। वह लेख मेरी पहली प्रकाशित रचना थी। उसके बाद उन दिनों युवा लेखकों की सबसे चर्चित पत्रिका मानी जाती थी 'कृति'। दिल्ली से निकलती थी और उसके सम्पादक थे कवि श्रीकान्त वर्मा। 'कृति' के अगस्त और सितम्बर अंक में मेरी क्रमशः दो कहानियाँ छपीं 'समस्या' और 'संकट'। इन कहानियों को प्रकाशित करने के पहले सम्पादक श्रीकान्त वर्मा ने पत्र लिखा था कि जिसे हम नई कहानी कहना चाहते हैं, वह शायद ऐसी ही कहानियाँ हैं। हालाँकि इन दो कहानियों से पहले मैंने 'रेणु' के प्रभाव में एक और कहानी लिखी थी 'जोतसी ने कहा था', लेकिन यह कहानी हैदराबाद से निकलनेवाली 'कल्पना' पत्रिका में इन कहानियों के बाद प्रकाशित हुई थी। तब से कहानी लिखने का सिलसिला चल रहा है।

यानी आप कहानियों पर 'रेणु' का प्रभाव मानते हैं?

सिर्फ एक कहानी 'जोतसी ने कहा था', किसी और में नहीं। शायद उन्हीं दिनों 'मैला आँचल' पढ़ा था।

'नई कहानी' से आपका विकास माना जाए?

जी नहीं। मेरी कहानी उनके विरोध में खड़ी हुई थी।

60-70 दशक के दौरान जो आपने लिखा, उसके भरोसे ही आपकी स्वीकृति हुई। आप इस पर क्या कह रहे हैं?

मेरी पहचान साठ के बाद के कथाकार के रूप में रही है, लेकिन मैंने महत्त्वपूर्ण कहानियाँ साठ-सत्तर के बीच बहुत कम लिखीं। उस दौरान कोई दो-तीन कहानियाँ हैं, जिन्होंने समीक्षकों का ध्यान आकृष्ट किया था। उसमें एक कहानी 'सुख' है जिससे मेरी अलग पहचान बनी थी और दूसरी कहानी है 'आखिरी रात'। इस सन्दर्भ में मैं एक बात कहना चाहता हूँ कि जैसे 'नई कहानी' एक काल विशेष के दौर का आन्दोलन था, उसे आप पचास-साठ के बीच का कहानी आन्दोलन कहेंगे। उस दौर के अधिकांश कहानीकार आज तक कहानियाँ लिखते रहे हैं, किन्तु इन्हें 'नई कहानी' के कथाकार के रूप में जाना जाता है क्योंकि उस आन्दोलन ने उन्हें पहचान दी थी। इसी तरह काशीनाथ सिंह हों, दूधनाथ हों, ज्ञानरंजन हों या कालिया, इनकी पहचान साठ के बाद के कहानीकार के रूप में रही है। देखना यह चाहिए कि वे अपने दौर के साथ ही चुक गए या बाद में कहानी में होनेवाले बदलाव में भी इनकी कोई भूमिका रही है? यदि उनका विकास कहीं अवरुद्ध नहीं हुआ तो इसका अर्थ है कि वे समय-समय पर होनेवाले बदलावों-परिवर्तनों के बीच नई चुनौतियों के आगे खड़े हैं और जीवित भी हैं।

नई कहानी और आपकी पीढ़ी के कथा लेखन में बुनियादी फर्क क्या माना जाए?

इस प्रश्न से पीछे लौट रहे हैं, लेकिन मैं बहुत स्पष्ट रूप से कहूँ तो यह कि नई कहानी और मेरे दौर की कहानी के यथार्थ में बुनियादी फर्क यह है कि नई कहानी के यथार्थ का आधार स्वाधीन भारत की आशा और आकांक्षा था जबकि हमारी शुरुआत ही उस यथार्थ के मोहभंग से हुई थी। 62 में होनेवाला भारत-चीन युद्ध और उसके परिणामस्वरूप 64 में पंडित नेहरू की मृत्यु। यहाँ तक कि 67 में अनेक प्रान्तों में कांग्रेस की पराजय और संविद सरकार का गठन यह उस मोहभंग के प्रमाण के रूप में नजर आते हैं।

आपको नहीं लगता कि कहानी प्रयोग के दौर से गुजर रही थी?

ऐसा नहीं है। 'नई कहानी' ने दो महत्त्वपूर्ण काम अवश्य किए थे। एक तो तत्कालीन युवाओं को कथा लेखन की ओर आकृष्ट करना और दूसरे, कहानी के लिए पाठकों की जमीन तैयार करना। पाठक में कहानी पढ़ने की रुचि पैदा हो और कथा-विवेक भी हो, ये अलग-अलग चीजें हैं और यह न भूलना चाहिए कि उस काम में जितनी महत्त्वपूर्ण भूमिका कहानीकारों की थी, उससे कम महत्त्वपूर्ण भूमिका कहानी पर आलोचना लिखनेवाले नामवर सिंह के स्तम्भों की नहीं थी। कथा विवेक पैदा करने

का काम आलोचक के साथ ही निरन्तर कहानी के नयेपन को समझाने का कार्य उस दौर के कथाकारों का भी था।

आपके कहानी-संग्रह 'आदमीनामा' में काफी बदलाव जैसा दिखाई देता है। इसके पीछे कौन-सी वजह रही है?

वस्तुत:'आदमीनामा' की कहानियाँ 'लोग बिस्तर पर' और 'सुबह का डर' सामाजिक चेतना के विस्तार की कहानियाँ हैं और उस समय के सामाजिक संघर्ष की भी। ऐसा नहीं है कि 'आदमीनामा' के दौर की कहानियाँ एकदम से अलग और नई शुरुआत जैसी हैं। फर्क इतना ही है कि साठ के बाद की कहानियों में सामाजिक चेतना तो है, किन्तु संघर्ष चेतना नहीं है। हालाँकि 67-68 के आसपास की मेरी कहानियों में जैसे 'तीन काल कथा', 'अपने लोग', 'हस्तक्षेप', 'चोट' जैसी कहानियों में इस संघर्ष चेतना की झलक मिलती है, लेकिन अगर 'सूचना', 'सुधीर घोषाल', 'लाल किले के बाज' जैसी कहानियों में यदि एक तीखा आक्रामक राजनीतिक तेवर दिखाई पड़ता है तो उसकी वजह मेरी स्वयं की मार्क्सवादी-लेनिनवादी राजनीति के सम्पर्क में होने की सक्रियता है क्योंकि मैं 70-71 के आसपास से इमरजेंसी के दौड़ तक एम. एल. की विचारधारा के सक्रिय ग्रुपों से जुड़ा हुआ था। इसलिए समय-समय पर लिखी जानेवाली 'आदमीनामा' की अधिकांश कहानियों में उस विचारधारा की राजनीतिक चेतना दिखाई पड़ेगी।

लेकिन चिन्तन का यह स्तर आपकी कहानी में बड़ी जल्दी करवट लेता है। ऐसा क्यों?

दरअसल 'कविता की नई तारीख' और 'मंगलगाथा' दो लम्बी कहानियाँ 'आदमीनामा' के बाद के दौर की कहानियाँ हैं। ये तब की कहानियाँ हैं जब मैं अपने मोहभंग के साथ घर लौटता हूँ और मुझे लगता है कि वर्ग या वर्गीय चरित्र एक ही घर में अलग-अलग हो सकते हैं। एक अफसर और एक अध्यापक, भाई हो या रिश्तेदार, उन दोनों का रहन-सहन, तौर-तरीके, जीवनशैली यहाँ तक कि विचार भी एक दूसरे के विरोधी हो सकते हैं। इस अर्थ में इस दौर की दोनों कहानियाँ मैदान से घर वापसी की कहानियाँ हैं।

घर वापसी का प्रतीक मार्क्सवादी राजनीति के त्याग का संकेत तो नहीं है?

मैं इसके बारे में सिर्फ इतना कहूँगा कि मुझे वहाँ भी एक तरह का पाखंड, अन्तर्विरोध और विडम्बनापूर्ण स्थिति नजर आती थी। ग्रुप के लोगों के सिद्धान्त और होते थे और व्यवहार कुछ और। उनकी आँखों में मुझे उन सुविधाओं का लालच नजर आने लगा था जिनके विरुद्ध वे लम्बी-चौड़ी बातें कर रहे थे। यह मैंने तब महसूस किया

था जब दुर्गापुर स्टील फैक्टरी में इमरजेंसी के दिनों माले के विभिन्न ग्रुपों की 'को-ऑर्डिनेशन कमेटी' का गुप्त सम्मेलन हुआ था और मैं भी अपने ग्रुप के साथ गया था। दूसरे यह, मुझे लगने लगा था कि मेरी कहानियाँ उस यथार्थ पर कम केन्द्रित हैं जो सचमुच है और उस यथार्थ की ओर ज्यादा भाग रही हैं जो हमारे खयालों में हैं। दरअसल, वे यथार्थ की कहानियाँ न होकर हमारे सपनों के यथार्थ की अवधारणा की कहानियाँ हो गई थीं। वे वैचारिक उत्तेजनाएँ अवश्य दे रही थीं। संवेदनाओं को छूने से कतरा रही थीं। 'कविता की नई तारीख' मेरी इसी तकलीफ की कहानी है।

इसी यथार्थ बोध का अगला विकास 'सदी का सबसे बड़ा आदमी' की कहानियों में भी लगता है।

लगभग। खास तौर से 'कहानी सरायमोहन की', 'अपना रास्ता लो बाबा' और 'सदी का सबसे बड़ा आदमी'। मेरी समझ से अस्सी के आसपास हिन्दू समाज में जाति चेतना किस तरह उभार ले रही है, उसका संकेत करनेवाली 'कहानी सरायमोहन की' और 'वे तीन घर' कहानियाँ हैं।

सिर्फ चार कहानियाँ क्यों लिखीं?

मैं आपके इस प्रश्न से किंचित असहमत हूँ। इसलिए कि बुनियादी तौर पर मेरा निर्माण एक कहानीकार की निर्मिति है। मेरे कहानीकार को तथाकथित कहानियों में न देखकर उन रचनाओं में भी देखा जाना चाहिए जो कहानी के रूप में नहीं, संस्मरण के रूप में विज्ञापित हैं। 'याद हो कि न याद हो' की भूमिका में मैंने इस ओर संकेत किया है क्योंकि वे अगर कहानी नहीं हैं तो तथाकथित संस्मरण भी नहीं हैं।

आप संस्मरण क्यों नहीं मानते?

इन्हें संस्मरण मानने में इसलिए हिचक होती है कि मैंने जिन्हें पढ़ा है और संस्मरण जिन्हें कहा जाता है, उस अर्थ में संस्मरण नहीं हैं। संस्मरण ज्यादातर बड़े उबाऊ, नीरस और तथ्यपरक होते हैं जबकि ये पूरे कथा-कौशल के साथ तथ्य को सुरक्षित रखने के बावजूद व्यक्ति केन्द्रित होते हुए भी अपने प्रभाव में सम्पूर्ण और सार्वजनिक हैं। व्यक्ति के बारे में पढ़ते हुए भी पाठक उनमें अपने को भी पाता है। यह खासियत संस्मरण की नहीं कहानी की है।

उबाऊपन और तथ्य को हटाने के लिए ही आपने भाषा में नये प्रयोग किए हैं?

मैंने ऐसा कोई प्रयोग नहीं किया है। बात सिर्फ इतनी-सी है कि कहानियों में मुझे लगता था कि मैं हमेशा बाहर छूट रहा हूँ। जैसा मैं हूँ या मेरे बारे में जैसा सोचा जाता है, वह आदमी हर बार इन कहानियों के बाहर रह जाता है। यह जरूर है कि

मेरी कहानियों की भाषा का अपना व्यक्तित्व है, लेकिन वह व्यक्तित्व मेरा नहीं, मेरी कहानियों का है। कहानियाँ कुछ कहती जरूर होंगी, लेकिन संवाद नहीं बना पा रही हैं। पाठकों से मुखातिब होने, उनके साथ संवाद कायम करने का रास्ता मुझे संस्मरणों में दिखाई पड़ा जहाँ मैं भी रहूँ। मेरे समकालीन मित्र और रचनाकार भी हों और उन्हें देखने-सुननेवाले पाठक और श्रोता भी हों। कहानियों की संवादहीनता की स्थिति को संस्मरणों ने बहुत हद तक तोड़ा। इसीलिए मुझे लगता है कि यह संस्मरण कहानी से उसी के भीतर से एक छलाँग है। दूसरा कोई रास्ता नहीं है। ऐसा नहीं कि मैंने कहानियाँ छोड़ीं और दूसरी विधा में चला गया। मैंने कहानी के फॉर्म को तोड़ा और मनचाही दौड़ लगाने के लिए खेत के डाँड़-मेंड़ को तोड़कर पूरा मैदान बना दिया। जहाँ चाहूँ, जिधर चाहूँ, जब चाहूँ दौड़ूँ। मेरी मर्जी।

संस्मरणों में आपने जो कुछ लिखा है, उसे लेकर लोग आप पर 'सत्यकथा' लिखे जाने का आरोप लगा रहे हैं।

सत्य अगर यथार्थ से भी ज्यादा आकर्षक और लुभावना हो तो उसकी कथा कहने में कोई हर्ज नहीं देखता।

अभी आपने कहानी में संवादहीनता की बात चलाई। इसके लिए आप किसे जिम्मेदार मानते हैं?

मैं दूसरे कहानीकारों की बात नहीं करता। यह मेरी अपनी कहानी की समस्या मुझे लगी है। हो सकता है, दूसरों की कहानियाँ संवाद करती हों। कहानी लिखते हुए मुझे यह लगा था कि प्रेमचन्द की जमीन अब उपजाऊ नहीं रही। उसमें हमने काफी कुछ उर्वरक डाला, खाद डाला। उससे पैदा होनेवाली उपज चाहे वह आलू हो, गोभी हो, टमाटर हो, गेहूँ और चावल हो, चाहे जितनी बड़ी हो या अधिक हो, पहले से कई ज्यादा मन या टन, उनमें वह स्वाद और मजा नहीं है जो पहले की जमीन की उपज में होते थे। वह जमीन रेह या राख होती जा रही है। अगर अनाज या फल से पहले जैसा स्वाद या स्वास्थ्य हासिल करना हो तो बेहतर है, जमीन उलट दी जाए। हल के फल थोड़े गहरे धँसाए जाएँ। मैंने उर्वरक और खाद का इस्तेमाल छोड़ दिया। रेह या राख से खेती करने से बेहतर है कि उसमें बीज ही न छींटा जाए। 'देख तमाशा लकड़ी का' और 'सन्तों घर में झगरा भारी' जैसे कथा-रिपोर्ताज मेरी इसी सोच के नतीजे हैं।

आप अपने लेखन में प्रयोग को अस्वीकार करते हैं जबकि दूसरी तरफ आप लेखन के लिए जमीन उलटने का नया प्रयोग कर रहे हैं।

मैं इसे अब भी प्रयोग नहीं कहता। जमीन उलटना प्रयोग नहीं है।

अच्छा यह बताइए कि आपकी पीढ़ी के कथाकारों में वापसी किसकी हुई है?

मेरी पीढ़ी में वापसी यदि किसी की हुई है तो वह दूधनाथ की, वह भी एक जानदार और शानदार वापसी। मैं गया ही कहाँ था जो वापस हुआ। साठ से लेकर अब तक मैं बराबर मौजूद हूँ। ज्ञान स्थगित नहीं है, उसने केवल कहानी लिखना स्थगित किया है। रहा कालिया, तो अस्वस्थता ने उसे विवश कर दिया है। इसके बावजूद वह शायद किसी उपन्यास पर काम कर रहा है। ऐसी विवशता को स्थगित होना नहीं कहना चाहिए।

इस समय एक साथ तीन पीढ़ियाँ कथा लेखन कर रही हैं। क्या आपको नहीं लगता कि इन पीढ़ियों के बीच परम्परा में परिवर्तन सोच के सन्दर्भ को लेकर हुआ है।

इन्हें परिवर्तन न कहकर विकास कहना चाहिए। जाहिर है, हमारे अनुभव और सपने दूसरे थे और इन पीढ़ियों के लेखकों के अनुभव और सपने दूसरे होंगे। स्वयं प्रकाश और उदय प्रकाश और इनके बाद की पीढ़ी को देखते हुए सबसे पहले मेरी दृष्टि इस बात पर जाती है कि इन तमाम कहानीकारों में वह कौन-सा कहानीकार है जो लगातार विकास कर रहा है या आगे बढ़ रहा है और वह भी बड़ी सतर्कता, सावधानी और सजगता के साथ। मैं अस्सी के बाद आनेवाले सभी कहानीकारों को बड़ी रुचि और कौतूहल के साथ देखता हूँ। इसलिए कि प्राय: सभी कहानीकारों का पहला कहानी-संग्रह बहुत स्फूर्तिदायक, उत्साहवर्द्धक और खुशी से भर देनेवाला रहा है। उन संग्रहों ने सिर्फ उम्मीद नहीं जगाई, आश्वस्त भी किया। इनमें से कई ऐसे लेखक हैं जिनका पूरा संग्रह भले मुकम्मल न लगा हो, लेकिन दो-चार कहानियाँ हमें विश्वास से भर देती हैं, लेकिन हमारी दिलचस्पी इसमें ज्यादा है कि इस लम्बी यात्रा में ऐसा कौन कहानीकार है जिसके चेहरे पर न थकान है, न पसीना, न ऊब। जोश बना हुआ है और आगे की चढ़ाई के लिए तैयार है। ऐसे लोगों में पहला नाम मुझे उदय प्रकाश का दिखाई पड़ता है और दूसरे कई नाम हो सकते हैं, जिनमें महेश कटारे, प्रियंवद, शिवमूर्ति, पंकज बिष्ट, संजीव और अन्य। नाम लेने के अपने खतरे हैं, जिनमें न डालें तो अच्छा!

ये लेखक अस्सी के दशक के हैं। इसके बाद के किन कथाकारों में आपको सम्भावना दिखती है?

इस पीढ़ी के बाद के जिन कहानीकारों के बारे में विश्वास के साथ कह सकता हूँ, उनमें निर्विवाद रूप से देवेन्द्र और अखिलेश का नाम लिया जा सकता है।

और महिला कथाकारों में?

कई नाम हैं, फिर भी ममता कालिया, चित्रा मुद्गल और अपेक्षाकृत नई पीढ़ी से मैत्रेयी पुष्पा।

आपके लेखन में गालियों का प्रयोग कहाँ तक वाजिब है? इसे लेकर पाठकों में अनेक आपत्तियाँ हैं। आपकी राय में साहित्य के लिए यह कहाँ तक उचित है?

ऐसी राय दो रचनाओं की भाषा को लेकर बनी है। 'देख तमाशा लकड़ी का' और 'सन्तों घर में झगरा भारी'। दोनों कथा-रिपोर्ताज हैं और दोनों की जमीन अस्सी है। कबीर ने गालियों से डंडे और कोड़े का काम लिया था और इसी सन्दर्भ में मैंने औघड़ संस्कृति की चर्चा की है। जिन्हें 'गाली' कहा गया है, वे उसी औघड़ संस्कृति की औघड़ भाषा की रोजमर्रे की जबान है। यह खयाल रखना चाहिए कि जो बोलते हैं, उन्हें कभी लगा ही नहीं कि ये गालियाँ हैं। साहित्य को जब तक हम शिष्ट, परिष्कृत और सुसंस्कृत जनों तक सीमित रखेंगे तब तक ऐसी जनभाषा उन्हें गालियाँ ही नजर आएँगी। जरूरत है, साहित्य को उस दायरे से तोड़कर बाहर लाने की। आश्चर्य मुझे तब होता है जब हर पाँचवें मिनट पर दूरदर्शन पर दिखाए जानेवाले विज्ञापनों में उन्हें भद्दगी या अश्लीलता नहीं नजर आती और यह जनभाषा उन्हें अश्लील और गाली नजर आती है। इन कथा-रिपोर्ताजों में आई हुई गालियाँ मैं तब से सुनता आ रहा हूँ जब मैं जीयनपुर में पाँच साल का बच्चा था, जिन्हें हर किसान अपनी बहू, बीवी, बेटे से लेकर गाय-बछड़ों तक को देता रहा है।

[1998 में लिया गया तथा 'वर्तमान साहित्य', दिसम्बर, 2022 में प्रकाशित।]

श्याम सुन्दर निगम ➡
⬅ काशीनाथ सिंह

सम्पादकों की रुचि-अरुचि का ध्यान तो रचनाकारों को रखना ही पड़ता है

इसके पहले न कोई पत्राचार, न कभी कहीं भेंट। कभी कोई कहानी पढ़ी। फिर जब पढ़ी तो नाम देखे बिना न रहा जाता। काशीनाथ सिंह। हाल ही हाल की बात। 'सन्तों घर में झगरा भारी' पढ़ने के बाद तो तबीयत और अकुलिया उठी। मिलना ही चाहिए। साक्षात् मिलना चाहिए। फिर 'विलेन' भी छपी 'वागर्थ' में। अरे भाई रे! ये कैसा रचनाकार है काशीनाथ सिंह! वही है! एक ही व्यक्ति है ये 'झगरा' वाला और 'विलेन' वाला! कैसा मिजाज पाया है भाई! और आ गया संगमन-चार (2, 3, 4 अक्टूबर, 1998) का न्योता। लखीमपुर में देवेन्द्र के यहाँ। सब 'बाना' माफिक बनता लगा। बस यह कि मुलाकात हो जाए, कुछ बात हो पाए तब तो...।

पहुँचे थे 2.10.98 की दोपहर। परिचितों से मिला-भेंटी, राम जोहार। पहली बार मिलनेवालों से परिचय। मैं भी 'निमित्त' के माध्यम से था वहाँ।

विशिष्ट रचनाकारों में से एक काशीनाथ सिंह। 'झगरा' के साथ-साथ अन्य कई व्यक्ति-बातें उनके आसपास घूम रही थीं। दूर-दूर से मैं भी। संगमन का पहला सत्र समाप्त। सब लोग पंचायत हॉल से वापस 'सरना' होटल में।

नहा-धोकर निकले तो मेजें सजी थीं। आसपास कुर्सियाँ। कुर्सियों में छोटे-बड़े विशिष्ट, अति विशिष्ट। मेज पर काँच के गिलास कुछ आधे भरे, कुछ थोड़े ज्यादा। कुछ में केवल पानी।

जी हाँ, लेखक बन्धु थे। कुर्सियाँ ढोकर लाए रिक्शा वाले लड़कों ने जैसे कोई अजूबा देखा। एक बोला—

"अबे नहीं यार, लेखक वो लोग हैं जो उधर उन मेजों पर बैठे हैं।" ठीक कहा था उसने। थे तो वही सब। हम दो-चार पालक-परवल वाले 'भगोड़ों' को छोड़कर।

गोया कि हिम्मत ही नहीं पड़ी कि कह पाता अपनी बात। पहला दिन यूँ ही। दूसरे दिन 'दुधवा नेशनल पार्क' जाना। हम बस में, वो कार से निकल गए। मौका

निकालकर बैठ सकता था बगल में। सो वो भी नहीं। 'दुधवा' में बन गया थारू नृत्य देखने का प्रोग्राम। पंचपेड़ा गाँव। दरी बिछी थी बड़ी-सी। कुर्सियाँ लगी थीं। अजूबे लोग पहुँचे थे थारू नृत्य देखने। काशीनाथ सिंह को यहाँ थोड़ा ऐसा पाया कि मैं भी उनसे बात कर ही लूँगा। लोगों के बीच, हाँ, गाँव के बच्चे थे, जाकर कुछ छोटी-छोटी बातें पूछीं। कैमरे वाले तड़ातड़ चालू हो गए। दो-चार फेरा नृत्य करने के उपक्रम में ऊले भी। लगा कि जैसे यह व्यक्ति इसी मिट्टी के सोंधेपन से जुड़ा है।

पंचपेड़ा से फिर अपनी-अपनी हट्स में। मैं था डॉरमेट्री में। इस रात जो गोष्ठी हुई 'कथ्य, भाषा और संरचना' को लेकर, उसमें कई मित्रों ने 'झगरा...' की भाषा (विशेषकर गाली-गलौज) को लेकर उन्हें घेरना चाहा था, मगर वह बच रहे थे। शायद इसलिए कि वे सारे प्रश्न उन्हें बेतुके या फालतू लग रहे थे। उन्होंने हँसते हुए कहा भी—"ऐसा ही है तो सम्पादक से पूछिए कि उन्होंने छापा क्यों?" जब तक अध्यक्ष बने बैठे रहे, इसके सिवा और कुछ नहीं बोले। अलबत्ता, उनके शिष्य कथाकार देवेन्द्र ने जरूर कुछ डिफेंस-सा किया। सत्र समाप्त हो गया तो डॉक्टर साहब ने लुंगीनुमा लपेटी धोती को मद्रासी स्टाइल में ऊपर चढ़ाया और लगे बताने—"यह अजीब बात है कि जनबोलियों के लिए आप गाँव भी जाना चाहते हैं और धूल-धक्कड़, गुह-मूत और गाली-गलौज से बचना भी चाहते हैं यानी जनबोलियाँ तो रहें, लेकिन गाँव और गन्दगी न रहे! हद है।"

इससे ज्यादा सहज और आत्मीय लग रहा था उनका छोटे-बड़े कइयों के पास जा-जाकर अपनी बात कहना। कई बार, कइयों से बार-बार कहना।

बात खत्म। रात शुरू। आखिरी दिन सुबह यानी कि 4.10.98 को लगभग प्रात: 8:20 चाय पीने के बाद ही उनसे उनका फोन नम्बर लिया और लग लिया इसी बहाने से उनके साथ, 'मत चूको चौहान' का ध्यान करके।

डॉक्टर साहब, मैं 'निमित्त' से...'निमित्त' मिल रही है न?

'हाँ, मिली है।'

और फिर उनके साथ ही साथ उनकी 'हट' तक। तम्बाकू खाना चाहते थे। वही ढूँढ़ रहे थे अपने थैले में खखोल-खखोल—

मैं बना दूँ? खाता नहीं हूँ। बना सकता हूँ।

नहीं (जैसे समझा रहे हों), बना तो लेंगे, मगर कैसा चाहिए, कितना, कहाँ रोकना है, कैसे पता चलेगा जब खुद खाते नहीं, भाई?

डॉक् साब!

हाँ-हाँ, बोलिये न।

आज थोड़ी-सी बात कर लूँ आपसे। दो दिन तो बस ऐसे ही औपचारिकता में और जो बचा, थारू-दारू में बीत गए।

हाँ, काहे नहीं भाई, कीजिए न बात। आइए बैठ लें। खुले में।

साक्षात्कार जैसा कुछ नहीं होगा। बस ऐसे ही बैठकर थोड़ा...असल में मैं चाहता हूँ कि...। डॉक् साब 'निमित्त' का अगला अंक...

अरे आइए न, बैठकर बातें करें।

'निमित्त' के अंक तो आपके पास भेजता ही रहा हूँ।

देखे हैं। वो था न जिसमें डॉ. शुकदेव सिंह और वो एक...

हाँ, रूबी सरकार भी थीं। राजेन्द्र यादव की टिप्पणी—100 साल के हिन्दी साहित्य पर बहस थी। डॉक्टर साहब, 'निमित्त' के अगले अंक में रचनाकारों और सम्पादकों के संवाद देने की योजना है।

दीजिए न, सम्पादकों से ही लेखक हैं। वही तो है जो लेखक को सामने लाता है। अच्छा, तो वो जो शुकदेव सिंह ने लिखा था...। सम्बन्धों का बहुत इस्तेमाल करते हैं वह। जैसे सम्बन्ध हों वैसा ही बता देंगे लेखक को। अच्छाई और घटियापन सम्बन्धों के आधार पर ही तय करते हैं। आपका ये मटियानी का अंक अच्छा लगा। न्याय नहीं हुआ मटियानी के साथ। कोई दूसरा लेखक उतना समर्पित नहीं है। वह अकेले मात्र पहाड़ के लेखक नहीं हैं। गलत समझते हैं लोग।

डॉक् साब, हमारा अगला अंक है—सम्पादकीय ऐंठ पर...रचनाकारों के अनुभव तब के जब कहीं से उनकी रचना वापस लौटकर आती है। कभी ऐसे ही, तो कभी किसी टिप्पणी के साथ। तो आप इस बारे में...आज नहीं, आज तो एक तरह से आप शीर्ष पर हैं कथा-लेखन में। पहले, मेरा मतलब है अपने शुरुआती दौर के अनुभव कुछ बताइए।

शुरुआती ही क्यों? हमारी कहानी तो अभी ही वापस हुई है। बताया यह कि भाई, यह कहानी तुम्हारी प्रतिष्ठा के अनुकूल नहीं है।

कौन सी?

अरे यही, 'वागर्थ' में छपी जो पिछले अंक में (सितम्बर, 1998)—'विलेन'। पहले तो यही लिखा था कि बड़े काम में इसके बाद हाथ लगाएँगे। 'झगरा' के पहले 'विलेन' ही लिखा, तो नहीं छापा। हमने कहा कि नहीं छापना हो तो हरिनारायण को दे दें। उनसे तब से वादा किया है जब से 'कथादेश' निकालना शुरू किया

था तो राजेन्द्र जी ने कहा कि यार, हरिनारायण को भी देना हो तो कोई कायदे की कहानी दो। ऐसी मत दो। तो दो-तीन महीने कहानी पड़ी रही। फिर लम्बे अन्तराल के बाद सहसा 'कथा समय' के लिए प्रभाकर श्रोत्रिय का तार आया तो संकोच के साथ भेज दिया, लेकिन इतना तो हुआ ही था कि राजेन्द्र की टिप्पणी से मेरा विश्वास हिल गया था। वैसे रचना के चयन के बारे में मैं बता दूँ कि सम्पादकों की रुचि-अरुचि का ध्यान तो रचनाकारों को रखना ही पड़ता है और सम्पादकों को भी चाहिए कि केवल रचनाकारों के नाम पर न जाएँ। अब 'विलेन' को ही देखिए। 'हंस' से तो वापस आ गई। भाई प्रभाकर श्रोत्रिय के पास पहुँची तो फोन पर ही बोले—"बड़ी खूबसूरत कहानी है। समझिए कि ढेर सारी तारीफ की कि ट्रैक से हटकर है।" उसका जो बच्चा है न उत्कर्ष—उत्कर्ष, नाम कॉन्शसली रखा है उसका कि ये है हमारा उत्कर्ष। और छपने पर देख रहा हूँ कि प्रतिक्रियाएँ बुरी नहीं आ रही हैं। कहानी लिखना और फिर कहीं छपना या उसका वापस आना—तो मैंने एक फैसला किया कि भैया के जो मित्र हैं, उनके लिए कभी नहीं लिखूँगा।

क्यों?

पहली कहानी लिखी, उन्हें दी। तो उन्होंने न पढ़ा, न कुछ कहा, सुना। बस, ऐसे ही 15-20 दिन तक उनकी मेज पर पड़ी रही।

यह आपकी पहली कहानी थी?

हाँ, कहानी तो पहली थी। वैसे लिखने के नाम पर दूसरी रचना थी।

उस समय आप?

रिसर्च कर रहा था तब। 1960 की बात है। पहला था एक लेख 'हिन्दी कहानी के साठ वर्ष'। प्रसाद, अज्ञेय, जैनेन्द्र, निर्मल वर्मा की एक समूची परम्परा है। 'बासन्ती' के लिए लिखा था। साधुबेला आश्रम है, बनारस में ही अस्सी के पास। सम्पादक महेन्द्र शंकर 'अधीर' गीतकार थे। कहानी विशेषांक निकाल रहे थे। उसके लिए लिखा था। तब कहानी नहीं लिखता था। दो-चार छोटी-छोटी कविताएँ लिखी थीं। लिखीं भर। छपीं-वपीं कहीं नहीं। भेजने या छपने लायक ही नहीं थीं।

डॉक् साब, ज्यादातर लोग कविता से ही लेखन शुरू करते हैं, क्यों?

हाँ, उसका कारण है, किशोरवय। दिल इधर-उधर लोच खाता रहता है। रोमांटिक उम्र होती है वह। कविता के संस्कार तो विद्यालय (छात्र जीवन) में ही अंकुरित हो जाते हैं। तो सन् 1900 में 'इन्दुमती' पहली कहानी आई थी। तब से यानी कि 1900 से 1960 तक कहानी का जो परिदृश्य रहा, उसके बारे में लेख था मेरा।

यह 'हिन्दी कहानी के साठ वर्ष' न?

हाँ।

तो सबसे पहले लेख? माने कि शुरुआती कविताओं को छोड़ दें तो।

हाँ-हाँ, मुझे लगा कि वहाँ तो नामवर जी (मेरे बड़े भाई हैं वह) हैं, मेरे लिए गुंजाइश ही नहीं है। बहुत मेहनत का काम है ये लेख लिखना। समीक्षा करना। 18-18 घंटे पढ़ते हैं वह।

तो वह आपकी कहानी?

15 दिन तक उनकी मेज पर ऐसी ही पड़ी रही। पढ़ा ही नहीं। छपी भी नहीं कहीं।

क्या नाम था?

नाम तो याद नहीं। एक गाँव की स्त्री थी केन्द्र में। पानी भरनेवाली कहारिन। ठिंगनी-सी। खूबसूरत। ठाकुरों के घर पानी भरने का काम करती थी। हँसी-मजाक बहुत करती थी। उसका मर्द उसे बहुत मारता था। वह काम करती रहती। कभी शिकायत न करती और वह पीटता रहता बड़ी क्रूरता से। उस पर थी वह कहानी। वहीं मेज पर ही पड़ी रही। मैंने भी कुछ नहीं कहा। जाता, बस देखकर लौट आता।

क्या कारण था? उन्होंने पढ़ी नहीं थी क्या?

पढ़ी होगी। अगर अच्छी लगी होती तो बात की होती। उनका स्वभाव था कि कहानी अच्छी लगती थी तो उसके बारे में बातें करते थे। नहीं अच्छी लगती थी तो चर्चा ही नहीं करते थे उसके बारे में।

भैरव प्रसाद गुप्त 'कहानी' पत्रिका निकालते थे। मैंने एक कहानी लिखी। उनको भेजी। उन्होंने वापस कर दी। मैं बहुत, अन्दर से...। बहुत बोल्ड पता लिखा था लिफाफे के ऊपर—लोलार्क कुंड, भदैनी, जिससे कि ध्यान जरूर जाए कि यह (लेखक) भी वहीं, कहीं नामवर सिंह के पास ही रहता है।

तो डॉक्टर नामवर सिंह का नाम भुनाने का लोभ था क्या?

हाँ, था तो। तो जो निर्णय लिया, वह यह था कि अब मुझे कहानी लिखना है। और भैरव माँगेंगे, मैं कभी इस लायक हो जाऊँ तो, उन्हें कभी नहीं दूँगा और यह भी निर्णय लिया कि कोई भी व्यक्ति जो नामवर जी से जुड़ा है, उसके पास अपनी कहानी कभी नहीं भेजूँगा।

ऐसा निर्णय क्यों? क्या मन में कोई ग्रंथि ?

हाँ, थी। ग्रंथि ही कह लीजिए। मुझे अपनी पहचान का संकट था। हर नये कहानीकार को होता है।

इस निर्णय के पीछे ग्रंथि ही थी या फिर आपका ठकुरपन (हँसी)।

हाँ, *(हँसी फिर)* यह भी कह सकते हैं। मार्कंडेय 'माया' निकालते थे। उनको भी नहीं दिया कभी। सम्बन्धों के ही कारण तो। जो कहानी वापस आई सब जगह से वह है—'लोग बिस्तरों पर'। उसी नाम से कहानी-संग्रह रहा है मेरा। आखिरी बार वापस करनेवाले थे भीष्म साहनी जी। 'नई कहानियाँ' पत्रिका निकालते थे। उन्होंने लिखा था, 'कहानी का व्यंग्य स्पष्ट नहीं है'। वापस कर दी।

(इस समय काशी भाई एकदम से उठ खड़े हुए।)

मैं जरा उधर जाना चाहता हूँ। (तम्बाकू रगड़-रगड़कर बनाई, फिर खाई। मुझे समझने में रत्ती भर की कठिनाई न हुई कि किधर? सो, मैं बेंच पर ही बैठा रह गया। वह अपने रूम पार्टनर को विनोद भाव से बखोरते हुए हट के अन्दर घुसे)।

'पं डि...त!'

बाबू साहब, कहीं जरूरी बातें न छूट जाएँ जो फिर मुझे वहीं आ धमकना पड़े बनारस में। मैं वहीं डेरा डाल दूँगा बनारस में।

अरे नहीं, मैं वह सब नहीं करूँगा। तो मेरी कहानी जब वापस हुई थी तब मैं नया नहीं था। उसके पहले मैं छप चुका था। 'कृति' (श्रीकान्त वर्मा) में छप चुका था। कई कहानियाँ 'कल्पना' में छप चुकी थीं, जैसे 'सुख', 'आखिरी रात'। पहले तो उन्होंने कहानी मँगाई थी। फिर वापस, साथ में वही टिप्पणी थी कि व्यंग्य नहीं उभरा।

तो उनकी जो टिप्पणी थी, उसके बारे में आज क्या सोचते हैं आप?

उस समय तो लगा था कि भीष्म साहनी मूर्ख हैं। उन्हें कहानी की समझ ही नहीं है।

आप भीष्म साहनी जी को मूर्ख बता रहे हैं। ये मैं छाप दूँगा।

हाँ, छाप दीजिए। मुझे यही लगा था, उस समय कि कहानी समझने का विवेक उनमें नहीं है। महज जिद के कारण ही। मैं बहुत अच्छी फैंटेसी समझता था उसे। लगा, वे समझ नहीं पाए।

तो, उसमें व्यंग्य नहीं उभरा तो दुबारा उसे लिखने को तैयार थे क्या आप? आज क्या विचार है आपका इस बारे में ?

भीष्म जी सही थे। कहानी सचमुच कमजोर थी और यह अनहोनी बात नहीं है। शुरुआती दिनों में हर लेखक न छपने पर सम्पादक को मूर्ख ही समझता है।

क्यों?

जो कहना चाहा था, कह नहीं पाया था। यह कहानी केवल एक आदमी को पसन्द आई थी, राजकमल चौधरी को। वह उस समय अस्पताल में थे। पटना में, शायद ऑपरेशन हुआ था। मेरी कहानी 'लोग बिस्तरों पर' अस्पताल से ही सम्बन्धित थी। एक बूढ़ा व्यक्ति बिस्तर पर पड़ा है। दिमाग कुछ और कहता है, हाथ-पैर कुछ और करते हैं। लेखक विच्छिन्न शरीर को समाज के रूप में देखता है।

कहानी राजकमल जी को अच्छी लगने का कारण कहीं यह तो नहीं कि वह उस समय अस्पताल में थे। उन्हीं स्थितियों-परिस्थितियों से जूझ रहे थे?

हाँ, ऐसा ही था।

किसी रचना को वापस किए जाने को लेकर प्रतिक्रियास्वरूप किसी सम्पादक को कोई पत्र लिखा क्या आपने?

सम्पादकों से मैंने कभी बहस नहीं की।

क्यों?

क्योंकि बहस करूँ, फिर वे कुछ सुझाएँ। जबकि मैं अपनी रचना के लिए खुद को प्रमाण मानता था तो फिर दुबारा क्यों लिखता? अपने तईं जितनी मेहनत कर सकता हूँ, करता हूँ।

तो क्या कोई रचना लिख चुकने के बाद पहले किसी को सुनाते भी हैं?

सुनाता तो जरूर हूँ।

तो सुनकर जो प्रतिक्रियाएँ देते हैं लोग, उसके अनुसार कुछ परिवर्तन भी...।

नहीं। सिर्फ अपने सन्तोष के लिए सुनाता हूँ। परिवर्तन शुरुआती दिनों में तो करता था, अब नहीं।

रचना की डिफेंस में भी कुछ नहीं कहते।

न भाई न। सब कुछ तो रचना में ही लिख चुका होता हूँ। अगर आप मुतमइन हैं तो ठीक, नहीं तो कोई बात नहीं। कोई भी रचना प्रकाशित हो जाने के बाद मेरी नहीं है। जब तक अप्रकाशित है, तभी तक मेरी है। पाठकों को छूट है उसके बारे में कुछ भी कहने की। तारीफ करें या कुछ भी। पाठक की अपनी दुनिया है। रचना जिनको पसन्द है, उनकी है। जब मेरा कुछ छप जाता है तो छपे हुए को कोई और छापे/छाप ले मुझे कोई आपत्ति नहीं। मेरा अधिकार खत्म उस पर से, ऐसा लगता है मुझे।

डॉक्टर साहब, जब कोई रचना वापस आती है तो उसका रचनाकार अन्य कारणों के साथ 'सम्पादकीय ऐंठ' का जिक्र जरूर करता है। क्या सचमुच सम्पादकों में ऐंठ नाम की...।

नहीं होती निगम जी, बिलकुल नहीं होती। लिख लीजिए, मैं नहीं समझता ऐसा। इसलिए कि किसी पत्रिका का निकलना और बन्द होना रचनाओं पर निर्भर करता है, फिर ऐंठ कैसी? हाँ, पसन्द या नापसन्द की सीमा तो हो सकती है। उसका विवेक हो सकता है। अब जैसे मैं समझता हूँ कि राजेन्द्र यादव के पास कहानी का विवेक नहीं है। कहानी की समझ कम है उनमें।

किसी और की बात तो नहीं कर रहे आप? कहानी के बारे में राजेन्द्र यादव का विवेक!

हाँ, राजेन्द्र यादव। 'हंस' के सम्पादक राजेन्द्र यादव के बारे में ही कह रहा हूँ।

जो आप कह रहे हैं उसका आधार?

वह कहानीकार के रूप में उतने महत्त्वपूर्ण नहीं लगते हैं मुझे, जितना एक सम्पादक के रूष में हैं। पहली बात, और दूसरी यह कि वह मेरी पसन्द के कहानीकार भी नहीं रहे हैं। तो, मैंने जो कहा वह एक सम्पादक के रूप में महत्त्वपूर्ण हैं। वह ऐसे कि कहानी के विकास में उनकी भूमिका बेहद महत्त्वपूर्ण है। इन वर्षों की सर्वोत्तम कहानियाँ 'हंस' में ही छपी हैं।

दो विरोधी-सी लगती बातें हैं ये कि राजेन्द्र यादव को कहानी का विवेक नहीं और ये कि सर्वोत्तम कहानियाँ उनके सम्पादन ('हंस') में ही छपीं। कहीं पाठकों को चौंकाने के इरादे से तो नहीं कह रहे आप ?

ठीक है कि उनके सम्पादन में ही छपीं ये कहानियाँ, मगर हो सकता है उनके अनजाने में ही अच्छी साबित हुई हों। उन्हें 'लाउड' कहानियाँ ज्यादा आकृष्ट करती हैं जबकि कहानियाँ 'अंडरटोन' वाली ही ज्यादा अच्छी होती हैं। राजेन्द्र यादव को वो कहानियाँ पसन्द आती हैं जिनमें नारी-पुरुष के सम्बन्ध की बातें हों, नारी-पुरुष सम्बन्धों की पेचीदगियाँ हों।

(एक बार फिर सुरती खाने के बहाने से उठ लिए। मैंने समझा, बहाना है सुरती का। काशी भाई फूट लिए। बहुत देर भी हो गई थी। लोग चाय-नाशते में दही-जलेबी, टोस्ट-मक्खन छान रहे थे वहीं बगल में। मुझे लगा, मैं उनको अनहक घेरे बैठा हूँ। मगर क्या! आए, जैसे पहले से ताजादम। वाह डॉक्टर काशीनाथ सिंह! मन ही मन नमन)।

तो निगम जी, उनमें नई कहानी के दिनों वाली सौन्दर्य-रुचि अवशिष्ट है। यह आग्रह आज बाधा है। संघर्ष की कहानियाँ भले ही प्रायोजित हों—निश्चित रूप से

चर्चा में आती हैं। और ऐसा करने में हम यह नहीं देख पाते कि कहानी है भी या नहीं? बावजूद इस सबके मैं सम्पादक के रूप में अधिक मानता हूँ उन्हें (राजेन्द्र यादव को)। यह भी कि पिछले 15 वर्षों की कहानी के विकास को रेखांकित करनेवाली अत्यन्त महत्त्वपूर्ण कहानियाँ 'हंस' में ही छपी हैं, किसी लघु पत्रिका में नहीं।

यह भी तो हो सकता है कि सम्पादकों के तमाम प्रयासों के बावजूद लेखकों ने अपनी कहानियाँ लघु पत्रिकाओं को दी ही न हों। तो कैसे और क्या छापें वे?

हाँ, ऐसा भी है। अब देखिए, 'पहल' है लघु पत्रिकाओं की प्रतिनिधि पत्रिका। वह पिछले 20-25 वर्षों में केवल तीन-चार कहानियाँ ही ऐसी दे पाई जो समय को रेखांकित करनेवाली कही जा सकती हैं। याद करता हूँ तो 'क्या तुमने कोई सरदार भिखारी देखा है' (स्वयं प्रकाश), 'छप्पन तोले का करधन' (उदय प्रकाश) और 'शहर कोतवाल की कविता' (देवेन्द्र) ये कुछ कहानियाँ ही नजर आ रही हैं। हाँ, एक मेरी कहानी 'कहानी सरायमोहन की' को भी जोड़ सकते हैं। 'पहल' के जरिए कहानी का विकास नहीं जाना जा सकता। इसके लिए तो भाई, 'हंस' के पास ही जाना पड़ेगा।

बड़े लेखक अपनी रचनाएँ लघु पत्रिकाओं को देने में आनाकानी क्यों करते हैं?

कब छापेंगे, पता रहता है कुछ? कई पत्रिकाएँ त्रैमासिक होती हैं। ज्यादातर अनियतकालीन होती हैं और इनके अंकों की छपनेवाली प्रतियों की संख्या भी कम रहती है। हर रचनाकार चाहता है कि उसकी कहानी ज्यादा-से-ज्यादा पाठकों के पास पहुँचे। कोई रचना किसी लघु पत्रिका के सम्पादक के पास अनिश्चित समय या लम्बे समय तक पड़ी ही रहे तो?

बाबू साहब, फिर मैं अपने ही विषय पर खींच रहा हूँ आपको कि सम्पादक जब रचना वापस करता है तो उसमें सम्पादक की दृष्टि को ही...

नहीं, मैं दोषी नहीं मानता। सम्पादक क्या करेगा? उसे तो उन प्रतिष्ठानों का रुख देखना पड़ता है जिनके पैसे से पत्रिका निकलती है और जिनके पैसे से वह सम्पादक है। स्वतंत्र कहाँ है वह? मेरा तो प्रतिष्ठानों से ही विरोध रहा। 'धर्मयुग' में नहीं भेजी अपनी कहानी।

क्यों?

व्यवस्था विरोध! यह स्वर था हमारे दौर का। हम और ज्ञानरंजन अन्त तक इस विरोध पर अड़े रहे। हाँ, 67 में जब कमलेश्वर 'सारिका' में गए तो दो कहानियाँ छपीं। उसी समय उन्होंने भारती से लेख लिखवाया, 'चिकनी सतहें, बहता पानी'

और खुद लिखा, 'ऐयाश प्रेतों का विद्रोह'। ये हमारी पीढ़ी के खिलाफ लेख थे। नतीजतन, हमने उसमें भी लिखना बन्द कर दिया।

फिर?

फिर क्या पूछते हैं? 15-16 वर्षों तक लघु पत्रिकाओं में छपने या समझिए कि पड़े रहने के कारण कोई पहचान नहीं बनी। पाठक कहानीकार के रूप में जान ही नहीं पाए हमको।

डॉक् साब, मुझे नहीं मालूम, क्या आपने किसी पत्रिका का सम्पादन भी किया है?

हाँ-हाँ, हमने 'परिवेश' पत्रिका निकाली थी विश्वविद्यालय से। 1972 में शुरुआत कह सकते हैं। 'पहल' और 'परिवेश' लगभग आगे-पीछे या साथ-साथ शुरू हुईं। उसमें छात्रों का आन्दोलन मुख्य विषय था। वामपंथी रुझान की पत्रिका थी। अच्छा, अब आप यह भी देखिए एक बात कि हम बड़ी पत्रिकाओं में, प्रतिष्ठानों वाली पत्रिकाओं में नहीं छप रहे थे।

वही, जो आपने बताया, विरोध के कारण ही तो।

हाँ, और परसाई, भीष्म साहनी छप रहे थे तो हमारी चर्चा ही नहीं हो रही थी। परसाई से बहस होती थी तो यह तर्क देते कि भाई मैं तुम्हारी तरह कहीं नौकरी तो करता नहीं। मेरी जीविका का साधन ही है यही लिखना। भीष्म साहनी का नजरिया था कि प्रतिष्ठानों की और सेठाश्रयी पत्रिकाओं का बहिष्कार ठीक नहीं। इससे तो हम एक बड़े पाठक वर्ग से कट जाएँगे।

मतलब, समय के साथ आपका भी नजरिया बदला।

(धूप का चटख होते जाना, पेड़ों की छाया का सिकुड़ना, आसपास घूमते बन्दरों की संख्या बढ़ते जाना और अन्य पत्रिका के सम्पादकों की बीच-बीच की आवाजाही जैसे कई व्यवधान एक साथ सामने खड़े हो गए।) वहाँ से हटकर हम एक अन्य बेंच पर बैठना चाह रहे थे तो वही बोले, "यहाँ नहीं उस पर (बेंच) चलो जरा दूर।"

तो नजरिया भी बदला। आप कह सकते हैं और सेठाश्रयी पत्रिकाओं के बारे में द्वन्द्व समाप्त हो रहा था। जेपी का मूवमेंट भी शुरू हो चुका था।

अब कुछ थोड़ा-सा 'परिवेश' के बारे में।

विश्वविद्यालय की पत्रिका थी। नीति थी कि बाहर के लेखकों का कम-से-कम इस्तेमाल किया जाए। उद्देश्य था, विश्वविद्यालय में नये लेखक पैदा करना। कविता, कहानी, समीक्षा के ट्रेंड से परिचित कराना और इसी उद्देश्य से कुछ प्रतिष्ठित लोगों

की रचनाएँ भी देता था 'परिवेश' में। अनुवाद भी देता था, यह बताने के लिए कि और कहाँ-कहाँ, क्या-क्या और कैसा-कैसा लिखा जा रहा है।

तो क्या इसके पीछे आप अपने नाम की चर्चा...?

नहीं, कतई नहीं। उज्ज्वल भट्टाचार्य की कविताएँ छापीं। धूमिल तो नाराज भी हो गए।

क्यों?

अरे, अब इस बात को जाने दीजिए। शायद उन्हें लगा कि उनके समानान्तर खड़ा कर रहा हूँ इन लोगों को, उज्ज्वल को खास करके।

सम्पादक के रूप में कुछ अनुभव?

नहीं, वैसा कुछ नहीं। बताया तो कि यह विश्वविद्यालय की पत्रिका थी। सम्पादक के रूप में कुछ खास नहीं।

मानस चतुश्शती समारोह का आयोजन था। मानस (तुलसीकृत 'रामचरितमानस') पर बातचीत हुई। ब्राह्मणवाद पर आक्रमण। यह सब उसी मंच से हुआ 74 में। महेश्वर ने रिपोर्ट तैयार की मुराहूराम नाम से और इसे मैंने 'परिवेश' में छापा। उन दिनों हेमवतीनन्दन बहुगुणा मुख्यमंत्री थे। प्रदेश के कुलपतियों का सम्मेलन था। हमारे यहाँ से डॉक्टर कालूलाल श्रीमाली थे। अब 'परिवेश' का वह अंक कैसे पहुँचा वहाँ, मैं कह नहीं सकता। बहरहाल, श्रीमाली से उन्होंने पूछा, "ये देखा आपने, क्या छप रहा है आपके यहाँ से?" आपातकाल के आसपास की बात है। श्रीमाली जी ने मुझे तलब किया। बोले, "भाई, ये सब करना है तो बन्द कर दीजिए पत्रिका को।"

वहाँ तक 'परिवेश' का अंक पहुँचानेवाला कोई आपका विरोधी या फिर शासन का चमचा और कौन?

हाँ, और क्या? तो मानिए कि 'परिवेश' को बन्द करने के पीछे एक दबाव था—राजनीतिक दबाव।

अच्छा।

वैसे तो सम्पादक का दायित्व छात्रनेताओं ने, छात्र कल्याण परिषद् ने ही सौंपा था हमें। विश्वविद्यालय तो शिवप्रसाद सिंह को चाहता था, मगर छात्रों ने अपने प्रभाव...।

सम्पादन में किसी तरह का हस्तक्षेप?

हस्तक्षेप कतई स्वीकार नहीं किया। मैं मानकर चल रहा था कि या तो मैं हटाया जाऊँगा या स्वयं ही छोड़ दूँगा। डर नहीं था। पाँच-छह अंक निकले। त्रैमासिक

थी। यह पत्रिका विश्वविद्यालयों में जाती थी। सभी लेखकों के पास जाती थी। ऑडिट-वॉडिट के कारण कोई कीमत नहीं थी।

कुलपति की तरफ से कोई प्रोत्साहन?

नहीं, वह तो बस इसी से खुश थे कि विश्वविद्यालय से पत्रिका निकल रही है। वैसे सब कुछ ठीक-ठाक चल रहा था जब तक रामभक्त पीछे नहीं पड़ गए।

उसके बाद?

बन्द ही करना पड़ा। कुमार सम्भव, महेश्वर चले गए। आपातकाल लागू हो गया और मेरा अपना लेखन भी प्रभावित हो रहा था। वैसे 'आदमीनामा' इसी समय में लिखी गई।

यह क्या कि लेखन प्रभावित भी हुआ और इतनी सारी महत्त्वपूर्ण कहानियाँ भी इसी दौर में।

(यहाँ पर आदरणीय काशी भाई चुप रहे। पूरी बातचीत में सम्भवत: पहली बार।) बन्द करने का एक कारण यह भी कि वह राजनीति, जिसके कारण इसे निकाल रहा था वही सन्दिग्ध लगने लगी थी।

['निमित्त', 8 जनवरी, 1999]

प्रतिभा कटियार ➡
⬅ काशीनाथ सिंह

लेखक बिकाऊ माल न बनें

क्या आपको लगता है कि आज कहानियाँ पाठकों से संवाद नहीं कर पा रही हैं?

हाँ, यह सही है। आज कहानियाँ पाठकों से संवाद करने में सक्षम नहीं हैं। सन् 67-68 के आसपास की कहानियों में यह सामर्थ्य थी। आज की कहानियों में उन्हीं चीजों का रिफ्लेक्शन है, जिन्हें हम अखबार-दूरदर्शन के माध्यम से जानते हैं। कहानियों में घूम-फिरकर वही करप्शन, बेईमानी, घूसखोरी, बलात्कार आदि विषय आ रहे हैं। मुझे लगता है कि पाठक इन चीजों को लेखक से ज्यादा जानता है, महसूस करता है और यही कारण है कि उसकी कहानियों में रुचि कम हो रही है या 'कथादेश' जैसी पत्रिकाओं में छपनेवाले पत्र देखिए। कहानियों से ज्यादा पत्र सम्पादकीय लेख, संस्मरण आदि पर होते हैं। मतलब साफ है कि कहानियाँ पाठक से संवाद नहीं कर पा रही हैं। निश्चित तौर पर लेखकों के लिए विचारणीय प्रश्न है।

क्या वजह है कि रचनाओं में विषयों की पुनरावृत्ति देखने को मिलती है?

पूरे भारतीय समाज की विडम्बना ही यही है। समय इतनी तेजी से भाग रहा है। हम वहीं के वहीं हैं। भ्रष्टाचार, शोषण, बलात्कार, दलित विषय स्थिर और मृतप्राय हो चुके हैं। पिछले दस वर्षों से हम यही तो लिख रहे हैं। इनसे मुक्त होना आज बहुत जरूरी है।

क्या वजह है कि आज लेखक इतिहास को टटोल रहे हैं?

यह विडम्बना है इस देश की। पश्चिम में इतिहास से निजात पाने की कोशिशें हो रही हैं और हम इतिहास की पुनर्रचना में व्यस्त हैं। कामतानाथ, असगर वजाहत, अलका सरावगी आदि ने एक पूर्ण इतिहास को अपनी रचनाओं में समेटा है। सभी इतिहास कथाएँ उपन्यासों के रूप में सामने आई हैं क्योंकि बड़ी रचनाओं के पास

स्थित करने की गुंजाइश होती है। सब कहानी में सम्भव नहीं है।

तो क्या आप यह मानते हैं कि हिन्दी में अच्छी कहानियाँ लिखी जानी बन्द हो गई हैं?

नहीं, ऐसा नहीं है। 'क्षमा करो हे वत्स', 'वारेन हेस्टिंग्स का साँड़' जैसी अच्छी कहानियाँ भी इसी समय में लिखी गई हैं।

इन दिनों आप क्या लिख रहे हैं?

इन दिनों मैं समाज से संवाद करने की कोशिश कर रहा हूँ। पिछले दिनों मैंने 'सन्तों घर में झगरा भारी', 'देख तमाशा लकड़ी का' लिखे। इन दिनों मेरी योजना इससे आगे की है। वही अस्सी का चौराहा, गंगा किनारे बैठना। छह सौ साल पहले तुलसी आए थे। एक तरफ से सांस्कृतिक व राजनीतिक गतिविधियों का केन्द्र है। वहाँ होनेवाले आयोजनों की तरफ विदेशी आकृष्ट होते हैं। ब्राह्मणों के सनातनी मोहल्ले में इन दिनों पर्यटकों के आने से क्या परिवर्तन हुए, यही लिख रहा हूँ। इन दिनों यह वही मोहल्ला है जहाँ पर भाजपाई तीन बार नमाज भी पढ़ रहा है। यह बदलाव का केन्द्र है। उत्तर प्रदेश और बिहार की राजनीतिक-सांस्कृतिक गतिविधियों का यह जमावड़ा है। बनारस में बैठा व्यक्ति बिहार के बारे में सोच रहा है। यही सब लिख रहा हूँ।

क्या आपको लगता है कि इलेक्ट्रॉनिक मीडिया ने लेखक और पाठक के बीच सेंध लगाई है?

शुरू में हमें यही लगता था कि दृश्य मीडिया में वही लगे हैं जो बाजारू साहित्य के पाठक हैं, लेकिन ऐसा है नहीं। इलेक्ट्रॉनिक मीडिया ने साहित्य को नये पाठक दिए हैं जो पाठक दर्शक हो गए थे, उन्हें तो साहित्य में लौटाने का प्रयास मीडिया ने किया है। साथ ही, मीडिया के दर्शक को भी साहित्य से जोड़ा और मनोरंजन में व्यस्त दर्शक भी साहित्य की जानकारी ले रहा है और उसके प्रति जिज्ञासु हो रहा है। हाँ, यह जरूर है कि इलेक्ट्रॉनिक मीडिया कई बार लेखकों को ओवर प्रोजेक्ट भी करता है। जोड़-तोड़ के जरिए प्रचार पाने का सिलसिला दूर गाँव बैठे सिर्फ रचना प्रक्रिया में जुटे लेखक को निराश कर सकता है। कुछ कार्यक्रमों में तो लेखक और लेखक का भेद कर पाना भी दूर हो जाता है। इस सम्बन्ध में इलेक्ट्रॉनिक मीडिया को सतर्क होने की जरूरत है।

क्या साहित्यिक पत्रिकाओं के पाठकों की संख्या कम हो रही है?

अगर पाठकों की संख्या कम हो रही है तो इसका मुख्य कारण लेखन की 'क्वालिटी' का खराब होना है।

लेकिन पत्रिकाओं की संख्या तो लगातार बढ़ रही है।

पत्रिकाओं की संख्या बढ़ी है क्योंकि लिखनेवालों की संख्या बढ़ी है। पहले अध्यापक, आकाशवाणी में काम करनेवाले, दूरदर्शन वाले ही अधिकतर लेखक हुआ करते थे, लेकिन अब डॉक्टर, इंजीनियर, प्रशासक भी लेखक हो गए हैं। लेखकों की संख्या बढ़ने, पत्रिकाओं की संख्या बढ़ने के बावजूद रचनात्मक ऊर्जा पैदा नहीं हो रही है। 'प्रॉमिस ऑफ मेकिंग' का होना जरूरी है। काम तो हो ही रहा है और यकीनन पाठक खिंचकर फिर पत्रिकाओं और किताबों की ओर लौटेंगे।

लेखक इलेक्ट्रॉनिक मीडिया में जा रहे हैं, यह कितना उचित है?

लेखक इलेक्ट्रॉनिक मीडिया में जा रहे हैं, इससे एतराज नहीं है। बस इतना आग्रह है कि वे बिकाऊ माल न बनें।

['पायनियर साप्ताहिक', 17-25 सितम्बर, 1999]

अजित राय ⟶
⟵ काशीनाथ सिंह

प्रेमचन्द की जमीन अब उपजाऊ नहीं रही

आपने अपनी 40 साल की रचना यात्रा में मात्र एक उपन्यास लिखा 'अपना मोर्चा'। इसकी भूमिका में आपने लिखा कि यह एक बृहद् उपन्यास की भूमिका है। वह उपन्यास अब तक क्यों नहीं लिखा गया?

वह उपन्यास लिखने का विचार जहाँ का तहाँ पड़ा रह गया। पूरे भारत में छात्र आन्दोलन खत्म हो गया। तब मैंने जो-जो लिखने का सोचा था, सब पीछे छूट गया। मैं छात्र आन्दोलन के पराभव की गाथा नहीं लिखना चाहता। इसलिए अब उसका ख़याल नहीं। ऐसा नहीं है कि मैंने उपन्यास लिखने की कोशिश नहीं की। दो-तीन उपन्यास आधे-अधूरे यूँ ही पड़े हुए हैं। हाँ, इतना जरूर है कि मैं एक बड़ा उपन्यास लिखना चाहता हूँ। इससे पहले मुझे कथा-रिपोर्ताजों की शृंखला पूरी करनी है। इस सम्बन्ध में मेरी दो टूक राय यह है कि एक महत्त्वपूर्ण लेखक होने के लिए उपन्यास लिखना कोई जरूरी नहीं है। रूसी लेखक अन्तोन चेखव और चीनी लेखक लू-शुन ने कोई उपन्यास नहीं लिखा, पर किसी उपन्यासकार से कम महत्त्व इनका नहीं है। उपन्यास के लिए बहुत कुछ फालतू भी लिखना पड़ता है। मैं किसी भी जोड़-तोड़ के लिए तैयार नहीं। सवाल अपनी देखी हुई जिन्दगी, अपने जीवन-दर्शन को व्यक्त करने का है। अगर कहानी और कथा-रिपोर्ताज मिलकर यह काम कर डालते हैं, तो उपन्यास लिखने की जरूरत महसूस नहीं होती। असल चीज है जीवन का वह 'विजन', जो मुझे पेश करना है। जहाँ मैं उसे पूरी तरह अकुंठ भाव से व्यक्त कर सकता हूँ, मैं वहीं जाऊँगा। गिनती गिनाने के लिए उपन्यास नहीं लिखना चाहूँगा।

पर आपने तो कहानियाँ लिखनी भी लगभग बन्द कर दी हैं और इन दिनों लगातार 'कथा-रिपोर्ताज' ही लिखे चले जा रहे हैं। ऐसा क्यों?

मैंने कहानी-लेखन छोड़ा नहीं है। मैं पहले भी बहुत ज्यादा और जल्दी-जल्दी कहानियाँ नहीं लिखता था। अब भी कभी-कभार कहानी लिखता हूँ। मेरे लिखने में विधाओं की सारी सीमाएँ टूट जाती हैं। मेरे यहाँ विधाओं की शुद्धता तहस-नहस हो जाती है। मेरे

लिए 'जो लिखता है' वह महत्त्वपूर्ण है। विधाओं की चिन्ता मैं नहीं करता। दरअसल, एक लम्बे समय से मुझे लगता रहा है कि प्रेमचन्द की जमीन जो किसी जमाने में बहुत उपजाऊ थी और जिसमें हमने काफी खाद डाली थी, वह अपनी उपज की क्षमता खो चुकी है। वह आज उपजाऊ नहीं रही। खाद और उर्वरक डालने के बाद दाने और फल भले ही बड़े हो गए हों, लेकिन वे बेस्वाद और बेमना हो गए हैं। उनमें अब वह शक्ति और स्फूर्ति नहीं रही। प्रेमचन्द की जमीन अब राख या 'रेह' (नोन) लगी मिट्टी हो गई है। इसलिए मैंने दूसरी जमीन तैयार की, जिसे आप लोग कथा-रिपोर्ताज कहते हैं।

पिछले दस वर्षों से बनारस का अस्सी चौराहा आपकी रचनाओं का केन्द्र बना हुआ है। आपके कथा-रिपोर्ताजों में अस्सी के बिना कोई बात ही नहीं बनती। आखिर आपके लिए अस्सी चौराहा इतना महत्त्वपूर्ण क्यों है?

बनारस माने परम्परा जो कहीं जीवित है, तो वह अस्सी चौराहे पर है। अस्सी विभिन्न राज्यों से आए बेरोजगार बुद्धिजीवियों का केन्द्र है। विश्वविद्यालय (बीएचयू)के निकट होने के कारण सुबह और शाम वहाँ छात्र, नेता, अध्यापक, कचहरी के वकील, क्लर्क, सरकारी कर्मचारी और मोहल्ले के सामान्य नागरिक जुटे रहते हैं। अस्सी मुझे हमेशा अपने देश का खबर देता हुआ निहायत जागरूक, मगर मस्त और जिन्दादिल 'खत्ता' लगता है। अलग-अलग क्षेत्रों में जो कुछ मिल सकता है, वह एक ही जगह अपनी तमाम विविधताओं के साथ एवं बनारसी विशेषताओं से सम्पन्न अस्सी पर मिल जाता है।

इन दिनों आप क्या लिख रहे हैं? भविष्य की क्या योजना है?

एक बात साफ कर दूँ कि योजना बनाकर मैंने कभी नहीं लिखा। इसीलिए लिखने के क्रम में ही रचना विधा का रूप लेती है। जब मैं योजना बनाकर कहीं के लिए रवाना हुआ, तो कहीं दूसरी जगह पहुँच गया। कई बार जो लिखना चाहा, वह रह गया और दूसरी चीज लिखी गई। मैं हड़बड़ी या फरमाइश पर भी कुछ नहीं लिख पाता। सम्पादकों की माँग या सुझाव पर लिखना मेरे वश में नहीं है। लिखना मेरे 'मूड' पर निर्भर करता है। मेरा अधिकतर लेखन एक बार शुरू हुआ तो पाँच-छह माह तक लगातार चला। फिर लम्बी चुप्पी। इन दिनों मैं लिखने की मन:स्थिति से गुजर रहा हूँ।'कथादेश' में प्रकाशित कथा-रिपोर्ताज 'सन्तों, असन्तों और घोंघाबसन्तों का अस्सी' को पाठकों ने काफी पसन्द किया है। देशभर से चिट्ठियाँ और फोन आ रहे हैं। हाँ, एक खास भद्रलोक को इससे चिढ़ भी हुई है, खासकर भाषा को लेकर।

अस्सी पर कथा-रिपोर्ताज की यह सम्भवत: तीसरी किस्त है। इसके बारे में आपकी क्या धारणा है? आप कहना क्या चाहते हैं?

कुछ साल पहले यह सिलसिला शुरू हुआ। पहले नवम्बर, 1991 में 'देख तमाशा

लकड़ी का' छपा। फिर सितम्बर, 1998 में 'सन्तों घर में झगरा भारी' आया। 'कथादेश' (सितम्बर, 2001) में प्रकाशित यह तीसरी कड़ी है, जिससे एक क्रम पूरा होता है। यह एक फैंटेसी है, पिछले रिपोर्ताजों से भिन्न। 'देख तमाशा लकड़ी का' 1990 के आसपास होनेवाले राजनीतिक परिवर्तनों पर केन्द्रित था। बाबरी मस्जिद का ध्वंस और मंडल आयोग की सिफारिशों की घोषणा, 1991 का लोकसभा चुनाव, जातिवाद और लम्पटता, उम्मीदवारों की जोड़-तोड़ आदि उसका विषय था। इसके बाद 'सन्तों घर में झगरा भारी' में शताब्दी के अन्त में मीडिया, बहुराष्ट्रीय कम्पनियों का प्रवेश, औद्योगिक विकास और पर्यावरण, इन सारी चीजों ने भारतीय जीवन को कितना तहस-नहस किया, आदि विषय उठाए गए हैं। इस तीसरी कड़ी 'सन्तों, असन्तों और घोंघाबसन्तों का अस्सी' को लिखते समय मेरे दिमाग में 21वीं सदी की शुरुआत गूँज रही है। इन परिवर्तनों की चुनौतियों का सामना बनारसी जीवन शैली कैसे करेगी या उसकी प्रतिक्रिया इस जीवन शैली पर क्या होगी, यही मेरा विषय है। यह किस्त बनारस के वर्तमान से भविष्य तक जाएगी।

इसके बाद क्या सोच रहे हैं? क्या कोई कहानी या उपन्यास?

मुझे कुछ संस्मरण लिखने हैं और एक उपन्यास भी लिखना चाहता हूँ। 1960 के आसपास पहली बार मेरे इलाके में हरिजनों का आक्रोश दिखा था। इस दलित विद्रोह पर मैंने दस वर्ष पहले काफी कुछ लिखा था। उस घटना को मैं भूल नहीं पाता। इस पर दुबारा काम करना चाहता हूँ। कहानियाँ भी लिखूँगा, पर या तो कहानियाँ मेरे लिए पर्याप्त नहीं रहीं, या मैं ही कहानियाँ लिखने लायक नहीं रहा। कहानियों से एक असन्तोष है, जो मुझे संस्मरण की तरफ ले गया। फिर कथा-रिपोर्ताज, यहाँ मैं अधिक खुला और मुक्त महसूस करता हूँ। मैं एक बात साफ कर दूँ कि 'संस्मरण' और 'कथा-रिपोर्ताज', दोनों दो चीजें हैं। संस्मरणों में तथ्यों को सुरक्षित रखते हैं, लेकिन मैं उस व्यक्ति विशेष को पूरे अन्तर्विरोध से देखना चाहता हूँ। तथ्यों के बीच से आदमी के भीतर की खोज करना चाहता हूँ।

इन कथा-रिपोर्ताजों और संस्मरणों का इतना विरोध क्यों हो रहा है?

यह विरोध साहित्येतर कारणों से है। यह एक पाखंड है हमारे तथाकथित भद्रलोक का। इसे मैं कम महत्त्वपूर्ण नहीं मानता कि संस्मरण जो कभी पढ़े नहीं जाते थे, उन्हें मैंने नया जीवन दिया। मतभेद चाहे जितना हो, लेकिन मेरे संस्मरणों ने आज कविता, कहानी के समानान्तर अपने स्वतंत्र अस्तित्व को प्रमाणित किया है। क्या यह बात कम महत्त्वपूर्ण है कि 'हंस' या 'कथादेश' के जिस अंक में ये छपते हैं उसकी बिक्री बढ़ जाती है।

['अमर उजाला', 18 नवम्बर, 2001]

महावीर अग्रवाल ➡
⬅ काशीनाथ सिंह

संस्कृति-साहित्य और सिनेमा का संगम

आपके चर्चित उपन्यास 'काशी का अस्सी' पर फिल्म बन रही है। आप कैसा महसूस कर रहे हैं?

बहुत अच्छा लग रहा है, तीन-चार कारणों से। पहला तो यह कि पिछले तीस-चालीस वर्षों में किसी हिन्दी लेखक के उपन्यास को फिल्म बनाने के लिए चुना गया है। यह उपन्यास 'काशी का अस्सी' है। दूसरी बात, फिल्म के निर्देशक डॉ. चन्द्रप्रकाश द्विवेदी जाने-माने और जहीन निर्देशक हैं। उनकी साहित्य में गहरी रुचि है। वे ऐतिहासिक व पौराणिक साहित्य के गम्भीर अध्येता हैं। वे 'चाणक्य' और 'पिंजर' जैसी शानदार फिल्में बना चुके हैं। तीसरी प्रसन्नता—मैंने फिल्म बनाने के लिए उपन्यास नहीं लिखा था और न ही किसी फिल्मकार के पास गया। चौथी खुशी यह है कि फिल्म के प्रोड्यूसर विनय कुमार तिवारी जो 'क्रॉसवर्ल्ड इंटरटेनमेंट प्राइवेट लिमिटेड' के मालिक हैं, उन्होंने 'काशी का अस्सी' पहले पढ़ा था। डॉ. चन्द्रप्रकाश द्विवेदी जी स्वयं मेरे उपन्यास पर फिल्म बनाने की अनुमति लेने के लिए आए और फिल्म बनने लगी।

फिल्म के लिए स्क्रिप्ट और संवाद क्या आपने ही लिखे-संयोजित किए हैं?

स्क्रिप्ट द्विवेदी जी ने लिखी है। उन्होंने मुझसे कहा भी कि स्क्रिप्ट मैं लिखूँ, लेकिन मैंने कोई स्क्रिप्ट आज तक लिखी नहीं है। इसलिए मुझे लगा कि बेहतर यही है कि निर्देशक स्वयं लिखे। एक बात मुझे और लगती रही है कि उपन्यास 'काशी का अस्सी' पाँच कहानियों में बँटा हुआ है। जहाँ तक मेरी जानकारी है, फिल्म के लिए एक सुसम्बद्ध कहानी जरूरी होती है। मैं इन पाँच कहानियों में से किसे काटता और किसे जोड़ता? यह काम मेरे लिए चुनौतीपूर्ण और दुविधा से भरा हुआ था, सो फिल्म बनाने के लिए स्क्रिप्ट द्विवेदी जी ने ही लिखी है। पात्रों के संवादों का प्रश्न महत्त्वपूर्ण है। जहाँ तक सम्भव हुआ है, पात्रों के

संवाद मेरे उपन्यास के अनुरूप ही रखे गए हैं। इसके बाद भी फिल्म व कहानी में सिलसिला बनाने के लिए उन्होंने संवाद लिखे हैं। मैंने स्क्रिप्ट देखनी चाही तो उन्होंने स्क्रिप्ट दिखाने से मना कर दिया और कहा, "पूरी फिल्म बनने के बाद देखिएगा। मैं आपको चौंकाना चाहता हूँ।" पर्दे पर लाने से पहले अर्थात् रिलीज होने से पहले फिल्म मुझे दिखाएँगे।

आपके अभी तक के अनुभव के अनुसार फिल्म के निर्देशक डॉ. चन्द्रप्रकाश द्विवेदी साहित्यिक कृति 'काशी का अस्सी' के साथ कितनी दूर तक न्याय करते नजर आते हैं?

इस उपन्यास में बुनियादी कहानी धर्मनाथ पांडेय और उनके परिवार पर केन्द्रित है। फिल्म में एक ओर जिन्दगी की जद्दोजहद के लिए धर्मनाथ पांडेय का परिवार है तो दूसरी ओर पप्पू की दुकान का समूचा समाज इसमें बोलता हुआ नजर आता है। क्रॉसवर्ल्ड प्रोडक्शन, फिल्म सिटी, गोरेगाँव मुम्बई में पप्पू की चाय की दुकान को सेट पर जब पहली बार देखा तो चकित रह गया। अड्डेबाजों की तरह फिल्म के कलाकार पूरे माहौल में उसी तरह रंग भर रहे थे। मैंने जितना देखा और समझा है, बनारस की जिन्दादिली, मस्ती, फक्कड़ी और हँसी-ठिठोली अपनी पूरी मौलिकता के साथ मौजूद है।

'काशी का अस्सी' उपन्यास में खुलकर गालियों का प्रयोग हुआ है। क्या फिल्म में गालियाँ हू-ब-हू अपने पूरे फॉर्म में मौजूद हैं?

निर्देशक मानते हैं, बनारस की भाषायी संस्कृति का एक अलग रंग है। गालियाँ उपन्यास के जीवन्त पात्रों के व्यक्तित्व का महत्त्वपूर्ण हिस्सा हैं। इसलिए फिल्म के संवाद में गालियाँ ज्यों-की-त्यों रखी गई हैं।

काशी के घाट, समूची काशी का परिवेश और पप्पू की चाय दुकान—इनकी शूटिंग बनारस में ही हो रही है अथवा फिल्म सिटी में सेट्स बनाए गए हैं?

मैंने मुम्बई की फिल्म सिटी का सेट देखा है और तीन दिन वहाँ रहकर उसमें चलनेवाली शूटिंग भी देखी है। फिल्म सिटी में लगभग एक माह तक शूटिंग हुई। इसके बाद लगभग बीस दिन तक अस्सी घाट और मोहल्ला अस्सी में शूटिंग हो चुकी है। बीच-बीच में समय निकालकर मैं शूटिंग देखने के लिए जाता था। समय-समय पर फिल्म में अभिनय करनेवाले कलाकारों से बातचीत भी की है। सनी देओल, रवि किशन, साक्षी तँवर, मुकेश तिवारी और अभिनेता राजेन्द्र गुप्ता सहित अनेक कलाकारों से जितनी भी चर्चा हुई, बहुत सन्तोषप्रद स्थिति प्रतीत होती है।

फिल्म 'काशी का अस्सी' में समूचे बनारस का परिवेश, वहाँ की कला, साहित्य, संस्कृति और जनजीवन की बानगी तो दिखेगी ही। काशी के और किस पहलू का जिक्र खास तौर पर किया गया है?

फिल्म का निर्माण करने से पहले ही चन्द्रप्रकाश जी सात-आठ बार बनारस आ चुके थे। उन्होंने बनारस को बहुत ही बारीकी से देखा और समझा है। अपने साक्षात्कार में ऐसा वक्तव्य वे कई बार दे चुके हैं कि उपन्यास 'काशी का अस्सी' की आत्मा के साथ कोई छेड़छाड़ नहीं की जाएगी।

मैं अपने तईं इतना जानता हूँ कि चन्द्रप्रकाश जी सार्थक फिल्म बनाने की कला में दक्ष हैं। अब तक बनाई फिल्मों में वे विषय-वस्तु और काल के अनुरूप वातावरण खड़ा करने में बहुत समर्थ नजर आते हैं। स्थितियों को साकार करते हुए पूरी तरह जीवन्त बनानेवाले चितेरे हैं। डॉ. द्विवेदी ने बनारस छोड़ने से पहले मुझसे कहा था, "मैं बनारस की गरिमा, यहाँ की धार्मिक आस्था और ऐतिहासिक महत्त्व से परिचित हूँ। विदेशों में ही नहीं अपनी दुनिया में भी बनारस के लिए खास क्रेज को जानता-समझता हूँ। कलकल करती मोक्षदायिनी गंगा की धारा, गंगा के घाट और बनारस के सांस्कृतिक वैभव और ठाट-बाट को मैंने इस तरह और इतना शूट कर लिया है कि दूसरे निर्देशकों के लिए कुछ नहीं बचेगा।" इस तरह उन्होंने बनारस के हर पल को फिल्म में उतारने की भरपूर कोशिश की है।

क्या आपने स्वयं भी फिल्म में कहीं कोई भूमिका अदा की है?

मैंने फिल्म में अभिनय नहीं किया है। मेरी भूमिका एक कलाकार ने की है। एन.एस.डी. के एक कलाकार ने लेखक के रूप में काशीनाथ सिंह का अभिनय किया है। देखने पर मुझे भी चेहरे से, कपड़े-लत्ते और पहनावे से अपनी ही निकटतम प्रतिकृति प्रतीत होती है।

फिल्म के निर्देशक डॉ. चन्द्रप्रकाश द्विवेदी दक्षिणपंथी माने जाते हैं। आप प्रतिबद्ध वामपंथी लेखक हैं। फिल्म निर्माण में विचारों की टकराहट किस तरह सामने आती है?

बड़ी महत्त्वपूर्ण बात आपने उठाई है। मैं निर्देशक के दक्षिणपंथी रुझान से परिचित रहा हूँ, इसके बाद भी फिल्म के तैयार होने में विचारधारा की कोई टकराहट नहीं हुई। 'काशी का अस्सी' हमारे समय और समाज का सच है, ऐसा निर्देशक द्विवेदी जी भी मानते हैं और उसे उसी रूप में पर्दे पर लाना चाहते हैं। सच तो यह है कि कोई मुद्दा ऐसा नहीं था जिसमें मेरा द्विवेदी जी से मतभेद हुआ हो। फिल्म के प्रस्तुतीकरण के सम्बन्ध में हम दोनों की चाहत और सपने एक-से हैं। महावीर अग्रवाल जी, आप जानते हैं—लेफ्ट और राइट की दूरियाँ और टकराहट अब पहले

की तरह कठोर नहीं हैं। प्रिंट मीडिया का दायरा सीमित होता है। द्विवेदी जी उपन्यास के मूल विचार को फिल्म के माध्यम से आम जनता तक पहुँचाना चाहते हैं। मुझे लगता है कि द्विवेदी जी को अपने इस कौशल में महारत हासिल है।

सचमुच यह तो बहुत ही अद्भुत जानकारी आपने हमें दी। यह भी बताइए कि क्या यह कला फिल्म है या फिर व्यावसायिक फिल्म है?

फिल्म की शूटिंग का काम पूरा हो चुका है। एडिटिंग का काम भी लगभग पूर्णता की ओर है। उम्मीद है कि दीपावली के आसपास फिल्म पर्दे पर दिखाई जा सकेगी। इसमें कला फिल्म जैसी कोई बात नहीं है। कला फिल्मों को 'डिब्बाबन्द फिल्म' के नाम से भी जाना जाता है क्योंकि ये फिल्में आम जनता तक नहीं पहुँच पातीं। यह व्यावसायिक फिल्म भी नहीं है, लेकिन निर्देशक डॉ. चन्द्रप्रकाश द्विवेदी आश्वस्त हैं कि यह बॉक्स ऑफिस पर सफल होगी और अच्छा व्यवसाय करेगी क्योंकि जन-जन की समस्याएँ और लोक रुचि से भरपूर है। जमीन से जुड़े साहित्य, संस्कृति और सिनेमा का संगम है फिल्म।

['अक्षरपर्व', जनवरी, 2011]

शिशिर सन्तोष ➡
⬅ काशीनाथ सिंह

अपने को तोप न समझें लेखक

'काशी का अस्सी' पर चन्द्र प्रकाश द्विवेदी फिल्म बना चुके हैं। इसमें साहित्य की आत्मा से कहीं छेड़छाड़ तो नहीं हुई है?

सही है कि हिन्दी सिनेमा में जो साहित्यकार गया, वह अपमानित होकर लौटा। बाद में लेखक गाली देते हैं। बांग्ला में यह नहीं है। चन्द्र प्रकाश से मैंने दो शर्तें रखीं। एक तो लेखक के सम्मान की दूसरी उपन्यास के साथ न्याय की। वैसे यह दौर कला सिनेमा का नहीं है। करोड़ों रुपए लगाने के बाद दृश्यांकन के लिए छूट देनी चाहिए। लेखक अपने को तोप नहीं समझें।

काशी की धरती पर मीरा नायर की फिल्म 'वाटर' को बनने नहीं दिया गया, वहीं 'काशी का अस्सी' की स्वीकृति अचम्भित करती है। विरोध के बदले उत्सव का राज क्या है?

'वाटर' का पोंगापंथियों ने विरोध किया। हम लोगों ने उस समय अभिव्यक्ति पर हमले को लेकर जुलूस निकाला। मेरे उपन्यास के साथ दूसरा तथ्य है। सोवियत संघ के विघटन के बाद भारत में पूँजी के खेल व बाजारवाद के बीच काशी के 'मलेछ' समझ गए सामाजिक अवयव को मैंने सम्मान दिलाया। बाहर के लोग पूछते हैं कि पप्पू की दुकान कौन है, गया सिंह व तन्नू गुरू कौन है। मैंने काशी के पहचान तत्त्व को बदला। विदेश में यह फिल्म काशी का महत्त्व बढ़ाएगी।

बंगाल में सिंगुर, नन्दीग्राम जैसे आन्दोलनों में लेखकों की भूमिका स्पष्ट दिखती है। हिन्दी पट्टी में ऐसा आन्दोलन क्यों नहीं दिखता?

बंगाल के आन्दोलन पर महाश्वेता देवी फोन करती रहती हैं कि इसे राष्ट्रीय आन्दोलन बनाया जाए। उस दौरान हम लोगों ने भी हस्ताक्षर अभियान चलाया। वैसे हिन्दी

पट्टी भ्रम में जीता रहा है। उसे लगता है कि ज्यादातर प्रधानमंत्री देने वाले क्षेत्र के बिना भारतीय राजनीति नहीं चलने वाली। क्षेत्र की बीमार मानसिकता को देखते हुए गांधी जी ने आन्दोलन की शुरुआत के लिए बिहार को चुना। हिन्दी पट्टी अतीत की गरिमा में लोट-पोट है। दूसरी आन्दोलन के प्रेरक नहीं रहे। छात्र यूनियनें खत्म हैं। गरीबी व अशिक्षा मजबूरी व भ्रम से ऊपर नहीं उठने देतीं।

बड़े भाई नामवर सिंह का कद कितना आड़े आता है?

नामवर सिंह अन्तिम युग हैं। उन्होंने बीवी को नहीं जानां, सब्जी व चॉकलेट का दाम नहीं पूछा। योगी की तरह बस साहित्य! पर साहित्य में नामवर के दुश्मन भी खूब हैं। ये नामवर का तो कुछ उखाड़ नहीं पाते तो मुझे निशाना बनाते हैं। वैसे मैं जानता हूँ कि मेरा असली मूल्यांकन नामवर के बाद ही होगा।

नामवर सिंह व राजेन्द्र यादव के अन्तर्विरोध को कैसे देखते हैं?

सन् 1959 में नामवर निर्मल वर्मा की कहानी 'परिन्दे' को नई कहानी की पहली कृति बताकर सनातन विरोधी बन गए। वे राजेन्द्र यादव व कमलेश्वर को रीयल कथाकार नहीं मानते। हाँ, मोहन राकेश का रुतबा स्वीकारते हैं। राजेन्द्र से तो वह मन्नू भंडारी को अच्छा लेखक मानते हैं।

आप अपनी प्रेरणा व आगे की रचना-योजना बताएँ।

रेणु मेरे आदर्श हैं। 'मैला आँचल' के बाद मैंने सोचा कि व्यक्ति पर संस्मरण हो सकता है तो स्थान पर क्यों नहीं। मैंने संस्मरण में कथा तत्त्व को घुसेड़ा। फॉर्म को तोड़ा। पाठकों ने सराहा। लेखकों को कथा, रिपोर्ताज, संस्मरण व उपन्यास या शब्दचित्र के टूटते ढाँचे को लेकर एतराज रहा। अभी 'तद्भव' में दो कहानी 'खरोंच' व 'पायल पुरोहित' आई हैं। एक उपन्यास पर काम चल रहा है। मैं फिर नए कथानक, नए शिल्प, नए फॉर्मेट के साथ पाठकों के समक्ष आऊँगा।

['दैनिक जागरण', धनबाद, 27 जून, 2011]

आभा बोधिसत्व ➡
⬅ काशीनाथ सिंह

काशी को कबीर का संस्कार मिला है

आपको साहित्य अकादेमी पुरस्कार मिला है आपके उपन्यास 'रेहन पर रग्घू' को, लेकिन क्या यह आपकी प्रिय रचना भी है?

नहीं, मेरी प्रिय रचना तो 'काशी का अस्सी' है। ऐसे 'रेहन पर रग्घू' को भी मैं कमतर नहीं मानता। 'काशी का अस्सी' इसलिए भी मुझे प्रिय है क्योंकि उसमें मेरा पूरा व्यक्तित्व, जिन्दादिल मस्ती, आवारगी, ये सारी चीजें उभरकर आती हैं। वह पूरा उपन्यास अपने शिल्प में भी अलग है।

आपके पात्र बहुत 'गल्प प्रिय' हैं, बतियाना जानते हैं, इनका चयन कैसे करते हैं?

एक तो यह कि चूँकि मैं बहुत कम बात करता हूँ, इसलिए पात्र ज्यादा बात करते हैं। दूसरा, मेरा स्वभाव दूसरों को सुनने का और खुद कम बोलने का है और बातों से ही पात्रों का चरित्र खड़ा होता है। मैं उन्हें जीवित उनके वार्तालाप और क्रियाओं से ही करता हूँ। ये चीजें पात्रों के मनोजगत् को ज्यादा मुकम्मल तरीके से व्यक्त करती हैं।

आपके कथा-साहित्य में अचानक ही गल्प-गल्प का नया संसार उद्घाटित हुआ है। साधारण कथा लेखक की जगह एक किस्सागो सामने आया है?

इसकी वजह है कि मैं गाँव का आदमी हूँ। लोककथाएँ बचपन में बहुत सुनी हैं। मेरे कथाकार की रचना भी वहीं से हुई है। आगे पढ़ना भी हुआ तो जातक कथाएँ, पंचतंत्र की कथाएँ या पौराणिक साहित्य मुझे ज्यादा प्रिय रहे हैं। कहानी कहन की शैली पर लगभग उनका ही प्रभाव है।

शीर्षकों का चुनाव कबीर के पदों से करने के पीछे कोई खास वजह? एक कबीर ही क्यों सूर हैं, तुलसी हैं, भारतेन्दु हैं, प्रसाद हैं, इनसे क्यों नहीं?

ऐसा केवल 'काशी का अस्सी' में हुआ है। काशी को कबीर का संस्कार मिला है। गली-मुहल्ले में उनके दोहों के टुकड़े सुनाई पड़ जाते हैं और सबसे बड़ी बात, वे

किसी धर्म या सम्प्रदाय से नहीं हैं। ज्यादातर उनकी उक्तियाँ बेलाग, दो टूक और डंके की चोट पर कही गई हैं। कहीं-न-कहीं ये बातें मेरे अपने स्वभाव से मेल खाती हैं। उनमें न तो धर्म की बू है न जात-पाँत की गन्ध।

इस बीच आपने कहानियाँ कम लिखी हैं, क्यों?

मैंने सन् 86 के बाद से कहानियाँ लिखनी लगभग बन्द कर दी थीं। 'याद हो कि न याद हो' के संस्मरणों में मैंने लिखा था कि कहानियों से मेरी बोलचाल नहीं है। इस दौरान मेरा ध्यान संस्मरणों और रिपोर्ताजों की ओर था। उनका फलक भी कहानियों से कहीं व्यापक है। मुझे स्वयं लगता था कि कहानियाँ मेरे व्यक्तित्व को अभिव्यक्त करने में समर्थ नहीं हो रही हैं। यह मेरी अपनी कमजोरी थी, लेकिन पिछले साल भर से मेरी दृष्टि कहानियों पर गई है। 'तद्भव' पत्रिका के पिछले अंक में नई सज-धज के साथ मेरी दो कहानियाँ आई हैं। 'खरोंच' और 'पायल पुरोहित' उनके शीर्षक हैं। अभी-अभी दिसम्बर के 'तद्भव' में मेरी लम्बी कहानी आई है, जिसका शीर्षक है 'महुआचरित'। इस समय वह चर्चित और विवादित है।

काशी के लेखन में काशी की यानी बनारस की क्या भूमिका है? अगर आप मिर्जापुर में होते या मुरादाबाद में होते तब भी यही लेखन, भाषा, भाव-संरचना होती?

नहीं, किसी और नगर में होते तो यह न होता। काशी ने मुझे लिखने और भाषा का संस्कार दिया है। भारतेन्दु, गुलेरी जी जैसे लेखकों से मुझे वह भाषा मिली है जो गम्भीर से गम्भीर बात को भी हँसी में व्यक्त करने में सक्षम है। वह हर गली, नुक्कड़ और फुटपाथ की जुबान है। गालियों की ताकत मैंने यहीं से सीखी। शब्दों में धार देना और पैनापन लाना भी यहीं से जाना। यहाँ की जिन्दगी में जो मस्ती, फक्कड़ी, ठहाके और बिन्दासपन है, वह अनायास ही मेरे लेखन में चला आता है। उसके लिए मुझे अलग से प्रयत्न नहीं करना पड़ता।

'काशी का अस्सी' पर बन रही फिल्म से आप कितने सन्तुष्ट या असन्तुष्ट हैं? क्या आपकी कहानी के साथ न्याय हो रहा है?

सन्तोष या असन्तोष की बात तो फिल्म दिखाई जाने के बाद ही होगी। फिलहाल मैं यह मानता हूँ कि 'काशी का अस्सी' जैसे मेरी रचना है, वैसे ही 'मोहल्ला अस्सी' निर्देशक चन्द्रप्रकाश द्विवेदी की रचना। दोनों की रचनाओं में औजार अलग-अलग हैं, लेकिन चन्द्रप्रकाश द्विवेदी के काम करने का मैं कायल हूँ। लिखने में उन्होंने बड़ी मेहनत की है। मैंने उन्हें रात-दिन काम करते हुए भी देखा है। उन्होंने मुझे आश्वस्त किया है कि स्क्रिप्ट में उपन्यास की आत्मा सुरक्षित रखी गई है। जिस संजीदगी से कलाकारों ने काम किया है, वह भी मैंने देखा है। कलाकारों ने स्वयं

बताया है कि निर्देशक द्विवेदी के काम करने का तरीका उन निर्देशकों से अलग है जिनके साथ वे काम कर चुके हैं। निर्माण की पूरी प्रक्रिया में द्विवेदी जी पर अविश्वास करने का मुझे कोई कारण नहीं दिखाई देता।

आपके लेखन पर आपका अध्यापक कभी हावी नहीं रहा, आपमें प्रोफेसर कभी नहीं दिखा, क्या यह ठाट कबीराना है?

यह तो दूसरे बताएँगे कि यह ठाट कबीराना है या नहीं? मैं सिर्फ इतना जानता हूँ कि जब यूनिवर्सिटी में प्रोफेसर हुआ तो सोचा कि यह पेशा तो जीविका के लिए है। जीवन के लिए क्या है, जीवन तो सिर्फ अपने पेशे तक नहीं सीमित किया जा सकता। मैं अपनी निर्मिति में बुनियादी तौर पर लेखक हूँ, प्राध्यापक नहीं। मैं प्राध्यापक विश्वविद्यालय की चहारदीवारी के भीतर ही हूँ। चहारदीवारी के बाहर दर्शनशास्त्र मेरा रचना संसार था। फुटपाथ, सड़क, बाजार, गलियों आदि में मेरे रचनाकार की दुनिया थी। मैं वहाँ ज्यादा सहज और बिन्दास महसूस करता था। वहाँ मैंने कभी जाना ही नहीं कि मैं अध्यापक हूँ। यही वजह है कि मोची से लेकर बाजार और चक्कीवाले तक जिस तरह के खुलेपन से मुझसे पेश आते रहे हैं, वहीं से मेरे कथाकार की खुराक मिलती रही है। विद्वानों और आचार्यों की संगत आज भी मुझे बड़ी दमघोंटू लगती है। मैं वहाँ से भाग खड़ा होना चाहता हूँ।

एक ही घर में दो साहित्य अकादेमी पुरस्कार। पहले बड़े भाई नामवर सिंह जी और अब आपको। कैसा लग रहा है?

बहुत अच्छा लग रहा है। फर्क सिर्फ इतना है कि भैया को उनके यौवन में मिला और मुझे बुढ़ापे में। हालाँकि मेरे पाठक मुझे बूढ़ा कभी नहीं मानते।

इन दिनों क्या लिख रहे हैं—संस्मरण, आख्यान या गल्प?

इन दिनों मैं कहानियों पर काम कर रहा हूँ। मेरे दिमाग मेरी एक लम्बी कहानी की योजना चल रही है।

भविष्य की कुछ खास योजना अपने पाठकों से शेयर करना चाहेंगे?

पहली बात तो यह कि मैं भविष्य की योजना किसी को नहीं बताता। मैं चोर किस्म का लेखक हूँ। यह नहीं बताऊँगा कि भविष्य में सेंध कहाँ मारूँगा?

['जानकीपुल' ब्लॉग, 25 दिसम्बर, 2011]

सर्वमित्रा सुरजन ➡
⬅ काशीनाथ सिंह

साहित्य से समाज नहीं बदल सकता

आप मुझसे सवाल पूछें, इससे पहले शुरू में मैं कुछ कहना चाहता हूँ। मेरे निर्माण में अविभाजित मध्य प्रदेश की बड़ी भूमिका रही है, जिसमें मायाराम जी सुरजन थे, हिन्दी साहित्य सम्मेलन था। उसके शिविर आयोजित हुआ करते थे। मायाराम जी हर आयोजन में उपस्थित रहते थे। मध्य प्रदेश की एक तरह से मैंने साहित्यिक नागरिकता ली थी। प्रतिवर्ष शिविर हुआ करते थे और मैं जाया करता था। देश के महत्त्वपूर्ण कथाकार, कवि, आलोचक एकत्र हुआ करते थे। आज के कई महत्त्वपूर्ण लेखक, रचनाकार तब शिविरों में प्रतिभागी हुआ करते थे। तो, हालाँकि यह 1980 के आसपास की बात है। मैं कहानीकार के रूप में प्रतिष्ठित हो चुका था, उसी रूप में जाता भी था, लेकिन जो प्यार लेखकों और पाठकों का मिला, उसने बहुत ऊर्जा दी। उनसे जो आत्मीयता बनी, वैसी उत्तर प्रदेश या बिहार के लेखक समुदाय से नहीं बन सकी। तब परसाई जी जीवित थे। उन्हें पढ़ता था। वैसी पैनी भाषा लिखने की बहुत कोशिश करता रहा, लेकिन आज भी मानता हूँ कि वैसा नहीं लिख पाया।

आपकी इस बात से एक प्रश्न उभरता है कि आज दिल्ली, उत्तर प्रदेश, बिहार जैसे प्रदेशों में साहित्यिक गतिविधियाँ बहुत होती हैं। नये संसाधनों के कारण हिन्दी का प्रचार-प्रसार आसान हो गया है। फिर क्या कारण है कि उस तरह के नये लेखक नहीं उभर रहे? क्या इसके पीछे कारण यह है कि उस तरह के शिविर नहीं लग रहे और अगर लग भी रहे हैं तो पाठकों-लेखकों के बीच सीधा संवाद कायम करवाने में सफल नहीं हो रहे हैं?

आज वैसे शिविर नहीं लगते और हैं भी तो मुझे नहीं लगता कि युवा पीढ़ी इन शिविरों में आने के लिए उत्साहित होगी क्योंकि अब जो लिख रहे हैं, वे व्यक्तिवादी रुझान के लेखक हैं, उनमें अहं ज्यादा है। वे इस बात को स्वीकार नहीं करते कि

हमसे पहले के लेखक ज्यादा अच्छा लिख रहे हैं। भूमंडलीकरण ने जिस तरह से हर आदमी को व्यक्तिनिष्ठ बना दिया है, आत्मकेन्द्रित बना दिया है, इसका असर कहीं-न-कहीं नई पीढ़ी के लेखकों पर भी पड़ा है। साहित्यकार भी उससे अछूता नहीं रहा है। भूमंडलीकरण के बाद की पीढ़ी जो आज 20-25 बरस की हो गई है, वह आज किसी भी बड़े लेखक से खुद को कम नहीं समझती जबकि हम अपने बुजुर्गों को सम्मान दिया करते थे। सीखने की ललक थी। उर्दू में तो उस्ताद हुआ करते थे। हिन्दी में उस्ताद तो नहीं हैं, फिर भी हम अपने बड़े लेखकों को सुनते थे, सम्मान देते थे और कहीं कुछ लाख कमियों के बावजूद हम उनसे सीखने की कोशिश करते थे। आज वह बात नहीं है।

नई कहानी के बाद का जो दौर था, उसमें आपकी, ज्ञानरंजन, रवीन्द्र कालिया और दूधनाथ सिंह की कहानियों का अलग उल्लेख होता था। आप लोगों ने कहानी लेखन का नया मुहावरा गढ़ा। आप अपने समकालीनों से खुद को कैसे अलग रखते हैं? आपकी कहानियों की क्या विशेषता है?

मेरी विशेषता यह है कि घर और कमरे से बाहर भी मैं झाँक लेता था। उस समय की कहानियाँ अधिकतर अराजनीतिक होती थीं, ज्यादातर अपने अनुभव, निजी रिश्ते, ड्राइंग रूम के बारे में कहानियाँ लिखी गईं। मैंने ऐसी कहानियाँ लिखीं, लेकिन मेरी कहानियों में कहीं-न-कहीं सामाजिकता कायम थी जो हमारे समकालीन दूसरे कथाकारों में कम दिखाई देती है। यह सामाजिक चेतना इसलिए थी क्योंकि मैं स्टूडेंट फेडरेशन से जुड़ा था और मेरे बड़े भाई कम्युनिस्ट पार्टी से चुनाव लड़ चुके थे। मैंने उस समय प्रचार किया था।

आपके लेखन में ग्रामीण सांस्कृतिक परिवेश का कितना प्रभाव रहा है?

ग्रामीण सांस्कृतिक परिवेश का मुझ पर बहुत असर रहा है। गाँव में मैं 16-17 की उम्र तक रहा, वहीं पढ़ा-लिखा। खेतों में थोड़ा-बहुत काम किया। उस जिन्दगी का प्रभाव मेरे ऊपर हरदम छाया रहा। वह जिन्दगी इस पुरस्कृत उपन्यास 'रेहन पर रग्घू' में भी दिखाई पड़ेगी। गाँव में मैं लोककथाएँ बहुत सुनता था। छोटी जातियों में यह परम्परा प्रचलित थी। उनके लोग कहानियाँ सुनाते थे। उनकी अलग संस्कृति थी, गाने की, कहानियाँ सुनाने की। लोकगीतों-कहानियों को सुनाने की उनकी अलग शैली थी। कभी खुले रूप में, कभी प्रच्छन्न रूप में मेरी कहानियों में इसका असर देखा जा सकता है। वह शैली, जिसे 'कहानीपन' कहते हैं, जिसके बिना कहानी, कहानी नहीं होती, वह बात मुझमें ग्राम्य-सांस्कृतिक परिवेश के कारण बहुत आई।

आपकी कहानियों में एक के बाद दूसरा दौर आया, विशेषकर 'नई सुबह' कहानी के बाद इसे स्पष्ट रूप से महसूस किया जा सकता है। इसमें आपके तेवर बदले हुए नजर आए। एक दौर से दूसरे दौर की इस यात्रा में एक रचनाकार के रूप में आपका किस तरह का आत्मसंघर्ष रहा?

जिस दौर की बात आप कर रही हैं, वह दौर मेरे नक्सली आन्दोलन विचारधारा से प्रभावित होने का था। दूसरे प्रान्तों के साथी आया करते थे, उनसे बातें हुआ करती थीं। यही दौर था, जब जाड़े की ऐसी कुहरे भरी रातों में मैं घरों में पर्चे डालता था, वॉल राइटिंग करता था। यह विचारधारा क्रान्तिकारी दौर के साहित्य को पढ़ने से बनी। मेरे दिमाग में यह बात बैठी थी कि समाज को बदला जा सकता है साहित्य से। साहित्य समाज को बदलने का औजार हो सकता है, यह मानकर मैं चलता था। तब मैंने 'सुधीर घोषाल' जैसी कहानी लिखी। मेरी कहानियों से संवेदनाओं को हटाकर क्रान्तिकारी विचार से जोड़ा। बाद में महसूस किया कि साहित्य समाज नहीं बदल सकता। यह मेरी गलतफहमी थी। साहित्य का सम्बन्ध हमेशा संवेदनाओं से ही है। साहित्य अगर संवेदनाओं को छोड़कर विचारों की तरफ जाएगा, तो साहित्य का भी नुकसान हो सकता है, विचार का भी और समाज इससे बदल भी नहीं सकता।

समकालीन कहानी में जो बाजारवादी, उज्ज्वल शिल्प दिखाई देता है, उसे आप किस रूप में लेते हैं?

बाजारवाद के प्रतिरोध में हमने साहित्य तो लिखा है, पर उसे अलग नजरिए से भी देखना चाहिए। इतिहास की गति ऐसी होती है, जिसे मोड़ना सम्भव नहीं है। इतिहास अपनी तरह चलता रहता है। इस बाजारवाद से लड़कर आप धराशायी हो जाएँगे, बाजारवाद का कुछ नहीं बिगड़ेगा क्योंकि यह अकेले भारत का नहीं, पूरी दुनिया का मामला है। बाजारवाद का प्रतिरोध 'रेहन पर रग्घू', 'काशी का अस्सी' में भी है, लेकिन एक चीज मैंने लिखने के दौरान सीखी कि बाजार का साहित्य के हित में उपयोग हो सकता है या नहीं। क्यों न ऐसा लिखा जाए कि पाठक ज्यादा-से-ज्यादा हो सकें क्योंकि लेखक का बाजार तो पाठक ही हैं। इस बाजारवाद का उपयोग साहित्यकार अपने नजरिए से देखे कि उपयोग कर सकता है या नहीं? सबसे पहले आप जो लिख रहे हैं, उसमें पठनीयता है या नहीं, यह देखा जाना चाहिए। मैं कह सकता हूँ कि मेरा सम्पूर्ण लेखन एक तरह से पाठकों की तलाश में लिखा गया है और मुझे खुशी है कि 'काशी का अस्सी' को सिर्फ हिन्दी साहित्य के पाठकों ने ही नहीं, बल्कि उन लोगों ने भी पढ़ा और सराहा, जिनका साहित्य से कोई सरोकार नहीं रहा। डॉक्टर, इंजीनियर, प्रबन्धन, अधिकारी वर्ग जैसे विभिन्न पेशों से जुड़े लोगों ने इस उपन्यास को पढ़ा और पसन्द किया।

उस पर तो फिल्म भी बन रही है।

हाँ, फिल्म मार्च तक रिलीज हो जाएगी। तो मैं कह रहा था कि मैंने देखा कि प्रेमचन्द के बाद क्रमशः पढ़नेवालों में कमी आ रही है। अजीब अन्तर्विरोध है कि नित नये अखबार और पत्रिकाएँ निकल रही हैं, प्रकाशन बढ़ रहे हैं, पर पाठक कम हो रहे हैं। ऐसे ही दौर में 'काशी का अस्सी' उपन्यास आया था, जो अपने समय में सबसे ज्यादा पढ़ी जानेवाली किताब रही है।

'रेहन पर रग्घू' या 'काशी का अस्सी', कौन सा उपन्यास आपको अधिक प्रिय है?

मेरी सबसे प्रिय पुस्तक 'काशी का अस्सी' है। इसलिए कि उसमें मैं खुल के हूँ। अपने को अभिव्यक्त करता हूँ। वह नगर है, जिसमें मैं रहता हूँ। फक्कड़ी, मस्ती से भरपूर है वह किताब। एक बिन्दासपन है उस किताब में, जो लोगों को अच्छा लगा था, खुलापन। इस मायने में यह मेरी त्रिय पुस्तक है। रही बात 'रेहन पर रग्घू' की, 2007 में यह छपी थी। 'काशी का अस्सी' को भाषा के कारण बहुत-से लोग साहित्य की दुनिया से खारिज करने की बात करते हैं। अभिजात तबके के बहुत-से लोगों को 'काशी का अस्सी' अच्छी नहीं लगी उन्हें 'रेहन पर रग्घू' ज्यादा प्रिय है।

और 'अपना मोर्चा' के बारे में आप क्या कहेंगे?

प्रख्यात आलोचक परमानन्द श्रीवास्तव ने 'अपना मोर्चा' को नया उपन्यास के रूप में देखा था। छात्रों के आन्दोलन से जुड़ा हुआ यह उपन्यास पहला 'कैम्पस नॉवेल' कहा जा सकता है। उन दिनों सारी दुनिया में छात्र आन्दोलन हो रहे थे। यही कारण है कि कोरियाई और जापानी भाषा में उसके अनुवाद हुए। उन्हें वह ज्यादा अपना लगा था। मेरे तीन उपन्यास तीन रंग के हैं।

'रेहन पर रग्घू' में जो अन्त आपने बताया है, वह निराशावादी प्रवृत्ति का है। आप उसे बदलना चाहेंगे या वैसा ही रखना चाहते हैं?

मैं वैसा ही रखना चाहता हूँ। दरअसल, जो बूढ़ा रघुनाथ खुद को रेहन पर ही रखता है। रेहन पर रखी चीजें छुड़ा ली जाती हैं, लेकिन इसमें वह अपने बेटों की परीक्षा लेना चाहता है। बूढ़े रघुनाथ से गाँव छूट गया। जिस बहू के घर वह रहता है, वह बहू नहीं रह गई थी जाए तो कहाँ जाए? बेटे बाहर हैं और इस पक्ष में हैं कि गाँव की जमीन बेच दी जाए। वह वस्तुतः यह सिद्ध करना चाहता था कि जिन बेटों को पाला-पोसा, प्यार किया, अगर मेरा अपहरण होता है, तो देखें कि इनमें से कोई छुड़ाने के लिए आता है या नहीं? मैं उनके लिए जीवित रह गया हूँ या नहीं? यह

एक पिता का निजी दर्द है। विदेश में बसे बेटों के लिए दो लाख रुपये का इन्तजाम कठिन नहीं है, पर बेटों के प्रेम की परीक्षा लेने के लिए वह ऐसा करता है कि मेरे प्रति कोई प्रेम बचा है या नहीं? बूढ़े बाप को छुड़ाने के लिए इतनी रकम दे सकते हैं या नहीं? यह अकेलेपन की इंतिहा है, जिसमें पड़कर वह ऐसा निर्णय लेता है। इसलिए मैं इसे बदलना नहीं चाहूँगा।

['देशबन्धु', भोपाल, 31 दिसम्बर, 2011]

राकेश शुक्ला ⟶
⟵ काशीनाथ सिंह

रास्ते की चीज है पुरस्कार

कविता से अचानक कहानी की तरफ रुझान का क़ारण?

मैं बी.ए. में था, तब कविता लिखी थी। उसे भाई साहब (नामवर सिंह जी) को दिखाया। उन्होंने सरसरी नजर डाली, फिर बोले—अभी पढ़ाई खत्म करो। इसके लिए पूरा जीवन पड़ा है। उसके बाद पलटकर मैंने कविताओं की तरफ कभी नहीं देखा। 1960 के आसपास कहानी लिखना शुरू कर दिया। तब से लगातार लिख रहा हूँ।

आपकी कहानी और उपन्यास के अधिकतर पात्र सजीव हैं। यह प्रयोग कैसे मन में आया?

1960 से 1980 तक पाँच कहानी-संग्रह आए। उसके बाद मैंने रास्ता बदल दिया। मैं कहानी लिखकर ऊब गया था। मुझे लगा कि मैं अपने को ठीक से व्यक्त नहीं कर पा रहा हूँ। फिर संस्मरण की विधा चुनी। 1991 में नामवर सिंह, त्रिलोचन शास्त्री, हजारीप्रसाद द्विवेदी जैसे लेखकों के संस्मरण पर आधारित पुस्तक 'याद हो कि न याद हो' आई। मैंने लेखन में हमेशा कुछ नया करने की कोशिश की है। इसलिए संस्मरण में मैंने किस्सागोई के तत्त्व मिलाए। यह प्रयोग इसलिए किया जिससे जिन पर लिखा जा रहा है, वे अपने संघर्ष, सुख-दुःख, जद्दोजहद के साथ, पढ़ते समय लोगों की आँखों के सामने मूर्त हो सकें। यह पुस्तक उन्हें भी पसन्द आई, जिन्हें मेरी कहानी पसन्द नहीं आई थी।

आपकी सबसे चर्चित पुस्तक 'काशी का अस्सी' लिखने का विचार कैसे आया?

यह सहसा नहीं बना था। संस्मरण लिखते हुए उपन्यास की सम्भावना दिखाई दी। मन में विचार आया कि ऐसा उपन्यास लिखा जाए जो जीवन की हकीकत से जुड़ा हो। इसलिए मैंने सजीव पात्र चुने। इसके सारे पात्र ऐसे थे, जिनका जीवन मनोरंजक भी था और व्यवस्था पर कटाक्ष करनेवाला भी। इसके रूप को लेकर खूब चर्चा

हुई। इसमें प्रयुक्त गाली पर विवाद भी बहुत हुआ। आलोचकों को उपन्यास में प्रयुक्त गाली दिखाई दी, लेकिन उसके पीछे छिपा व्यंग्य उन्हें दिखाई नहीं दिया। बहरहाल, इस पुस्तक ने पाठक दायरा बढ़ाने का काम किया।

क्या आप मानते हैं कि 'काशी का अस्सी' ने विवाद के साथ आपको प्रसिद्धि भी दी?

यह सही है। 'काशी का अस्सी' पर ऊषा गांगुली ने 'काशीनामा' नाटक किया, जिसका मंचन भारत के साथ विदेशों में भी हुआ। कई शोध कार्य उस पर चल रहे हैं। निर्माता-निर्देशक चन्द्रप्रकाश द्विवेदी इसी उपन्यास पर 'मोहल्ला अस्सी' फिल्म बना रहे हैं जो लगभग तैयार है और मार्च में रिलीज होगी।

आपके प्रिय लेखक कौन हैं?

फणीश्वरनाथ 'रेणु'। उन्होंने उपन्यास को नया स्वरूप दिया। उन्होंने लीक से हटकर आंचलिक उपन्यास लिखे। 'रेणु' ने अपने उपन्यास के जरिए ग्रामीण अंचल की वास्तविकता को सामने लाने का प्रयास किया। 'काशी का अस्सी' लिखने का खतरा उठाने के पीछे मुझे बल 'रेणु' से ही मिला।

आपने बदलते भारत को देखा है। यह परिवर्तन क्या सही दिशा में हो रहा है?

इतिहास की गति को रोकना सम्भव नहीं। 1990 के बाद जितनी तेजी से बदलाव हुआ, वैसा सौ साल में नहीं हुआ था। रूस का विघटन, बाबरी विध्वंस, आरक्षण, उदारीकरण, निजीकरण ने भारतीय संस्कृति पर सीधा प्रहार किया। परिवर्तन का परिणाम यह हुआ कि लोग अपनी भाषा भूल गए। एकरूपता के चक्कर में अन्धी दौड़ में शामिल हो गए। देश में अपनी बोली बोलनेवाले को हेय दृष्टि से देखा जाने लगा। हमारा साहित्य इसका प्रतिरोध कर रहा है, लेकिन बदलाव की रफ्तार में कोई फर्क नहीं डाल पाया। मैं तो इसे भारत का संक्रमण काल मानता हूँ और उम्मीद करता हूँ कि इससे जो भी निकलेगा, अच्छा होगा।

साहित्य की प्रतिरोधक क्षमता कमजोर पड़ने का कारण वैश्वीकरण तो नहीं?

निश्चित रूप से वैश्वीकरण की पहली शिकार संस्कृति हुई है। सबसे पहले उसे तोड़ने का काम किया गया। फिर समाज को अपनी तरह बनाने का प्रयास किया गया। नतीजा, हमारी पीढ़ी संस्कृति से दूर हो रही है। खान-पान, रहन-सहन, पहनावे, बोली—सब बदल गई है। कोशिश तो इस तरह की हो रही है कि आनेवाले समय में हमारी परम्परा, रीति-रिवाज संग्रहालय में सजे मिलें, पर मुझे पूरा भरोसा है कि एकरूपता लाने का चाहे जितना प्रयास हो, बहुलतावादी भारत उसे स्वीकार नहीं करेगा।

'रेहन पर रग्घू' को साहित्य अकादेमी पुरस्कार के लिए चुना गया। उसके बारे में कुछ बताइए।

'रेहन पर रग्घू' पुस्तक में गाँवों पर वैश्वीकरण तथा बाजारवाद के असर को दर्शाया गया है। समीक्षकों का मत है कि आजादी के बाद गाँवों में कैसा बदलाव आया, उसे 'गोदान', 'मैला आँचल', 'राग दरबारी', 'रेहन पर रग्घू' के क्रम से देखा जा सकता है।

क्या आप मानते हैं कि पुरस्कार से लेखक का कद बढ़ जाता है?

लोगों की ऐसी धारणा हो सकती है। जहाँ तक मेरा सवाल है, साहित्य अकादेमी पुरस्कार की सूचना मुझे अचानक मिली। खुशी हुई, लेकिन मुझ पर कोई असर नहीं पड़ा। मैं पुरस्कार को रास्ते की चीज मानता हूँ। किसी को मिल गया, किसी को नहीं मिला। इससे कद का निर्धारण नहीं किया जा सकता। बहुत सारे ऐसे लेखक हैं जिन्हें कोई पुरस्कार नहीं मिला, जैसे फणीश्वरनाथ 'रेणु'। मेरा मानना है कि उनके कद के लेखक बहुत कम हैं। लेखक पुरस्कार की बजाय पाठक के दायरे से बड़ा बनता है।

आप वाराणसी से बाहर क्यों नहीं गए, जबकि कई बार अवसर मिला?

यह सही है कि बाहर जाने के बहुत मौके आए, लेकिन बनारस की इत्मीनान भरी जिन्दगी, बेफिक्री, मस्ती छोड़कर जाने का दिल नहीं किया। मुझे याद है कि 1980 में मैं 24 दिनों के लिए 'तीसरी दुनिया' के लेखकों के सम्मेलन में हिस्सा लेने जापान गया था। आप विश्वास नहीं करेंगे, सम्मेलन समाप्त होने के बाद मैं बनारस जाने के लिए रोने लगा। एक-एक दिन भारी पड़ रहा था। वहाँ का यांत्रिक जीवन देखकर मैं हतप्रभ था। इतने दिनों में मैंने किसी को हँसते हुए नहीं देखा। उनकी इस शैली पर मुझे हँसी आए तो लोग आश्चर्य से देखें। अब भला बताइए, बनारस छोड़कर ऐसा जीवन जीने मैं कैसे जाता?

भोजपुरी भाषा देश के कोने-कोने तक पहुँच गई है। फिर भी उसे संवैधानिक दायरे में आने के लिए लम्बी लड़ाई लड़नी पड़ रही है?

वास्तव में भोजपुरी भाषा बोलनेवाले और सरकार, दोनों आँख मोड़ने की कोशिश कर रहे हैं। लोग इसे हिन्दी का पर्याय मानते हैं जबकि मेरी दृष्टि में भोजपुरी एक तरह से हिन्दी की रीढ़ है। हिन्दी ने अपनी सारी ताकत भोजपुरी से ली है। भोजपुरी को क्षेत्र विशेष की सीमित भाषा मानना ठीक नहीं होगा क्योंकि इसने अपनी पहुँच भारत और उसके बाहर तक बना ली है। इसका लोक साहित्य बहुत सम्पन्न है। कठिनाई यह है कि गद्य लिखनेवालों की संख्या कम है। वर्तमान में लिखनेवालों

का स्तर वैसा नहीं है जैसा मैथिली में नागार्जुन का था। हालाँकि भोजपुरी में गोरख पांडेय जैसे तेजस्वी कवि हुए हैं। इसे प्रोत्साहन मिलना चाहिए। भोजपुरी भाषा को जब संवैधानिक दर्जा मिल जाएगा तो इस पर बड़े लेखक लिखना शुरू कर देंगे।

फिल्म का शौक रहा है। तब और अब की फिल्मों में क्या अन्तर पाते हैं?

मैं फिल्म 'श्री 420' का खास तौर से जिक्र करना चाहता हूँ। इसे मैंने 12 बार देखा क्योंकि इसके एक सीन से मैं बहुत प्रभावित था। उसमें गाँव का ऐसा दृश्य है जो वहाँ की संस्कृति, भाईचारे, आपसी सहयोग की भावना को दर्शाता है। 'रमैया वस्ता वइया' गीत मैं जब भी सुनता हूँ, आँसू भर आते हैं। वैसी फिल्में अब कहाँ बनती हैं? घर में चलते-फिरते जब कभी टीवी में फिल्म के किसी दृश्य पर नजर पड़ जाती है, परन्तु तीन घंटे बैठकर अरसे से मैंने कोई फिल्म नहीं देखी। इस समय कोई फिल्म नहीं देखी। तय किया है कि अब 'मोहल्ला अस्सी' फिल्म ही देखूँगा। मेरी कोशिश है कि उसका प्रीमियर भी बनारस में हो।

आगे किस विषय पर लेखन हो रहा है?

2011 में तीन कहानियाँ लिख चुका हूँ। छह से सात कहानियों का नया संग्रह लाने का विचार है। इसमें समय लग सकता है, लेकिन इस बार भी कुछ नया लाने का प्रयास है क्योंकि परम्परा को ज्यों-का-त्यों स्वीकार करने की प्रवृत्ति नहीं है, इसलिए इन कहानियों में मैंने गद्य और पद्य को मिलाने की कोशिश की है। यह विचार मेरे मन में गाँव में कही जानेवाली लोककथाओं से आया है। गाँव में कही जानेवाली कहानियों में किस्सा कहते हुए बीच में गीत गाए जाते थे। मैंने अपनी कहानियों को कुछ इसी तरह से ढालने की कोशिश की है।

['द संडे इंडियन', 22 जनवरी, 2012]

मनीषा पांडेय ➡
⬅ काशीनाथ सिंह

पाठक की तलाश

'काशी का अस्सी' पर फिल्म बन रही है?

फिल्म पूरी हो चुकी है। मैंने देखी तो नहीं, लेकिन फिल्म के निर्देशक, कलाकारों और अन्य लोगों से मिली प्रतिक्रियाओं से लगता है कि काफी अच्छी बन पड़ी है।

फिल्म की पटकथा आपने लिखी?

मैंने लिखी तो नहीं, लेकिन संवाद उन्होंने उपन्यास से जस के तस इस्तेमाल किए हैं।

विचित्र नहीं लगता कि 'काशी का अस्सी' पर पुरस्कार नहीं मिला?

कहा तो मैंने भी शुरू में यही था कि उस पर मिला होता तो ज्यादा खुशी होती, लेकिन मैं पहला व्यक्ति नहीं हूँ। हजारीप्रसाद द्विवेदी या यशपाल को भी उनकी सबसे चर्चित किताब के लिए पुरस्कार नहीं मिला।

हिन्दी में पुरस्कार पाने के लिए बुढ़ाना क्यों पड़ता है? आपको यह पुरस्कार बहुत पहले नहीं मिल जाना चाहिए था?

खुश हूँ कि मरणोपरान्त नहीं मिला। जीते-जी मिल गया। हिन्दी की दुनिया में ऐसा ही होता है।

इतनी विचित्र क्यों है हिन्दी की दुनिया? पाठकों से कटी हुई ?

यह आरोप मेरे ऊपर फिट नहीं होता। मेरा पूरा लेखन ही पाठक की तलाश में रहा है। मैंने सदा चाहा कि हिन्दी की दुनिया के बाहर के लोग मेरे पाठक हों। साहित्य आम आदमी से जुड़ सके।

आपके प्रिय लेखक कौन हैं?

प्रेमचन्द, 'रेणु', तुर्गनेव, चेखव, हेमिंग्वे, तोल्स्तोय, दोस्तोएव्स्की, रसूल हमजातोव।

['इंडिया टुडे', 29 फरवरी, 2012]

संजय श्रीवास्तव ➡
⬅ काशीनाथ सिंह

उन जैसा मनुष्य मिलना दुर्लभ है

प्रोफेसर चौथीराम यादव आपके अनन्य मित्र हैं। यह सम्बन्ध कब से है?

मेरा सम्बन्ध उनसे चालीस-पैंतालीस साल पुराना है। वे जब एम.ए. फाइनल में थे तब मेरा ध्यान गया क्योंकि चौथीराम जी की गणना सबसे तेज विद्यार्थी के रूप में होती थी। अपने सहपाठियों के चहेते थे। निकटता डॉ. त्रिभुवन सिंह से थी। हम लोग तो बाद में मित्र हुए। मैं विभाग में चौथीराम जी को दूर से देखा करता था। सम्बन्ध विकसित नहीं हुए थे। बाद में त्रिभुवन जी के शोधार्थी हुए, फिर गाजीपुर में नियुक्त हुए। उसके बाद कमच्छा में इवनिंग कॉलेज में आए। फिर वहाँ से बी.एच.यू. के हिन्दी विभाग में आए। त्रिभुवन जी सामन्ती दरबारी संस्कृति के आदमी थे। उनके दरबार के अनेक रत्न थे। उन्हीं रत्नों में चौथीराम भी थे। यही मैं जानता था। उन्हीं दिनों लोलार्क कुंड में मेरे बगल के मकान में किराए पर ये आए। हमारा परिचय बढ़ा। बड़ी भाभी (नामवर जी की पत्नी) तब बीमार चल रही थीं। आप चौंकेंगे, उन्हें चौथीराम जी ही इंजेक्शन लगाते थे। इन्हीं दिनों एक घटना घटी और इस घटना ने हमें और चौथीराम जी को एक-दूसरे से गहरे जोड़ दिया। वह घटना थी, मेरी माँ की मृत्यु, जून 1971।

इस घटना से ऐसा क्या लगा आपको जो इनसे इतना जुड़ाव महसूस हुआ?

माँ की मृत्यु का सबको समाचार देना, सबको खबर देना। श्राद्ध के समय मेरे घर पर जाना। यही वह समय था जब विभाग में वे मेरे सबसे करीब आए। इन दिनों मेरे दूसरे मित्र विभाग में थे—बच्चन सिंह, शुकदेव सिंह, शिवकरण सिंह वगैरह, लेकिन जिस तरह चौथीराम जी ने श्राद्ध में मेरा साथ दिया, उसे मैं सोच भी नहीं सकता था। इस सम्बन्ध में दृढ़ता मुझे दिखाई पड़ी—विश्व हिन्दी सम्मेलन, नागपुर में, जहाँ मेरे साथ चौथीराम जी भी गए थे। यह सन् 1974 की बात है। हमने वहाँ जो कुछ भी किया यानी समानान्तर कार्यक्रम किया जो आयोजन के विरोध में था। त्रिभुवन सिंह

और कुछ प्राध्यापक जो बनारस से गए थे। वे सभी लोग मेरे खिलाफ थे। उस समय चौथीराम जी त्रिभुवन जी का साथ न देकर मेरे साथ थे। यह चौथीराम जी की दूसरी पहचान थी। इसके सिवा मेरे विभाग में काफी विषम स्थितियाँ थीं। मैं काफी विवादों में था। कोई साथ नहीं था। चौथीराम जी मेरे साथ थे। इसके अलावा एक कारण और भी था। धूमिल के देहान्त के बाद मैं एकदम अकेला पड़ गया था। ऐसे में मुझे एक ऐसे साथी की तलाश थी जिसके साथ मैं—जो लिख रहा हूँ उसे, जो पढ़ रहा हूँ उसे और इधर-उधर की बातें साहित्य और साहित्येतर बातें जिन्हें मैं शेयर कर सकूँ और जो मुँह देखी न कहे और सही बात कर सके, सलाह दे सके, जिसमें उसका अपना कोई स्वार्थ न हो, नि:स्वार्थ भाव से। इस तरह लगभग चालीस-पैंतालीस साल हमारे चौथीराम जी से सम्बन्ध हो रहे हैं। और यह आश्चर्य है कि हममें कभी किसी तरह का मनमुटाव नहीं हुआ। प्राय: दोस्तों में मनमुटाव होता है, मुँह फुला लेते हैं, नाराज रहते हैं चाहे सम्बन्ध न रहें। शायद इसकी वजह यह है कि हम एक-दूसरे की कमजोरियों और अच्छाइयों को अच्छी तरह जानते हैं। हम कमजोरियों को अनदेखा करते हैं और अच्छाइयों पर ध्यान देते हैं। मैं चौथीराम जी पर कभी-न-कभी टिप्पणी या व्यंग्य भी कर देता हूँ, लेकिन आज तक मैंने कभी नहीं सुना कि उन्होंने मेरे बारे में कभी कुछ कहा हो। यह दोस्ती लोगों के लिए एक मिसाल है। इसका श्रेय मुझे कम और चौथीराम जी को ज्यादा जाता है। मुझे कभी-कभी लगता है, उन जैसा मनुष्य मिलना आज के युग में बिलकुल दुर्लभ है। वे सुख में किसी के साथ हों न हों, लेकिन दु:ख में वे जरूर रहते हैं। अगर वे विभाग में और बनारस में न होते तो मैं कितना अकेला होता, नहीं कह सकता। आज वे मेरे ही नहीं, मेरे पूरे परिवार के अभिन्न अंग हैं। और जो मुझे जानते हैं, वे मेरे मित्र के रूप में चौथीराम जी को भी जानते हैं।

आपने अभी चौथीराम जी पर कभी-न-कभी व्यंग्य या टिप्पणी करने की बात कही। अपने लेखन में भी आपने उनका परिहास के साथ जिक्र किया है। आप उनका अच्छा मजाक उड़ाते हैं। इस दोस्ती में यह रियायत क्यों?

वह मजाक उड़ाना नहीं है, वह परिहास मात्र है। चौथीराम जी ने उसे इसी रूप में लिया। उन्होंने कभी इसकी चर्चा भी नहीं की। इसके साथ यह भी बता दें कि हम दोनों एक-दूसरे को इतना अधिक जानते हैं, उसमें किसी गलतफहमी की गुंजाइश नहीं है। और चौथीराम जी का मजाक उड़ाना अपना मजाक उड़ाना है। उन पर विश्वास इस कदर है कि वे मेरा सौ खून माफ करने का माद्दा रखते हैं।

चौथीराम जी काफी सीधे-सादे हैं और ढीले-ढाले भी। आपका मिजाज कुछ अलग है, फिर कैसे निभती है?

चौथीराम जी आलसी तो थे, लेकिन तभी तक जब तक काम नहीं होता था। काम के

समय वे आलसी नहीं होते। दूसरे—ध्यान रखिए आप, चौथीराम जी के संस्कार जिन लोगों के साथ शुरू में बने थे, वे शुद्ध रूप से अध्यापक लोग थे। और अध्यापन की कला का जिस तरह चौथीराम जी ने अपने भीतर विकास किया, वह चकित करनेवाला है यानी मैं विश्वास के साथ कह सकता हूँ कि आचार्य विश्वनाथ प्रसाद मिश्र के बाद हिन्दी विभाग में सूरदास हों या रीतिकाल के कवि हों या और कोई पुराना कवि हो, उनके टेक्स्ट का वैसा अध्यापक मैंने नहीं देखा। यही कारण था कि छात्र-छात्राओं में जितने लोकप्रिय वे रहे हैं, उतना कोई अध्यापक नहीं रहा है। मेरे सम्पर्क में आने का लाभ सिर्फ इतना ही उन्हें मिला कि प्रगतिशील कविता, धूमिल, अज्ञेय, मुक्तिबोध और समकालीन कविता से चौथीराम जी का सम्पर्क हुआ, लेकिन उसमें भी उन्होंने वह महारत हासिल कर ली, जिससे मैं अपरिचित या अनजान था। उनके भीतर कविता की समझ या मर्मज्ञता या सौन्दर्यबोध इस कदर अन्तर्भुक्त रहा है कि उनसे पढ़ते हुए आप प्रभावित हुए बिना रह ही नहीं सकते। वे आपको कवि के मूल तक ले जाएँगे। मेरी भूमिका सिर्फ यही रही है कि मैंने उन्हें समकालीन कविता और साहित्य से जोड़ा। बाकी उनका स्वयं का उपार्जित और श्रम है। एक बात और कहूँगा। मेरी ढेर सारी रचनाओं के वे प्रथम श्रोता रहे हैं। 'काशी का अस्सी' लिखते समय एक-एक एपिसोड लिखते हुए जितने विरोध का सामना मुझे करना पड़ा, उस समय वे हौसला अफजाई न करते तो मैं शायद हथियार डाल देता। मैं तो सिर्फ कबीर की बोलों तक गया था, चौथीराम जी बोल के खोल के अन्दर तक चले गए थे।

आपके रिपोर्ताज पर चौथीराम जी ने 'हंस' में लिखा। क्या यहीं से समकालीन साहित्य में उनका हस्तक्षेप माना जाए?

चौथीराम जी से मैं बार-बार कहा करता था कि वे वक्ता बहुत अच्छे हैं, अध्ययन बहुत अच्छा है, पुराना हो या नया। लिखने से भागते रहे हैं वे। इसे उनका आलस्य कहिए या आत्मविश्वास की कमी या अनजाना डर। मेरी भूमिका उनके अन्दर सिर्फ आत्मविश्वास पैदा करने की रही है। मैं उन्हें उदाहरण देता—भवदेव पांडेय और दूसरे इस तरह के लोगों का जो रिटायरमेंट के बाद लेखक के रूप में पहचाने गए। मैं जानता था कि उनकी गति और ज्ञान उन लोगों से ज्यादा है। यही नहीं, मैं इन्हें बच्चन सिंह, विश्वम्भरनाथ उपाध्याय, रमेश कुन्तल 'मेघ', शिवकुमार मिश्र जैसे लोगों का उदाहरण देकर बताया करता था कि अगर आप लिखें तो इनसे बेहतर लिख सकते हैं। इस उत्साहवर्द्धन का परिणाम दिखाई पड़ा जब उन्होंने आचार्य हजारीप्रसाद द्विवेदी पर पुस्तक लिखी। बाद में जब विमर्शों पर चर्चा शुरू हुई तो दलित लेखकों की कमियों से मैं परिचित हूँ, मैं जानता था कि इनमें से किसी के पास अम्बेडकर और 'मनुस्मृति' को छोड़कर साहित्यिक परम्परा का न परिचय

है न ज्ञान। ये चीजें अगर हैं तो चौथीराम जी में हैं। मेरा कहना था कि अब यह वक्त है जब इसका वे पूरा सदुपयोग करें। परिणाम के रूप में हम देख रहे हैं कि चौथीराम जी आज दलित विचारकों के बीच मान्य ही नहीं, प्रतिष्ठित भी हैं।

चौथीराम जी तो दलित हैं नहीं। फिर दलित विचारकों में उनकी प्रतिष्ठा का आधार क्या है?

देखिए, चौथीराम जी मार्क्सवादी हैं। वे सी.पी.आई. के मेम्बर भी रहे हैं। मैं नहीं रहा। समाज के विकास की दिशा को वे बहुत अच्छी तरह जानते हैं। वे जाति को भी जानते हैं और वर्ग को भी। दोनों के चिन्तन की सीमाओं से भी परिचित हैं। दलित न होते हुए भी वे चाहते हैं कि उनकी सीमाओं से उनके अधूरेपन से वे परिचित हों। गैरबराबरी का उन्होंने जीवन में अनुभव किया है।

उनका ऐसा कोई अनुभव, जिसे आप भी जानते हों!

हिन्दी विभाग में आनेवाले वे पहले ओबीसी थे। उन्होंने ब्राह्मणों के पाखंड को भी देखा और ठाकुरों के सामन्तवाद को भी। वे दोनों के भुक्तभोगी हैं। ऐसे जाने कितने अवसर हिन्दी विभाग में आए जब उन्हें उपेक्षा या अवहेलना का शिकार होना पड़ा है।

आपने कहा कि चौथीराम जी डॉ. त्रिभुवन सिंह के सामन्ती दरबार के रत्न थे। फिर उनकी उपेक्षा कहाँ हो गई?

रत्नों में कुछ सोने के होते हैं, कुछ चाँदी के, कुछ काँसे के, कुछ लोहे के। उनके दरबार में तो थे, लेकिन हैसियत क्या थी? चौथीराम जी गाँव के हैं और अभी भी उनका सम्बन्ध गाँव से जुड़ा हुआ है। इसलिए इन चीजों को वे अच्छी तरह जानते हैं। गैर बराबरी का विरोध उनके जींस में रहा है। दलित का समर्थन करने के लिए दलित होना कतई जरूरी नहीं है।

हिन्दी की तमाम पत्र-पत्रिकाओं में बराबर लिख रहे हैं। विमर्शों में उनकी स्थापना या उनके दृष्टिकोण से आप कहाँ तक सहमत हैं?

चौथीराम जी जिसके बारे में लिखते हैं, वह सिर्फ विचारोत्तेजक होता है, ऐसा नहीं है बल्कि वह मार्क्सवादी पद्धति पर होता है। वे हल्के-फुल्के ढंग से अपनी बात नहीं कहते। पुरानी मध्यकालीन साहित्य परम्परा से परिचित होते हुए वे अपनी बात को पुष्ट करते चलते हैं। इसलिए हवाई बातों की तुलना में उनकी बातें ज्यादा तार्किक लगती हैं। वैसे मैं इतना ही कह सकता हूँ कि 'काशी का अस्सी' और 'रेहन पर रग्घू' पर दूसरों ने भी लिखा है और चौथीराम जी ने भी लिखा है। चौथीराम जी के

लेखों में रचना की समझ की जो गहराई और जो विवेक है, उसे मैंने बहुत कम समीक्षकों में देखा है। सबसे बड़ी बात कि लेखक के अभिन्न होते हुए भी वे स्वयं को बराबर वस्तुपरक रखते हैं। उनकी ये विशेषता मुझे अच्छी लगती है।

उनकी कमियों पर भी कुछ गौर कीजिए!

इधर चौथीराम जी में अपनी वाणी के प्रति मोह पैदा हो रहा है। यह उनके विचारक और समीक्षक के लिए नुकसानदेह है। इसका असर कहीं-न-कहीं उनके लेखन पर पड़ेगा। जिस मात्रा में मैं उनसे लिखने की उम्मीद कर रहा हूँ, वह मात्रा कहीं-न-कहीं प्रभावित हो रही है। मात्रा को देखते हुए उन्हें यात्रा कम करनी चाहिए।

नामवर जी की तरह प्रगतिशील मार्क्सवादी विचारधारा के प्रचारक के रूप में चौथीराम जी भी अपना योगदान कर रहे हैं, आपको क्या लगता है?

नहीं, परम्परा तो वही है। चौथीराम जी भी दूसरी परम्परा के आलोचक हैं और प्रचारक भी। इसी सन्दर्भ में मैं कहना चाहता हूँ कि जिस पुस्तक ने उन्हें मुखर और जागरूक बनाया, वह नामवर जी की ही पुस्तक 'दूसरी परम्परा की खोज' है। आप चाहें तो कह सकते हैं कि इस अर्थ में चौथीराम जी उसी परम्परा को हरी-भरी एवं समृद्ध बनानेवाले विचारक-लेखक हैं।

['संवाद' संयुक्तांक, नवम्बर 2012-अक्टूबर 2013]

अभिषेक श्रीवास्तव ➡
⬅ काशीनाथ सिंह

2014 का संसदीय चुनाव और काशी

लोकसभा चुनाव में बनारस से नरेन्द्र मोदी की उम्मीदवारी पर बीबीसी को दिए अपने साक्षात्कार के कारण अचानक चर्चा में आए हिन्दी के वरिष्ठ लेखक काशीनाथ सिंह शहर के उन विरल लोगों में हैं, जिनके यहाँ पत्रकारों का मजमा लगा है। दिल्ली से बनारस पहुँचनेवाला हर पत्रकार काशीनाथ सिंह का साक्षात्कार लेना चाहता है। लिहाजा, सबको वे क्रम से समय दे रहे हैं। प्रस्तुत हैं अरविन्द केजरीवाल की रैली से ठीक एक दिन पहले 24 मार्च, 2014 को काशीनाथ सिंह से उनके घर पर हुई अभिषेक श्रीवास्तव की बातचीत के प्रमुख अंश।

बीबीसी वाले इंटरव्यू का क्या मामला था... अचानक आपकी चौतरफा आलोचना होने लगी?

(हँसते हुए) उन्होंने जो दिखाया, वह पूरी बात नहीं थी। बात को काटकर उन्होंने प्रसारित किया, जिससे भ्रम पैदा हुआ। मैं आज से नहीं बल्कि पिछले पाँच दशक से लगातार फासीवादी ताकतों के खिलाफ बोलता-लिखता रहा हूँ। मेरा पूरा लेखन साम्प्रदायिक ताकतों के खिलाफ रहा है। आप समझिए कि अगर काशी के लोगों ने इस बार मोदी को चुन लिया तो हम मुँह दिखाने के लायक नहीं रह जाएँगे। यह हमारे लिए शर्म की बात होगी।

वैसे चुनाव का माहौल क्या है? आपका अपना आकलन क्या है?

देखिए, ये आज की बात नहीं है। साठ के दशक में काशी हिन्दू विश्वविद्यालय में चला आन्दोलन हो या फिर बाबरी विध्वंस के बाद की स्थिति, बनारस के लोग हमेशा से यहाँ की गंगा-जमुनी संस्कृति की हिफाजत के लिए खड़े रहे हैं। हम लोग जब साझा संस्कृति मंच की ओर से मोर्चा निकालते थे, तो नजीर बनारसी साहब मदनपुरा में हमारा स्वागत करने के लिए खड़े होते थे और यहाँ के मुसलमानों को

अकेले समझाने में जुटे रहते थे। बाद में खुद नजीर साहब के मकान पर हमला किया गया, फिर भी वे मरते दम तक फासीवाद के खिलाफ खड़े रहे। आपको याद होगा कि दीपा मेहता आई थीं यहाँ पर शूटिंग करने, उनके साथ कैसा सुलूक किया गया? उस वक्त भी हम लोगों ने मीटिंग की थी और परचा निकाला था।

इस बार की क्या योजना है? कोई बातचीत हुई है लेखकों से आपकी?

लगातार फोन आ रहे हैं। दुर्भाग्य है कि कम्युनिस्ट पार्टियों ने अपनी करनी से अपनी स्थिति खराब कर ली, वरना माहौल कुछ और होता। हम लोग इस बार भी लेखकों, रंगकर्मियों, संस्कृतिकर्मियों, फिल्मकारों से लगातार संवाद में हैं। एक परचा ड्राफ्ट किया जा रहा है। जल्द ही सामने आएगा। कोशिश है कि कुछ नामी-गिरामी चेहरों को कुछ दिन बनारस में टिकाया जाए। समस्या यह है कि बनारस से बाहर के लेखक नरेन्द्र मोदी के खतरे की गम्भीरता को नहीं समझ पा रहे हैं। कल ही पंकज सिंह से बात हुई। उनका फोन आया था। कह रहे थे कि चिन्ता मत कीजिए, भाजपा सरकार नहीं बनेगी। मुझे लगता है कि यह निश्चिन्तता कहीं घातक न साबित हो।

आप एक ऐसे लेखक हैं जो लगातार अपनी जमीन पर बने रहे और जिसने स्थानीय पात्रों को लेकर रचनाएँ लिखीं। बनारस के स्वभाव को देखते हुए क्या आपको लगता है कि यहाँ का मतदाता मोदी के उसी शिद्दत से फासीवाद से जोड़कर देख पा रहा है?

देखिए, बनारस यथास्थितिवादी शहर है। पुरानी कहावत है—'कोउ नृप होउ हमहि का हानी'। यहाँ के लोग इसी भाव में जीते हैं। इस बार हालाँकि यह यथास्थितिवाद फासीवाद के पक्ष में जा रहा है। लोगों के बीच कोई काम नहीं हो रहा। आखिर उन तक अपनी बात कोई कैसे पहुँचाए? जिस अस्सी मोहल्ले पर मैंने किताब लिखी, अब वहाँ जाने लायक नहीं बचा है। मुझे दसियों साल हो गए वहाँ गए हुए। सब भाजपाई वहाँ इकट्ठा रहते हैं। लोगों के बुलाने पर जाता भी हूँ तो पोई के यहाँ बैठता हूँ। दरअसल, लोगों को लग रहा है कि बनारस से इस बार देश को प्रधानमंत्री मिलना चाहिए। यह एक बड़ा फैक्टर है। लोगों को लग रहा है कि लम्बे समय बाद बनारस इतने लाइमलाइट में आया है, बड़े नेता यहाँ से खड़े हो रहे हैं। लोगों को लगता है कि मोदी को जितवाना उनकी प्रतिष्ठा का प्रश्न है।

लेकिन जो बात टीवी चैनलों के माध्यम से आ रही है, जिस हवा की बात की जा रही है, वह तो अस्सी और पक्का महाल के इर्द-गिर्द ही है। बाकी बनारस का क्या?

ये बड़ी विडम्बना है। असल में 'काशी का अस्सी' इतनी चर्चित है कि यहाँ जो कोई नया अधिकारी आता है, उसे ही पढ़कर बनारस को समझता है। अभी कल ही दिल्ली

से एक पत्रकार आई थीं और किताब का जिक्र कर रही थीं। जिस अस्सी के बारे में मैंने लिखा है किताब में, वह बहुत पुरानी बात हो चुकी। वह अस्सी अब वैसा नहीं रहा। और बनारस सिर्फ अस्सी नहीं है। विडम्बना है कि इस किताब को पढ़कर लोग सोचते हैं कि अस्सी से ही बनारस का मूड जान लेंगे। अब इसका क्या किया जाए?

मोदी अगर जीत गए तो क्या माहौल खराब होने की आशंका है?

बेशक, लेकिन एक आशंका लोगों के मन में यह भी है कि मोदी इस सीट को रखेंगे या वड़ोदरा चले जाएँगे? जहाँ तक मेरा मानना है, बनारस का यथास्थितिवाद फासीवाद की जमीन तो तैयार करेगा, लेकिन यही प्रवृत्ति इस शहर को फासीवाद से अछूता बनाए रखेगी, लेकिन सवाल सिर्फ बनारस का नहीं, देश का है। अगर मोदी के खिलाफ कोई संयुक्त उम्मीदवार सारी पार्टियाँ मिलकर उतार देतीं, तो शायद उनकी लड़ाई मुश्किल हो जाती। अरविन्द केजरीवाल को ही समर्थन दिया जा सकता था। पता नहीं कांग्रेस की क्या स्थिति है, आप लोग बेहतर जानते होंगे।

कांग्रेस से तो दिग्विजय सिंह का नाम चल रहा है। संकटमोचन के महन्त विश्वम्भर जी और काशी नरेश के लड़के अनन्त जी की भी चर्चा है...।

दिग्विजय सिंह का तो पता नहीं, लेकिन अगर विश्वम्भर तैयार हो गए तो खेल पलट सकता है। अनन्त नारायण तो तैयार नहीं होंगे। विश्वम्भर के नाम पर शहर के ब्राह्मण शायद भाजपा की जगह कांग्रेस के साथ आ जाएँ, हालाँकि विश्वम्भर के ऊपर न लड़ने का दबाव भी उतना ही होगा। अगर विश्वम्भर वाकई लड़ जाते हैं तो यह अच्छी खबर होगी।

हाँ, इधर बीच ब्राह्मणों में कुछ नाराजगी भी तो है भाजपा को लेकर...?

ये बात काम कर सकती है। हो सकता है कि भाजपा के वोट आ भी जाएँ, लेकिन एनडीए बनाने के क्रम में मोदी छँट जाएँगे। पता नहीं राजनाथ के नाम पर सहमति बनेगी या नहीं हालाँकि राजनाथ ने काफी सधी हुई रणनीति से ठाकुरों को पूर्वांचल में टिकट दिए हैं। संघ के भीतर तो ठाकुरों को लेकर भी रिजर्वेशन है ही। हाँ, ब्राह्मण अगर नाराज हैं तो मुझे लगता है कि हमें एक ऐसे उम्मीदवार की कोशिश करनी होगी जो भाजपा के ब्राह्मण वोट काट सके।

मतलब ब्राह्मणवाद इस बार फासीवाद की काट होगा?

(हँसते हुए) हो सकता है...ब्राह्मणवाद के साथ तो हम लोग जीते ही आए हैं, उसे बरदाश्त करने की हमारी आदत है, कुछ और सह लेंगे, लेकिन फासीवाद तो मौका ही नहीं देगा।

क्यों नहीं ऐसा करते हैं कि हिन्दी के व्यापक लेखक, बुद्धिजीवी, संस्कृतिकर्मी समुदाय की ओर से आप ही प्रतीक के तौर पर चुनाव लड़ जाएँ मोदी के खिलाफ?

(ठहाका लगाते हुए) देखो, हमें जो करना है वो तो हम करेंगे ही। हमने पहले भी ऐसे मौकों पर अपनी भूमिका निभाई है, आज भी हम तैयारी में जुटे हैं। अभी महीना भर से ज्यादा का वक्त है। उम्मीद है, दस-बारह दिन में कोई ठोस कार्यक्रम बने। मैंने प्रलेस, जलेस, जसम आदि संगठनों से और खासकर शहर के रंगकर्मियों से बात की है। शबाना आजमी, जावेद अख्तर, गुलजार आदि को शहर में लाने की बात चल रही है। कुछ तो करेंगे ही, चुप नहीं बैठेंगे।

चुनाव और मोदी के सन्दर्भ में नामवर जी से कोई संवाद?

नहीं, अब तक तो उनसे कोई बात नहीं हुई है। देखते हैं...करेंगे।

['जनपथ', 4 अप्रैल, 2014]

वेंकटेश कुमार ⟶
⟵ काशीनाथ सिंह

साहित्यकार के स्वाभिमान के प्रतीक थे धूमिल

धूमिल के बारे में आपने लिखा है, 'गद्यकार होने के कारण मैं उसके रास्ते में नहीं था। अगर मैं कविताएँ लिखता तो शायद यह दोस्ती न चलती।' क्या सच में धूमिल में ऐसी ग्रंथि थी कि वे अपने आगे किसी कवि को देखना ही नहीं चाहते थे? राजकमल चौधरी पर तो धूमिल की कविता अद्‌भुत है।

इसे ग्रंथि मत कहो। ग्रंथि तो बाद में आई। संयोग यह है कि धूमिल की जो पहली रचना छपी, वह कहानी थी। वह 'कल्पना' पत्रिका में आई थी। तब तक धूमिल को हम जानते नहीं थे। वह ऐसी कहानी नहीं थी कि लोगों का ध्यान आकृष्ट करती। नई कहानी के जाने-माने कहानीकार थे शिवप्रसाद सिंह। हो सकता है कि शिवप्रसाद जी के सम्पर्क में आने से धूमिल के मन में कहानी लिखने का विचार आया हो। बाद में उन्होंने शिवप्रसाद सिंह का साथ लगभग छोड़-सा दिया। इसके बाद धूमिल का सम्पर्क रामचन्द्र शुक्ल नाम के एक चित्रकार से हुआ, जो बनारस के ही बी.एड. कॉलेज में पेंटिंग पढ़ाते थे। रामचन्द्र शुक्ल कविताएँ भी लिखते थे। उनके अलावा बनारस में गोविन्द उपाध्याय, मोहनराज शर्मा और नागानन्द मुक्तिकंठ नाम के कुछ कवियों से धूमिल का सम्पर्क रहा। इनसे भी वे धीरे-धीरे अलग हो गए।

राजकमल चौधरी अकवितावादियों से प्रभावित थे। राजकमल जब कलकत्ता में थे तो उनका एक संग्रह प्रकाशित हुआ था—'कंकावती' शीर्षक से। इस संग्रह की कविताएँ अकवितावादियों से भिन्न थीं। यह संग्रह धूमिल ने पढ़ा था। उस समय इस संग्रह की खूब चर्चा हुई थी। राजकमल चौधरी बनारस आते रहते थे। उन दिनों बनारस में जनसम्पर्क अधिकारी थे शम्भुनाथ मिश्र, जो पटना के रहनेवाले थे। राजकमल चौधरी जब बनारस आते थे तो शम्भुनाथ मिश्र के यहाँ ठहरते थे। राजकमल चौधरी से धूमिल का कोई परिचय नहीं था। राजकमल चौधरी एक बार आए थे तो किसी के घर पर उनके कविता-पाठ का आयोजन किया गया था। उसमें धूमिल, मैं और नामवर सिंह भी शामिल हुए थे। धूमिल राजकमल को एक बड़ा

कवि मानते थे। धूमिल में एक विद्यार्थी की तरह कविता सीखने-समझने की बेचैनी थी। धूमिल पढ़े-लिखे कम थे। इंटर भी नहीं कर सके थे, लेकिन शब्दकोश की मदद से अंग्रेजी पढ़ते और अपने पड़ोसी नागानन्द से अंग्रेजी सीखते थे। दरअसल, धूमिल ने अंग्रेजी कविताओं को पढ़ने के लिए ही अंग्रेजी पढ़ना और सीखना शुरू किया। इसके बाद उनमें यह क्षमता पैदा हुई कि वे खुद से अंग्रेजी पढ़ और थोड़ा-बहुत बोल भी सके।

सुदामा पांडेय ने अपना नाम 'धूमिल' क्यों रखा?

एक बार मैंने यों ही उनसे पूछा था कि 'धूमिल' नाम तुमने क्यों रखा? तो मुझे पता चला कि बनारस में सुदामा तिवारी नाम के एक कवि थे, आज भी हैं। वे अपना नाम सुदामा तिवारी की जगह 'साँड़ बनारसी' लिखते हैं। हास्य रस के कवि हैं। 'धूमिल' को लगता था कि सुदामा तिवारी और सुदामा पांडेय में लोगों के बीच भ्रम पैदा हो रहा है। तो, एक तो धूमिल को अपना नाम इस वजह से बदलना पड़ा। अब 'धूमिल' क्यों रखा, इसका पता बाद में चला कि उनके बाबा यानी पिताजी के पिताजी, जयशंकर प्रसाद के यहाँ नौकरी करते थे। जयशंकर प्रसाद ने अपने बेटे का नाम रत्नशंकर रखा था और धूमिल ने भी इसी प्रभाव में अपने बेटे का नाम रत्नशंकर रखा। मेरा खयाल है कि कविता लिखने का संस्कार धूमिल को जयशंकर प्रसाद के घराने से पुश्तैनी सम्बन्ध के कारण मिला। जयशंकर प्रसाद छायावादी कवि थे और हम देख सकते हैं कि 'धूमिल' नाम में भी छायावादी तत्त्व है।

आपने लिखा है कि शान्तिप्रिय द्विवेदी का गला पकड़ लिये थे धूमिल, लेकिन धूमिल ने शान्तिप्रिय द्विवेदी पर बड़ी मार्मिक कविता लिखी है—'फिर भी वैरागी ओ!/तुम पी रहे गरल/दे रहे सदा अमिय/शान्तिप्रिय! शान्तिप्रिय'!!

यह बहुत पहले की कविता है। शान्तिप्रिय द्विवेदी को देखने से पहले की कविता है। धूमिल शान्तिप्रिय द्विवेदी को जानते रहे होंगे। सुना होगा उनके बारे में कि वे बहरे हैं, अकेले हैं, कोई खिलाने-पिलानेवाला भी नहीं है। बाल बड़ा रखते हैं, दुबले-पतले हैं, मरियल हैं। जब शान्तिप्रिय द्विवेदी को धूमिल ने देखा-समझा तो उनके प्रति अपना विचार बदल दिया। यह 'कल सुनना मुझे' में है।

जी, इसी संग्रह में है।

हाँ, यह धूमिल की आरम्भिक कविता है। इस संग्रह में अधिकांशत: वे कविताएँ हैं, जिन्हें धूमिल ने प्रकाशन योग्य नहीं समझा था और संग्रह तैयार करते हुए इन कविताओं को छोड़ देते थे, लेकिन धूमिल के भाई कन्हैया जी ने उन छाँटी हुई कविताओं, बहिष्कृत कविताओं को इकट्ठा करके संग्रह बना दिया। जब धूमिल

'संसद से सड़क तक' तैयार कर रहे थे तो इन कविताओं को उसमें नहीं रखा था। सचाई यही है कि 'कल सुनना मुझे' अधिकांश कविताएँ धूमिल द्वारा खारिज की हुई कविताएँ हैं। (मैं काशीनाथ जी के हाथ में 'कल सुनना मुझे' संग्रह देता हूँ और वे एक-एक करके उन कविताओं को अलग करते हैं जिन्हें धूमिल संग्रह के लिए खारिज कर चुके थे।)

मरणोपरान्त धूमिल को साहित्य अकादेमी...

यह अकेला मरणोपरान्त पुरस्कार नहीं है। और लोगों को भी मिल चुका है। संग्रह पुरस्कार लायक नहीं है। इसमें दो राय नहीं है, लेकिन साहित्य अकादेमी ढेर सारी ऐसी पुस्तकों पर मिले हैं जो कमजोर रही हैं। धूमिल को यह पुरस्कार उनके कविता संग्रह 'संसद से सड़क तक' के लिए मिलना चाहिए था, लेकिन इस पर नहीं मिला और वे दिवंगत हो गए। तो एक तरह से प्रायश्चित्त की तरह है यह पुरस्कार। इसे इस रूप में देखता हूँ। मेरे हिसाब से यह गलत नहीं है। धूमिल उस समय के लगभग सबसे बड़े कवि थे अपनी पीढ़ी के। मैं नहीं जानता कि किसने उन्हें पुरस्कार दिलवाया? मुझे इससे कोई मतलब नहीं, लेकिन उस समय के सबसे महत्त्वपूर्ण और सबसे चर्चित कवि थे। धूमिल के जिन्दा रहते यदि यह पुरस्कार उन्हें मिलता तो वे बहुत खुश होते और दिल्ली आते पुरस्कार लेने।

कुछ साहित्यकारों का यह कहना है कि नामवर जी ने धूमिल का इस्तेमाल किया, बनारस में धूमिल नामवर के 'लठैत' थे?

नामवर के विरोधी ऐसा कहते हैं। न तो इस्तेमाल करने की प्रवृत्ति नामवर में पहले कभी थी और न आज है। इस मामले में वे हमेशा सचेत रहे हैं। धूमिल तो बहुत एलर्ट रहता था, इस चीज को लेकर कि जिस आदमी से वह मिल रहा है, वह उसका इस्तेमाल तो नहीं कर रहा? धूमिल के अन्दर स्वाभिमान था। उन्हें उनके आक्रामक रुख के कारण 'लठैत' कहा जाता है, लेकिन यह बात सच है कि नामवर के विरुद्ध धूमिल कुछ सुन नहीं सकते थे। और उस समय बनारस का पूरा वातावरण नामवर-विरोधी था। नामवर ने भारत-चीन युद्ध पर लिखी हुई धूमिल की कविता पढ़ी थी। इसके अलावा 'ज्ञानोदय' में नामवर का जो स्तम्भ छपता था—'नई कविता पर क्षण भर', उसे भी धूमिल पढ़ते थे। इस स्तम्भ में एक बार नामवर ने धूमिल की चर्चा की थी। इसके बाद धूमिल को लगा कि नामवर सिंह से बहुत कुछ सीखा जा सकता है। धूमिल में सीखने की प्रवृत्ति बहुत प्रबल थी। जिस किताब का बातचीत में नामवर सिंह जिक्र करते, उस किताब को उपलब्ध करके धूमिल पढ़ जाते। 'संसद से सड़क तक' में जो पंक्ति है—'एक सही कविता पहले एक सार्थक वक्तव्य होती है'—यह नामवर का वाक्य है।

'नई कविता पर क्षण भर' स्तम्भ में लिखा था नामवर ने। यदि धूमिल को लगता कि नामवर उनका इस्तेमाल कर रहे हैं तो वे उन्हें छोड़ देते। दरअसल, धूमिल बनारस में साहित्यकार के स्वाभिमान के प्रतीक थे। किसी कवि या लेखक में जब वे ओछापन देखते थे तो वे उसके खिलाफ हो जाते थे। उनका कहना था कि लेखक या कवि जब लोगों के बीच आए तो सामान्य हरकत न करे, जैसे यदि किसी के साथ अन्याय हो रहा है या किसी को परेशान किया जा रहा है तो तुरन्त इसका विरोध करना चाहिए।

आपने अपने एक लेख में लिखा है—मैंने कहा, हिन्दी कविता में कोई मजबूत चरित्र नहीं है और उसने लिखा—'मोचीराम!' क्या मोचीराम वास्तव में कोई व्यक्ति थे, जिन पर धूमिल ने यह कविता लिखी?

अस्सी पर एक मोची बैठता था। उसका नाम अभी याद नहीं आ रहा। उसके यहाँ हम लोग अपना चप्पल-जूता मरम्मत करवाते थे। उससे धूमिल बातचीत करते थे, पैसा भी कुछ ज्यादा दे देते थे, लेकिन 'मोचीराम' कोई एक मोची नहीं है। यह मोची उनके ध्यान में रहा होगा। चौक पर भी एक मोची बैठता था। दरअसल, धूमिल में चीजों के प्रति आक्रोश का भाव था और वह उसे प्रकट भी करता था। इस मोची से भी धूमिल बातचीत करते रहते थे। मेरा खयाल है कि 'मोचीराम' का मोची यही है। वैसे देखा जाए तो कविता में 'मोचीराम' को एक कल्पित चरित्र कहना ही उचित होगा।

आपको यह कविता अच्छी लगती है?

हाँ, यह कविता मुझे बहुत पसन्द है। धूमिल भी इस कविता को लेकर बहुत खुश रहते थे। इस कविता के माध्यम से निराला के 'महँगू महँगा रहा' जैसा चरित्र 'मोचीराम' आया। मैंने शायद कहीं लिखा है कि धूमिल की स्थिति यह थी कि उन्हें मॉडल आप दे दीजिए, किसी भी कविता का मॉडल। धूमिल उस मॉडल से बेहतर करने की कोशिश बराबर करते थे। धूमिल के सामने निराला की वे कविताएँ थीं जो 'नये पत्ते' संग्रह में हैं। जब हम लोग बातचीत कर रहे थे, धूमिल ने माना कि निराला ने जो चरित्र दिया वैसा अब हिन्दी कविता में दिखाई नहीं देता। उनको लगा कि यह काम करना चाहिए और उन्होंने 'मोचीराम' लिखा।

आपने लिखा है, 'धूमिल के आने तक आलोचना का मुँह कहानी की ओर था। वह आया और उसने आलोचना का मुँह कविता की ओर कर दिया। अपनी ओर कर लिया।' लेकिन इसी लेख में आपने यह भी लिखा है, 'नामवर सिंह की 'कविता के नये प्रतिमान' नाम की पुस्तक आई, वह (धूमिल) नामवर सिंह

से शिकायत के साथ मिला और कहा कि आपने फिर उन्हीं लोगों को लिया है, जिन पर पिछले पन्द्रह सालों से लिखते रहे हैं। हम उम्मीद कर रहे थे कि अबकी बार हम होंगे।' 'आलोचना' के धूमिल केन्द्रित अंक में भी किसी बड़े आलोचक ने नहीं लिखा। फिर कैसे माना जाए कि धूमिल ने आलोचना का मुँह अपनी ओर कर लिया?

इसमें तो किसी को कोई सन्देह नहीं होना चाहिए कि 1950 के बाद सारी बातें कहानी पर हो रही थीं। आलोचना के केन्द्र में कहानी आ गई थी। इसका श्रेय कहानियों को तो है ही, कहानी के आलोचक नामवर सिंह, देवीशंकर अवस्थी, धनंजय वर्मा आदि को भी है। कविता पर लिखना छोड़ दिया था नामवर सिंह ने। सन् 1960 के बाद शुरू किया था 'नई कविता पर क्षण भर' क्योंकि कविता के कई रूप आ गए थे। उस समय अकविता, नई कविता, सहज कविता, सूर्योदयी कविता, भूखी पीढ़ी की कविता आदि थीं। इसके पहले कविता में प्रवृत्तियाँ दिखाई पड़ती हैं—छायावाद, प्रगतिवाद आदि, लेकिन सन् 1960 के बाद ऐसा नहीं रहा। चार-पाँच कवि मिल गए, वहाँ एक आन्दोलन खड़ा कर दिया अपने नाम पर, लेकिन जो ईमानदार कवि थे वे इससे बाहर निकलना चाहते थे। वे इन प्रवृत्तियों से मुक्त होना चाहते थे। धूमिल में अपने को अलग दिखाने की बेचैनी और छटपटाहट थी। धूमिल का हस्ताक्षर सबसे अलग हो, धूमिल के भीतर यह तड़प थी। जुलूस या मजमे में शामिल होने से धूमिल ने मना कर दिया। उन दिनों धूमिल मुक्तिबोध की 'अँधेरे में' और राजकमल चौधरी की 'मुक्ति प्रसंग' जैसी कविताएँ पढ़ रहे थे। सौमित्र मोहन, मलय राय चौधरी और समीर राय चौधरी की कविताएँ भी वे पढ़ रहे थे। ये कविताएँ वे अपने लिए रास्ता निकालने के लिए पढ़ रहे थे। चूँकि धूमिल सीधे-सीधे गाँव से जुड़े हुए थे, घर के मालिक वही थे और खेती-बाड़ी करवाते थे। धूमिल की नौकरी छोटी थी। घर का खर्च चलाने के लिए यह सब करना पड़ता था उन्हें। कहानी में तो गाँव था, लेकिन कविता में गाँव नहीं था। गाँव से सम्बन्धित प्रगतिशील कवि थे—नागार्जुन, केदारनाथ अग्रवाल, त्रिलोचन आदि। ये लोग किसानों-मजदूरों के बारे में लिख रहे थे, लेकिन धूमिल का कहना था कि सीधे-सीधे गाँव से इन लोगों का परिचय नहीं है, या है भी तो वे गाँव के बारे में नहीं लिख रहे हैं। मार्क्सवादियों की किसानों-मजदूरों के बारे में जो बनी-बनाई धारणा है, वही धारणा ये लोग अपनी कविताओं के माध्यम से व्यक्त कर रहे हैं। स्वाभाविक रूप से धूमिल को लगा कि शहर छोड़कर सीधे गाँव की कविता लिखी जाए तो कविता में वह नई चीज होगी, जिधर किसी कवि का ध्यान नहीं जा रहा। इस प्रकार धूमिल ने गाँव पर कविताएँ लिखनी शुरू कीं। उनकी आरम्भिक कविताएँ 'जनयुग', 'प्रारम्भ' और 'सम्भावना' जैसी पत्रिकाओं में छपीं और फिर 'आलोचना' में आती

रहीं। इस तरह से कवियों, आलोचकों और पाठकों का ध्यान इनकी कविताओं की ओर गया कि एक नये तरह का कवि आया है, जो उस जिन्दगी के बारे में लिख रहा है, जिससे कविता अछूती थी। इस प्रकार सन् 1967-68 तक देखते-देखते धूमिल अपने समय के शीर्षस्थ कवि हो गए। अब आलोचकों की जहाँ तक बात है तो नामवर जी धूमिल को छाप रहे थे, चर्चा कर रहे थे, लेकिन 'कविता के नये प्रतिमान' में नामवर के सामने सवाल दूसरे थे। धूमिल ने यह नहीं समझा कि प्रतिमान की बात हो रही है और यह किताब छायावादी कवियों पर केन्द्रित है। जो कविताएँ लिखी जा रही थीं, वे नामवर की इस किताब का विषय थीं ही नहीं। इसलिए नामवर ने इन लोगों का जिक्र करके छोड़ दिया, लेकिन धूमिल की महत्त्वाकांक्षाएँ बहुत बढ़ गई थीं। इसलिए वे इसे नहीं समझ सके। 'नई कविता पर क्षण भर' शीर्षक अपने स्तम्भ की सम्भवत: अन्तिम किस्त में नामवर ने धूमिल का जिक्र किया था। इससे धूमिल को लगा कि अगली बार नामवर जी मुझ पर ही लिखेंगे। जहाँ तक बाद के आलोचकों का सवाल है तो उनके अपने-अपने कवि थे, अपनी-अपनी पसन्द के लोग थे।

धूमिल की कविताओं पर आलोचकों द्वारा कलम न चलाए जाने की क्या वजह हो सकती है?

बहुत-से लोग यह मानते थे कि कविता संवेदना की चीज है, विचार की नहीं। धूमिल की कविताओं में संवेदना नहीं, विचार थे। तो इससे आलोचक अपना मेल नहीं बिठा पा रहे थे। एक तो ये बात हो सकती है और दूसरे यह कि कविता की भाषा में जिस तरह की सरलता, सहजता या लालित्य जैसी चीज होती है, उसका धूमिल की कविताओं में अभाव था। धूमिल की कविताओं में धूल-धक्कड़ जैसी चीज ज्यादा थी।

जिसे लट्ठमार भाषा कहते हैं। सपाटबयानी...

हाँ, जिसे सपाटबयानी कहा जाता है। साफ-साफ दो टूक कहना। हो सकता है कि कविता को लेकर आलोचक की जो समझ थी, उससे यह मेल न खाता हो।

मार्क्सवाद के बारे में धूमिल क्या सोचते थे, इस पर शायद न धूमिल ने लिखा है और न ही धूमिल के आलोचकों ने, लेकिन धूमिल क्रान्ति के बारे में क्या सोचते थे, इसका पता उनकी एक कविता देती है—'क्रान्ति'।

धूमिल ने स्टडी सर्किल या मार्क्सवाद के ग्रंथों से मार्क्सवाद नहीं सीखा था। उन्होंने मार्क्सवाद के ग्रंथों का विधिवत अध्ययन भी नहीं किया था। मार्क्सवाद के बारे में जो कुछ उनकी जानकारी थी, वह संगत से थी। जैसे चन्द्रबली सिंह थे, त्रिलोचन

थे। मेरा खयाल है कि नामवर जब तक बनारस में रहे तब तक धूमिल का संग नामवर के साथ बना रहा। सीपीएम या सीपीआई के जो होलटाइमर थे, उनसे भी चाय की दुकानों में या कहीं भी भेंट होती रहती थी उनकी। धूमिल किसानों के जीवन-संघर्ष या लोकतंत्र के योद्धा कवि के रूप में जाने जाते थे। इस वजह से भी मार्क्सवाद की ओर धूमिल का आकर्षित होना स्वाभाविक था। हमें इतना याद है कि पार्टी तो मैंने भी कभी ज्वाइन नहीं की, लेकिन चुनाव जब भी होता था, सीपीआई के कैंडिडेट के लिए धूमिल और मैं साथ-साथ प्रचार करते थे, साइकिल से। सत्यनारायण सिंह सीपीएम के एमपी हुए थे, उनका भी चुनाव-प्रचार हम लोगों ने किया था। तो, एक तो सहज किसानों की जिन्दगी, गाँव के संघर्ष से परिचित रहनेवाले और उस जमीन की कविता लिखनेवाले आदमी को मार्क्सवादी होने के लिए मार्क्सवादी सिद्धान्तों को ठीक से समझना बहुत आवश्यक नहीं है। बराबरी में जो भी विश्वास करता है, जाति-विरोध में जो भी विश्वास करता है, वह मार्क्सवाद से तो जुड़ ही गया। अपने सामन्ती संस्कारों से लड़नेवाले किसी भी व्यक्ति का रुझान मार्क्सवाद की ओर होगा ही। एक बात और—उन्हीं दिनों नक्सलवादी आन्दोलन हुआ था। तो, नक्सलवादियों से भी धूमिल के सम्बन्ध थे। बनारस में रहनेवाले नक्सलाइट ग्रुप के वे सम्पर्क में थे, लेकिन असहमतियों के भी ढेर सारे मुद्दे थे। जो मार्क्सवादी हो और यह देख रहा हो कि काम मार्क्सवाद के उलट हो रहा है तो विक्षोभ स्वाभाविक है। इस तरह के विक्षोभ धूमिल की कविताओं में देखे जा सकते हैं। इसलिए इनकी कविताओं को पढ़ते हुए ऐसा भी लगता है कि वे एनार्किस्ट थे, सारी चीजों को तोड़ देना चाहते थे। उथल-पुथल मचा देना चाहते थे। कहीं-कहीं अन्ध किस्म का दिशाहीन गुस्सा जैसा भी दिखाई पड़ता है उनके यहाँ, लेकिन इसे धूमिल की पूरी विचारधारा पर लागू करना ठीक नहीं रहेगा क्योंकि ऐसे भाव उनकी कविताओं में कहीं-कहीं आते हैं। क्रान्ति करनेवाले खाते-पीते लोग थे। ऐसे लोग जब क्रान्ति की बात करते थे तो हँसी आती थी। धूमिल को लगता था कि ऐसे खाते-पीते लोग हमारी तकलीफ क्या जानें? यह 'असंग लोग' क्रान्तिकारियों के लिए धूमिल ने इस्तेमाल किया है—मुश्किलों और संघर्षों से असंग लोग।

मैं धूमिल को एक बार फिर उद्धृत कर रहा हूँ। इस बार उनके लेख का एक टुकड़ा—'युवा लेखन अपना काम कर रहा है। पत्रिकाओं में और किताबों में, पाठ्यक्रमों में संठ होने की जगह वह तेजी से 'जरूरी जनता' के हाथों तक, उनकी जुबान तक पहुँच रहा है। नये आँकड़े से तुलना करो तो पता चले कि युवा लेखन सम्बन्धी लोगों का दस्ता कितना बड़ा है और किस तरह तेजी से बढ़ रहा है। और यह पर्दानशीन साहित्यिक चोंचलेबाजी... नाश हो इसका। इसका

खात्मा जरूरी है। जो शुरू हो चुका है।' धूमिल किस पर्दानशीन साहित्यिक चोंचलेबाजी के होने की बात कर रहे थे?

'पर्दानशीन साहित्यिक चोंचलेबाजी' यह कुलीन ढंग से कविता लिखनेवाले या भ्रष्ट लोगों की कविता लिखनेवालों के लिए है। धूमिल का मानना था कि ये चीजें खत्म हो जाएँगी। खास तौर से जो परिमली सोच के या अज्ञेय की तरह के लोग हैं यानी जिन्हें किसी तरह की तकलीफ नहीं है, सुखी जीवन जीनेवाले जो लोग हैं, एसी में बैठनेवाले लोग हैं, ऐसे ही लोगों की ओर धूमिल ने संकेत किया है कि इनका खात्मा होगा।

धूमिल के लिए शहर और गाँव के क्या मायने थे? गाँव में अपने पड़ोसी से मुकदमा लड़ते हुए धूमिल की जिन्दगी बीत गई। जब उनका देहान्त हुआ तो उस समय भी उन पर बारह मुकदमे दर्ज हुए थे। जाहिर है कि गाँव उनके लिए कोई स्वर्ग नहीं था, लेकिन शहर को लेकर ऐसी विरक्ति क्यों थी उनके मन में? अशोक वाजपेयी के कविता-संग्रह 'शहर अब भी सम्भावना है' का क्या विज्ञापन देखकर क्रोधित होते हुए धूमिल ने आपसे कहा कि हम समझते थे कि यह अपना आदमी है, लेकिन यह तो कहता है कि 'शहर अब भी सम्भावना है'...'शहर सम्भावना नहीं, झाँट है'। यहाँ सवाल यह भी उठता है कि धूमिल अशोक वाजपेयी को अपना आदमी क्यों समझ रहे थे?

धूमिल को लगता था कि शहर ही किसानों के शोषण का जिम्मेदार है। शहर में भी वैसे ही गरीब हैं जैसे गाँव में हैं—उसे धूमिल नहीं देख पाते थे। वे एक सामान्यीकरण-सा कर देते थे। अगर व्यवस्थित रूप से वे मार्क्सवादी होते तो वर्गों के आधार पर देख सकते थे कि शोषित होनेवाला वर्ग शहर में भी है, लेकिन वे गाँव बनाम शहर देखने लगते थे। उनको लगता था कि शहर गाँव को खरीद रहा है। गाँव मेहनत कर रहा है और उसका फायदा शहर उठा रहा है। शहर उनके लिए एक व्यक्ति की तरह था। शहर में कितने क्लास होते हैं—इन सब चीजों को वे नहीं देखते थे। अशोक वाजपेयी से बड़े अच्छे सम्बन्ध थे धूमिल के। सीधी में अशोक वाजपेयी जब कलेक्टर थे तो महीने में एक दिन बनारस आ जाया करते थे। हमसे मिलते थे, धूमिल से मिलते थे। धूमिल के साथ रहते थे। अशोक वाजपेयी पसन्द करते थे धूमिल को। सन् 1970-71 के आसपास सीधी से अशोक वाजपेयी ने 'पहचान' सीरीज का जो पहला आयोजन किया था, उसमें हम और धूमिल साथ ही गए थे। धूमिल एक तरह से गाँव के किसानों के 'दुखों और संघर्षों' के प्रवक्ता के रूप में खुद को देखते थे और उसी हैसियत से 'शहर सम्भावना नहीं, झाँट है' कहा भी।

स्त्रियों के बारे में कैसे खयालात रखते थे धूमिल? अपनी पत्नी या प्रेमिका के बारे में कुछ बात करते थे आपसे? धूमिल अपनी कविताओं में स्त्री-छवि का अजीबोगरीब इस्तेमाल करते हैं—'उसने जाना कि हर लड़की तीसरे गर्भपात के बाद/धर्मशाला हो जाती है और कविता/हर तीसरे पाठ के बाद'। गर्भाधान और गर्भपात धूमिल की कविताओं में खूब आते हैं। क्या वजह है इसकी?

लगभग आठ-दस साल हम लोगों की दोस्ती रही। धूमिल ने किसी लड़की से प्रेम किया, यह मुझे नहीं मालूम। दूसरे, शहर या गाँव में किसी लड़की में उनकी दिलचस्पी पैदा हुई, यह भी मैंने नहीं देखा। तीसरे, चूँकि उनकी पत्नी घर की मालकिन थीं, इसलिए कहीं भी धूमिल का स्थानान्तरण हुआ हो, उनकी पत्नी कभी उनके साथ नहीं रहीं। मेरी जानकारी में एक बार उन्होंने मुझे बताया कि पंडिताइन आई हुई हैं, हम मिलवाएँगे उनसे। जब मैं पहुँचा तो बताया कि देर कर दिया तुमने, वो गाँव चली गईं। वो घर की मालकिन थीं। सारा कुछ उन्हें देखना पड़ता था। इसलिए ज्यादा दिन घर से बाहर नहीं रह सकती थीं। औरतों को लेकर जो एक सामन्ती सोच होती है मर्दों की, वह धूमिल में बची हुई थी यानी इस सोच से वे मुक्त नहीं हो सके थे। दूसरे, उस वक्त तक गर्भ निरोधक चीजों का ज्यादा प्रचार नहीं हुआ था गाँवों में। गर्भपात जैसी घटनाएँ घटित होती रहती थीं गाँवों में। अवैध सम्बन्ध भी बनते थे गाँवों में। धूमिल का कहना था कि यौन-अंगों का इस्तेमाल विस्फोटक की तरह करना चाहिए और ऐसा वे अपनी कविताओं में करते भी थे। कह सकते हो कि यह भूखी पीढ़ी का भी असर है।

अज्ञेय से धूमिल की कभी मुलाकात हुई?

धूमिल के लेखन में अज्ञेय का जिक्र है कहीं? यानी उनसे मुलाकात का कोई प्रसंग धूमिल ने लिखा है? मुझे तो याद नहीं आ रहा। हमारा खयाल है कि धूमिल विद्यानिवास जी के यहाँ आते थे। मैंने खुद अज्ञेय को विद्यानिवास जी के यहाँ देखा था। मुझे याद नहीं है कि धूमिल ने अज्ञेय को देखा हो। निराला को भी नहीं देखा था उन्होंने। धूमिल की दिलचस्पी मुक्तिबोध में बहुत ज्यादा थी, 'अँधेरे में' कविता के कारण।

आचार्य हजारीप्रसाद द्विवेदी से भी मुलाकात होती थी धूमिल की?

प्राय: होता यह था कि धूमिल साइकिल से आते थे और साइकिल हमारे यहाँ खड़ी कर देते थे। फिर हम लोग पैदल टहलते थे। लौटकर वे साइकिल लेते थे। हम... तक उनके साथ जाते थे। पान-वान खाते थे फिर लौट जाते थे। प्राय: यह हम लोग करते थे। एक बार हम और वे गोदौलिया जा रहे थे। उधर से पंडित जी, शायद विश्वविद्यालय छोड़ चुके थे, आ रहे थे। तो जैसा हम करते थे, मैंने द्विवेदी जी के

चरण स्पर्श किए। धूमिल ने प्रणाम किया। उसके बाद हम लोग आगे बढ़ गए। फिर धूमिल ने द्विवेदी जी के बारे में कहा कि इस नगर में इतना अकेला व्यक्ति मैंने कोई दूसरा नहीं देखा। इसके अलावा धूमिल ने पंडित जी से मुलाकात की बात की, यह मुझे नहीं पता। धूमिल पंडित जी से मिलने के लिए उत्सुक नहीं रहते थे।

आज भी आप कविता को बकवास और निरर्थक ही मानते हैं?

ऐसी कोई बात नहीं है। कविता से बहुत कुछ सीखा है मैंने। 'उपसंहार' उपन्यास में कविताएँ हैं। कविता का इस्तेमाल किया है मैंने।

कविता न लिख पाने का जो अफसोस है, उसे लगता है कि 'महुआचरित' और 'उपसंहार' जैसी रचनाओं के माध्यम से दूर कर रहे हैं, हो सकता है। धूमिल की लखनऊ में जब मौत हुई तो वहाँ दो रचनाकार पहुँचे—कुँवरनारायण और श्रीलाल शुक्ल। मणिकर्णिका घाट पर जब धूमिल की लाश लाई गई तो बकौल राजशेखर—'कैसा विद्रूप है कि धूमिल की अर्थी को काशी का एक भी साहित्यकार अपना कन्धा नहीं दे सका।' आप कहाँ थे उस वक्त? उनकी मौत के बाद बनारस में शोक सभा का आयोजन हुआ था? यदि कुछ याद आ रहा है तो बताइए।

बनारस के साहित्यकारों को कोई खबर ही नहीं मिल पाई थी कि कब उनकी अर्थी आ रही है, कब वो घाट पर जाएँगे। मणिकर्णिका घाट पर उनका शवदाह हो रहा है, इसकी सूचना बनारस के किसी साहित्यकार को नहीं थी। खुद मुझे नहीं थी। जब गाँव में उनकी तबीयत खराब थी तो उन्होंने कहा कि मुझे बनारस ले चलो और काशी को बुलवाओ। मैं ही उन्हें अस्पताल लेकर गया था—बीएचयू। पहले आँख वाले डॉक्टर से दिखाया। सोचा कि आँख की समस्या है, लेकिन डॉक्टर ने कहा कि आँख की कोई समस्या नहीं है। फिर मालूम हुआ कि धूमिल की बीमारी का सम्बन्ध सिर से है। जब धूमिल गाँव से आए तो मैंने देखा कि उनका ललाट जला हुआ था। पता चला कि धतूरा-सरसों आदि पीसकर लगाने से ऐसा हो गया है। मैं यह देखकर स्तब्ध रह गया कि धूमिल को यह क्या हो गया! वे कहते थे कि सिर में दर्द रहता है। हम लोगों ने यह नहीं सोचा था कि इतनी भयानक बीमारी पल रही है। ब्रेन ट्यूमर बहुत बढ़ गया था। डॉक्टर कटियार ने देखकर यह सब कुछ बताया। मैं डॉक्टर कटियार के पास उन्हें छोड़कर थोड़ी देर के लिए बीएचयू में हिन्दी विभाग चला गया, कुछ काम से।

वहाँ से मैं फिर अस्पताल आया तो धूमिल कहीं दिखाई नहीं पड़े। मैं परेशान हुआ। मैं वहाँ गया जहाँ धूमिल रहते थे। वहाँ भी ताला लगा हुआ पाया। फिर मैं यूँ ही लौट रहा था कि नागानन्द मुक्तिकंठ मिल गए। मैंने कहा कि धूमिल कहाँ चला

गया? तो उन्होंने बताया कि काशी विश्वनाथ ट्रेन से हो सकता है कि लखनऊ चले गए हों क्योंकि डॉक्टर ने कह दिया था कि जल्दी ले जाइए। लखनऊ में ठाकुर प्रसाद सिंह थे, श्रीलाल शुक्ल थे, कुँवरनारायण थे और दूसरे लोग थे। ऑपरेशन हुआ, ऑपरेशन होने के बाद लगा कि वे ठीक हो जाएँगे। मेरे पास उनका एक पोस्टकार्ड आया था, एक लाइन का—'जल्दी ही ठीक होकर आ रहा हूँ, चिन्ता मत करो।' *(काशीनाथ सिंह जी की आँखें भर आती हैं, कुछ देर के लिए मौन हो जाते हैं)*। तो उम्मीद थी कि ठीक हो जाएँगे। शायद उनके घर के लोगों को उनके महत्त्व का पता नहीं था। शायद उन्हें नहीं मालूम था कि काशी में धूमिल के चाहनेवाले कितने हैं।

जी, आप सही कह रहे हैं। रेडियो पर जब उनके घरवालों ने उनकी मौत की खबर सुनी, तो सभी आश्चर्यचकित रह गए कि धूमिल इतना बड़ा आदमी था!

अगर हम लोगों को उनकी माटी आने का पता होता तो 20-25 लोग तो अस्सी से ही जानेवाले थे, लेकिन किसी को पता नहीं चला। उनके देहान्त के कुछ दिनों बाद मैंने एक गोष्ठी की थी। यह श्रद्धांजलि गोष्ठी थी। मैं एक पत्रिका निकालता था उन दिनों 'परिवेश' नाम से। काशी हिन्दू विश्वविद्यालय में यह गोष्ठी हुई थी। इस पत्रिका में इस गोष्ठी की रिपोर्ट छपी थी। वह अंक आज भी है मेरे पास। इसमें धूमिल की कविताओं के चुने हुए अंश भी मैंने छापे थे। उस गोष्ठी में गोरख पांडेय अपने जेएनयू के कुछ साथियों के साथ आए थे। धूमिल की मौत के कुछ ही दिन बाद बल्कि दो-चार दिन बाद ही मैंने वह गोष्ठी की थी। उस गोष्ठी में ही लोगों ने धूमिल के खिलाफ बातें करनी शुरू कर दीं। गोरख पांडेय ने कहा, "अराजक कवि हैं, मार्क्सवाद से इनका कोई सम्बन्ध नहीं था।" आज लोग अपने कवि के रूप में धूमिल की कविताएँ उद्धृत करते हैं। दूसरे संगठन वाले भी उन्हें इज्जत देते हैं।

दरअसल, धूमिल अक्खड़ थे और खरी-खोटी सुनाने से चूकते नहीं थे। अध्यापकों को तो वे घोर नापसन्द करते थे। बच्चन सिंह, शिवप्रसाद सिंह आदि के बारे में उनका कहना था कि इन लोगों को कविता की कोई समझ नहीं है। ये लोग मुझ पर भी नाराज हो जाते थे, अप्रसन्न रहते थे कि ऐसे व्यक्ति को मुँह लगाके रखता है। गोरख पांडेय और उनके साथियों ने उस गोष्ठी में कहा कि उनकी कोई विचारधारा नहीं थी। और ऐसा माहौल बना दिया कि उनके साहित्यिक योगदान पर बात ही नहीं हो सकी।

हिन्दी कविता में धूमिल को कैसे आँकते हैं?

धूमिल को अनदेखा करके स्वाधीनता के बाद की कविता का इतिहास नहीं लिखा जा सकता यानी पैंसठ से पचहत्तर तक दस वर्ष धूमिल हिन्दी के सबसे महत्त्वपूर्ण कवि थे, इसमें दो राय नहीं। लोग चाहे जो कहें, लेकिन आज भी कविता लिखनेवालों

और लोगों की जबान पर भी धूमिल का नाम सुनाई पड़ता है।

धूमिल कर्ज भी लेते थे लोगों से?

कर्ज के बारे में तो मैं नहीं जानता, लेकिन इतना जानता हूँ कि चेतगंज में एक दुकान में गहने तुड़वाना-गहने बनवाना, ये सब करते थे। पर औरतों के लिए कर्ज किसी से नहीं लिया। किसी से पैसा लेते हुए मैंने कभी नहीं देखा।

धूमिल को खाने में क्या पसन्द था?

शुद्ध शाकाहारी दाल-चावल-सब्जी। बनारसी कचौड़ी-जलेबी।

क्या नशा बहुत करते थे धूमिल?

धूमिल ऐसा कवि था जिसने जीवन में नशा किया ही नहीं था—न भाँग, न गाँजा, न बीड़ी, न सिगरेट, न दारू। एक बार हम सहारनपुर गए थे धूमिल के यहाँ, और रहे थे हफ्ते भर। तो वहाँ एक दिन इच्छा हुई बीयर पीने की। हम और धूमिल साथ जाकर एक बोतल बीयर लेकर आए। तो हमने कहा कि यार अकेले हम क्या पिएँगे? तुम भी लो, साथ दो। मना किया उसने। फिर हमने थोड़ा-सा एक गिलास में दिया। उसने कहा कि देखें हम भी कि किसलिए पीते हो! जरा-सा लिया और थूक दिया। फिर कहा कि घोड़े की मूत की तरह है, कैसे पीते हो तुम लोग?

मन्दिर जाते थे?

नहीं। जनेऊ पहनते थे, लेकिन मन्दिर नहीं जाते थे। मन्दिर जाते हुए मैंने कभी नहीं देखा। पूजा करते हुए मैंने कभी नहीं देखा।

धूमिल को यह संस्कार कहाँ से मिला?

यह मार्क्सवाद का ही असर था। भगवान पर कभी बात ही नहीं होती थी। नास्तिक थे धूमिल।

धूमिल के बारे में कुछ और कहना चाहेंगे जो छूट रहा हो?

धूमिल के जाने के बाद फिर मेरा कोई बनारस में वैसा हुआ नहीं। अकेला हो गया मैं एकदम। कविताओं में तो मेरी रुचि ही खत्म हो गई उसके बाद। उसकी कविताओं से इतने जुड़े हुए थे हम कि कोई वाक्य अगर आया तो उसकी कविता में कैसे बना, कौन से शब्द बदल जाए, कौन रहे, इन सब पर बात होती थी।

['पुस्तक वार्ता' - 55, नवम्बर-दिसम्बर, 2014]

बीरेन्द्र सिंह ⟶
⟵ काशीनाथ सिंह

भाषा तो प्रयोजन के अनुसार ही विकसित होती है

समाज भाषाविज्ञान सम्प्रेषण व्यवहार में भाषाई विविधता एवं विकल्पन की स्थिति को महत्त्व देता है। आपकी रचनाओं में भाषागत विकल्पन ध्वनियों के उच्चारण से लेकर वाक्यगत संरचना तक में विद्यमान है। आपकी प्रारम्भिक कहानी 'सुख' में भोला बाबू और उनकी पत्नी तथा 'आखिरी रात' कहानी में 'मैं' पात्र एवं उसकी पत्नी के कथन में उर्दू की ध्वनि जैसे 'क़', 'ख़', 'ज़' आदि के उच्चारण में अन्तर मिलता है। क्या यह अनायास हुआ है?

किसी भी कहानी में पात्रों की भाषा ही उसे विश्वसनीय बनाती है। ये दोनों कहानियाँ साठ के दशक की हैं। हमारे समाज में उर्दू शब्द के उच्चारण में प्राय: पढ़ा-लिखा व्यक्ति ही नुक्ते का प्रयोग करता है। तो ऐसा प्रयोग मैंने जानबूझकर किया है। भोला बाबू और 'मैं' पात्र शिक्षित हैं। इसलिए वे 'खाक', 'रोज' आदि शब्दों का सही उच्चारण करते हैं। दूसरी ओर इन कहानियों में जो स्त्री पात्र हैं, वे इन ध्वनियों का सही उच्चारण नहीं करती हैं।

'एक लुप्त होती हुई नस्ल' कहानी में दादू और पुराने 'वरदेखुआ' के रूप में चित्रित हैं। आज वरदेखुआ हमारे गाँव-समाज से लुप्त हो चुका है और इसके साथ ही यह शब्द भी अब सुनने को नहीं मिलता है। क्या समाज में होनेवाले बदलाव का असर उस समाज में प्रयुक्त शब्दों पर भी पड़ता है?

यह सही बात है। आज समाज में जैसे तेजी से बदलाव आ रहा है, वैसे ही कई शब्द भी इससे दूर हो रहे हैं। इस कहानी में दादू और पुराने वरदेखुआ हैं। पहले गाँव में शादी-ब्याह कराने में इनकी प्रमुख भूमिका होती थी, लेकिन आज के समय में वरदेखुआ नहीं मिलेगा। वरदेखुआ को ही मैंने 'एक लुप्त होती हुई नस्ल' कहा है। भाषा तो प्रयोजन के अनुसार ही विकसित होती है और इस प्रक्रिया में शब्दों का आना-जाना लगा रहता है।

वरदेखुआ की तरह 'सतुआन' (चायघर में मृत्यु), 'उम्मियाँ' (चायघर में मृत्यु), 'छनहर' (सुख), 'पाही' (मंगलगाथा) आदि ढेरों शब्द आपकी कहानियों में आते हैं, जो अब सुनने को नहीं मिलते हैं।

ये शब्द गाँव में प्रयुक्त होते हैं। मैं जब गाँव में था तो हमारे यहाँ एकादशी के दिन सत्तू खाया जाता था। वह फसल के कटने का समय होता था। हमारे यहाँ सब एकादशी के दिन सत्तू घोलकर पीते थे या सानकर खाते थे। 'उम्मियाँ' गेहूँ की वे बालियाँ हैं, जिनमें दूध होता है। वे पकी हुई नहीं होती हैं, तब हम उसे भूनकर खाते थे। 'पाही' भी गाँव में प्रयुक्त होनेवाला शब्द है। इसी प्रकार बरसात के दिनों में गाँव से बाहर लोग सीवान में अपने-अपने खेतों में मड़ई डालकर खूँटा गाड़ते थे। जहाँ गाय-बैलों को छानकर रखा जाता था, उसे 'छनहर' बोलते थे। ये सारे शब्द आज लुप्त हो रहे हैं। 'बैल' शब्द ही लुप्त हो रहा है, तो 'छनहर' कहाँ से रहेगा?

आपकी रचनाओं में ऐसे कई पात्र हैं जो एक से अधिक कहानी अथवा उपन्यासों में उसी नाम से मौजूद हैं। भोला बाबू 'सुख' और 'निधन', दोनों कहानियों में है। इसी प्रकार से ज्वान पात्र 'अपना मोर्चा' उपन्यास में भी है और 'अधूरा आदमी' कहानी में भी देखने को मिलता है। ऐसा क्यों?

भोला बाबू और ज्वान—ये दोनों चरित्र मुझे महत्त्वपूर्ण लगते हैं और तुम देखोगे कि 'सुख' का भोला बाबू कहीं-न-कहीं 'निधन' का ही भोला बाबू है। उनका पहनावा, वर्गीय स्थिति और सोच एक ही है। दोनों जगह भोला बाबू में एक इनोसेंस, भोलापन दिखाई पड़ेगा। इसी प्रकार 'अपना मोर्चा' उपन्यास और 'अधूरा आदमी' कहानी का ज्वान पात्र भी एक ही है। दोनों स्थान पर ज्वान में अक्खड़ता दिखाई पड़ेगी। ये चरित्र कहीं-न-कहीं मुझे आकर्षित करते हैं। इसलिए वे बार-बार आए हैं।

आपके कथा-साहित्य में भिन्न वर्ग या जाति के पात्रों की भाषा में अन्तर मिलता है। कथा-वर्णन करते हुए यह भेद स्वयं आपकी भाषा में भी दिखाई देता है। 'चोट' कहानी में आप संचा सिंह के लिए 'वे' सर्वनाम का प्रयोग करते हुए क्रिया के बहुवचन रूप का प्रयोग करते हैं। वहीं दलित पात्र निकाम के सन्दर्भ में आपकी भाषा बदल जाती है। इस आधार पर यह भी कहा गया है कि इस कहानी में आपकी संवेदना उच्च जाति के संचा सिंह के साथ रही है।

यह बात सही है। मैंने दोनों पात्रों के वर्णन में ऐसा ही किया है। सबसे पहले कथाकार मार्कंडेय ने कहा था कि वह सवर्णवादी मानसिकता की कहानी है। मैं गाँव से आया था और गाँव में उच्च जाति और निम्न जाति के लिए इसी प्रकार से भाषा का प्रयोग होता था। छोटी जाति के लोगों के लिए 'आप' का प्रयोग कोई नहीं

करता था। उसी मानसिकता के तहत मैंने भाषा के स्तर पर निकाम की उपेक्षा की थी। आज मैं इसे स्वीकार करता हूँ।

'वे तीन घर' कहानी पर भी यह आरोप लगता है कि दलित संवेदना के स्थान पर आपने उसमें दलित अन्तर्विरोध को ही सामने लाया है।

मैंने जिस अन्तर्विरोध की बात की है, उसकी बात तो आज वे खुद कर रहे हैं। हिन्दी प्रदेश में दलित आन्दोलन 86-87 से शुरू होता है और 90-91 में इसका विस्तार होता है। 'वे तीन घर' कहानी तो मैंने 1984 में लिखी थी। उस समय मैंने एक पंडित और हरिजन को देखा था। पंडित का नाम जवाहरलाल था। तो जवाहर सी.पी.आई. पार्टी में आता है। उसे कम्युनिस्ट बनानेवाला हरिजन था। पंडित तो अन्त तक कामरेड बना रहता है, लेकिन हरिजन पार्टी में रहकर भी सरकार से मिलनेवाले सारे फायदे उठाता है। इस प्रकार उसका जीवन स्तर तो बढ़ गया, लेकिन जवाहर (पंडित) का वही रहा। एक बार जवाहर मुझसे रोते हुए मिले। वे कहने लगे कि मैं तो यहाँ से भी गया और वहाँ (स्वर्ग) से भी। हो सकता है कि यह कहानी लिखते हुए वे मेरे दिमाग में रहे हों। कहानी में वर्ग बदलने के बाद विपतराम अपने वर्ण को भी नकारने की कोशिश करता है। वह अपनी जाति के लोगों से दूर होने लगता है। उसकी पत्नी अपने मोहल्ले में स्थित तीन घरों को उपेक्षा की दृष्टि से देखती है, क्योंकि वे दलितों के हैं। इस कहानी के महत्त्व को दरअसल समझा नहीं गया कि कैसे वर्ग और वर्ण में बदलाव हो रहा है?

भाषा के स्तर पर 'अपने लोग' कहानी में एक प्रयोग देखने को मिलता है। इसमें दो मुख्य पात्र दासू और 'मैं' अपने कथन में 'ह' ध्वनि का उच्चारण नहीं करते हैं, जैसे साब (साहब), चातै (चाहते), ठीकै (ठीक है) आदि। ऐसा क्यों?

कहानी के पात्रों के कथन में 'ह' ध्वनि का जो लोप हुआ है, वह स्थान विशेष की बोली का प्रभाव है। उस समय मुझसे उपेन्द्रनाथ 'अश्क' मिले थे। वो पंजाब से थे। वो इसी तरह से बोलते थे। 'ह' ध्वनि का प्रयोग पश्चिमी हिन्दी में कम होता है। तो यह बात कहानी लिखते हुए मेरे मन में थी।

इस कहानी में गाली को लेकर भी एक प्रसंग आता है। दासू कहता है कि 'मैंने शरीफ गालियाँ छोड़ दीं और थोड़ा थमकर उन गालियों पर उतर आया...तेरी माँ को तेरी बैन को।' यहाँ शरीफ गालियों से क्या तात्पर्य है?

शरीफ गालियाँ वो हैं, जो पढ़े-लिखे लोग बोलते हैं, वे मादरचोद, भोसड़ी के फलाना-ढिकाना नहीं बोलते हैं, बल्कि बदतमीज, हरामजादा बोलते हैं। तो यहाँ भी कुछ ऐसा ही है। 'कविता की नई तारीख' में भी गालियों को लेकर भेद मिलेगा।

वहाँ उच्चवर्ग से सम्बन्धित सानू का बच्चा अंग्रेजी में नौकर को गाली देता है। ऐसा करने पर उसे कोई नहीं रोकता, लेकिन बच्चे द्वारा हिन्दी में गाली देने पर उसे अपनी माँ से मार खानी पड़ती है।

'चायघर में मृत्यु' कहानी में मुख्य पात्र डाकिया 'क' है। पात्रों का नाम न देकर क, ख, ग कहना 'अकहानी' की प्रवृत्ति रही है। क्या यह भी 'अकहानी' से प्रभावित है?

दरअसल, इसमें मैंने 'अकहानी' का मजाक उड़ाया है। 60 के दशक में हमारी जेनरेशन पर कामू, काफ्का आदि का प्रभाव था। उस समय अस्तित्ववाद का बोलबाला था। मृत्यु पर चर्चा बढ़ गई थी। पढ़े-लिखे लोग चायघर में बैठकर बहस करते थे। इस कहानी में भी वर्मा जी, मुक्तिदूत जी और धूमकेतु जी चायघर में बैठकर मृत्यु पर चर्चा करते हैं। इसी बीच एक डाकिया 'क' गाँव में रहनेवाली अपनी बुआ का संस्मरण सुनाता है। वह औरत मरना नहीं चाहती थी। असल में यह उसकी जिजीविषा की कहानी है। यह कहानी मूलतः अस्तित्ववाद के विरोध में मैंने लिखी थी।

आपकी रचना में निरर्थक ध्वनियों का खूब प्रयोग हुआ है। कम-से-कम बीस-पच्चीस स्थानों पर विभिन्न पात्रों द्वारा इसका प्रयोग देखने को मिलता है। इस प्रकार की ध्वनियों का क्या औचित्य है?

निरर्थक ध्वनियों में भी संकेत होते हैं। लोगों द्वारा बोलने की स्वाभाविकता में इसका प्रयोग होता है। इसमें भी भाव व्यक्त होता है। संवाद में भाव-सम्प्रेषण का यह सशक्त माध्यम है। इसलिए कई स्थानों पर मैंने इसका प्रयोग किया है। ये ध्वनियाँ निरर्थक होकर भी सार्थक ध्वनि संकेत हैं।

आपको जनभाषा का कथाकार माना जाता है। प्रश्न यह है कि आपकी रचना में ज्यादातर पात्र निम्नवर्ग के हैं, इसलिए उसमें आम बोलचाल की भाषा का प्रयोग हुआ है या आप जनभाषा का प्रयोग एक कमिटमेंट के रूप में करते हैं?

जो बोलचाल की भाषा है, वह कोई जरूरी नहीं है कि निचले वर्ग की ही हो। मेरे यहाँ सड़क और दुकानों पर बोली जानेवाली भाषा आती है। तो वहाँ जो भाषा बोली जाती है, वह मेरा मॉडल है, चाहे वह किसी भी वर्ग का हो।

'रेहन पर रग्घू' उपन्यास की भूमिका में आपने लिखा है कि 'काशी का अस्सी' मेरा नगर था तो 'रेहन पर रग्घू' मेरा घर है और शायद आपका भी, लेकिन

शिल्प के स्तर पर देखें, तो दोनों में कोई सम्बन्ध दिखाई नहीं देता है। यहाँ तक कि दोनों की भाषा भी अलग है। 'रेहन पर रग्घू' में बोली का प्रभाव न के बराबर है, जबकि रघुनाथ और उसका परिवार पहाड़पुर गाँव में रहता है।

हाँ, दोनों उपन्यासों के पात्रों में भाषा का अन्तर तो है। बोली का प्रभाव 'रेहन पर रग्घू' उपन्यास में नहीं है। रघुनाथ का परिवार निम्न-मध्यवर्ग से सम्बन्धित है। रघुनाथ पढ़ा-लिखा है तथा एक कॉलेज में प्राध्यापक है। इन्हीं कारणों से ऐसी भाषा का प्रयोग हुआ। उपन्यास में गाँव के बहुत कम लोगों (पात्रों) की भाषा बोली से प्रभावित है। दरअसल, वह गाँव ग्लोबलाइजेशन के बाद का गाँव है, जहाँ शिक्षा पहुँच गई है। रघुनाथ और उनकी पत्नी, दोनों शिक्षित हैं। बेटा विदेश में है। बेटी नौकरी करती है। अब गाँव में वैसी भाषा का प्रयोग नहीं होता है जैसा पहले होता था। यह गाँव 'संकट' कहानी के भोला बाबू का गाँव नहीं रहा। कई चीजें बदली हैं और उसके साथ भाषा भी।

['कथाकार काशीनाथ सिंह' पुस्तक से, मार्च, 2016]

विश्वदीपक →
← काशीनाथ सिंह

मोदी के आने के बाद थोपी जा रही हड़बड़ी का नतीजा हैं ऐसी दुर्घटनाएँ

बनारस में हुए पुल हादसे को असावधान और खोखले विकास कार्यों का परिणाम बताया जा रहा है। इस हादसे पर आपकी क्या राय है?

देखिए, बनारस का चरित्र बदल रहा है। अब बनारस वैसा नहीं रहा, जैसा कभी था या कहिए कि बनारस को वैसा नहीं रहने दिया जा रहा है जैसा वह रहना चाहता है या रहता आया है। बनारस को गंगा, गाय और गप्प का शहर कहा जाता है, लेकिन अब इसकी यह पहचान छीनी जा रही है। ये नगर है, लेकिन इसे महानगर बनाने की तैयारी चल रही है। महानगर बनने की कोई इच्छा नहीं है बनारस की। ये कोशिश इसके स्वभाव से मेल नहीं खाती। ये धीरे-धीरे चलनेवाला शहर है। यहाँ के लोग इत्मीनान से चाय की दुकानों पर चाय पीते हुए, दही-जलेबी खाते हुए और पान की गुमटियों पर गप्प करते हैं। इसमें दुनिया भर की बातें शामिल होती हैं। राजनीति से लेकर अध्यात्म तक और साहित्य से लेकर पुराण तक। हर मुद्दे पर, हर दृष्टिकोण से यहाँ पर बतियाया जाता है। किसी तरह की कोई हड़बड़ी नहीं थी वाराणसी के स्वभाव में, लेकिन अब यहाँ एक हड़बड़ी थोपी जा रही है। मैं समझता हूँ कि इस तरह की दुर्घटनाएँ उसी का नतीजा हैं। आपको याद होगा कि प्रधानमंत्री मोदी ने दावा किया था कि वो काशी को क्योटो बना देंगे।

ये भला कैसे हो सकता है? साबरमती की निगाह से गंगा को देखना क्या उचित है? नहीं। क्या आप काशी की निगाह से क्योटो को देख सकते हैं? नहीं। तो फिर क्योटो की निगाह से काशी को कैसे देख सकते हैं? क्योटो, क्योटो है और काशी, काशी है। छोटे-छोटे मन्दिर, सँकरी गलियाँ, गंगा—ये

सब काशी की पहचान थे। दुनिया भर से पर्यटक काशी का यही रूप देखने आते थे। प्राचीनता के साथ-साथ सह-अस्तित्व इस शहर की खासियत थी, लेकिन अब विकास के नाम पर इन मन्दिरों को गिरा दिया गया है। सुना है कि साधु-संन्यासियों और महन्तों ने इसके जवाब में 'मन्दिर बचाओ अभियान' भी शुरू किया है। उनके निजी स्वार्थ हो सकते हैं इस तरह के आन्दोलन के पीछे, लेकिन इन मन्दिरों को गिराने से शहर की पुरानी पहचान तो खत्म हो ही रही है। आखिर बनारस को फ्लाईओवर, शॉपिंग मॉल के लिए जानना चाहिए या फिर इसकी पुरातनता के लिए।

और क्या बदलाव महसूस किया आपने बनारस में?

पहले लोग घाटों पर जाते थे शान्ति के लिए, लेकिन अब घाटों पर भी शान्ति नहीं मिलती। दिन भर वहाँ लाउड स्पीकर पर भजन चलते रहते हैं। शाम को आरती के नाम पर भयानक शोर-शराबा होता है। पहले तो मैं भी घाटों पर नियमित रूप से जाता था, लेकिन अब नहीं जा पाता। स्वास्थ्य भी एक बड़ी वजह है, लेकिन दिखावा भी अब पहले से ज्यादा हो गया है। धर्म, अध्यात्म का कारोबार कई गुना बढ़ गया है। असल में जब राजनीति के लिए धर्म का इस्तेमाल होता है तब यही होता है। भूमंडलीकरण के बाद तो ये बदलाव और भी तेज हो गए हैं।

क्या आप मानते हैं कि आज के दौर की राजनीति ने बनारस की सह-अस्तित्व वाली संस्कृति को प्रभावित किया है?

निश्चित रूप से ऐसा हुआ है। एक तरह की बेचैनी ने बनारस को घेर रखा है। मोदी सरकार के सत्ता में आने के बाद से इस शहर का मिजाज तेजी से बदला है। अगर आप कभी बनारस आए होंगे तो आपको पता होगा कि यहाँ चाय की दुकानों पर जबरदस्त वाद-विवाद होता था। कई बार तो गाली-गलौज की नौबत आ जाती थी, लेकिन इसके पीछे कोई असहिष्णुता नहीं थी। बनारस में कोई गालियों का बुरा मानता भी नहीं। अगली सुबह फिर सब उसी तरह से बहस करते थे। बनारस बहुत लोकतांत्रिक शहर रहा है, लेकिन अब ये सब बदल रहा है। वाद-विवाद में यहाँ असहमत आवाजों को कभी दबाया नहीं जाता था, बल्कि उन्हें सुना जाता था। अगर दो लोगों के बीच बहस हो रही हो तो दोनों पक्ष से दो-दो, तीन-तीन लोग आ जाते थे बहस करने के लिए। ये अभी भी होता है, लेकिन इसका क्षरण हो रहा है।

आज के राजनीतिक विमर्श में अक्सर विरोधी आवाज को दबाने के लिए 'देशद्रोह' शब्द का इस्तेमाल किया जाता है। आप क्या सोचते हैं इस मुद्दे पर?

देशद्रोह तो एक आवरण है असली चेहरा छिपाने के लिए। आज बहुत आसानी से लोग किसी को देशद्रोही कह देते हैं। अगर कोई आपके मत से सहमत नहीं है तो उसे देशद्रोही कह दीजिए, फिर उस पर टूट पड़िए चारों ओर से। देशद्रोह या देशभक्ति साबित करना इतना आसान कभी नहीं रहा जितना आज हो गया है। पहले अगर कोई खुद को देशभक्त कहता था तो उसे यह साबित करना होता था कि उसने देश के लिए किया क्या है। दुर्भाग्य से अब ऐसा नहीं रहा। सब कुछ सस्ता हो गया है। हर तरफ प्रोपेगेंडा और प्रचार का ही बोलबाला है।

['नवजीवन इंडिया', 18 मई, 2018]

नाज खान →
← काशीनाथ सिंह

महिलाओं के बारे में लिखने से डरता हूँ

'उपसंहार' में आपने कृष्ण के चमत्कारिक जीवन से अलग उनके आम जीवन को दर्शाया है। आपके कथा-संसार में पात्र आम जन-जीवन के होते हैं। अपने उपन्यासों में इनका चयन आप कैसे करते हैं?

'काशी का अस्सी' में इस तरह की कोई समस्या नहीं आई थी। एक मुहल्ले के लोग हैं। वही इसके पात्र भी हैं और उनके जीवन को मैं जानता हूँ। उनका रहन-सहन, खान-पान, उनकी दिनचर्या से मैं परिचित रहा हूँ, तो उसके लिए तो कोई समस्या सामने नहीं थी। जहाँ तक कृष्ण की बात है, उनसे पौराणिक कथाएँ जुड़ी हैं, वे धार्मिक पात्र हैं, लेकिन सभी अवतारों में अकेले कृष्ण ही हैं, जो लोकनायक हैं, लोकजीवन से आते हैं। एक गाँव के रहनेवाले उनके पिता राम के पिता की तरह कोई राजा नहीं थे। मात्र एक सम्पन्न ग्वाले थे। गोकुल में एक ग्वाले का लड़का अपने कर्मों से महान बनता है। अब इस तरह का जीवन मैं खुद जी चुका हूँ अपने गाँव में। ऐसे में उनका जीवन अपने आप लोकजीवन से जुड़ जाता है। इसलिए उनके जीवन को मैंने कहीं से गढ़ा नहीं है, अन्त:प्रेरणा से लिखा।

गालियों के पीछे का मनोविज्ञान समझते ही पात्रों की गालियाँ अश्लील नहीं लगतीं। इनसे पात्रों की मन:स्थिति को समझने में आसानी होती है। आप इससे कहाँ तक सहमत हैं?

देखिए, गालियाँ अचानक आज नहीं बन गई हैं। सैकड़ों साल लगे हैं इन गालियों को बनने में और गालियाँ बकते-बकते उनका अर्थ इतना घिस गया है कि इनमें अर्थ गायब हो गया है, ये केवल ध्वनियाँ रह गई हैं। मैं कहूँगा कि गालियों में अर्थ ढूँढ़ना ही व्यर्थ है। गालियाँ केवल निरर्थक शब्द हैं। वहीं, जो बनारस का जीवन देख चुके हैं, वे जानते हैं कि बहुत-से ऐसे पात्र हैं, जो गाली के बिना एक शब्द

भी बोल ही नहीं सकते। गालियाँ अपने आप उनकी जबान से निकलती ही हैं। वे हर किसी को नहीं बोलते जिनसे उनका लगाव है, उन्हीं से गालियाँ बोलते हैं। यहाँ ये आम जीवन का अभिन्न हिस्सा हो गई हैं। यहाँ ये गालियाँ मानी ही नहीं जातीं और गालियों के रूप में इन्हें कोई लेता भी नहीं है।

'काशी का अस्सी' और इसकी पृष्ठभूमि पर बनी फिल्म 'मोहल्ला अस्सी' भी विवादित रही। इनका विरोध कितना सही है?

मैंने तो उपन्यास लिखा है, फिल्म मेरी नहीं है। उन्होंने गालियों का प्रयोग अपनी फिल्म में इसलिए किया है क्योंकि वे पात्र बनारस के हैं। यहाँ ये चीजें आम बोलचाल की हैं। हाईकोर्ट ने भी अपने फैसले में गालियों को फिल्म से काटने से मना किया है। मैंने गालियों को लिखने के पहले हजार बार सोचा कि लोग क्या कहेंगे? साहित्यकार इसके बारे में क्या सोचेंगे? फिर यह हुआ कि जिन्दगी बड़ी चीज है, भई। यह कागज का पन्ना बड़ी चीज नहीं है। जिस जिन्दगी को लिख रहे हैं, वह जिन्दगी अपने पूरे उल्लास और जीवन्तता के साथ इसमें आनी चाहिए। जीवन की वास्तविकता का आना महत्त्वपूर्ण है। लोग भला कहें, बुरा कहें, चाहे जो कहें कहते रहें, इससे हमको कोई मतलब नहीं। हम जो कहना चाहते हैं, वह कह पा रहे हैं या नहीं कह पा रहे हैं, यह मेरे लिए ज्यादा महत्त्वपूर्ण होना चाहिए।

आपका सबसे अधिक पढ़ा गया उपन्यास 'काशी का अस्सी' है। इस पर पुरस्कार न मिलने की आपको क्या वजह लगती है?

इसमें कहीं-न-कहीं शायद अश्लीलता दिखाई पड़ी होगी या लगा होगा कि यह साहित्य नहीं है, क्योंकि साहित्य अकादेमी के अपने मानक हैं। हालाँकि, बहुत पुराने हैं, लेकिन उसके अपने सिद्धान्त, नियम होंगे। इनके आधार पर पुरस्कार नहीं दिया होगा।

'काशी का अस्सी' की रचना-भूमि कैसे तैयार हुई? इसकी रचना-प्रक्रिया के बारे में बताएँ।

पहले तो मैं बता दूँ कि जो लेखक चलते-चलते रुक जाए और फिर रुका ही रह जाए, वह जड़ होता है। वही लेखक गतिशील रहता है, जो समय के साथ चलता रहता है। मेरे समय के ही बहुत सारे लेखक अपनी जगह पर रहे और वे आगे नहीं आए। इसी तरह समय की पहचान किसी भी लेखक की जान है। 90 के आसपास देश बदला। भूमंडलीकरण, उदारीकरण आया, समाजवाद का विघटन हुआ, बाबरी मस्जिद का विध्वंस हुआ, साम्प्रदायिक समस्याएँ खड़ी हुईं, आरक्षण

लागू हुआ। दो-तीन वर्षों में ये कुछ ऐसी घटनाएँ हुईं, जिन्होंने पूरे देश की चेतना को बदल दिया।

इस पूरे बदलाव को मैंने अपने नगर के एक मोहल्ले में देखा। एक चाय की दुकान पर मैंने देखा कि इनके बारे में लोग केवल बात ही नहीं कर रहे हैं, बल्कि भूमंडलीकरण, उदारीकरण के सन्दर्भ में अमेरिका, इराक और रूस सहित पूरी दुनिया के बारे में बातें कर रहे हैं। ये बातें करनेवाले प्रायः हर विचारधारा के नेता, छात्र नेता, युवक थे। रिक्शा वाले, ठेले, खोमचे वाले, दूध बेचनेवाले भी इसमें शामिल थे। सब उन चर्चाओं में भाग लेते थे। पूरा माहौल ही लोकतांत्रिक था। मुझे लगा, पूरा हिन्दुस्तान चाय की इस एक दुकान में झुक आया है। मैं कहानियों से मुक्त हो चुका था और कुछ और लिखने के बारे में सोच रहा था। ऐसी स्थिति में मुझे वह चाय की दुकान दिखाई पड़ गई। मेरे किस्सागो को एक ऐसा विषय मिला, जिसकी मुझे तलाश थी और फिर जब मैंने लिखना शुरू किया तो एक बार में ही खत्म नहीं किया यानी इस उपन्यास को लिखने में 10-12 साल लगे।

आपने अपने जीवन में कई कहानी आन्दोलन देखे हैं—नई कहानी आन्दोलन, सचेतन कहानी आन्दोलन आदि। क्या आज फिर किसी कहानी आन्दोलन की जरूरत है?

आज जब समाज में ही कोई आन्दोलन नहीं है तो कहानी आन्दोलन क्या होगा? कोई जरूरत नहीं है आन्दोलन की। जो अच्छा लिख रहे हैं, उनका अच्छा लेखन ही आन्दोलन है।

शुरुआत की कहानियों में भावुक आदर्शवाद था। आज की कहानियों पर कोरा यथार्थवाद हावी है। दोनों में अतिवाद है। ऐसे में आदर्श और यथार्थ का मिश्रण नहीं किया जाना चाहिए? आपको क्या लगता है?

'आदर्श' एक ऐसा शब्द है, जिसे मुखौटे के रूप में लिया जाता है। अब तो आदर्श का अर्थ ही हास्यास्पद हो गया है, कहना चाहिए। आदर्श की कोई जरूरत नहीं है। दुनिया भर के आदर्श हमारे सामने हैं, लेकिन एक मुखौटे के रूप में उनका इस्तेमाल हो रहा है, तो आदर्श की पोल खुल गई है। जहाँ तक यथार्थ का सवाल है, जो कहानियाँ आज लिखी जा रही हैं, उन कहानियों का दुर्भाग्य यह है कि वे यथार्थ पर ही जीवित हैं। यथार्थ के सिवा जो कुछ है, उसकी तरफ उनकी नजर नहीं जा रही है जबकि आज जरूरत है यथार्थ का अतिक्रमण करके आगे जाने की, भले वह कोरा हो, झूठ हो या गलत हो। यथार्थ अपने-आपमें एक बन्धन है। वह लेखक को बाँधे रखता है। एक लेखक के लिए इस बन्धन को तोड़ना और उसके बाहर निकलना बहुत आवश्यक है।

आपने लेखन की शुरुआत कविता से की थी। फिर कहानियाँ लिखने लगे। कभी कविता की तरफ लौटने का मन नहीं करता?

मैंने कविताएँ थोड़ी ही यानी 8-10 लिखी होंगी और मैंने छपने के लिए कहीं भेजी भी नहीं। वह बचपना था हमारा और वह सिर्फ देखा-देखी शौकिया लिखी थीं। इस तरह से देखा जाए तो कविताएँ मैंने कभी लिखी ही नहीं, सीधे कहानियों में हाथ आजमाना शुरू किया।

आपके साहित्य में महिला पात्रों का उभार कम नजर आता है, पुरुष पात्र ज्यादा हावी हैं। ऐसा है? और अगर है तो क्यों?

यह मैं भी महसूस करता हूँ। महिला पात्र बहुत कम हैं। दरअसल, इनके बारे में लिखने से मैं डरता हूँ क्योंकि मैं पूरी तरह इनको समझ नहीं पाता हूँ और जो चीज मेरी समझ में नहीं आती, उसे मैं कम लिखता हूँ।

['आउटलुक', 16 जुलाई, 2018]

गोपाल मिश्र ⟶
⟵ काशीनाथ सिंह

फिल्म 'मोहल्ला अस्सी' में राम मन्दिर आन्दोलन के दृश्य उपन्यास से अलग हैं

आज लम्बे इन्तजार के बाद 'मोहल्ला अस्सी' रिलीज हो गई है। और 'काशी का अस्सी', जो श्री काशीनाथ सिंह जी का उपन्यास है, उस पर यह पूरी फिल्म है। काफी विवादों में रही, काफी वक्त इन्तजार भी करना पड़ा लोगों को इस फिल्म के आने का। आखिरकार रुपहले पर्दे पर यह फिल्म आ चुकी है। और हमसे बात करने के लिए खुद काशीनाथ सिंह जी मौजूद हैं। सर, आपका ईटीवी पर बहुत-बहुत स्वागत है। हम जानना चाहेंगे सर काफी इन्तजार करना पड़ा इस पिक्चर का हम लोगों को। आखिर में विवाद की वजह क्या रही जो इतने दिन इन्तजार करना पड़ा लोगों को?

देखिए, इन्तजार तो आपको ही नहीं, हमें भी करना पड़ा है जबकि मैं उस उपन्यास का लेखक हूँ, लेकिन फिल्म बने हुए सात-आठ साल हो गए हैं। सेंसर बोर्ड ने पहले इनकार किया। उम्मीद थी कि ट्रिब्यूनल कोर्ट इसे पास करेगा। वहाँ गए लोग, निर्माता-निर्देशक। हम भी बुलाए गए थे। मैं भी गया। उसने भी पास नहीं किया। फिर लोअर कोर्ट गए लोग। वहाँ से भी हरी झंडी नहीं मिली। तब गए हाईकोर्ट दिल्ली। और जिन शर्तों पर सेंसर बोर्ड ने इनकार किया था, उन सबको देखा हाईकोर्ट ने और सारी आपत्तियाँ खारिज कीं। और बिना किसी रद्दोबदल के, काट-छाँट के पूरी फिल्म हाईकोर्ट ने पास करने का आदेश दिया सेंसर बोर्ड को और अन्ततः उसे पास करना पड़ा। ये अगस्त-सितम्बर की बात है। अगस्त की नहीं फरवरी की बात है ये। इसी वर्ष। आपत्ति उसे लेकर सेंसर बोर्ड ने 10-11 की थी। जिसमें एक तो गालियाँ थीं और दूसरे और कुछ चीजें रही होंगी। अश्लीलता का आरोप था और इन सारे आरोपों को हाईकोर्ट के जज ने खारिज किया और कहा कि इस देश में अभिव्यक्ति की आजादी की बात हमारा संविधान करता है। और एक साहित्यिक

कृति को जो पुरस्कृत और सम्मानित है, इस तरह से इनकार नहीं किया जा सकता। तो पास हुई और आज हम देख रहे हैं फिल्म।

राम मन्दिर को लेकर फिर से आन्दोलन बन रहा है और उसी वक्त इस पिक्चर का आना, क्या यह संयोग कहा जाएगा या कोई तैयारी थी पहले से?

एक तो मैं बताऊँ कि उपन्यास में राम मन्दिर का उल्लेख है। जुलूस नहीं है राम मन्दिर का। और दूसरे ये कि जो पिक्चर रिलीज हुई है, वह एक संयोगवश है। राम मन्दिर के आन्दोलनकारी चाहे तो भुना सकते हैं इस आन्दोलन को। मंशा ऐसी नहीं रही है। हाँ, ये जरूर है कि निर्माता की रुचि हो सकती है, उस तरह की या निर्देशक की दिलचस्पी हो सकती है उसमें, लेकिन स्क्रिप्ट यानी जो उपन्यास है, उसमें और फिल्म में दो चीजें मानकर चलिए आप, उपन्यास लेखक का होता है, फिल्म निर्देशक की होती है। बातें हमारी हो सकती हैं, दृष्टि तो निर्देशक की होती है। इतना उसे हक है। मैं उस पर अंकुश भी नहीं लगा सकता क्योंकि यह करते हुए बराबर वो दर्शकों को ध्यान में रखता है फिल्म का निर्माण करते समय कि जो लागत लग रही है, वो कम-से-कम वसूल हो। तो अगर आप उपन्यास को फिल्म से मिलाएँगे तो दोनों के बीच फर्क देखेंगे आप। बल्कि ये कहना चाहिए कि उपन्यास में तो प्रतिवाद का स्वर ज्यादा तीखा है। मन्दिर-निर्माण के विरोध के स्वर में कई स्वर मिलते हैं। और वे पात्र ज्यादा मिलते हैं उसके खिलाफ। पक्ष में नहीं हैं, लेकिन फिल्म में ऐसा नहीं हो सका है। मजबूरी रही होगी कोई।

माना जाए कि उपन्यास के साथ पूरी तरह से जो निर्देशक थे, उन्होंने तल्लीनता से काम किया है। पूरी चीजें सामने आई हैं उपन्यास की?

देखिए, एक चीज मैं बता दूँ फिल्म का आधार उन्होंने एक कहानी को बनाया है। कहानी है धर्मनाथ शास्त्री की। कहानी का नाम है 'पाँड़े कौन कुमति तोहे लागी।' कुमति की बात की जाती है वहाँ पांडे के। तो धर्मनाथ शास्त्री के प्रसंग में राम मन्दिर का तो उल्लेख भी नहीं है। यह उल्लेख है उपन्यास में। और उपन्यास के केवल एक परिच्छेद में जहाँ प्रतिवाद होता है। अयोध्या में जुलूस निकलता है। विध्वंस होना होता है और अस्सी से लोग जाते हैं। ब्राह्मणों का मुहल्ला है। वहाँ से जाते हैं लोग। यह प्रसंग आता है सिर्फ, लेकिन उसमें विरोधी स्वर ज्यादा हैं तो अब मैं बताऊँ कि चन्द्रप्रकाश जी के दिमाग में इस पर बात आई कैसे फिल्म बनाने की ध्यान में रखिए आप कि बहुत पहले 'तीसरी कसम' एक फिल्म बन चुकी है फणीश्वरनाथ 'रेणु' की कहानी पर। कुछ और साहित्यिक कृतियों पर भी बनीं। बीच के वर्षों में किसी ने साहस नहीं किया साहित्य को छूने का। किसी साहित्यिक कृति पर, उपन्यास पर, कहानी पर फिल्म बनाने की बात किसी के दिमाग में नहीं

आई। इतने लम्बे अन्तराल के बाद चन्द्रप्रकाश जी के दिमाग में यह बात आई कि जब हमारा साहित्य इतना समृद्ध है, और हमारा ही क्यों, हिन्दी साहित्य ही नहीं पूरा भारतीय साहित्य जब इतना समृद्ध है कहानी-उपन्यास के मामले में। तो लोग पटकथा लिखवाते क्यों हैं? साहित्यप्रेमी आदमी हैं वो। बहुत सुपठित। संस्कृत साहित्य के मर्मज्ञ। उनके पिता संस्कृत के प्रोफेसर रहे हैं। और खुद बहुत पढ़े-लिखे आदमी हैं वो। पुराणों को पढ़ा है। उपनिषदों को पढ़ा है। काव्यशास्त्र पढ़ा है उन्होंने। तो ये सब पढ़े हुए आदमी थे वो। और इन्हीं सब बातों को ध्यान में रखकर एक 'पिंजर' नाम की फिल्म बनाई थी जो अमृता प्रीतम के उपन्यास पर आधारित है। उनकी ये जिद थी कि साहित्यिक कृति पर फिल्म बननी चाहिए और सफल होनी चाहिए ताकि दूसरे जो निर्देशक हैं, उनका आकर्षण बढ़े साहित्य के प्रति। उपन्यासों और कहानियों के बारे में फिल्म बनाने के लिए सोचें।

मतलब, लगता है कि अब जो 'मोहल्ला अस्सी' रिलीज हुई है, उसके बाद साहित्य के प्रति जो दूसरे निर्देशक हैं, उनकी रुचि भी अब बदलेगी?

आकर्षण बढ़ना चाहिए। क्योंकि थोड़ा-बहुत चेंज करने की जरूरत पड़ती है तो वह निर्देशक का अपना अधिकार है जिसे हम रोक नहीं सकते और रोकना भी नहीं चाहिए क्योंकि मेरे सामने पाठक होते हैं, उनके सामने सीधे दर्शक होते हैं।

चन्द्रप्रकाश जी ने पूरा न्याय किया है पिक्चर में आपके उपन्यास के साथ?

अधिकतम। जितना वो कर सकते थे, उन्होंने किया। बाकी कुछ चीजें हैं जिनसे मेरा मतभेद हो सकता है। जैसे राम मन्दिर की बात है। या जरूरत से ज्यादा...की बात है। या हर हर महादेव की बात है। ये थोड़ा अतिरेक जैसा मुझे लगता है कि इतना नहीं होना चाहिए था, लेकिन अब वे अच्छा समझते होंगे दर्शकों के लिए।

बात आती है अश्लीलता की, जैसा कि सेंसर बोर्ड ने कहा कि आज की जो पिक्चरें बन रही हैं, वहाँ कहीं-न-कहीं अश्लीलता देखने को मिलती है। परिवार के साथ देखने लायक बहुत-सी पिक्चरें नहीं होती हैं। और ये साहित्य पर थी और आप हमेशा से इस बात को मानते रहे हैं कि साहित्य में गालियों का होना उसे और भी प्रबल बनाता है। उसे और भी मजबूत करता है। आखिर में गालियों को लेकर इतनी आपत्ति क्यों हो रही है? क्योंकि बनारस तो गालियों के लिए जाना जाता है, फक्कड़पन का शहर है ये।

देखिए, गालियाँ तो इस नगर की जबान हैं और यहाँ जो मस्ती और फक्कड़ाना अन्दाज लोगों का है न, उसका अंग हैं बल्कि ऐसे भी लोग मिलते हैं जिन्हें गाली देकर आप बात न करें तो उन्हें लगता है कि कहीं आप नाराज हैं और गालियाँ

प्यार की जबान हैं, भाई। जिन्हें प्यार हम करते हैं, गाली भी उसे ही देते हैं। मन में कोई विकार हमारे नहीं रहता, गाली देनेवाले के भीतर यानी गाली देने में तो क्रोध होता है। शत्रुता का भाव होता है। इस भाव के साथ बनारस में गाली दी ही नहीं जाती और गाली देते हैं तो पराए को देते हैं, अपनों को गाली नहीं देते हम। इसका मतलब ये था कि लोग जानते नहीं थे यहाँ की जबान। समझाना पड़ा उन्हें कि इस नगर की भाषा है ये। भाषा का अंग है, टेक है। बहुत सारे ऐसे लोग हैं जो बगैर गाली दिए बोल नहीं सकते यानी आप कहिए कि आप बोलिए और गाली मत दीजिए तो उनकी जबान एक तरह से काट लेंगे फिर बोल नहीं पाएँगे वो। ये स्थिति रही है बनारस की।

आपको लग रहा है कि सनी देओल और साक्षी तँवर ने बनारसीपन को जिया इस पिक्चर में? उन्होंने न्याय किया है अपने किरदार के साथ?

देखिए, ऐसा है, दोनों ने ऐसा अभिनय किया है, जिसकी मुझे उम्मीद नहीं थी। बहुत अच्छा अभिनय किया है। खास तौर से मैं कहना चाहता हूँ कि सनी देओल को लेकर सन्देह था मेरे भीतर। क्योंकि पंजाबी उच्चारण वाले हैं सनी देओल। और खास तौर से उनकी छवि जो रही है वो लड़ने-भिड़नेवाले फाइटर की, मुक्का चलानेवाले, ढाई किलो का, ये छवि उनकी रही है। सनी देओल ने आश्चर्यजनक रूप से अपनी इस छवि को तोड़ा है इस फिल्म में। धोती-कुर्ता पहनते हैं, लुंगी पहनते हैं, झोला लेकर चलते हैं, जिसकी कल्पना मैंने नहीं की थी। खास तौर से एक चीज और हिन्दी बोलने में वह बनारसीपन तो नहीं आया है जो साक्षी तँवर में है, लेकिन भरसक कोशिश उन्होंने की है कि उसे बनाए रखें। वो सहजता। उन्होंने पूरी कोशिश की है और ये चमत्कारिक रूप से अभिनय बहुत अच्छा किया है दोनों ने। ये बात मैंने देखी और खास तौर से जो, आजमगढ़ की हैं वो, जिन्होंने रामदेई का अभिनय किया है, मल्लाहन का। उसने भी कमाल का काम किया है।

जिस तरह से काशीनाथ सिंह ने ये साफ किया है कि बनारसीपन को देखना है, बनारसीपन को जीना है और बनारस को जानना है तो 'मोहल्ला अस्सी' देखने जरूर जाइएगा। लीक हुई पिक्चर कोई फर्क नहीं पड़ता क्योंकि रुपहले पर्दे का आनन्द सच में कुछ और होता है। शायद यही वजह है कि आज इस पिक्चर को देखने के लिए और बनारस को जानने के लिए हर कोई बेताब है।

['ईटीवी भारत', 16 नवम्बर, 2018]

अजय ब्रह्मात्मज ➡
⬅ काशीनाथ सिंह

पूरी तटस्थता के साथ बनी है 'मोहल्ला अस्सी'

डॉ. चन्द्रप्रकाश द्विवेदी की फिल्म 'मोहल्ला अस्सी' डॉ. काशीनाथ सिंह के उपन्यास 'काशी का अस्सी' पर आधारित है। लम्बे इन्तजार और संघर्ष के बाद यह फिल्म नवम्बर, 2018 में रिलीज हुई। हिन्दी फिल्मों के इतिहास में साहित्यिक कृतियों पर फिल्में लम्बे समय से बनती रही हैं। इन फिल्मों को लेकर अधिकांश अवसरों पर विवाद होते रहे हैं। साहित्यकारों की आम शिकायत रहती है कि फिल्म में कृति का मूल भाव बदल गया। कृति की 'रूह' फिल्म में नहीं आ सकी। इस सन्दर्भ में डॉ. चन्द्रप्रकाश द्विवेदी की 'मोहल्ला अस्सी' के बारे में डॉ. काशीनाथ सिंह की प्रतिक्रिया और विचार खासा महत्त्व रखते हैं। डॉ. काशीनाथ सिंह ने फिल्म देखने के अगले दिन यह बातचीत की थी।

नमस्कार, कल हम लोगों ने 'मोहल्ला अस्सी' साथ ही देखी। यह फिल्म आप के उपन्यास 'काशी का अस्सी' पर आधारित है। फिल्म देखते समय किस तरह की अनुभूति और विचार मन में आ रहे थे?

एक तो मैं अपने शब्दों को आकार लेते हुए देख रहा था। शब्द मूर्त हो रहे थे और मूर्त होने पर उनका क्या होता है? एक अजीब तरह की सनसनी-सी मेरे भीतर हो रही थी कि इसका इतना अच्छा अर्थ निकल सकता है, जो पर्दे पर मैं देख रहा हूँ। एक तो यह अनुभूति थी। दूसरे, डॉ. चन्द्रप्रकाश द्विवेदी उन दुर्लभ फिल्मकारों में होंगे, जो साहित्य का इतना सम्मान करते हैं कि उसके विकल्प के रूप में कुछ और नहीं देखते। शब्दों का उन्हीं रूपों में, उसी अर्थ में इस्तेमाल, यह बड़ी चीज दिखाई पड़ी। फिल्म देखने के बाद अन्त में किया गया बदलाव सार्थक लगा। हमारे दिमाग में प्रश्न था कि क्या करें विदेशी का? उसे जगह दें या न दें धर्मनाथ पांडेय? क्योंकि उनकी पत्नी के भीतर अलग और उनके भीतर अलग द्वंद्व चल रहा है। दोनों असमंजस में हैं। पत्नी को लगता है कि वह

नौकरानी बनकर रह जाएगी। रसोई बनाएगी कपड़े-लत्ते साफ करेगी। उसकी हर इच्छा पूरी करने में ही उसका दिन निकल जाएगा। फिर तो वह रामदेई जैसी हो जाएगी। पैसों की वजह से वह उसे रखना भी चाहती है, लेकिन इस बात को लेकर परेशान भी है।

धर्मनाथ का द्वंद्व है कि अकेले हम ही पूजा नहीं करते हैं। मोहल्ले के लोग भी आते-जाते हैं। और फिर किस मुँह से हम लोगों को बताएँगे जबकि हम ही रोक रहे थे लोगों को। इन सारे प्रश्नों की वजह से मैंने प्रश्नचिह्न लगाकर छोड़ दिया था। डॉ. दिवेदी ने उसका हल निकाला है कि शिव मन्दिर भी अपनी जगह रह सकता है और वह भी अपनी तरह रह सकती है। इस ग्लोबलाइजेशन के दौर में कहीं-न-कहीं भारत की यही नियति मुझे दिखाई पड़ रही है। विदेशी आ-जा रहे हैं। उनकी उपेक्षा नहीं कर सकते। उन्हें अपनी कमाई का जरिया बना सकते हैं। पूरी फिल्म मुझे बहुत अच्छी लगी।

आपने उपन्यास का नाट्य रूपान्तर भी देखा है और अभी फिल्म देखी। दोनों रूपान्तर मुख्य रूप से 'पाँड़े कौन कुमति तोहे लागी' पर आधारित हैं। नाटक और फिल्म में कोई फर्क है क्या? क्या फिल्म से उपन्यास को कोई नया आयाम मिला?

फिल्म से उपन्यास का नया आयाम खुला है। नाटक में पप्पू की दुकान उभरकर नहीं आती है। वह सड़क के किनारे की एक दुकान के दृश्य जैसा होता है, जिसमें सारे लोग एक साथ नहीं आ पाते। उनके संवाद भी नहीं आ पाते और उनका उल्लेख भी नहीं किया जाता। फिल्म में यह सब कुछ था। दूसरा कि नाटक में पांडे की पत्नी के लिए सपने का दृश्य रचा जाता है। सपने में वह अपने दुख को गाती है। बताती है कि उसके आगे क्या परेशानी है? नाटक का अन्त देखने के बाद बंगाल के तत्कालीन मुख्यमंत्री बुद्धदेव भट्टाचार्य ने मुझसे पूछा था कि यह नाटक आप उत्तर प्रदेश या किसी और जगह कैसे दिखा सकते हैं, क्योंकि उसमें साम्प्रदायिकता पर प्रहार था थोड़ा।

नाटक का अन्त फिल्म से अलग था। मुख्य रूप से ये दो फर्क मुझे दिखाई पड़े। नाटक में जिसने धर्मनाथ पांडेय की भूमिका निभाई थी, चूँकि वह हिन्दीभाषी प्रदेश का था और वह सारी चीजों को जानता था, इसलिए उसके अभिनय में भी एक आत्मविश्वास था। वह आत्मविश्वास यहाँ नहीं है। उसके पूरे व्यक्तित्व में एक दबंगई थी। फिल्म में ऐसा लगता है कि ब्राह्मण समाज का पूरा दायित्व धर्मनाथ पांडेय के सिर पर है और वे उससे दबे दिखाई पड़ते हैं।

कह सकते हैं नाटक और फिल्म में धर्मनाथ पांडेय के चरित्र का गठन और निर्वाह अलग है?

दोनों माध्यमों में धर्मनाथ पांडेय के चरित्र अलग हैं। अभिनेताओं ने उन्हें अलग तरीके से निभाया है। सनी देओल को अलग चरित्र मिला था। उन्होंने उसे उस तरीके से निभाया है। नाटक के अभिनेता को अलग धर्मनाथ पांडेय मिले थे।

साहित्य के फिल्मी रूपान्तरण में एक असन्तुष्टि रहती है कि कृति की 'रूह' फिल्म में नहीं आ सकी। इस सन्दर्भ में आप क्या कहना चाहेंगे?

मैं बहुत सन्तुष्ट हूँ। अभी-अभी मुझे दो तरह की प्रतिक्रियाएँ मिलीं। सनातनी किस्म के पंडित और आधुनिक, दोनों लोगों की प्रतिक्रिया मिली। सनातनी किस्म के लोगों ने कहा कि फिल्म आपकी कहानी से बेहतर है। उनका कहना था कि ब्राह्मण हम भी हैं और काशी में 47 सालों से हैं, लेकिन ब्राह्मणों की यह दशा मैं फिल्म से जान पाया। बहुत सारी बातें मुझे नहीं मालूम थीं। इस फिल्म में उन्हें मैं देख गया। फिल्म में कारण बताया गया है कि वह विदेशी को रखने के लिए क्यों मजबूर होता है? गरीबी और जहालत के कारण वह बाजारवाद को समर्पित होता है। फिल्म में उसकी मजबूरी दिखाई पड़ती है। आधुनिक किस्म के लोगों का कहना था कि फिल्म तो बहुत अच्छी है। फिल्म चलनी भी चाहिए, लेकिन अन्त में धार्मिकता पर ज्यादा जोर दिया गया है। डॉ. चन्द्रप्रकाश द्विवेदी अपनी आइडियोलॉजी ले आते हैं। हर हर महादेव बहुत ज्यादा हो जाता है। उसे कम किया जा सकता था।

लेखक डॉ. काशीनाथ सिंह की क्या प्रतिक्रिया है?

निर्माण की जिस निरपेक्षता और तटस्थता की उम्मीद मुझे नहीं थी, वह डॉ. चन्द्रप्रकाश द्विवेदी ने दिखाई है। हमें डर था कि वे जिस सोच के आदमी हैं, कहीं फिल्म को उस तरफ न ले जाएँ। उन्होंने ऐसा बिलकुल नहीं किया। एक बड़े और समझदार फिल्मकार की तरह उन्होंने पूरे ट्रीटमेंट को दिखाया है।

यह अनोखा और एकमात्र अनुभव था जब मैं किसी फिल्म के मूल किरदारों के साथ फिल्म देख रहा था। आप भी अपने किरदारों को सजीव बोलते हुए साकार देख रहे थे।

सभी की यही राय थी कि फिल्म के कलाकारों ने मेरे उपन्यास के किरदारों को यूँ सजीव और साकार कर दिया था। मेरे उपन्यास के किरदारों ने भी स्वीकार किया कि वे स्वयं फिल्म के कलाकारों के प्रभाव के साथ नहीं बोल सकते। वह हमारे बस की बात नहीं थी। वीरेन्द्र श्रीवास्तव ने कहा मेरे चेहरे से मिलता-जुलता राजेन्द्र गुप्ता का चेहरा है। गया सिंह का कहना था कि मुझे निभानेवाले कलाकार का चेहरा थोड़ा लम्बा था और वह थोड़ा झुककर चल रहा था। बाकी उनकी संवाद अदायगी लाजवाब थी।

एक और चीज मुझे लगी। प्रेमचन्द के उपन्यास 'गबन' पर एक फिल्म बनी है, 'गोदान' पर बनी है, राय ने उनकी कहानियों पर फिल्में बनाई हैं। भगवतीचरण वर्मा के उपन्यास पर 'चित्रलेखा' फिल्म बनी है। फणीश्वरनाथ 'रेणु' की कहानी पर बनी 'तीसरी कसम' भी मैंने देखी है। इन सभी फिल्मों में साहित्य को फिल्मा भर दिया गया है। मैं मानकर चलता हूँ कि फिल्म रचना का अनुवाद नहीं होती है। सम्भव भी नहीं है। डॉ. चन्द्रप्रकाश द्विवेदी ने जिस तरीके से टेक्स्ट को लगभग ज्यों-का-त्यों रखा है, वह दूसरे फिल्मकारों के लिए मिसाल हो सकती है। साहित्य पर फिल्में बनानेवाले फिल्मकार 'मोहल्ला अस्सी' का उदाहरण रख सकते हैं। टेक्स्ट का डिस्टॉर्शन न हो। मनोरंजक बनाने के लिए या दर्शकों को लुभाने के लिए अपनी तरफ से सीन न क्रिएट करें। इस मामले में 'मोहल्ला अस्सी' मॉडल है।

पहले तो 'काशी का अस्सी' और फिर 'मोहल्ला अस्सी', रचनात्मक प्रक्रिया का अनोखा अनुभव है। आपने जिन्दा व्यक्तियों को उपन्यास का पात्र बनाया। उन पात्रों को फिल्म में लाने के लिए फिर से गढ़ा गया। उन गढ़े चरित्रों को कुछ कलाकारों ने निभाया। फिल्म में उन कलाकारों को जिन्दा व्यक्तियों ने देखा। साहित्य और फिल्म के इतिहास में ऐसी दूसरी कोई घटना नहीं मिलती।

सचमुच ऐसा पहले कभी नहीं हुआ। लिखते समय मेरे सामने भी चुनौतियाँ थीं, भाषा से लेकर चरित्रों के गठन तक। शैली और शिल्प की चुनौतियाँ रहीं। पप्पू की दुकान में मिले व्यक्ति लस्टम-पस्टम तरीके से बोला करते थे। उनकी बातों को ही मैंने एक फॉर्म दिया। मैंने उनके संवादों को धार दी। किताब छपने के बाद उन्हें लगा कि वे सारे संवाद उन्होंने ही बोले हैं। यह सुनकर मुझे अच्छा भी लगा। मैंने इनकार नहीं किया।

किन कलाकारों ने अपने किरदारों को अच्छी तरह से निभाया?

लगभग सभी ने। सनी देओल को लेकर मैं सशंकित था। वे जिस तरह की भूमिकाएँ निभाते रहे हैं, उससे बिलकुल अलग था धर्मनाथ पांडेय। यहाँ ढाई किलो का मुक्का नहीं था। उनसे उम्मीद नहीं करता था कि इतना अच्छा अभिनय कर जाएँगे। उच्चारण में भरसक सही बोल जाएँगे। कोई गौर करे तो देख सकता है कि उन्हें कहाँ असुविधा हो रही है वरना ऐसे नहीं मालूम होता, इतने अच्छे अभिनय का अनुमान नहीं था सनी देओल से। अन्तिम दृश्यों में तो वे बेचैन कर देते हैं। कुछ लोगों की आँखों में आँसू भी आ गए थे उन्हें देखकर। बाकी सभो ने अपना सर्वोत्तम दिया।

आप बता रहे थे कि आप फोटोग्राफी से प्रभावित थे।

बिलकुल, विजय अरोड़ा की फोटोग्राफी मनोहर है। उन्होंने गंगा, घाट, पार, नाव और पप्पू की दुकान के अद्‌भुत दृश्य उतारे हैं।

पांड़े और पंडिताइन के घरेलू दृश्य भावुक और प्रभावशाली हैं। क्या वे दृश्य उपन्यास से ही लिये गए हैं?

उपन्यास में संकेत भर है। निर्देशक ने उन्हें और विस्तार दिया है। आँगन, रसोई, बरामदा आदि निर्देशक की कल्पना है। पति-पत्नी के संवाद निर्देशक के हैं। इस विस्तार ने पारिवारिक दृश्य को अद्‌भुत बना दिया है।

आपका प्रिय किरदार कौन है?

धर्मनाथ पांडेय, वह मेरा रचा हुआ है। उस किरदार में मैं हूँ और डॉ. द्विवेदी भी हैं। लेखक और निर्देशक, दोनों ही धर्मनाथ पांडेय में हैं।

सुना है, इसकी अगली कड़ी (सीक्वल) लिखी जा चुकी है। क्या आप चाहेंगे कि 'काशी का अस्सी' पर आधारित एक और फिल्म?

मैंने भी सुना है कि 'कौन ठगवा नगरिया लूटल हो' की स्क्रिप्ट तैयार है। अब मैं निश्चिन्त हूँ कि वह भी अच्छी होगी। अगर डॉ. द्विवेदी उसे बनाते हैं तो मुझे खुशी होगी। वे सक्षम हैं। 'मोहल्ला अस्सी' ने मेरी राय बदल दी है।

['न्यूजलॉन्ड्री', 25 नवम्बर, 2018]

रमाकान्त श्रीवास्तव ➡
⬅ काशीनाथ सिंह

आपाधापी के बीच

बहुत दिनों बाद मिले काशीनाथ हर हर महादेव, वैसे बनारस के लोग इसके बाद और भी कुछ जोड़ते हैं तो तुम उसे जोड़ लेना। इस तरह अभिवादन पूरा हुआ।

ठीक है, जोड़ लिया मैंने। रमाकान्त, इसे मात्र साक्षात्कार नहीं बल्कि दो समकालीन कथाकारों के बीच बातचीत समझा जाए।

चलो, जैसा तुम कहो। इसमें मुझे भी खुशी होगी।

बातचीत शुरू करो, इसके पहले अपनी हथेली दो जरा। मैं उसे चूमना चाहता हूँ।

चूमना चाहते हो...तुम्हारी दाढ़ी गड़ेगी यार, लेकिन किस खुशी में?

तुम्हारे तो पाँच कहानी-संग्रह पहले आ चुके हैं। अब जो छठा संग्रह 'थाने के नगाड़े' प्रकाशित हुआ उसे मैंने पढ़ा। तुम्हारी दो कहानियाँ 'थाने के नगाड़े' और उसकी अन्तिम कहानी कौन-सी...

'अन्धी मछलियाँ और प्लेजर कैप्सूल'।

हाँ, ये दो कहानियाँ मुझे बहुत पसन्द आईं। पढ़कर मुझे लगा कि तुम्हें साधारण कहानीकार समझना भूल होगी। ये कहानियाँ तो हिलाकर रख देती हैं खास तौर से वह कहानी 'थाने के नगाड़े'। तुम्हारी कहानी के प्रारम्भ में एक टिप्पणी में द्वितीय विश्वयुद्ध के समय एक कॉन्सट्रेशन कैम्प में कर्नल की बीवी के द्वारा आदमी की चमड़ी से बनाए गए लैम्पशेड मिलने का जिक्र है। यह एक अनोखा प्रतीक है।

प्रतीक तो है और वह सत्य घटना भी है। उसकी फोटो मैंने एक किताब 'द स्कोर्ज ऑफ द स्वास्तिक' में देखी थी। धन्यवाद। अब तुम्हारे लेखन पर बात

शुरू करें क्योंकि अपनी यह बातचीत 'हंस' पत्रिका के लिए है, इसलिए पहले तो मैं यह जानना चाहूँगा कि 'हंस' के साथ और राजेन्द्र यादव के साथ भी तुम्हारे बहुत गहरे सम्बन्ध रहे हैं। ये सम्बन्ध किस तरह बने जिससे एक रचनात्मक माहौल तैयार हो सका?

'हंस' से मेरे सम्बन्ध 1990 में शुरू हुए और 2003 तक चले। अब 2018 है यानी पिछले 15 सालों में मैंने 'हंस' के लिए नहीं लिखा। 'हंस' छपना शुरू हुआ था 1986 से। उसके चार साल बाद मैंने 'हंस' के लिए लिखा और छपना शुरू हुआ संस्मरणों से। फिर 'काशी का अस्सी' के जो एपिसोड्स हैं, उनमें से कुछ छपे। उस दौरान अगर किसी दूसरी पत्रिका में प्रकाशित हुए भी तो इसलिए कि कहीं 'हंस' के साथ ही मुझे जोड़ न दिया जाए। कौन-सी रचनाएँ प्रकाशित हुईं अब मुझे याद नहीं। 1986 के बाद चार साल तक राजेन्द्र यादव मुझे लगातार पत्र लिखते थे कि कहानी लिखो और भेजो, लेकिन मैंने कोई नोटिस नहीं लिया था। 'हंस' में मैंने 1990 में नवम्बर माह में शायद, यदि छपने के लिए कुछ दिया तो 'नागानन्द चरितम्' सबसे पहले छपा था। यह भी 'हंस' में इसलिए दिया कि मन्नू भंडारी ने मुझे पत्र लिखा था कि कुछ भेजूँ। मैं मन्नू भंडारी की बहुत इज्जत करता हूँ और यादव से बड़ा कहानीकार उन्हें मानता था।

हाँ, ऐसी धारणा और लोगों की भी बनती थी...

तब मुझे लगा कि मुझे लिखना चाहिए। इसके पहले राजेन्द्र यादव के बारे में मेरी खराब राय थी, यह बता दूँ। उन्हें पहली बार देखा था 1960 में इसी बनारस में। वे शिकायत करने आए थे कि नामवर जी ने 'परिन्दे' कहानी को नई कहानी की पहली कृति कहा था। उसी की शिकायत करने आए थे...शायद कलकत्ता या दिल्ली से। उसके बाद एक-दो मुलाकातें उनसे हुई थीं। वे एक ऐसी घटना में शामिल हुए जो खिलाफ तो नामवर जी के थी, लेकिन बहाना मुझे बनाया गया। उस समय यह प्रकरण चर्चित हुआ था।

इसका कुछ अन्दाजा तो मुझे है। उस समय यह प्रकरण चर्चित हुआ था, लेकिन तुम बताओ कि यह सब किस तरह हुआ?

1976 में 'कथा भारती' नाम से एक किताब निकाली गई थी जिसे नामवर जी ने सम्पादित किया था। उसमें हिन्दी कहानियों को अधुनातन बनाने के लिए ज्ञानरंजन और काशीनाथ की कहानियाँ शामिल की गई थीं। वैसे कहानियों को शामिल करने में पूरी टीम होती है, अकेले नामवर जी नहीं होते। मेम्बर ढेर सारे थे और बड़ी सारी मीटिंग्स होती थीं। सारी कहानियाँ पढ़ी जाती थीं और अन्त में कहानियाँ चुनी जाती थीं कि ये कहानियाँ काम की हो सकती हैं, 11वीं-12वीं क्लास के

विद्यार्थियों के लिए। नामवर जी ने इस प्रक्रिया से उन कहानियों को चुना था, लेकिन उसके विरुद्ध अभियान शुरू किया राजेन्द्र अवस्थी ने, धर्मवीर भारती ने, कमलेश्वर ने और उनके साथ शामिल हुए राजेन्द्र यादव भी। मैंने देखा कि मेरे बारे में राजेन्द्र यादव की लगभग वही राय थी जो नई कहानी लिखनेवाले दूसरे कहानीकारों की राय हुआ करती थी। मसलन, वे मुझे नामवर के भाई के रूप में देखते थे। कहानीकार के रूप में अलग से मेरी पहचान को वे सन्दिग्ध रखते थे, जबकि कहानियाँ मैं लिख चुका था। 'सदी का सबसे बड़ा आदमी' कहानी आ चुकी थी। 'सुधीर घोषाल', 'लाल किले के बाज' और वह कहानी भी जो तुम्हें पसन्द है। कौन-सी कहानी...

'कविता की नई तारीख', मैं ऐसा मानता हूँ कि तुम्हारी वह कहानी तुम्हारे लेखन में एक बड़ा टर्निंग प्वाइंट है।

देखो, टर्निंग प्वाइंट तो था। सन् साठ से सत्तर के बीच हमारा कहानीकार कुछ और तरह का था। उन दस वर्षों में सब मिलाकर लगता है, मैंने एक ही कहानी लिखी थी 'सुख' नाम की। उस दौर में नक्सलबाड़ी आन्दोलन का प्रभाव था। 'मुसइ चा', 'सुधीर घोषाल', 'जंगलजातकम्' जैसी कहानियाँ भी आईं। सन् साठ और सत्तर के हैंगओवर से निकलने के बाद जब मेरा मोहभंग हुआ तब मैंने कहानी लिखी थी 'लाल किले के बाज'।

अच्छा, इस सब में एक प्रश्न जोड़ना चाहता हूँ। आरम्भ में जब तुमने लिखना शुरू किया तो उस समय 'चार यार' की चर्चा बड़ी जोरों पर थी। उस दौर में तुम्हारी अच्छी कहानियाँ, जैसे 'सुख' या 'आखिरी रात' या 'चोट' जैसी कहानियाँ आई थीं। फिर भी इस तरह की चर्चा हो रही थी? बावजूद तुम्हारी इन कहानियों के तुम्हें एक स्वतंत्र कथाकार के रूप में न देखकर तुम्हें नामवर जी का भाई ही समझा जाता था!

हाँ, मुझे यही लगता है।

तो क्या तुम्हें इसका नुकसान हुआ?

हाँ, औरों की बात तो मैं नहीं जानता क्योंकि नामवर जी हमारे गुरु हैं—कथा गुरु। कहानी लिखने की तमीज मैंने उनसे सीखी तो उनके भाई होने का लाभ मुझे मिला है। नुकसान यह हुआ कि नामवर जी के जो विरोधी थे...नामवर यह खुद कहते हैं कि हुआ यह कि मेरे विरोधी तो काशी के विरोधी हो गए, लेकिन मेरे मित्र काशी के मित्र नहीं हो सके तो मैंने कोई कहानी 'हंस' में नहीं दी। तुम्हें आश्चर्य होगा कि मेरी कोई कहानी 'हंस' में प्रकाशित नहीं हुई है। मैंने कभी भेजी भी नहीं।

शुरुआत हुई थी 'दन्तकथाओं में त्रिलोचन' के आकर्षण से क्योंकि वह संस्मरण जब छपा तो त्रिलोचन जी की अलग छवि लोगों को दिखाई दी। यह एक बड़ी बात थी। मैंने संस्मरणों का रूप ही बदल दिया। साठ के दशक में मैंने हिन्दी के लिखे हुए संस्मरण और विदेशी भाषाओं में लिखी हुई आत्मकथाएँ बहुत पढ़ी थीं। उनमें अधिकांश संस्मरण रोचक प्रसंगों के थे। मैंने चाहा कि मैं जिस व्यक्ति पर संस्मरण लिखूँ, वह व्यक्ति अपनी सारी खूबियों, खामियों के साथ दृश्य में दिखलाई दे। यूँ कि लोग देख सकें उसे। इसी सिलसिले में 'हंस' में प्रारम्भ में मेरे जो संस्मरण आए—'दन्तकथाओं में त्रिलोचन', 'होल्कर हाउस में हजारीप्रसाद द्विवेदी', 'किस्सा साढ़े चार यार' आदि। तुम देखोगे इन संस्मरणों से प्रेरित होकर और लोगों ने भी संस्मरण लिखे।

मैंने जो एक विशेष बात तुम्हारे संस्मरणों में देखी, उसे थोड़ा आगे बढ़ाऊँ। तुम्हारे लेखन के पहले जो संस्मरण थे, वे व्यक्ति को और उसके परिवेश को यथावत् प्रस्तुत करने की शैली में लिखे जाते थे। तुम्हारे संस्मरण में कल्पना तत्त्व भी शामिल है। इसे तुमने साधा किस तरह?

देखो रमाकान्त, कहानियाँ लिखते समय पाठक मेरे दिमाग में नहीं घूमा करता था, लेकिन संस्मरण लिखने के दौरान मेरे दिमाग में आया कि हम ऐसा लिखें कि जिसके बारे में लिखा जा रहा है, उसे सिर्फ लेखक, अध्यापक या विद्यार्थी भर न पढ़ें, बल्कि वे लोग भी पढ़ें जो उन्हें नहीं जानते। मसलन, त्रिलोचन हो या हजारीप्रसाद द्विवेदी, इनके दूसरे रूप भी दिखलाई दें। जैसे हजारीप्रसाद द्विवेदी की आलोचनाओं, लेखों, उपन्यासों में उनकी छवि एक आचार्य की रही, लेकिन व्यक्ति रूप में उनके अपने कॉन्ट्राडिक्शन भी थे जिन पर औरों का ध्यान नहीं गया। मैं मानता हूँ कि इस तरह के विरोधाभास किसी भी व्यक्ति को मनुष्य बनाते हैं। मतलब कि उससे एक सामान्य मनुष्य के रूप में भी उनकी पहचान बनती है। इसके अलावा यह भी लगा कि यार, हम कथाकार हैं। थोड़ी-बहुत छेड़छाड़ भी तो होनी चाहिए।

और छेड़छाड़ में तो तुम माहिर हो यानी लेखन के छेड़छाड़ में। मेरे मन में यह बात भी उठती है कि क्या राजेन्द्र यादव भी ऐसा ही कुछ नहीं चाहते थे? तुम्हें एक बात बतलाऊँ, रीवा में राजेन्द्र यादव जी से जब मेरी मुलाकात हुई तो बातों में ही उन्होंने यह कहा कि मैंने काशी से कहा है कि 'गरबीली गरीबी वह' जैसा सुन्दर संस्मरण मुझ पर लिखो तो मैं तुम्हारा बड़ा भाई भी बनने को तैयार हूँ...

हाँ, यह बात सही है...

और एक दूसरी बात, मैंने तुम पर जो संस्मरण लिखा था, जाहिर है कि वह मैंने 'हंस' को ही भेजा था। राजेन्द्र जी ने बड़ी प्रशंसा करते हुए मुझे पत्र लिखा, कहा कि बड़ा अच्छा लिखा है और काशीनाथ की शैली में लिखा है, लेकिन काशी में तो बहुत पतली गलियाँ भी हैं। मैंने सुना है कि बड़ा खलकामी भी है तो थोड़ा कुछ और जोड़ो। मेरे लिए यह सम्भव नहीं था क्योंकि तुम्हारी बाबत तो तुम्हारे यार ज्यादा जानते होंगे। मैंने वही लिखा, जो मैं जानता हूँ। अत: मैंने वह संस्मरण वापस ले लिया था।

हाँ,...फिर वह संस्मरण 'कहन' नाम की पत्रिका के विशेषांक में प्रकाशित हुआ था।

काशीनाथ, तुमने जो कुछ बतलाया, उसका एक विलोम पक्ष भी बनता है और वो यह कि तुम्हारे संस्मरण निश्चित रूप से हिन्दी साहित्य में महत्त्वपूर्ण विधा के रूप में चर्चित हो रहे थे, जिससे तुम्हारे लेखक को एक हाइट मिली। एक नये किस्म की भाषा तुमने गढ़ी और उसका जोरदार स्वागत हुआ तो...'हंस' और राजेन्द्र यादव का एक बड़ा योगदान है। अपनी रचना यात्रा में तुम उस योगदान को किस तरह देखते हो?

ऐसा है रमाकान्त, कि मैं मानता हूँ और इसे राजेन्द्र यादव भी दबे स्वर में कहते थे कि 'हंस' ने मुझे स्थापित करने का काम किया और उसके प्रतिदान के रूप में 'हंस' को स्थापित करने में मेरी भी भूमिका थी। मैं मानता हूँ कि यादव जी के व्यक्तित्व का सम्पूर्ण रोल इसमें था। हिन्दी में उस समय इस तरह का रिवाज शुरू हो गया था कि एक-दूसरे की लेगपुलिंग भी होती थी, जिसके कारण रचनाओं के अलग अर्थ भी लगाए जाने लगे थे, जैसे 'किस्सा साढ़े चार यार' ऐसा संस्मरण था जिसे हिन्दी में खूब पढ़ा गया और उसे लेकर तरह-तरह के चर्चे भी हुए। दरअसल 'किस्सा साढ़े चार यार' एक मिथक था। हम सचमुच के चार नहीं थे। कई लोगों ने मुझसे कहा कि आपके यार आपके विषय में ऐसा-वैसा कहते हैं। मैंने देखा कि वे पता नहीं क्यों प्रसन्न होने की बजाय दुखी थे। पता नहीं क्यों? उस पर तो कोर्ट केस भी होने जा रहा था। उन्हीं यारों में से एक यार कोर्ट केस करनेवाले थे। राजेन्द्र यादव ने हमें खबर दी और कहा, कोर्ट केस करने दे उन्हें। इससे हमारा भला ही होगा। उसी 'किस्सा साढ़े चार यार' के बाद तो 'देख तमाशा लकड़ी का' आया था। मैं यह जिक्र इसलिए कर रहा हूँ कि हिन्दी का कोई दूसरा सम्पादक ऐसा नहीं था जो उसे प्रकाशित करता। राजेन्द्र यादव जैसा दिलेर और समझदार सम्पादक नहीं मिलेगा। मुझे याद पड़ता है कि सबसे पहले लिखा तो मैंने नामवर जी को पढ़ने के लिए दिया। मैंने दिया कि पढ़ लीजिए। राजेन्द्र यादव ने सूचना दी कि मैं नामवर जी के हाथों से ही आलेख भिजवा दूँ। मेरी कोई चीज जानी होती तो वे घोषणा कर देते थे कि अगले अंक में वह प्रकाशित होगी। कमाल

है कि राजेन्द्र यादव ने कभी यह नहीं कहा कि यह वाक्य गड़बड़ है या यह खराब है तो इसे हटा दो। एक सम्पादक के द्वारा एक लेखक को जो सम्मान मिलना चाहिए, वह उन्होंने मुझे दिया।

तुम्हारी रचनाओं को जैसा का तैसा छापना सचमुच बड़े साहस का काम है।

बेशक साहस का काम है। अस्सी चौराहे पर तो तीन दिन हंगामा होता रहा। उसके फोटोस्टेट छपने शुरू हो गए थे दूसरे शहरों में भी। राजेन्द्र यादव ने दूसरा संस्करण उसका नहीं निकाला। राजेन्द्र यादव को तो सारी खबरें रहती थीं। यह स्थिति भी हुई कि बनारस में पप्पू की दुकान पर पत्थरबाजी हुई। मैंने राजेन्द्र यादव को सूचना दी तो उन्होंने कहा कि कहो तो दिल्ली के पेपर में खबर दे दें। मैंने दुकानदार से पूछा तो उसने कहा कि हमारा धन्धा चौपट करेंगे क्या। वही लोग तो पत्थर मार रहे हैं जो यहाँ बैठनेवाले हैं। हमारी तो दुकान टूट जाएगी, इसलिए अखबार वगैरह में मत दीजिए। बहरहाल, यह थी राजेन्द्र यादव की हिम्मत। मैंने 'काशी का अस्सी' उपन्यास उन्हें ही समर्पित करते हुए लिखा है—"'हंस'—सम्पादक राजेन्द्र यादव के लिए, जिन्होंने जाने कितनों-कितनों और कैसों-कैसों के बोल सहे मेरी खातिर।" ये ऐसे अंक थे जिनकी दूसरी प्रतियाँ छापी गईं या नहीं, यह तो मुझे नहीं मालूम लेकिन इनके फोटोस्टेट तक हुए और 'हंस' का आम जनता के बीच प्रचार हुआ। पहले तो बुद्धिजीवियों के बीच तक ही था, लेकिन बनारस में तो सब्जी बेचनेवाले, खोमचा लगानेवाले और ठेला लगानेवाले लोगों ने भी इसकी फोटोस्टेट कॉपी रखी। जो पढ़ना नहीं जानते थे, वे दूसरे से पढ़वाकर सुनते थे।

तुम्हारी उन रचनाओं को संस्मरण कहा जाए या तुम कथा-रिपोर्ताज के रूप में इन्हें देखते हो?

दरअसल, यह बहस मेरी राजेन्द्र यादव के साथ भी हुई थी। मैंने कहानी के रूप में ही इन्हें भेजा था, लेकिन राजेन्द्र यादव इससे सहमत नहीं थे। उन्होंने कहा कि देखो 'देख तमाशा लकड़ी का' संस्मरण है। इस पर मेरी राय यह थी कि संस्मरण व्यक्तियों के होते हैं, स्थान के नहीं। अस्सी एक जगह है। पप्पू की दुकान एक जगह है। ये केवल उसका संस्मरण नहीं है तो राजेन्द्र यादव ने कहा कि फिर इसे रिपोर्ताज कहा जा सकता है। हमने कहा रिपोर्ताज में डिटेल्स होते हैं, विवरण होते हैं, खास तौर से यात्रा के। तो...रिपोर्ताज तो इन्हें नहीं कहा जा सकता। आप चाहें तो इन्हें कथा-रिपोर्ताज कहिए। 'सन्तों घर में झगरा भारी' के पहले मैंने एक टिप्पणी दी थी कि जो इसे संस्मरण माने वो चूतिया। उसे मारो जूते सौ और गिनो एक तब तो भाई चमत्कार, नहीं तो नमस्कार।

ऐसी टिप्पणी के बाद पत्थरबाजी नहीं होगी तो और क्या होगा? गनीमत है कि तुम पिटे नहीं। ठीक है कि तुम्हारी रचनाओं का विरोध हुआ, लेकिन उसने तुम्हें खासा चर्चित लेखक भी बनाया। यूँ मैं मानता हूँ कि तुम हिन्दी के सर्वाधिक प्रसिद्ध लेखकों में से एक हो। कुछ व्यक्तियों के अलावा दक्षिणपंथी समूहों, महन्तों आदि के द्वारा भी विरोध हुआ होगा जो ऐसे लोग हैं जिनकी संस्कृति के विषय में एक ठस्स किस्म की धारणा होती है। पत्थरबाजी तो उन्होंने भी की होगी जो चाहते हैं कि समाज की स्थिति में कोई परिवर्तन न हो और पारम्परिक रूढ़ियों में बदलाव न हो। अब मैं चाहता हूँ कि तुम्हारे उपन्यासों पर कुछ चर्चा की जाए।

लेकिन यह तो जान लो कि मैंने 'हंस' में लिखना क्यों छोड़ा?

हाँ-हाँ। जरूर बतलाओ। यह तो दिलचस्प होगा।

2003 के बाद हम लोग मिलते जरूर थे, लेकिन स्थिति पहले जैसी नहीं रह गई थी। स्त्री और दलित विमर्श जैसे विषय 'हंस' में सर्वाधिक महत्त्व पा रहे थे। राजेन्द्र यादव ने मुझसे पूछा कि तुम 'हंस' में क्या दे रहे हो? मैंने कहा––देखिए, न तो मैं स्त्री हूँ और न दलित हूँ। अत: इन पर ईमानदार विमर्श नहीं कर पाऊँगा। मैंने कहा कि 'हंस' से हमारा रिश्ता वहीं तक था जहाँ तक मैं लेखक था। अब हम लोग मिलेंगे तो ढेर सारे मामलों में बातचीत जरूर करेंगे। उनका मुझ पर विश्वास जम गया था, इसलिए कभी-कभी मुझसे पूछ लिया करते थे कि 'हंस' में जो कुछ चल रहा है, वह ठीक है या नहीं?

तुम्हारे उपन्यास लेखन में यह स्पष्ट दिखलाई देता है कि पहली रचना 'अपना मोर्चा' के बाद एक लम्बा गैप है। वैसे तो 'अपना मोर्चा' को भी पर्याप्त ख्याति मिली है। जापानी में उसका अनुवाद भी हुआ। जहाँ तक तुम्हारी रचनाधर्मिता का प्रश्न है, मुझे लगता है कि 'काशी का अस्सी' उसका शिखर है। इस बीच के गैप का क्या कारण है? साथ ही यह भी जिज्ञासा है कि 'अपना मोर्चा' की मन:स्थिति या कहिए कि उसके एप्रोच और 'काशी का अस्सी' के एप्रोच में खासी भिन्नता है। क्या वजह है इसकी?

ऐसा है कि उपन्यास मैं किसी-न-किसी विचारधारा से प्रतिबद्ध होकर लिख सकता था, पर मुझे लग रहा था कि उससे संचालित होकर उसके बहुत बनावटी होने की सम्भावनाएँ भी थीं। उस दौर में मार्क्सवादी आलोचक जिन कहानियों की तारीफ तो किया करते थे, लेकिन वे कहानियाँ आज तक टिकी हुई नहीं हैं। हालाँकि उनकी आलोचना सुधीश पचौरी तथा अन्य जनवादी लेखकों ने की। उसी तरह अन्य लोगों

को भी वे रचनाएँ पसन्द आईं। 'सदी का सबसे बड़ा आदमी' संग्रह 1984 या 86 में आया था। मुझे लगा कि जिन्दगी बीते 25-26 साल हो गए और मैं एक ही स्थान पर लेफ्ट-राइट कर रहा हूँ। सामान्य पाठक रचनाओं से गहरा तादात्म्य स्थापित नहीं कर पा रहा है। मैं चाहकर भी अपनी सीमाओं को तोड़ नहीं पा रहा था। मुझे लगता था कि हर कहानी के साथ ही खुद मैं कुछ छूट रहा हूँ। काशीनाथ सिंह जो एक जीवित जिन्दादिल और मस्त आदमी हैं। जिसे लोग उसी रूप में पसन्द करते हैं, वह काशीनाथ सिंह पीछे छूट रहा है। संस्मरणों से थोड़ी-सी झुरझुरी जरूर हुई थी, जिसमें मैं अपने को पाता था।

लेकिन काशीनाथ तुम विधाओं की सीमाओं को तोड़कर तो आए थे।

हाँ, संस्मरणों में मुझे लगा था कि इन सीमा रेखाओं को तोड़ा जा सकता है। व्यक्तियों के बजाय स्थानों पर भी लिखा जा सकता है। याद करो, वह समय बड़ा ही क्रिटिकल था। ग्लोबलाइजेशन, उदारीकरण, निजीकरण, आरक्षण, बाबरी मस्जिद विध्वंस का वह समय था।

हाँ, इसके साथ ही साम्प्रदायिकता का आगमन था, या कहें कि उसकी फिर से वापसी हुई थी।

ये सारी चीजें शुरू हुई थीं। 'काशी का अस्सी' लिखने में लगभग दस वर्षों का समय लगा यानी उसमें जितने एपिसोड लिखे गए...हाँ, मैं एपिसोड बोलता हूँ। मेरा खयाल है 2001 तक उसे लिखा गया। उसी में 'कौन ठगवा नगरिया लूटल हो' भी लिखा गया, उसी पीरियड में 'सन्तों, असन्तों और घोंघा बसन्तों का अस्सी', यह सब लिखा गया उन्हीं दस साल के बीच। शुरू में मुझे नहीं लगता था कि यह उपन्यास है, लेकिन जब लिखना शुरू किया तो लगा कि जगह वही है, जमीन वही है, पात्र वही हैं तो यह उपन्यास क्यों नहीं हो सकता?

यानी उपन्यास विधा का जो मान्य स्वरूप है, वह समझिए कि उस विधा का जो एक घेरा है, उसके सम्बन्ध में तुम्हारे मन में संशय था यह कि इस रचना को उपन्यास तुम कहो या न कहो।

हाँ, मेरे भीतर था संशय कि उपन्यास है या नहीं? यही चौकी है जहाँ नामवर जी वज्रासन पर बैठे थे। मैंने उनसे बात की। पूछा कि इसे कथा-रिपोर्ताज कहा जाए या संस्मरण या उपन्यास कहा जाए, मुझे समझ नहीं आ रहा है। एक मिनट के लिए वे सोचते हुए चुपचाप बैठे रहे, फिर उन्होंने कहा कि इसे उपन्यास कहा जा सकता है। एक मान्य आलोचक द्वारा जब पुष्टि हुई तो मेरा विश्वास दृढ़ हुआ कि यह उपन्यास ही है।

यह अपने-आपमें अद्भुत कोलाज के रूप में उपन्यास तो है।

इसे लिखने के दौरान मैंने बहुत कुछ सीखा, रमाकान्त। एक तो यह कि जो हम लिखते हैं, वह भाषा दृश्य होनी चाहिए। ऐसा न हो कि सिर्फ पढ़ी जाए और आँखों तक ही रह जाए बल्कि वह भाषा अगर मैं पढ़ूँ तो सीधे-सीधे दृश्य की तरह सामने दिखाई दे।

भाषा को लेकर तुम्हें उसमें सफाई देने की क्यों जरूरत पड़ी? तुमने लिखा कि अस्सी की भाषा बच्चों, बूढ़ों, बहुओं-बेटियों के लिए नहीं है या वह भाषा ननद-भौजाई की शैली की है। क्या तुम्हें ऐसा लग रहा था कि यह भाषा स्वीकार करने में पाठकों को हिचक होगी?

एक हिचकिचाहट तो राजेन्द्र यादव में भी थी। उन्होंने हमसे कुछ जोड़ने-घटाने के लिए नहीं कहा। यह जरूर कहा कि इसका जो परिणाम होगा, उसे झेलने के लिए तुम भी तैयार तो हो? मैंने कहा कि हाँ, तैयार हूँ। उन्होंने यह भी कहा कि इसके साथ अगर एक नोट दे देते तो अच्छा था। तब मैंने ही वह नोट दे दिया—उन लोगों के लिए नहीं जो नाक-भौं बहुत सिकोड़ते हैं ऐसे शब्दों या दृश्यों को देखकर।

काशीनाथ सिंह, मुझे लगता है तुम्हारी कुछ ऐसी आदत ही है। बुन्देलखंडी में एक शब्द है खुआ लेना यानी जबरदस्ती किसी को चिकोटी काट लेना कि वह झुँझलाए, झल्लाए और गाली भी बके। तुम्हारे खिलंदड़पन में कभी-कभी वो चीज आती है, जिसके विषय में कहा जाता है कि कुछ लोगों को गालियाँ खाने में मजा आता है। यह सब चर्चित होने के लिए तो नहीं? यह बताओ कि 'काशी का अस्सी' में कई चरित्र हैं जिनमें डॉ. गया सिंह काफी दिलचस्प हैं, लेकिन गया सिंह के बाप को मुर्गा बनाने की क्या जरूरत थी? और उस दृश्य की भी जहाँ डॉ. शिवप्रसाद ढूह पर खड़े हैं और नीचे साँड़ ढूह पर टक्कर मार रहा है। क्या इसके बिना काम नहीं चलता? गया सिंह भर काफी नहीं थे?

दरअसल देखो रमाकान्त, लिखते समय तो भाई लेखक के दिमाग में ऐसी बहुत-सी चीजें क्लिक करती हैं। चर्चित होने के लिए यह बिलकुल नहीं है।

हाँ, चलो ठीक है, लेकिन...

इसकी तरफ मैं संकेत करना चाहता हूँ। आज से पच्चीस-तीस साल पहले सम्बलपुर से मेरा नाती आया हुआ था। मैं विश्वविद्यालय में रहता था अरविन्द कॉलोनी में। तुम जानते ही हो ये बनारस है, खूब धर्म-कर्म होता है। पितृपक्ष में खाना बनाकर पत्तल में परोसकर उसे बाहर रखा जाता है। हमारी श्रीमती जी ने देखा कि ऐसा

होता है तो हम भी कर डालें। अभी-अभी तो पिताजी गुजरे हैं तो उन्होंने खाना-वाना बनाया। घर के सामने जामुन का पेड़ था और आगे एक शरीफे का पेड़ था। उन्होंने पत्तल शरीफे के पेड़ के पास रख दिया। हमारा नाती यह सारा दृश्य देख रहा था और उसने पूछा कि नानी खाना किसके लिए रख रही हैं। मैंने बताया कि पिताजी के लिए रखा जा रहा है। थोड़ी ही देर में एक कौआ आया और उसने खाने पर चोंच मारी तो नाती ने मुझे देखा और मुझसे पूछा, "नाना, क्या आपके पिता कौआ थे?" तो इस तरह मुझे क्लिक हुआ कि मुर्गा खरीदकर जब गया सिंह ले गए तो मुर्गा भी तो पिताजी हो सकता है।

ठीक है, मान लिया, लेकिन साथ में यह भी टोंचा तुमने मारा कि वे दीवार फाँदकर भी उस पार जाया करते थे।

हाँ भाई, ऐसा लिखा तो है।

तुम्हारे उपन्यास में बहुत-से कैरेक्टर्स हैं, जिनकी तुमने ऐसी की तैसी की है। उन्होंने उसे न केवल बर्दाश्त किया बल्कि तुमसे दोस्ती बरकरार रखी है। तुम्हारे प्रति उनका अनुराग भी है।

हाँ, यह तो है। वे आदर देते हैं।

यह सम्भवत: काशी जैसे शहर में ही हो सकता है, जहाँ ऐसी मस्ती है जो बर्दाश्त करने की ताकत देती है।

एकदम सही बोलते हो क्योंकि इतना ही नहीं हुआ बल्कि उस रात गया सिंह जब पप्पू की दुकान पर पहुँचे तो लोगों ने कहा, मुर्गा के बेटे आए हैं। और कुछ लोग तो उस समय उन्हें मुर्गा सिंह ही कहते थे।

तुम्हारा उपन्यास 'रेहन पर रग्घू' साहित्य अकादेमी से पुरस्कृत हुआ है, हालाँकि 'काशी का अस्सी' तुम्हारी सर्वश्रेष्ठ रचना है। उसे मैं तुम्हारे लेखन का शिखर मानता हूँ। 'रेहन पर रग्घू' उपन्यास में एक व्यक्ति के विस्थापित होने की गाथा है जो हमारे देश का एक बड़ा भारी सच है। शहरीकरण और जीने की नई शैली ने उम्रदराज लोगों को अपने ही शहर में विस्थापित कर दिया है। इस उपन्यास को पढ़ते समय मुझे एक-दो प्रसंग ऐसे लगे जो इस पूरी कथा में घुल नहीं पाते हैं। मसलन, सरला और मीनू का प्रसंग...विशेष रूप से मीनू का। सरला के प्रसंग को तो यह माना जा सकता है कि यह रग्घू के बिखरते हुए परिवार का ही एक अंश है, पर मीनू का प्रसंग...इसे मैंने तुम्हारे उपन्यास की समीक्षा करते हुए भी गैरजरूरी माना है। जहाँ तक रग्घू की कामेच्छा का

जो शैथिल्य है, वह तो जीवन का एक बड़ा सत्य है इसलिए वह मुझे जरा भी अटपटा नहीं लगा, बल्कि उससे पूरे कथा प्रसंग को एक पूर्णता भी मिलती है। क्या कहते हो इस बारे में?

देखो भाई, उपन्यास का आयतन ऐसा होता है जिसमें फैलाव की पूरी गुंजाइश होती है। वह मुझे डबल बेड की तरह लगता है जिस पर टाँगें फैलाकर बैठिए या सोइए। कहानी तो जैसे थ्री बाई सिक्स की चौकी है। अब ऐसा है यार, उपन्यास में चाहे जो डाल लो वह सब खप जाएगा।

यानी जैसा चाहो उत्पात करो...

हाँ, चाहे जो कुछ भी कहो, यह थ्री बाई सिक्स की चौकी की तरह नहीं है। यह उपन्यास है। आप चाहे जो कर लें, पूरी छूट होती है एक लेखक को। और आवश्यक नहीं कि सबको वह पसन्द भी आए। नहीं आता है तो कोई बात नहीं। इसे तुम लिखने की पर्याप्त छूट भी कह सकते हो।

थोड़ी-सी चर्चा तुम्हारे 'उपसंहार' उपन्यास पर भी। अब तक के तुम्हारे तमाम लेखन से बिलकुल भिन्न इसकी मुद्रा है। पहले तो मैं एक छोटा-सा उत्तर चाहता हूँ कि एकदम पौराणिक कथा पर जाने की तुम्हारी इच्छा कैसे हुई?

दरअसल, मुझे लगा कि राहुल सांकृत्यायन को छोड़कर पौराणिक कथाओं की तरफ कम ही लेखक गए हैं। प्रगतिशील और जनवादी लेखकों ने भी मिथकों और पुराणों की ओर कम यात्रा की है।

कुछ ने तो लिखा है और महत्त्वपूर्ण लिखा है।

हाँ, जरूर लिखा है। जहाँ तक मेरी रचना का प्रश्न है, लोगों को यह लगता रहा है कि यह तो यथार्थवादी रचना करता है। इसे अतीत, मिथक या पुराण से क्या मतलब? मुझे लगा कि यह जो धारणा बनी हुई थी, उसे मुझे तोड़ना चाहिए।

कृष्ण के मनुष्य रूप पर तुम्हारा जोर है, लेकिन इसके साथ ही उनमें दिव्य रूप का स्पर्श भी लगातार तुम करते हो। एक लेखक के रूप में कृष्ण के मनुज रूप और दिव्य रूप को एक साथ निभाने में एक लेखक के रूप में तुम्हें कोई दिक्कत हुई या केवल कुछ नया करने में तुम्हारी रुचि थी?

ऐसा है कि सम्पूर्ण कथा प्रसंग को विभिन्न स्रोतों से पढ़कर मैंने देखा। महाभारत के बाद युद्ध समाप्त होने पर पांडवों के शिविर में उनके बेटों के साथ या अन्य लोगों के साथ जो कुछ हुआ, वह कृष्ण को मालूम था, लेकिन वे कुछ कर नहीं सकते थे। युद्ध के बाद ही उनकी सारी शक्तियाँ धीरे-धीरे खत्म हो रही

थीं। वे द्वारका लौटे तो एक प्रसंग मेरे दिमाग में खटक रहा था। विभिन्न ग्रंथों को पढ़ने से यह तो ज्ञात होता है कि द्वारका से एक लाख यादव तो महाभारत के युद्ध में गए थे।

हाँ, कृष्ण की नारायणी सेना गई थी।

हाँ, वह सेना तो गई, लेकिन महाभारत के युद्ध में बचनेवाले केवल नौ लोग थे। इससे जाहिर है कि द्वारका से नारायणी सेना के जो सैनिक गए थे, उनमें लगभग हर घर से लोग मरे होंगे और जो मरे, उसकी क्या प्रतिक्रिया हुई होगी?

ऐसा कोई प्रसंग मेरी जानकारी में शायद कहीं मिलता नहीं है।

मुझे भी ऐसे किसी प्रसंग की जानकारी नहीं मिली। 'महाभारत' में युद्ध के बाद कुछ थोड़े-से श्लोक हैं, लेकिन युद्धोपरान्त कृष्ण का क्या हुआ? यह सवाल मेरे मन में था। गांधारी के शाप के बाद कृष्ण छत्तीस साल जीवित रहे। जैसा लिखा हुआ है कि या तो अस्सी साल जिए या एक सौ बीस साल। तो हम अस्सी साल मानकर चलें तो वे हमारी उम्र के रहे होंगे। मेरे लेखन के साथ अक्सर यह होता है कि कथ्य एक मोटे रूप में दिमाग में रहता है। लिखते समय बहुत-सी चीजें बनती-बिगड़ती रहती हैं, लेकिन धुँधले रूप में एक खाँचा बना रहता है। लेखन के दौरान वह बदलता जाता है, यह अलग बात है। तो समस्या ये थी कि कृष्ण को ईश्वर की तरह याद किया जाता है कि उन्होंने यह किया, वह किया। महाभारत में उन्होंने कई ईश्वरीय चमत्कार किए। तो मैंने यह समझा और यह कल्पना की कि उनके द्वारका लौटने पर एक-एक करके उनकी सारी शक्तियाँ लुप्त होती गईं। जैसे एक दृश्य उपन्यास में आता है कि जब वे समुद्र तट पर जाते हैं तो उन्हें लगता है कि समुद्र के ऊपर से उनके घोड़े चले जा रहे हैं। उनका दिव्य रथ भी चला गया और उसी शक्ल के उपकरण रह गए हैं जो शक्तिविहीन हैं। तो मुझे ऐश्वर्य रहित कृष्ण को इस तरह बतलाना था कि ईश्वर और कुछ नहीं, मनुष्य ही है।

उपन्यास पढ़ते हुए मैंने उस दृश्य को इस रूप में लिया कि देवत्व या ईश्वरत्व जिन पर आरोपित किया जाता है, उसका भी क्षय होता है। वह निरन्तर नहीं होता। कृष्ण को लेकर तुम्हारी रचना में एक ऐसी बात है जो मैंने अपने अध्ययन की सीमा में दूसरी जगह नहीं पढ़ी। तुमने उपन्यास में यह दिखलाया है कि कृष्ण जब अर्जुन के सारथी के रूप में युद्ध में जाते हैं तो वे मन-ही-मन सोचते हैं कि देखो, जिसे तुम लोग ग्वाला और चरवाहा कहते थे और अपने आपको क्षत्रिय और आर्य के रूप में घोषित कर मुझे नीचा दिखलाते थे, वही व्यक्ति आज इस युद्ध को अपनी उँगलियों पर नचा रहा है। क्या तुम यह कहना चाहते हो कि

महाभारत के युद्ध में कृष्ण की यह कुंठा भी शामिल थी?

कहीं-न-कहीं मेरे मन में यह था क्योंकि पूर्वज तो थे क्षत्रिय, पर देवकी का वंश ग्वालों का था। वे ग्वाले इसलिए हुए थे कि उनके पूर्वजों को शाप मिला था कि उनका क्षत्रियत्व नष्ट हो जाएगा। कहीं ऐसा पढ़ा था मैंने।

तुमने जो संकेत दिए हैं, क्या कहीं पर इसके सन्दर्भ मिलते हैं?

यह कहीं तो है क्योंकि उनके पूर्वज तो क्षत्रिय थे जो शापग्रस्त हुए। कृष्ण के पहले से यादव वंश चलना शुरू हुआ 'वृष्णि वंश' के नाम से।

हाँ, कृष्ण की कथाओं में यह तो आता है कि उन्हें उनके विरोधी 'चरवाहा' और 'ग्वाला' कहकर ही अपमानित किया करते थे।

तो इसी रूप में मुझे यह सही लगता था। उनमें इस बात की कुंठा तो हो सकती है।

काशी, अपने उपन्यास में तुमने कृष्ण की मृत्यु का वर्णन किया है। कृष्ण की सारी कथाओं में यह प्रसंग तो है कि कृष्ण 'जरा' नाम के व्याध के तीर से मारे गए थे। तुमने अपने उपन्यास में यह जाहिर किया है कि जरा कृष्ण का भाई था। तुमने यह माना कि वह वसुदेव का पुत्र था। क्या किसी पौराणिक कथा में यह प्रसंग है?

'श्रीहरिवंश पुराण' में वसुदेव की चार पत्नियों का जिक्र है। एक से कृष्ण हुए, दूसरे से बलराम हुए। शेष दो पत्नियाँ और थीं, जिनमें से एक आदिवासी थी और उस आदिवासी का बेटा था 'जरा'। ये बातें तो प्राचीन कथाओं में हैं। मैंने उसे इस तरह जोड़ा कि गांधारी ने कृष्ण को शाप दिया था कि जिस तरह पांडव एक ही वंश के हैं और आपस में लड़कर मरे, उसी तरह यादव वंश का नाश भी परस्पर लड़कर हो जाएगा। यादव वंश आपसी विवाद में लड़कर पूरा नष्ट हुआ। बच गए थे कृष्ण। 'जरा' नाम के बहेलिए ने कृष्ण को मारा था। मेरी समस्या यह थी कि 'जरा' कौन था? मुझे यह पढ़ने में मिला कि उग्रसेन, वसुदेव, देवकी इत्यादि सभी द्वारका में बसे, जहाँ आसपास के जंगलों में वे शिकार करने जाया करते थे। वसुदेव की शेष दो पत्नियों में इन्हीं में से एक आदिवासी रही होगी। हो सकता है कि शिकार इत्यादि के लिए वसुदेव जंगल गए होंगे और किसी आदिवासी कन्या पर मोहित हुए होंगे। 'जरा' उसी का पुत्र रहा होगा। जब शाप के कारण सारे यादव एक-दूसरे को मारकर खत्म हुए तो कृष्ण को भी किसी सम्बन्धी ने ही मारा होगा? इस सोच के अनुसार मैंने 'जरा' को कृष्ण का भाई माना। यह अर्थ हुआ कि यादव कृष्ण को यदुवंशी ने ही मारा। 'मूसल पर्व' में यह दिखलाया गया है कि आपस में लड़ने के दौरान यादवगण लड़ने के लिए सरपत उखाड़ते हैं और उखाड़ने के बाद

सरपत मूसल बन जाता है। उसी तरह 'जरा' ने जब बाण चढ़ाया होगा तो उसने सोचा होगा कि बाण सामान्य है, किन्तु वह मूसल की तरह ही घातक हो गया। तो इस तरह मैंने कल्पना की कि कृष्ण को मारनेवाला भी यादव ही था।

यानी तुम यह मानते हो कि तुम्हारी इस कल्पना के पीछे एक तर्क जरूर है।

हाँ, मैं तो ऐसा मानता हूँ।

मेरे मन में एक प्रश्न और भी है। देखो, कृष्ण के जीवन के उत्तर पक्ष में तुमने जो उनके देवत्व के क्षीण होने की कथा कही है, वहाँ तक तो ठीक है, लेकिन कृष्ण एक महाकाव्य के नायक के रूप में शास्त्रीय ग्रंथों में ही नहीं, लोक की गाथाओं में भी स्वीकृत हैं। वह रूप बहुत ही मोहक है और उसके आसपास संगीत, चित्रकला, नाटक, नृत्य की असंख्य रचनाएँ देश में प्रचलित हैं। इस तरह वे लोकनायक भी हैं। देवत्व क्षीण होने के बावजूद कृष्ण की इमेज मन में एक वीर, बलिष्ठ और सुन्दर नायक के रूप में उभरती है। यह इमेज कम-से-कम मेरे मन में तो उभरती है। कृष्ण का काव्य रूप मनुष्यत्व और देवत्व के बीच होते हुए भी मोहक है। उपन्यास में जब तुम लिखते हो कि कृष्ण की दाढ़ी बढ़ गई है और खिचड़ी हो गई है। सिर थोड़ा गंजा होने लगा है तो अटपटा-सा लगता है। तुमने ऐसा लिखना जरूरी क्यों समझा? कृष्ण के आकर्षक रूप में भी उनके अन्त को तुमने क्यों नहीं स्वीकारा?

कृष्ण की अस्सी साल की उम्र की कल्पना मैंने की है। उनके केश घुँघराले और खूबसूरत थे और वे अपने बालों की चिन्ता भी करते थे। पर मुझे बताना था कि कृष्ण जो सूरदास की रचनाओं में हैं या अन्य काव्यों के नायक के रूप में हैं, वे अस्सी वर्ष की उम्र में वैसे ही नहीं रहे होंगे। मुझे बताना था कि वे बूढ़े हो गए थे। उनके चेहरे पर झुर्री दिखाने की छवि उनकी बनी हुई इमेज से मेल नहीं खाती। वे छड़ी लेकर चल रहे हैं या उनके घुटने में दर्द हो रहा है। अत: चलने में तकलीफ हो रही है, यह तो मैं चित्रित नहीं कर सकता था। उनकी उम्र बताने के लिए कहीं-न-कहीं तो एक रास्ता मुझे निकालना था। अत: मैंने कृष्ण का उस तरह का रूप चित्रित किया। वे अपने बालों से बहुत प्यार करते थे और बाल ही बीच से कुछ गंजे हो गए। यह उस उम्र में होता है। हमारी और तुम्हारी तरह। तो मैंने उस तरह का रूप दर्शाया।

तुम्हारे उपन्यासों के शिल्प के विषय में एक नयापन भी मैंने देखा। तुमने कृष्ण के दैवी रूप और उनके मानवीय रूप को चित्रित करने के लिए दो अलग टाइप का इस्तेमाल किया है। अन्य उपन्यासों में भी मैंने देखा 'रेहन पर रग्घू'

उपन्यास और उसके बाद भी छोटी-बड़ी पंक्तियों में मुक्त छन्द की कविता की तरह तुमने कुछ प्रसंगों को रचा जैसे मुक्त छन्द की कविता हो। यों तो अब कविता में भी सीधे-सीधे गद्य की तरह लेखन किया जा रहा है, लेकिन मुक्त छन्द की कविता की तरह पंक्तियों को लिखने का तुम्हारा अभिप्राय क्या है?

मैं समझ नहीं पाया कि तुम्हारा प्रश्न क्या है?

मेरा मतलब यह है कि तुम्हारे परवर्ती उपन्यासों में छोटी-बड़ी पंक्तियाँ कई स्थानों पर मुक्त छन्द की कविता की तरह रची गई हैं। यह शैली मैंने 'रेहन पर रग्घू' और उसके बाद की रचनाओं में देखी। इसकी कोई खास वजह?

वजह यह है कि गद्य तो विस्तार माँगता है, लेकिन जहाँ केवल सूचनाएँ देनी हैं तो कम-से-कम शब्दों का इस्तेमाल करने के लिए मैंने यह काव्यात्मक रूप चुना ताकि कम शब्दों में ज्यादा-से-ज्यादा कह सकूँ, जैसे द्वारका का वर्णन काफी विस्तार माँगता है। मैंने उसे काव्यात्मक रूप देकर संक्षिप्त किया।

अन्य एक विषय 'पुरस्कार वापसी' का। पुरस्कार वापस करनेवालों में तुम भी शामिल थे, लेकिन नामवर जी यह मानते हैं कि इसकी जरूरत नहीं थी। तुम पुरस्कार वापसी के पक्ष में थे और नामवर जी से असहमत थे।

हाँ, यदि सहमत होते तो हम वापस न करते। हालाँकि पुरस्कार वापसी के साथ मेरी एक समस्या जुड़ी हुई है। मैंने एक लाख का चेक वापस कर दिया था जो अस्वीकृत होकर लौट आया फिर से मेरे पास। उन्होंने उसे स्वीकृत नहीं किया। प्रतीक चिह्न की बात थी तो मैंने सोचा था कि जब दिल्ली जाऊँगा, प्रतीक चिह्न भी दे आऊँगा। चेक नहीं लिया, लेकिन इसे तो दे ही दूँगा, लेकिन एक पारिवारिक संकट के कारण वह नहीं हो सका। मैं दिल्ली गया जरूर, लेकिन मेरी बेटी कैंसरग्रस्त होकर उस समय राजीव गांधी कैंसर इंस्टीट्यूट में थी। मैं साल भर बेहद परेशान रहा। उसी वजह से प्रतीक चिह्न भी मेरे घर में ही पड़ा रह गया। उत्तर प्रदेश और बिहार से मैं ही था, जिसने पुरस्कार वापस किया। इसमें सन्देह नहीं कि लोगों को वैचारिक मतभेद के कारण मारा जा रहा था। संस्थाओं पर संकट था।

ठीक है। मैं समझता हूँ कि पुरस्कार वापस करनेवाले लेखकों ने ठीक किया। यहाँ भोपाल से राजेश जोशी ने भी यह कदम उठाया।

दूसरी भाषाओं के लेखकों ने पुरस्कार वापस करने का कदम उठाया, उसका परिणाम भी बिहार के चुनाव में दिखलाई दिया।

हाँ, मुझे भी लगता है कि ऐसा हुआ। मानता हूँ कि लेखकों द्वारा यह बहुत सार्थक कदम था। आज हम देख रहे हैं कि अभिव्यक्ति का खतरा वास्तविक है। दाभोलकर, कलबुर्गी, गौरी लंकेश का मारा जाना इसे सिद्ध करता है। सरकार और बुद्धिजीवियों के बीच एक तनाव है। मेरा खयाल है कि तुम्हारे प्रदेश में भी होगा।

हाँ, बिलकुल है। इसमें शक नहीं है।

एक अन्य प्रसंग पर भी बात करें? हम यह देख रहे हैं कि लेखक संगठन बिखर रहे हैं। जनवादी लेखक संघ और प्रगतिशील लेखक संघ पहले की अपेक्षा आज कमजोर पड़ गए हैं।

हाँ, स्थिति ठीक नहीं है। हालाँकि आयोजन हो रहे हैं, लेकिन इनकी सक्रियता को कोई गम्भीरता से नहीं ले रहा है। वे स्वयं जरूर गम्भीर हैं।

क्या वे उसी गम्भीरता से ले रहे हैं, जिस गम्भीरता से आज से बीस-तीस वर्ष पहले लेते थे?

नहीं, वह गम्भीरता अभी नहीं है। तुमसे मेरा परिचय हुआ था जबलपुर में 1980 में, जिसमें पाँच सौ या इतने ही लेखक आमंत्रित किए गए थे। विभिन्न भारतीय भाषाओं के लेखकों ने शिरकत की थी और एक नया जोश इस तरह था जैसे प्रगतिशील लेखक संघ पूरे जोश से उठ खड़ा हुआ है। भीष्म जी थे, कैफी थे, ए.के. हंगल थे और भी कई लोग। तुम लोगों ने कस्बों-कस्बों में पहुँचकर आयोजन किए। मध्य प्रदेश और छत्तीसगढ़ में सक्रियता थी, लेकिन बाद में स्थिति बदली। कमला प्रसाद के महासचिव होने के बाद से गिरावट आनी शुरू हुई। बावजूद इसके सक्रियता थी। आज तो आयोजन जरूर होते हैं, लेकिन आयोजन ही संगठनों की सफलता नहीं है। मैं मध्य प्रदेश और छत्तीसगढ़ के विषय में कह सकता हूँ कि वहाँ दूरदराज के क्षेत्रों तक नाटक खेले जाते थे, लेखकों और आम आदमियों के बीच संवाद होते थे। अब वैसा नहीं दिखता।

मुझे भी लगता है कि साहित्य जगत् में यह एक दुखद प्रसंग है। मेरे मन में भी बहुत पीड़ा है इस बात को लेकर कि ऐसा क्यों हो रहा है? मौजूदा राजनीति तो बुद्धिजीवियों और लेखकों के खिलाफ है। हालाँकि लेखक अभी भी प्रतिरोध में खड़े हुए हैं। कहीं-कहीं चालाक चुप्पी भी दिखलाई पड़ती है।

देखो, एक बात को ध्यान में रखो कि लेखक लाख प्रतिरोध करता है, रचनाएँ लिखता है, आलोचना और सम्पादकीय में अपने विचार रखता है, कविता, कहानी लिखकर प्रतिरोध कर रहा है। इसमें कोई दो राय नहीं है, लेकिन सोचने

की बात यह है कि लेखकों को सत्ता क्यों गम्भीरता से नहीं ले रही है? सत्ता की नजर केवल दो बातों पर है, जनसमूह या जनता और मीडिया से है। मीडिया को उसने अपने हाथ में रखा है और उस पर पूरा कंट्रोल रखा है। मीडिया सरकार के स्वर में स्वर मिला रहा है। रवीश कुमार जैसे कम ही हैं जो खुला बोलते रहे हैं।

मीडिया तो पूरी बेशर्मी के साथ बिके हुए मीडिया की तरह कार्यरत है।

सत्ता की नजर क्या लेखकों की तरफ है? मुझे दो कारण दिखलाई देते हैं। एक तो अपढ़ों की सरकार है। आप क्या लिखते हैं, इससे उनको कोई मतलब नहीं है।

लेकिन फिर सत्ता लेखकों और रचनात्मकता के विरुद्ध क्यों सक्रिय है?

एक तो अपढ़ों की सरकार है और दूसरी बात यह कि उसे लगता है कि रचनाकारों की जनता पर, जो जनता उन्हें वोट देती है उस पर कोई पकड़ नहीं है—इनसे ख्वाहमख्वाह क्यों उलझें? बाकी यह सच है कि पत्रकार लगातार मारे जा रहे हैं। यह बात याद आती है कि अपने सम्पादकीय में राजेन्द्र यादव लगातार सत्ता से टकराते थे। वे सत्ता के खिलाफ थे और निडर इसलिए थे क्योंकि 'हंस' के उस समय पाठक थे। आज भी 'हंस' का सम्पादकीय लिखा जा रहा है, सत्ता की ओर से कोई नहीं पूछ रहा कि आपने ऐसा क्यों लिखा? मेरा खयाल है कि जिस समय उन्हें लगेगा कि लेखकों की पैठ जनता के बीच है, जिसके लिए वे लिखने का दावा करते हैं वह भी उनके साथ है, तब लेखक की बात का भी वजन होगा।

काशीनाथ, सवाल तो बहुत-से हैं, लेकिन एक सीमित समय में बातचीत कर रहे हैं। अत: मेरा अन्तिम प्रश्न यह है कि 'काशी का अस्सी' की एक कहानी पर 'मोहल्ला अस्सी' के नाम से फिल्म बनी। मुझे इस बात पर आश्चर्य होता है कि तुम्हारी रचना में जो पात्र है और फिल्म के लिए जो पात्र चुना गया, उसमें जमीन-आसमान का अन्तर है। ढाई किलो के मुक्के वाला सनी देओल और कहाँ तुम्हारी रचना का पात्र पंडित। इनमें कोई मेल नजर आता है?

मैं खुद भी यह सुनकर चौंका था कि सनी देओल को शास्त्री की भूमिका दी गई है। मेरे दिमाग में तो यह था कि शास्त्री के लिए ओम पुरी या नसीरुद्दीन शाह जैसा कोई एक्टर होना चाहिए था, लेकिन चन्द्रप्रकाश द्विवेदी ज़िन्होंने 'पिंजर' जैसी फिल्म बनाई थी, उनका अनुभव उनके साथ था। उन्होंने बतलाया कि फिल्म कलात्मक हो जरूर, लेकिन ऐसी हो जो व्यवसाय भी करे यानी कोई निर्माता पैसा लगाता है तो यह नहीं चाहता कि पैसा डूब जाए। लागत तो वह वसूल करना ही चाहता है। तो उनका कहना था कि हिन्दी भाषी बेल्ट में सनी देओल का अच्छा-खासा असर है। ढाई किलो मुक्के वाला आदमी जब अलग तरह का रोल करेगा

तो वह अच्छा हो या बुरा, उसे चाहनेवाले तो उसे देखेंगे ही। भोजपुरी इलाके की पसन्द रवि किशन को लिया था। डायरेक्टर में चीज और होती है। उन्होंने कहा कि मारधाड़ वाली भूमिका कराना उनके लिए बहुत आसान है। उन्हें ऐसा एक्टर चाहिए था जिसे वे गढ़ सकें, जिसके लिए वह अभिनेता जाना जाता है। उसे नये रूप में प्रस्तुत कर सकें। इन्हीं बातों को सोचकर चन्द्रप्रकाश द्विवेदी ने सनी देओल को चुना था। फिल्म को बने हुए आठ-नौ साल हो गए। इस बीच अपने ढंग की ऊँच-नीच हुई, लेकिन वह अब हर तरफ से क्लीयर होकर प्रदर्शित होने जा रही है। सोलह नवम्बर को वह रिलीज होने जा रही है। मेरे और चन्द्रप्रकाश द्विवेदी के लिए यह बहुत खुशी की बात है।

यह तो शुभ समाचार है। मुझे भी इस दिन का इन्तजार है। काशीनाथ, तुम्हारे साथ बातचीत करने में मजा आया तो जरूरी है कि मैं तुम्हें धन्यवाद दे ही दूँ।

मुझे भी इस रूप में अच्छा लगा कि यह दो समकालीन लेखकों के बीच एक खुला संवाद है।

['हंस', दिसम्बर, 2018]

मुहम्मद हारून रशीद खान ➡
⬅ काशीनाथ सिंह

बहुलता ही भारत की पहचान है

'काशी का अस्सी' आपकी सर्वोत्तम कृति है। पहली बार जब पढ़ा था तो गाली-गलौज के माहौल से घबरा गया था। मेरी दृष्टि में भी यह आपकी सर्वोत्तम कृति है। क्या आप इससे सहमत हैं?

(कुछ सोचते हुए) मैं और मेरे पाठक तो इससे सहमत हैं, साहित्यकार सहमत नहीं हैं। इसे मान्यता हिन्दी के पाठकों से नहीं मिली, इतर लोगों ने दी। यह ऐसे लोगों में लोकप्रिय है जो हिन्दी के नहीं भी हैं। यह उपन्यास सबसे ज्यादा बिका। आज भी ट्रेन में लोग मुझे घूरते हैं, किताब से मेरी फोटो मिलाते हैं। ऐसा हिन्दी के कम लेखकों के साथ हुआ है। फिर ऑटोग्राफ भी माँगते हैं।

'काशी का अस्सी' में आपके पात्रों के चित्रण तो अद्‌भुत हैं, खास तौर से भाई रामजी सिंह का चित्रण। आज के सन्दर्भ में मुंशी प्रेमचन्द के 'बड़े भाई साहब' की याद दिलाता है। नामवर जी को आपने लगभग छोड़-सा दिया है, ऐसा क्यों? क्या नामवर जी के विराट् साहित्यिक व्यक्तित्व से आप डर गए?

इस उपन्यास से नामवर जी का कोई सम्बन्ध ही नहीं है। ये उनके समय का अस्सी है भी नहीं। नामवर जी का जिक्र मेरे ही सन्दर्भ में है। नामवर जी से कभी घबराया नहीं, मैं उन्हीं का निर्माण हूँ। उन्होंने मुझे पढ़ाया-लिखाया, मुझे बनाया। कहानी लिखने की तमीज उन्हीं से सीखी। जो आदमी इतना प्यार करता है, उससे क्यों घबराऊँ?

आपने गिरिजेश राय भा.क.पा., नारायण मिश्र भा.ज.पा., अम्बिका सिंह कभी कांग्रेस कभी जद में, तीनों की मित्रता की बात खूबसूरत तरीके से उठाई है। इसके मायने यह कि मनुष्य के पास गहरी जिजीविषा है और ये तीनों

विभिन्न विचारधाराओं के होते हुए भी गहरे मित्र हैं। आखिर उनकी मित्रता का आधार क्या है?

उसे जिजीविषा मत कहिए। यह तो आज भी है। सभी पार्टियों के लोग वोट के लिए मंच पर एक-दूसरे का विरोध करते हैं। वहाँ तक तो विचारधारा, अगर है कोई, तो वह होती है, लेकिन व्यवहार में कहाँ दिखाई पड़ती है? तुम्हारे हित का मामला हो, सधता हो, तो हम नहीं बोले और हमारा हुआ तो तुम मत बोलो। नेताओं की यह आपसी समझ होती है। यह मौजूदा लोकतंत्र पर टिप्पणी है।

'काशी का अस्सी' में आपने गया सिंह की अद्भुत चर्चा की है। ये कौन हैं गया सिंह? बहादुर भी लगते हैं, मूर्ख भी, लेकिन विद्वत्ता की महती आकांक्षा लिये। जरा उनके बारे में सच-सच बताइए।

नहीं, ऐसा बिलकुल नहीं। याद रखें कि वे कथाकार के पात्र हैं। क्रिएशन हैं, यथार्थ नहीं। वे हरिश्चन्द्र महाविद्यालय में विभाग के अध्यक्ष रहे हैं, प्राचार्य रहे हैं। आज और उस समय भी तीन-चार महाविद्यालयों के संस्थापक और प्रबन्धक हैं। आदमी धारदार हैं। बोलते हैं तो धाराप्रवाह। किसी की सुनते नहीं। दूसरों की मदद करने को हमेशा तैयार। ऐसा आदमी मूर्ख कैसे कहा जा सकता है? हाँ, यह सच है कि वे मुझसे नाराज थे। मेरे ऊपर एक-दो बार मुकदमा किया था। लगभग बीस-पच्चीस साल नाराज ही रहे। गालियाँ भी देते थे, लेकिन इज्जत भी करते थे। मेरे सामने पड़ने से बचते थे। उनकी नाराजगी में घी का काम किया 'देख तमाशा लकड़ी का' और 'सन्तों घर में झगरा भारी' के प्रकाशन ने, लेकिन इस पर वे ही नहीं, सभी पात्र नाराज हुए थे और गालियाँ देते थे। ये गालियाँ तब थमीं जब दूर-दूर से लोग या शोधार्थी पप्पू की दुकान देखने और पात्रों को ढूँढ़ते हुए आने लगे। उन्हें लगने लगा कि वे तो महत्त्वपूर्ण हो गए हैं।

'काशी का अस्सी' सच है या उपन्यास?

देखिए, नामवर जी की टिप्पणी है, 'मैंने जो अस्सी देखा था, वह अस्सी दूसरा था, यह काशी की कल्पना का अस्सी है।' इसमें कल्पना तो दो-तीन बातों की है। एक तो जो अन्तिम परिच्छेद अस्सी कॉलोनी में कन्वर्ट होता है, वह फैंटेसी है। कथा कहने के लिए बिरहा, दंगल की शैली मैंने ली है, बातें हमारी हैं। ऐसे ही 'पाँड़े कौन कुमति तोहे लागी' में धर्मनाथ पांडेय वाला मामला है। मामला मुहल्ले में होने लगा था। इस पर नजर नहीं गई थी लोगों की, वह भी एक काल्पनिक कहानी की तरह है। पात्र जो संवाद बोलते हैं, वह आत्मा उनकी है। रंग और तेवर मेरा दिया हुआ है।

'पाँड़े कौन कुमति तोहे लागी' यह अध्याय आपका बहुत ही विशिष्ट लगता है। आप में चरित्र-चित्रण एवं विवरण की क्षमता है, लेकिन क्या यह घटना सचमुच घटी या आपके सृजन-लोक की है?

यह वर्तमान अस्सी की है, किसी व्यक्ति-विशेष की नहीं। यहाँ विदेशी आते हैं, किराये के मकान में रहते हैं। यह भी सच है कि जो दलित तबका है जैसे माँझी, मल्लाह उनके यहाँ रहने में उन्हें कोई दिक्कत नहीं थी। कपड़े धोना, खिलाना-पिलाना ये घटनाएँ घटने लगी थीं। यह ब्राह्मण लोग नहीं कर सकते थे। यह सन् 2000 में लिखा गया।

कवि और लेखक स्वप्नदर्शी होता है, लेकिन 'काशी का अस्सी' में ऐसा कोई आकर्षण नहीं दिखाई देता है। इसमें यथार्थ का वर्णन है। ऐसा क्यों?

यथार्थ लेखन का हिस्सा कभी नहीं हुआ। यथार्थ रचा जाता है। लेखक उसे लिखता है, रचता है, यथार्थ तो कच्चा माल है। वह हमारे किसी काम का नहीं। वह जो एक रचनात्मक शक्ल अख्तियार करता है, बड़ी बात वह है। उपन्यास में यथार्थ भी है, यथार्थ की कल्पना भी।

आपके प्रथम उपन्यास 'अपना मोर्चा' की यह एक अलग किस्म की परिणति तो नहीं है?

'अपना मोर्चा' तो लिखना शुरू किया था बहुत पहले ही, छपा भले देर में। 'काशी का अस्सी' की सारी रचना-प्रक्रिया इससे जुड़ी है कि जब व्यक्ति पर संस्मरण लिखा जा सकता है तो किसी स्थान या अंचल पर क्यों नहीं लिखा जा सकता? इसकी रचना 1990 से 2000 की है। तब तक छात्र आन्दोलन खत्म हो गए थे। 'अपना मोर्चा' की जमीन अलग है और 'काशी का अस्सी' की अलग।

'अपना मोर्चा' में बहुत हो-हल्ला है। आन्दोलन के तेवर हैं, लेकिन यहाँ शान्त चित्त होकर आपने दूसरों की गतिविधियों का लगभग उन्हीं की भाषा में खूबसूरत अंकन किया है। यह एक सीरियस डिपार्चर लगता है। ऐसा है कि नहीं, डॉ. साहब?

बिलकुल है डिपार्चर। एक-दूसरे से डिपार्चर मेरे उपन्यासों में है। मैं लेफ्ट-राइट नहीं करता हूँ कि एक ही जगह खड़ा रहूँ सारा जीवन। 1969 ई., 'अपना मोर्चा' का सम्बन्ध विद्यार्थी जीवन से है। यथार्थ बदलने के साथ-साथ मैंने रंग-रूप भी बहुत बदला है।

इसके बाद वाले उपन्यास बिलकुल भिन्न किस्म के हैं। यथार्थ की जगह रोमांस का दौर चल रहा है। मेरी समझ से होना उलटा चाहिए था। आदमी रोमांस से यथार्थ की तरफ लौटता है, लेकिन आपकी यात्रा आपके उम्र के अनुसार नहीं लगती। ऐसा क्यों?

ऐसा कोई नियम नहीं कि युवा युवा पर लिखे और बूढ़ा बूढ़े पर और महिला महिला पर। बहुत-से लेखक हैं, जिन्होंने बुढ़ापे में प्रेम पर बहुत अच्छा लिखा और शरच्चन्द्र-जैनेन्द्र ने महिलाओं पर। हाँ, यह जरूर है कि बुढ़ापे में बचपन और यौवन के दिन बहुत याद आते हैं।

आप महिलाओं के बारे में लिखने से क्यों डरते हैं?

महिलाओं से नहीं, मैं खुद से डरता हूँ। मुझे ऐसा लगता है कि उन पर या उनसे जुड़े विषय पर लिखने के लिए जैसी संवेदनशील ऐन्द्रिक और दूरगामी व्यंजक भाषा होनी चाहिए, वह मेरे पास नहीं है।

'काशी का अस्सी' और इसकी पृष्ठभूमि पर बनी फिल्म 'मोहल्ला अस्सी' भी विवादित रहो। इसका विरोध कितना सही है?

सही-गलत की बात मैं नहीं जानता लेकिन रिलीज नहीं हुई जबकि निर्देशक डॉ. चन्द्रप्रकाश द्विवेदी की यह महत्त्वाकांक्षी फिल्म थी। ढेर सारी उम्मीदें उन्होंने लगा रखी थीं इस फिल्म से। बड़ी लगन और प्यार से तैयार की थी इसे। इसे पहले सेंसर बोर्ड ने रिजेक्ट किया। कुछ दृश्यों और संवादों के कारण। वे आशा कर रहे थे, ट्रिब्यूनल कोर्ट से पास हो जाएगी। उसमें बतौर लेखक मैं भी गया था। उसमें पास नहीं हुई। फिर फिल्म गई हाईकोर्ट में। सारी आपत्तियाँ निरस्त करते हुए हाईकोर्ट ने 'ए' सर्टिफिकेट के साथ रिलीज करने का आदेश सेंसर बोर्ड को दिया। उम्मीद थी कि इसके बाद फिल्म रिलीज हो जाएगी, लेकिन अब तक नहीं हुई। सही वजह क्या है, मुझे नहीं पता। कुछ लोग कहते हैं कि इसकी वजह काशीनाथ सिंह का लेखक होना है। मैं क्या जवाब दूँ? मैंने तो उपन्यास लिखा, फिल्म तो बनाई नहीं।

'काशी का अस्सी' में पप्पू की दुकान पर ही मंडली जमती है, दुकान पर ही सारा वर्णन होता है। आपके पात्र बेधड़क गाली-गलौज करते हैं। आपने ठेठ बनारसी भाषा का प्रयोग किया है। क्या इससे बचा नहीं जा सकता था? अब काशी धार्मिक नगरी है, सांस्कृतिक नगरी नहीं है। डॉ. साहब आप क्या सोचते हैं?

ऐसी बात है, इसके पहले की सरकारों ने इतना दखल नहीं दिया था। यह सरकार पूरी तरह विज्ञापन पर खड़ी है। एक झूठ सौ बार बोलिए तो सच लगने लगता है।

यह फासिज्म का तरीका है। सरकार के खिलाफ हम सारे लोग हैं। अभिव्यक्ति की आजादी छीनी जा रही है। एक ही धर्म और वर्ण को माननेवाला देश कभी नहीं रहा। सरकार जानती है, वह गलत कर रही है, फिर भी कर रही है। जनता किस तरफ जाएगी? लोकतंत्र के छलावे में फासिज्म लाया जा रहा है। काशी को धार्मिक नगरी जबरदस्ती बनाया जा रहा है। बचने की कोशिश करता तो अस्सी न होता, बनारस न होता। मैंने कहा न, बुनियादी तौर पर काशी सांस्कृतिक नगरी ही है। अभी भी इसे धार्मिक नगरी प्रचारित किया जा रहा है। जहाँ घर-घर विद्वान हों संस्कृत के, भला वह धार्मिक नगरी कैसे हो सकती है? संस्कृत भी संस्कृति ही है, धर्म या धार्मिक नहीं। बाबा विश्वनाथ और गंगा की आरती ही संस्कृति नहीं है। संस्कृति में बहुत कुछ आता है—साहित्य, संगीत, नृत्य, स्थापत्य, सारी कलाएँ, रहन-सहन, खानपान, तीज-त्योहार और हिन्दुओं के सिवा दूसरे के धर्म भी।

जिन्ना की तस्वीर तो पहले से है। जिन्ना की तस्वीर को लेकर अब आपत्ति क्यों है?

यह जिन्ना की तस्वीर का मामला तब उठा था, जब कर्नाटक में चुनाव था वोटों के ध्रुवीकरण के लिए। जिस तरह से जिलों का नाम, सड़कों का नाम बदलना, इसके पीछे सरकार की कोई गुप्त योजना है। बहुमत इसे समझ रहा है। पाकिस्तान बना तो बना। जिन्ना गए तो गए। नए सिरे से आप जीवित करना चाहते हैं। ये राष्ट्रवाद, देश-प्रेम और हिन्दुत्व के नाम पर साम्प्रदायिकता को बढ़ावा दे रहे हैं। हिन्दुत्व वोट बैंक है इनका।

नामवर जी का उर्दू से खास लगाव रहा है। आपका उर्दू से लगाव कितना रहा?

नामवर जी उर्दू पढ़ चुके थे। उन्हें अपने गुरु उमर मौलवी बहुत याद आते हैं। जिस साल मैं मिडिल में गया था, उसी साल उर्दू खत्म कर दी गई। उर्दू की जगह अंग्रेजी आ गई। उर्दू पढ़ने का मौका ही नहीं मिला। उर्दू से मैं बेहद प्यार करता हूँ, मंटो को बहुत बड़ा लेखक मानता हूँ। इन्तिजार हुसैन से मुलाकात कर चुका हूँ। अहमद फराज को देखा-सुना है और गालिब को पढ़ा है। उर्दू के कई उपन्यास पढ़े। मेरा लगाव उर्दू से पाठक और पुस्तकों का है। मेरी एक कहानी है 'सदी का सबसे बड़ा आदमी'। अलीगढ़ की एक गोष्ठी काजी अब्दुल सत्तार की सदारत में हुई। शहरयार भी थे। शहरयार ने कहा, यह उर्दू की कहानी लगती है। उर्दू के तमाम नामचीन शायरों और अफसानानिगारों के अनुवाद हिन्दी में उपलब्ध हैं, चाहे यहाँ के हों या पाकिस्तान के।

'आधा गाँव' में गालियाँ हैं और गालियों के डर से ही राही मासूम रजा कभी गंगौली नहीं लौटे। गाली-गलौज के चलते ही उपन्यास जोधपुर में कोर्स से

हटा दिया गया। नामवर जी की नौकरी भी गई। 'आधा गाँव' और 'काशी का अस्सी' में आप क्या फर्क महसूस करते हैं?

फर्क यह है कि राही मेरे बुजुर्ग और बड़े लेखक हैं। उनका मैं आदर करता हूँ। दूसरी बात यह कि 'आधा गाँव' गाँव है, 'काशी का अस्सी' एक अर्बन इलाका है जहाँ शहर और गाँव, दोनों का मेल होता है। मेरे उपन्यास में एक नईम को छोड़कर कोई मुस्लिम कैरेक्टर नहीं है।

आपको साहित्य अकादेमी का पुरस्कार 'काशी का अस्सी' पर मिलना चाहिए था न कि 'रेहन पर रग्घू' पर। आपकी क्या राय है?

उनके मानक के अन्दर अनफिट था। जब तक मानक बदल न जाए, क्या कहा जाए? इसमें दो राय नहीं कि यह बड़ी खतरनाक चीज है। जो भाषा 'काशी का अस्सी' में है, वह भाषा 'रेहन पर रग्घू' में नहीं है, 'महुआचरित' में नहीं है।

आज बहुलतावादी संस्कृति खतरे में है। इसे आप बतौर लेखक एवं चिन्तक कैसे देखते हैं?

इस देश की विदेशों में जो प्रतिष्ठा है, हिन्दू राष्ट्र के रूप में नहीं है। बहुलतावाद इसकी प्रकृति में रहा है। आरम्भ में तो आक्रमणकारी लौट भी जाते थे और बस भी जाते थे। जहाँ तक मुगलों का सवाल है, बहुत-से लोग यहाँ रह गए और इसे ही अपना देश मान लिया। बहुत-से हिन्दुओं ने इस्लाम से प्रभावित होकर धर्म-परिवर्तन किया। जिस दिन बहुलतावाद खत्म हो जाएगा, भारत भारत नहीं रहेगा। बहुलता ही भारत की पहचान है। हमें जनता पर विश्वास है, वह इसे खत्म नहीं होने देगी। मोदी चाहे जितना प्रयास कर लें। हमारे गाँव के पास मुसलमानों का एक गाँव है। उनके साथ हम लोगों के हर तरह के सम्बन्ध थे, उठने-बैठने के। बस, बर्तन अलग-अलग थे।

ज्ञानरंजन ने बहुत कम कहानियाँ लिखी हैं। आपके अच्छे मित्र भी हैं। क्या एक उम्र के बाद लेखक चुक जाता है या लिखना बन्द कर देता है? आपको ज्ञानरंजन की कहानियाँ पसन्द हैं, मुझे तो उनकी कोई कहानी पसन्द नहीं है। पता नहीं कैसे नामवर जी ने उनकी कहानियों को उछाल दिया? सच-सच बताइएगा, डॉ. साहब।

देखो, एक समय था जब ज्ञानरंजन 1960 के प्रतिनिधि कहानीकार जाने जाते थे। ज्ञानरंजन ने 1970 से लिखना बन्द कर दिया। अब बस 'पहल' के सम्पादक हैं, कहानीकार नहीं। लेखक की ऐसी कोई उम्र नहीं होती। चाहे तो वह मरते दम

तक लिखता रहे। बहुत सारे लेखकों के आधे-अधूरे उपन्यास मरने के बाद छपे। एक समय ऐसा आता है कि लेखक चुक जाता है। हो सकता है, ज्ञानरंजन के सामने ऐसा संकट रहा हो। 1984 के बाद कहानियाँ मैंने भी लिखनी बन्द कर दीं। मैंने रास्ता बदल दिया, संस्मरण लिखने लगा। मेरी तीन संस्मरणों की पुस्तक हैं। संस्मरणों को नई शक्ल देने की जरूरत थी, मैंने दी। शिल्प भी बदला उसके साथ-साथ। यह होता है, हम लोग साथ-साथ चलना चाहते हैं। कोई रास्ते में रुक जाता है, चाहकर भी नहीं लिख पाता। हो सकता है, ज्ञानरंजन चाहकर भी नहीं लिख पाते हों।

आजकल क्या लिख रहे हैं?

बीमार हूँ, चाहकर भी कुछ नहीं लिख पा रहा हूँ।

डॉ. साहब, आपने मुझे मौका दिया, इसके लिए मैं आपका आभारी हूँ। बहुत दिनों से आपसे मिलने और बात करने की मेरी इच्छा थी। मैं दिल्ली में नामवर जी से तीन बार मिला और उन्होंने मुझे एक लम्बा इंटरव्यू दिया था और यह भी कहा था कि बनारस में मैं आपसे मिल लूँ। मुझे मिलने में देर हुई, लेकिन अन्ततः आपसे मुलाकात हुई।

['वीणा', फरवरी, 2019].

सर्वेश मिश्र ⟶
⟵ काशीनाथ सिंह

ग्लोबलाइजेशन एक आँधी की तरह है

आज जबकि अंग्रेजी का जोर बढ़ता जा रहा है, वर्तमान में हिन्दी को आप कहाँ पाते हैं?

हिन्दी दिनोंदिन महत्त्वपूर्ण भाषा होती जा रही है। 'ग्लोबलाइजेशन' जब शुरू हुआ था, कॉल सेंटर वगैरह बढ़ रहे थे और सारे समाचार चैनल अंग्रेजी में आ रहे थे तो लग रहा था कि हिन्दी को कोई पूछनेवाला न होगा, क्योंकि बच्चों के स्कूल में भी अधिकांश बच्चे व अभिभावक अंग्रेजी को महत्त्व देने लगे थे। बच्चे घर में भी अंग्रेजी बोलने लगे थे, लेकिन भाषा के प्रचार-प्रसार का सम्बन्ध बाजार से है। जैसे-जैसे भारत दुनिया की नजर में बाजार होता गया और उत्तर प्रदेश, बिहार, झारखंड, मध्य प्रदेश, छत्तीसगढ़ के लोग भारत ही नहीं, बल्कि विदेशों में बढ़ते गए, वैसे-वैसे हिन्दी भारत ही नहीं, बल्कि विदेशों में अपने लिए बाजार बनाने लगी। हिन्दी ने टेक्नोलॉजी में भी अपनी जगह बना ली। व्हाट्सएप, सोशल मीडिया आदि के मैसेज भी अंग्रेजी के बजाय हिन्दी में लिखे जाने लगे। वे चैनल जो पहले अंग्रेजी के थे, उन्होंने भी हिन्दी की आवश्यकता महसूस की। अखबार भी ज्यादा-से-ज्यादा आंचलिक होने लगे और हिन्दी में छपने लगे। यह महसूस किया जाने लगा और कॉरपोरेट ने भी महसूस किया कि भारत जैसे देश में सिर्फ अंग्रेजी से काम नहीं चलेगा। यहाँ तक कि जो संसद और न्यायालय अंग्रेजीभाषी थे, उनमें भी हिन्दी अपना वर्चस्व बनाने लगी। इसलिए मुझे नहीं लगता कि हिन्दी का भविष्य नहीं है। हम दिनोंदिन हिन्दी का विस्तार ही देख रहे हैं, क्योंकि अब विदेशों में कोई ऐसा विश्वविद्यालय नहीं है जिसमें हिन्दी न पढ़ाई जाती हो।

कॉन्वेंट स्कूलों की बढ़ती आबादी व सरकार की तरफ से हिन्दी माध्यमों के प्राथमिक विद्यालयों को अंग्रेजी माध्यम में करना कहाँ तक उचित है?

मेरी एक धारणा यह है कि जो शिष्टजनों की भाषा होती है, वह क्रमशः मृतप्राय होती जाती है। वह भाषा विकास करती है जो लोक में बोली जाती है। इसका मोटा

सिद्धान्त है कि लोक में व्यवहृत जो भाषा है, वह जीवन्त है। व्याकरण में निबद्ध भाषा प्रायः मृत है। तो जिस हिन्दी को पुस्तकों में कैद किया गया है, उसकी आयु बहुत लम्बी नहीं है। छात्र परीक्षा व प्रतियोगिता के लिए तैयारी करते हैं, लेकिन बोलते अपनी भाषा हैं, चाहे वह हिन्दी हो या भारतीय भाषा हो।

आपने अपने उपन्यासों व कहानियों में जो बदलते गाँव का चित्रण किया है, उस बदलाव को कहाँ पा रहे हैं इस समय?

मैंने जिन गाँवों का चित्रण किया है, वे लगभग 2010-11 तक के गाँव हैं जिन्हें मैंने जीयनपुर में देखा था। शहर में नहीं, बल्कि गाँव में एक-दूसरे के दु:ख-सुख में लोग भागीदार होते थे। दो भाई भी एक परिवार में रह लेते थे। उनकी पत्नियाँ, बच्चे व घर की औरतें रहती थीं। ऐसे में बताऊँ कि मैं पूर्वांचल के गाँवों को अपने गाँव से जोड़कर देखता हूँ कि और गाँवों में क्या होता होगा? मेरे ही गाँव में अब हर व्यक्ति का अलग-अलग परिवार है परन्तु अब वह परिवार भी नहीं रह गया है, क्योंकि उनके बेटे पढ़ या अपढ़ चाहे जैसे हों, गाँव से बाहर निकल गए हैं और सबने खेती अधिया पर दे रखी है। अब कोई खेत में काम करना नहीं चाहता। अपने खेत व जमीनें लोग बेच रहे हैं। उनकी जमीनें मझोले व छोटी जातियों के लोग खरीद रहे हैं। नहर या सड़क के किनारे छोटी दुकानें व गुमटियाँ बनाकर लोग सामान बेच रहे हैं। जिनके बच्चे बाहर हैं, और ज्यादातर लोगों के बाहर हैं, वे चाहे उत्तर प्रदेश के किसी शहर के हों या मध्य प्रदेश के, वो वहीं पर टूटी-फूटी कोठरी बनाकर अपने बच्चों के साथ गुजारा कर रहे हैं। गाँव में रहनेवाले उनके माँ-बाप जानते हैं कि अब उनके बच्चे वापस नहीं आनेवाले। जो थोड़े-बहुत किसानी कर रहे हैं, वे भी खून के आँसू रो रहे हैं, क्योंकि उनकी मेहनत की लागत पैदावार से नहीं आ रही है। इस तरह मैं गाँव के हालात बहुत चिन्ताजनक मानता हूँ।

'अपना मोर्चा' जैसा उपन्यास विश्वविद्यालय के पाठ्यक्रम से बाहर रखना कहाँ तक जायज है?

यह उपन्यास जब छपा तो बेहद चर्चित और लोकप्रिय हुआ था। यह लिखा गया था 1969 में, परन्तु प्रकाशित हुआ 1972 में। खास तौर से युवा पीढ़ी ने इसका बड़ा स्वागत किया था। बहुत सारे लोग मुझसे कहते थे कि विवाह के समय जो प्रजेंटेशन दिया जाता था, उसका उदाहरण 'अपना मोर्चा' से दिया जाता था। जैसा तुमने प्रश्न किया है तो यह कोर्स में लगाकर हटा दिया गया। इसको हटाने का कारण अध्यापकों पर की हुई टिप्पणियाँ हैं, जिससे उन्हें लगता है कि उनके ऊपर जुमला कसा जा रहा है।

'उपसंहार' में कृष्ण के बहाने आपने वर्तमान समय की विकृति, महत्त्वाकांक्षा, सामाजिक व पारिवारिक विघटन को चित्रित करने का प्रयास तो नहीं किया है?

सही समझा तुमने। वस्तुत: मेरा उद्देश्य श्रीकृष्ण के बारे में लिखना नहीं था। वह मेरा बहाना था। मेरे दिमाग में कुछ बातें थीं, जैसे यह कि जैसे-जैसे आदमी बड़ा होता जाता है, वैसे-वैसे वह अकेला होता जाता है। यह मैंने कृष्ण के जीवन में देखा। दूसरी बात मुझे लगी कि अवतारों में कृष्ण अकेले हैं जो किसी राजवंश की उपज नहीं हैं। वे हम लोगों जैसे एक साधारण परिवार के हैं, गाय-भैंस चरानेवाले। नदी के कछारों में खेलनेवाले। साथियों-सहेलियों के साथ मौज-मस्ती करनेवाले, जो अपनी प्रतिभा व शक्ति के बलबूते उच्चतम पद तक पहुँचते हैं। तीसरे, बलराम की बातें मेरे विक्षोभ से ज्यादा मेल खाती हैं। जैसे कृष्ण धर्म के नाम पर अधर्म युद्ध करते हैं, वैसे ही आज भी सारे युद्ध शान्ति के नाम पर लड़े जाते हैं। वास्तविकता कुछ और होती है, लेकिन उसके पक्ष में तर्क कुछ और दिये जाते हैं। मेरी समझ में नहीं आता कि युद्ध के पीछे कृष्ण का स्वार्थ क्या था? उनका अपना कोई स्वार्थ व हित नहीं और 18 अक्षौहिणी सेना मौत के घाट उतार दी जाती है। अपने यहाँ कहावत है कि 'जैसे को तैसा'। कृष्ण ने जो कौरवों-पांडवों के साथ किया, अकारण नहीं है कि उसका दंड कृष्ण को मिला और यादव वंश का नाश हो गया। आप दूसरे को दु:ख देकर कैसे सुखी रह सकते हैं? जो किया वह भोगा। जाने क्यों कृष्ण के बारे में पढ़ते हुए मुझे दूसरे विश्वयुद्ध के हिटलर की याद आई थी। पूरे यूरोप की विजय करनेवाला सेनाओं का तानाशाह जिस तरह मृत्यु को प्राप्त होता है, वह दुखद है और कारुणिक भी—अकेला, निस्सहाय, दयनीय।

'उपसंहार' पता नहीं क्यों महाभारत काल की अपेक्षा वर्तमान के अधिक निकट है। इसके सन्दर्भ में आप क्या कहना चाहेंगे?

इसका उत्तर तो दे चुका हूँ। फिर भी कोई भी लेखक लिखता है तो अतीत उसके लिए समकालीन का प्रतिनिधित्व हुआ करता है। वह वर्तमान को कहीं-न-कहीं अतीत में देखता है। द्वारका की दुर्दशा जैसी दिखाई पड़ती है, उसमें कहीं-न-कहीं आज के सामान्य आदमी की भुखमरी, आत्महत्याएँ, बेकारी, उदासीनता, उच्छृंखलता, पाशविक हत्याएँ, ये सारी चीजें शामिल हैं जिनसे हम आज भी रू-ब-रू हो रहे हैं।

'पाठकों का संकट' तकनीकी युग में बढ़ता जा रहा है। यह रचनाधर्मिता को कहाँ तक प्रभावित कर रहा है?

पाठकों के संकट पर हर युग में बात होती है। तकनीकी युग ने ही संकट बढ़ाया है और संकट से मुक्ति भी दिलाई है। ऊपर से यह संकट उन लोगों के लिए ज्यादा है जिनके पात्र खाते-पीते उच्च वर्ग या उच्च मध्यवर्ग से आते हैं। सामान्य पाठक कहीं-न-कहीं अपनी छवि, अपना दु:ख-दर्द देखना चाहता है जो उसे वहाँ नहीं

मिलता। ऐसे साहित्य में उसे कोई दिलचस्पी नहीं होती, लेकिन जो लेखक साधारण व सामान्य आमजन के बारे में लिखते हैं, उन्हें भी लोग पढ़ें, यह आवश्यक नहीं है। आम आदमी के जीवन में समस्याएँ अधिक बढ़ती जा रही हैं। मोटे तौर पर उसके जीवन में साहित्य की प्राथमिकताएँ नहीं हैं। जिनकी दिलचस्पी साहित्य में है, वे भी पुस्तकों के महँगी होने के कारण हिम्मत छोड़ देते हैं। पुस्तकों पर उनकी जरूरतें भारी पड़ती हैं, लेकिन आज जिस पैमाने पर पत्रिकाएँ प्रकाशित हो रही हैं, सम्पादकों/लेखकों की संख्या बढ़ती जा रही है। प्रकाशन संस्थान बढ़ते जा रहे हैं तो इसे देखते हुए मुझे नहीं लगता कि पाठक की संख्या कम हो रही है। हाँ, पुस्तकालय के सामने जरूर संकट है, क्योंकि इंटरनेट पर कई साइट्स खुल रही हैं जो पाठक को उनकी जरूरतों की किताबें व पत्रिकाएँ मुहैया करा देती हैं। हम कथाकारों के लिए प्रेमचन्द आज भी मॉडर्न हैं, जिनके पाठक किसी युग में कम नहीं हुए। 'पाठकों का संकट' का सम्बन्ध केवल साहित्य से ही नहीं, बल्कि इतर समस्याओं से भी है।

फिल्म 'मोहल्ला अस्सी' के रिलीज होने पर आपको कैसा लग रहा है?

देखो, एक शे'र है—

मिट गई जब सब उम्मीदें मिट गए सारे खयाल,
उस घड़ी फिर नामाबर लेकर पयाम आया तो क्या?

बहुत लम्बा इन्तजार करना पड़ा 'मोहल्ला अस्सी' के लिए। फिल्म के आने तक सारा उत्साह ठंडा पड़ चुका था। यह फिल्म ऐसे लावारिस बच्चे की तरह आई, जिसे अपना कहने के लिये कोई तैयार नहीं। न इसे निर्देशक ने अपना कहा, न खुलकर निर्माता ने, न कलाकारों ने ही। इसके साथ दो हादसे हुए, बल्कि दो से ज्यादा। एक हादसा तो यह हुआ कि पर्दे पर जाने के पहले ही यह लीक हो गई जो गर्भपात की तरह था। दूसरा हादसा यह हुआ कि सेंसर बोर्ड से लेकर हाईकोर्ट तक कई मुश्किलों से जूझना पड़ा। तीसरा हादसा यह हुआ कि एडिटिंग ठीक से नहीं हुई। कुछ बहुत अच्छे गाने इसके लिए रिकॉर्ड किए गए थे और गानेवाले दृश्य, उनका कोई उपयोग ही नहीं हुआ, लेकिन मेरे लिए राहत की बात यह है कि साहित्य पर बनी कई एक फिल्मों की तरह डिब्बाबन्द नहीं हुई। इसने पूरे देश में पर्दे का मुँह देखा। हम मानकर चल रहे थे कि लीक होने के कारण इसे दर्शक नहीं मिलेंगे, लेकिन जितने दर्शक मिले, उतने को हम कम नहीं मानते, इसलिए कोई दु:ख नहीं है। सन्तोष है कि फिल्म बनी और अच्छी ही बनी।

भारतवर्ष धार्मिक-सांस्कृतिक क्षेत्र होने के साथ साहित्य सम्पन्न भी है, तब क्यों भ्रष्टाचार, व्यभिचार व भोगवाद की प्रवृत्ति दिनोंदिन बढ़ती जा रही है व पारिवारिक सामाजिक संरचना खंडित होती जा रही है?

देखो, असल चीज संस्कृति है। धर्म व साहित्य उसके अंग हैं। धर्म के लिए यह देश 'मानव धर्म' के लिए जाना गया। साहित्य उसका प्रतिबिम्बन था। 'मानव धर्म' के सिवाय और कोई धर्म था ही नहीं यहाँ। इसका भी प्रचार-प्रसार हुआ तो भारतीय साहित्य से हुआ। यहाँ के साहित्य का, खास तौर से संस्कृत साहित्य का, विदेशों तक प्रचार-प्रसार करने में मुगल और ब्रिटिश हुकूमत की बड़ी भूमिका रही है। उपनिषदों का अनुवाद दाराशिकोह ने किया था और संस्कृत साहित्य का प्रचार-प्रसार 18वीं-19वीं शताब्दी में अंग्रेज व फ्रेंच विद्वानों ने, जिससे भाजपा सरकार आँख मूँदे है, लेकिन यह एक ऐतिहासिक सचाई है। समाज में जो विकृतियाँ आ रही हैं, उनका निरन्तर विरोध साहित्य में दिखाई पड़ता है। साहित्य मनुष्य, मनुष्य के बीच प्यार का सन्देश है। समाज में फैली विकृतियों को रोकना साहित्य के दायरे के बाहर की चीज है। यह काम सत्ता का है।

इन दिनों आप क्या खोज रहे हैं?

देखो, अपने लिखने की पूरी प्रक्रिया के बारे में बता रहा हूँ। मैं झोंक में कुछ नहीं लिखता। मैं देखा-देखी और फैशन के चालू मुहावरों में भी नहीं लिखता। इसके ने भी मेरे लेखन में बराबर समय-समय पर अन्तराल आता गया। जब मैंने 'अपना मोर्चा' लिखा था तब मैं इसलिए लिखा था कि मेरे समकालीन में कोई उपन्यास नहीं लिख रहा था। फिर हमारे समकालीनों ने लिखना लगभग बन्द कर दिया था तो मैंने जोर-शोर से जनवादी कहानियाँ लिखनी शुरू कीं। फिर मुझे लगा कि जैसे और जितनी कहानियाँ मैं लिख चुका, अब उनसे बेहतर करना मुझसे सम्भव नहीं। फिर मैंने रास्ता बदल दिया और फिर संस्मरणों पर उतर आया। उन्हीं में से एक रोशनी दिखाई पड़ी 'काशी का अस्सी' के लिए। फिर मैंने खुद को 'काशी का अस्सी' के लेखन में लगा दिया। हमें इस बात का नहीं भान था कि जो लिख रहा हूँ, कल यह उपन्यास होगा। बस, मुझे लिखना था एक स्थान के बारे में, स्थान पर नियमित बैठनेवालों के बारे में, उनकी बहसों व गप्पों के बारे में, जिनमें पूरे देश के सोच-विचार और बहस की झलक मिलती थी। लिख डालने के बाद मुझे लगा कि यह तो उपन्यास है। इसके 'हैंग-ओवर' से मुक्त होना मेरे लिए बहुत जरूरी था आगे लिखने के लिए। फिर एक लम्बा अन्तराल...। मुझे लगने लगा कि 'ग्लोबलाइजेशन' से तो शहर के कस्बानुमा इलाके को बदलते देखा, लेकिन जहाँ का मैं रहनेवाला हूँ, वह मेरा गाँव छूट गया। इसका असर तो वहाँ भी पड़ा है। फिर 'रेहन पर रग्घू' सामने आया। इस तरह मेरे लेखक के भीतर यायावरी प्रवृत्ति रही है—चलते जाना और कुछ न कुछ नये की तलाश करते रहना। अब 'उपसंहार' 2014 में छप चुका है तब से चार साल हो गए। लिखने की बेचैनी बराबर रहती है, लेकिन इस बीच दूसरी बीमारियों व स्वास्थ्य

चिन्ताओं ने मुझे बेबस कर रखा है। करना जरूर कुछ चाहता हूँ, लेकिन कर नहीं पा रहा हूँ, दर्द यह है।

लगभग दो दशकों में खान-पान और पहनावे में काफी परिवर्तन आया है। इसके विषय में आप क्या कहना चाहेंगे?

अब इन बातों का सम्बन्ध 'ग्लोबलाइजेशन' से है। एक पहनावा, एक रहन-सहन, खान-पान, एक तरह का चिन्तन, एक जैसा जीवन यह 'ग्लोबलाइजेशन' की माँग है जो भारत जैसे बहुलतावादी देश में सम्भव नहीं। यहाँ भिन्न-भिन्न जातियाँ हैं, उनके अपने पहनावे हैं, उनका अपना खान-पान है, उनकी अपनी भाषा है, अपने तीज-त्योहार व अपनी संस्कृतियाँ हैं। भारत की अपनी एक प्रकृति रही है कि वह विदेशी संस्कृति से उतना ही लेता है, जितना उसके काम का होता है। बाकी छोड़ देता है। मुगलों-अंग्रेजों के युग में भी उसकी इस प्रकृति में कोई मूल परिवर्तन नहीं आया। 'ग्लोबलाइजेशन' भी एक आँधी की तरह है जो चला जाएगा, क्योंकि एक बड़ा तबका है इस देश का जो इसके प्रतिरोध में खड़ा है। वह वैज्ञानिक तकनीक का भले उपयोग कर ले, लेकिन उसके मौलिक ढाँचे में कोई परिवर्तन नहीं होनेवाला।

हम जैसे शोधार्थियों के लिए आप क्या कहना चाहेंगे?

तुम्हारे प्रश्न ने मेरा ध्यान पीछे 60-70 वर्ष के अन्तर्गत हुए शोध-कार्यों की तरफ आकृष्ट किया। मैं सोच रहा हूँ कि जो शोध-कार्य हुए हैं, जो उल्लेखनीय हैं, दो-चार को छोड़कर कोई ऐसा शोध-कार्य नहीं दिखाई पड़ता। इसके लिए शोधार्थियों को जिम्मेदार नहीं मानना चाहिए। कभी शोध श्रम, अध्यवसाय, अन्वेषण, 'नीर-क्षीर-विवेक' और समीक्षात्मक अन्तर्दृष्टि की माँग करता था। आज इसकी भूमिका बदल गई है। इसकी दुर्दशा के लिए बेरोजगारी और वर्तमान आधुनिक विश्वविद्यालयीय व्यवस्था जिम्मेदार है। शोध को रोजगार से जोड़ दिया गया है। शोध का अर्थ ही रह गया है, उपाधि प्राप्त करना। शोधार्थी जल्दी से जल्दी उपाधि प्राप्त करना चाहता है। वह जानता है कि अगर विलम्ब हुआ तो वह लम्बी कतार में बहुत पीछे चला जाएगा। वह बेकसूर होते हुए भी लाचार है, लेकिन इतना जानता हूँ कि वह सीमित अवधि में भी जितना अपना सर्वोत्तम दे सकता है, शोध-कार्य को देना चाहता है। अपनी तरफ से वह कोई कोर-कसर नहीं छोड़ता। शोध का सम्बन्ध जीविका से जोड़ने के कारण शोधार्थी को दोष भी नहीं दिया जा सकता। मैंने खुद जो शोध किए हैं, उन्होंने हमारे लिखने-पढ़ने के संस्कार पैदा किए। मुझे व्यवस्थित रूप से कार्य करने का संस्कार दिया। इतनी भूमिका भी मैं कम नहीं मानता हूँ।

['आपकी उम्मीद' ब्लॉग, 25 अप्रैल, 2019]

शिव प्रकाश यादव ➡
⬅ काशीनाथ सिंह

कितना धार्मिक, कितना लोकतांत्रिक है बनारस

आपको ऐसा क्यों लगा कि वाराणसी शहर के ऊपर एक किताब लिखनी चाहिए।

मैंने सोचा नहीं था इस किताब के बारे में कि मैं लिखूँगा। मैं संस्मरण लिख रहा था। मेरे दिमाग में संस्मरण था और फिर ये दिमाग में आया कि जब व्यक्तियों पर संस्मरण लिखा जा सकता है तो स्थानों पर क्यों नहीं लिखा जा सकता है? एक लोकेल होना चाहिए। और खास तौर से अस्सी वह जगह है, जहाँ मेरा उठना-बैठना बराबर का था। विश्वविद्यालय से आता था, दुकान में बैठता था 3-4 घंटे, लोगों से मिलता-जुलता था। सहसा मेरा ध्यान गया कि यहाँ के लोग जो बनारस में रहे हैं, उनका सोचने का ढंग कुछ अलग है। राजनीति के बारे में, साहित्य के बारे में, दुनिया की समस्याओं के बारे में जो पूरे विश्व में परिवर्तन हो रहे हैं, उनकी दृष्टि वही नहीं है जो अखबार कहते हैं या लोग कहते हैं या नेता कहते हैं या सत्तापक्ष कहता है या विपक्ष कहता है। ये लोग उनसे अलग हट के सोचते हैं। शुरू में तो केवल एक मोहल्ला था मेरे दिमाग में। फिर मुझे लगा कि यह मोहल्ला पूरे नगर के सामान्य जन, मध्यवर्ग, गाने-बजानेवाले, और जितने ये प्रोफेसर हैं, विद्यार्थी हैं, छात्रनेता हैं, दूध बेचनेवाले हैं, चाय बनानेवाले हैं, सब्जी वाले हैं, भाँग के चक्कर में सब आया करते हैं, चाय पिया करते हैं, गप्पें किया करते हैं और चाहे जो बातें होती रहती हैं, चाहे प्रोफेसर कह रहा हो, उसके विरोध में एक सामान्य आदमी अपनी टिप्पणी करता है। ये संवाद लोकतांत्रिक हैं। मुझे लगा कि बनारस की प्रकृति में यह शुरू से ही रहा है जिसके लिए शंकराचार्य आए थे, स्वामी दयानन्द सरस्वती आए थे। शास्त्रार्थों की परम्परा रही है यहाँ। तो मुझे लगा कि पूरा इलाका, पूरा खित्ता रिप्रेजेंट कर रहा है पूरे नगर को, तो क्यों न इसे बनारस के प्रतिनिधि मोहल्ले के रूप में लिया जाए, इसके बारे में लिखा जाए?

क्या आपने इस शहर को राजनीतिक दृष्टिकोण से दर्शाने की कोशिश की है?

राजनीतिक दृष्टि भी है इसमें क्योंकि सारी पार्टियों पर टिप्पणियाँ हैं इसमें। और प्राय: पार्टियों के नेता जो आते हैं और टिप्पणियाँ करते हैं। उनसे असहमतियाँ भी हैं इसमें। यहाँ तक कि मैं खुद मार्क्सिस्ट विचारधारा का आदमी रहा हूँ, लेकिन सी.पी.आई. और सी.पी.एम. के खिलाफ भी टिप्पणियाँ हैं और ये टिप्पणियाँ लोकतंत्र के एक प्रतिनिधि के रूप में की गई हैं। जो हो रहा है, उससे असहमत हैं हम और यहाँ के लोग। तो इसके साथ ही एक बात और है। इसमें आर.एस.एस. के बारे में और बीजेपी के बारे में बहुत तीखी टिप्पणियाँ हैं। इसका मतलब ये बताना है कि जो छवि बाहर बनाकर रखी गई है कि नगर बड़ा धार्मिक है, तीर्थ है, सारे साधू हैं, संन्यासी हैं, ब्राह्मणों का नगर है, इस पर एक तीखी टिप्पणी करता है यह पूरा उपन्यास कि इसी रूप में नहीं देखना चाहिए इस नगर को। यह न तो धार्मिक है, न उस तरह का तीर्थ है। न कर्मकांड, जो हो रहा है क्योंकि कर्मकांड पर एक पूरी कहानी है इसमें। 'पाँड़े कौन कुमति तोहे लागी', जहाँ वह अपने स्वार्थ के लिए शिवमन्दिर भी तोड़ता है और शौचालय भी बनवाता है। तो एक तरह से बहुत ही दत्तचित्त होकर तटस्थ दृष्टि से इस नगर को देखने की कोशिश की है।

बनारस शहर को आप कैसे देखते हैं, कैसे पढ़ते हैं, अगर दूसरे शब्दों में कहा जाए तो?

बनारस को मैं एक 'मिनी भारत' के रूप में देखता हूँ क्योंकि इसमें तमिलों के मोहल्ले अलग हैं, कन्नड़ों के मोहल्ले अलग हैं, गुजरातियों के हैं, महाराष्ट्रियों के हैं, बंगालियों के भी, मुसलमानों के हैं, हिन्दुओं के हैं। सबके मोहल्ले हैं। तो, इस अर्थ में 'मिनी भारत' है। दूसरा, मैंने देखा कि दाराशिकोह को संस्कृत पढ़ानेवाला यहाँ का सबसे सम्मानित ब्राह्मण परिवार था। पिछली शताब्दी में कमलापति त्रिपाठी रह चुके हैं, उनके पुरखों ने पढ़ाया था दाराशिकोह को। ऐसा कहा जाता है कि इतना परम्पराभोगी, परम्परावादी इस नगर का ब्राह्मण भी नहीं रहा है जितना आज उसे प्रोजेक्ट किया जाता है। यह सब नहीं था। दूसरा, इस नगर में अपने से दंगे कभी नहीं हुए। जब भी हुए, करवाए गए। गंगा-यमुनी तहजीब यहाँ की पहचान रही है। उपन्यास लिखे जाने के बाद संकटमोचन पर बम विस्फोट हुआ था, आतंकवादियों ने किया था और मैंने देखा कि संकटमोचन के महन्त और इसी नगर के जो क्या बोलते हैं उन्हें, मुसलमानों के सबसे बड़े धार्मिक नेता, इन दोनों ने मिलकर सामूहिक रूप से शान्ति की अपील की थी। यह प्रकृति रही है इस नगर की। उसमें जब भाजपाई, आर.एस.एस., बजरंग दल या शिवसेना के लोग वोटों के लिए, छोटे-मोटे स्वार्थों के लिए ये लोग कुछ हरकतें या दंगे करवाना

चाहते हैं तो बड़ा अटपटा लगता है। ये स्वभाव नहीं रहा है इस शहर का। बहुत ही शान्तिप्रिय। एक जमाने में कहा जाता था कि बहुत आलसी, निकम्मा, अपने काम से काम रखनेवाला, चना-चबेना मिल जाए, घाट पे सोनेवाला, फुटपाथ पे सोनेवाला नगर रहा है यानी जिसे आप बेवकूफ समझते हैं, घाट पर घूमता हुआ दिखाई पड़ता है। संस्कृत काव्य की परम्परा से पूरी तरह से परिचित मिल सकता है आपको। अद्‌भुत शहर रहा है ये।

अगर आपको शहर को कुछ कथनों में शब्दबद्ध करने को कहा जाए, जैसे कि बनारस एक ऐसा शहर है जहाँ मृत्यु को उत्सव के रूप में देखा जाता है या बनारस एक कवियों का शहर रहा है, कैसे शब्दबद्ध करेंगे आप?

चार-पाँच कथनों की बात तो मैं नहीं जानता। मैं इतना कह सकता हूँ कि यह नगर अन्य शहरों से इस मायने में भिन्न है कि जीवन से भरपूर रहा है। जहाँ पूरा वर्ष अब तो दिखावे के लिए किया जाता है, लेकिन पूरा वर्ष हर दिन यहाँ पर्व है, त्योहार है। जीवन जीने की लालसा से भरे होते हैं लोग। तो यह खासियत भी रही है और पहचान भी रही इस शहर की, जिसके लिए देश-विदेश से लोग आते हैं देखने के लिए। इस नगर का अपना एक संगीत है। भरा-पूरा जीवन-राग है ये।

इसीलिए यह शहर विश्व के अन्य शहरों से भिन्न है?

हाँ, मुझे याद है कि 1960 में अमरीका का बड़ा ही मशहूर कवि आया था और गमछा पहनकर घूमा करता था। आज भी गमछा और लुंगी पहनकर यानी ये नगर अनुकरण नहीं करता है। इसका अनुकरण लोग करते हैं। इसके लिविंग का। जीने के, रहने के, खाने-पीने के तौर-तरीकों का। ये अलग बात है कि आज इसे क्योटो जैसा बनाने के बहाने नष्ट करने की तैयारियाँ चल रही हैं।

आपकी भाषा-शैली इस उपन्यास में आपकी अन्य रचनाओं से भिन्न है, जो विवाद की जड़ भी रही है, पाठकों, अन्य लेखकों और खुद इस उपन्यास के पात्रों के बीच। ऐसा क्यों? क्या आप ऐसा सोचते हैं कि वाराणसी के ऊपर लिखने के लिए ऐसी भाषा-शैली आवश्यक है?

बिना ऐसी भाषा-शैली के बनारस के बारे में लिखा ही नहीं जा सकता था। मैंने जान-बूझकर ऐसी भाषा का इस्तेमाल नहीं किया। मेरी मजबूरी थी। अगर लिख गया ये उपन्यास तो इसका श्रेय मुझे नहीं, बनारस की बोली-बानी को है। बनारस की जीवन शैली, बनारस की भाषा, बनारस की मुहावरेदानी, डिक्शन, तौर-तरीका, गालियाँ आती हैं बीच में, जिससे लोगों को एतराज है, पर वह बनारस की जुबान है। उसके बिना लिखा नहीं जा सकता है। मैंने लिखने के दौरान शिष्ट होने की

कोशिश की थी, लेकिन हुआ कि ये तो बनारस नहीं होगा। इसके बिना बनारस नहीं हो सकता था।

तो जो लोग टिप्पणी करते हैं, वो इस बात से अपरिचित हैं कि अगर ऐसा न होता तो ये उपन्यास इस शहर को ठीक से रिप्रेजेंट नहीं कर पाता?

देखिए, जो लोग टिप्पणी करते हैं, वे बड़े ही अभिजात और सुफिस्टिकेटेड लोग हैं, भद्र लोग हैं और अपरिचित हैं यहाँ की जीवन-शैली और यहाँ की भाषा से। वे नहीं जानते। वर्षों तक यही हुआ है इस उपन्यास के साथ यानी एक सामान्य पाठक, जैसे आपके सुपरवाइजर को ये उपन्यास पसन्द आया, लेकिन जो हिन्दी का शिष्ट पाठक रहा है, उसे यह उपन्यास कभी पसन्द नहीं आया। हरियाणा के लोग पसन्द करते हैं यानी दूसरे राज्यों के पाठक हैं उन्हें पसन्द आता है। हिन्दी के पाठकों को भी पसन्द आया, लेकिन साहित्यकारों को नहीं आता, लेखकों को पसन्द नहीं आता, बुद्धिजीवियों को पसन्द नहीं आता।

आपने अन्य लेखकों को भी पढ़ा होगा, जिन्होंने वाराणसी के ऊपर किताबें लिखी हैं। वाराणसी शहर विभिन्न लोगों के लिए क्या मायने रखता है या रख सकता है?

मैंने बनारस के बारे में जो कुछ भी पढ़ा है, मुझे बनारस का भूगोल-इतिहास ही दिखाई पड़ा है। जीवन नहीं दिखाई पड़ा उसमें। केवल एक किताब जिसका जिक्र किया था मैंने तुमसे 'बहती गंगा'। 'बहती गंगा' में बनारस है, लेकिन वह बनारस उन्नीसवीं शताब्दी का है। वो वर्तमान बनारस या बीसवीं शताब्दी का बनारस या आजादी के बाद का बनारस नहीं है। लोकतंत्र का बनारस नहीं है। वो आधुनिक और वैश्वीकरण के बाद का बनारस नहीं है।

तो और लोगों के लिए कहा जाए तो आपके शब्दों में बनारस का इतिहास देखना महत्त्वपूर्ण है?

इतिहास या भूगोल और वो भी डॉक्यूमेंट्स के आधार पर, बनारस के बारे में जो कुछ पढ़ा है, उसके आधार पर लोगों ने लिखा है।

और वहाँ ये उपन्यास बाकियों से भिन्न है?

इस मायने में भिन्न है कि इसमें आजादी के बाद का और खास करके वैश्वीकरण के बाद का बनारस है।

तुलसीराम, जो प्रोफेसर थे जे.एन.यू. के, वाराणसी को 'मृत्यु के उद्योग वाला शहर' बताया है। आपकी दृष्टि में मृत्यु इस शहर का उद्योग है या उत्सव?

और एक लाइन में आपके उपन्यास से कहना चाहूँगा। पेज नं. 25 पे...'जिस देश में मुर्दा फूँकने के लिए घूस देनी पड़ती हो, उसमें सिद्धान्त?' तो आपकी दृष्टि में इस शहर का उद्योग है या उत्सव?

देखिए, मृत्यु से कमाई करनेवाले लोग भी हैं इसमें। क्योंकि आरम्भिक दिनों में दो ही राजा माने जाते थे इस नगर में—रामनगर के राजा और डोम राजा। राजा दो ही थे। और यहाँ का राजा, डोम राजा जो है वो किसी राजा से कम नहीं था और न है क्योंकि जितने घाट हैं, यहाँ तो दो ही घाट (श्मशान) हैं, मान लीजिए लेकिन गंगा से गए हुए अधिकतर जितने घाट हैं और जिलों तक, उनसे वो वसूली करता है।

डोम राजा?

हाँ, लगान की तरह जैसे ली जाती है *(हँसते हुए)* वैसे लेता है वो। बाकी फूलवाले हैं, चुनरी बेचनेवाले हैं, लकड़ी वाले हैं, नाई हैं, पंडित हैं यानी एक अच्छी-खासी संख्या है जो इन घाटों से जीवित रहती है। घाटों के सहारे जीवित रहती है।

मतलब ये कि किसी की मृत्यु बहुतों की जीविका निर्धारित करती है।

हाँ-हाँ, आजीविका है। तो तुलसीराम का ये कहना तो सही है, उद्योग है, लेकिन जिनकी मृत्यु होती है। मृत्यु के बारे में जो सोचते हैं लोग या मृत्यु के बारे में उनकी जो अवधारणा है, वह उद्योग नहीं है यानी मृत्यु को बड़े ही...गाते-बजाते जुलूस निकलता है, 'राम नाम सत्य है', सबकी यही गति है। *(हँसते हुए)* तो घर में जो रोते हैं, वो रो लेते हैं। जो दुखी होते हैं इसमें दो राय नहीं है, लेकिन ये मानते हैं कि उसका स्वर्गवास हुआ है। मरा है स्वर्ग में जाएगा। कहीं-न-कहीं लोगों के मन में है कि जो शरीर इसका खत्म हुआ है वो जीवन भर जो कुछ इसने किया है, उसका पुण्य इसे मिलेगा। तो एक तरफ तो कमाई है, लोगों की आजीविका है, उद्योग है, लेकिन दूसरी तरफ मरता है जो आदमी यानी मृत्यु की कल्पना आदमी के दिमाग में भयावह और डरावनी यहाँ नहीं है जैसे और जगहों पर है।

तो इस खुशी में कि स्वर्ग मिलेगा वो उत्सव भी है?

हाँ। उत्सवधर्मिता भी है वो।

कैथरिन जो एक काल्पनिक पात्र आपके उपन्यास की हैं, उनका कहना है कि वाराणसी मर रहा है। उन्होंने जो वाराणसी के बारे में पढ़ा है, सुना है, आज देखने को नहीं मिलता है। इसपे क्या कहना है आपका?

इसके बारे में एक तो उसने अपने काम की चीजें कोट की हैं और लेखक की ओर से यानी मेरी ओर से पूरा का पूरा ये व्यंग्य है।

व्यंग्य किसके लिए? शहर के लिए या कैथरिन के लिए?

ये कैथरिन के लिए है। जो उसने समझा है और जितना अपने काम का लिया है उसने। इशारा धार्मिक कर्मकांडों की तरफ है। इसलिए कि जिसने भी यह लिखा है कहा है, कहा तो किसी ने नहीं है। कहा है लेखक ने ही। पंचांग इसी मोहल्ले में बनता था। पंचांग का एक घर था जहाँ हर साल पंचांग बना करता था भदैनी मोहल्ला में और वो ब्राह्मणों का ही मोहल्ला है, ट्रेडिशनल लोगों का यानी जिन प्रवासियों का जिक्र मैंने किया है, वो प्रवासी तो बाहर के हैं। आस-पास के जिलों से आए हुए लोग हैं—मऊ के, आजमगढ़ के, गाजीपुर के, बलिया के, सासाराम के, भभुआ के, मिर्जापुर के ये प्रवासी हैं। ये उनके लिए नहीं है। जो आदिवासी, जिनको कहा गया है, मोहल्ले के रहनेवाले लोग। ये उनके बारे में टिप्पणी है वस्तुत:। कि वे क्या हैं? ये बताया गया है। और ये व्यंग्य कैथरिन पर है। इसीलिए इसे कॉन्ट्राडिक्ट किया है ब्रह्मानन्द ने अपनी तरफ से कि यह आजीविका नहीं, भयादोहन कहिए। ईश्वर और धरम के नाम पर कि ये जो करते हैं पंडित लोग ये भय दिखा के। इन यज्ञ, हवन, पूजन, अनुष्ठान, मुहूर्त, लग्न, कुंडली, ज्योतिष कि अगर ऐसा नहीं करोगे ये सब देखते हुए तुम अपना काम नहीं करोगे तो नाश हो जाएगा तुम्हारा। *(हँसते हुए)* 'ब्लैकमेलिंग' सही शब्द तो नहीं है इसके लिए, लेकिन धर्म और ईश्वर के नाम पर डरा रहे हैं। डराते हैं और कमाई करते हैं।

तो व्यंग्य बस इसीलिए है कि उसने बस अपने काम की चीजें चुनीं?

वही बस अपने काम की चीजें चुनीं यानी जो बनारस के बारे में एक अवधारणा बनी हुई है, उस अवधारणा को ही कोट किया है उसने।

और ये आज से नहीं बहुत पहले से है। जर्मन लोग भी जब लिखते हैं तो ऐसे ही लिखते हैं।

(हँसते हुए) जर्मन लोग भी लिखते हैं। विदेशी लोग इसी रूप में लिखते हैं, देखते हैं इस नगर को क्योंकि जर्मन ने काफी काम किया है संस्कृत में।

हमने भी जितने ऑथर्स को पढ़ा है, ये जो अवधारणा है पूरे इंडिया की, वाराणसी की वो भी वही रिप्रेजेंट करते हैं।

यह उसी अवधारणा पर टिप्पणी है भयादोहन वाली। धर्म और ईश्वर के नाम पर ठगी है।

तो कैथरिन इन सब बातों से अनभिज्ञ है और दुबारा वही चीज लिखना भी चाहती है और ये भयादोहन के बारे में जानने की कोशिश भी नहीं कर रही है।

(हँसी) हाँ, नहीं कर रही है।

आपकी निगाह में वाराणसी संस्कृति का केन्द्र है या धर्म का?

ये संस्कृति का केन्द्र है, भाई। और धर्म के नाम पर कर्मकांड हैं केवल यहाँ। धर्म जैसी चीज है ही नहीं। धर्म को उन्माद के रूप में अब विश्व हिन्दू परिषद् और दूसरी राजनीतिक पार्टियों ने बना रखा है। तो, धर्म जैसी चीज है ही नहीं। यहाँ सिर्फ कर्मकांड ही है। बेसिकली यह संस्कृति का केन्द्र रहा है। यहाँ प्राय: जितने दार्शनिक रहे हैं यानी बुद्ध यहाँ पैदा हुए। उन्होंने धर्म को 'धम्म' कहा। महावीर अग्रवाल यहाँ पैदा हुए, जिन्होंने जैन धर्म चलाया। सनातन धर्म जिसे मानते रहे हैं ट्रेडिशनल हिन्दू, उनके समानान्तर उनके खिलाफ बराबर दूसरे धर्मों का उद्‌भव होता रहा है कि तुम संकीर्णता में सोचते हो। ये धर्म इतना संकीर्णवादी है नहीं यानी यहाँ जो कहना चाहिए कि जात-पाँत तो क्रिएट की गई, ऐसा कोई अलगाव था ही नहीं यहाँ शुरू से ही। तो, बल्कि शुरू वाले चैप्टर में जब मंडल आयोग गठित होता है और आरक्षण वगैरह लागू होता है तो उस पर टिप्पणियाँ भी हैं। तो बेसिकली, मुख्यत: जो धर्म के बारे में चिन्तन करनेवाले हैं, वे अलग-थलग पड़ गए हैं। यह कर्मकांड और क्रिया-कर्म के शहर के रूप में आज जाना जाता है और उसी को लोग धर्म मान लेते हैं। इतना है सिर्फ।

मुख्यत: यह संस्कृति का केन्द्र है धर्म का नहीं।

संस्कृति का केन्द्र है। जैसे कहते हैं न गंगा-यमुनी। यहाँ बौद्ध भी हैं, ईसाई भी हैं, जैनी भी हैं और हिन्दू धर्म जैसे आज बहुत संकीर्ण बना दिया गया है, उस हिन्दू धर्म वाले भी हैं। उन्हें एतराज नहीं तो नहीं था यानी वरना दाराशिकोह को क्यों फारसी पढ़ाई जाती? तो यह सब चीजें बाद में हुई हैं। राजनीतिक कारणों से या जिन कारणों से हुआ हो, लेकिन मुख्यत: यह धार्मिक समन्वय का केन्द्र रहा है और इसी अर्थ में कहते रहे हैं कि ये नगर गंगा-यमुनी संस्कृति का केन्द्र रहा है।

क्या वाराणसी बदल रहा है? क्या इस पर भूमंडलीकरण का असर पड़ा है? वर्तमान वाराणसी को भविष्य के क्योटो के रूप में कैसे देखते हैं आप?

देखो, इसके विरोध में आवाजें भी उठती रही हैं इस नगर में कि इसे बनारस ही रहने दिया जाए, क्योटो न बनाया जाए। और क्योटो यहाँ कितने लोगों ने देखा है, हमको नहीं मालूम। नाम भी बहुत सारे लोगों ने नहीं सुना है। तो यहाँ इसका विरोध हो रहा है कि इसे क्योटो न बनाया जाए। क्योटो शायद जापान में जो धर्म है, उसका

केन्द्र माना जाता है जहाँ सबसे अधिक बौद्ध मन्दिर हैं। तो यहाँ क्योटो कहने का मतलब कि यह धर्म का केन्द्र बने। क्योटो कहने का मतलब है कि इसका रंग भी बदले और मुख्य रूप से धार्मिक केन्द्र बने। और बनारस में समझदार लोग हैं पढ़े-लिखे बुद्धिजीवी। वे लोग इसके खिलाफ हैं। बार-बार आवाजें उठ रही हैं कि इसे बनारस रहने दिया जाए, क्योटो न बनाया जाए, लेकिन सत्तापक्ष अभी नहीं सुन रहा है और उसके नाम पर, विकास के नाम पर जो नगर में हो रहा है। मल्टीप्लेक्स बिल्डिंगें बन रही हैं। ये मॉल खुल रहे हैं यानी बहुत-से लोग, जिन्हें छतों की आदत थी, छतें नहीं लोगों को मिल रही हैं। तो एक बेचैनी इस चीज को लेकर है कि ऐसा न हो कि इसे सचमुच इसके रूप को बिगाड़ा जाए क्योंकि कॉलोनियाँ ढेर सारी बस गई हैं और कॉलोनियों के रिश्ते मोहल्लों के रिश्तों से अलग हैं। मोहल्ले में भाईचारा था। आपस में एक-दूसरे के सुख-दुःख में शामिल होने का भाव था। कॉलोनियों में ये चीजें खत्म हो रही हैं। तो ये तो आधुनिकता के चलते होगा ही, लेकिन ये सबके मन में है कि इसे बनारस ही रहने दिया जाए तो ज्यादा अच्छा है।

असर बिलकुल पड़ा है, भाई। उपन्यास पूरा का पूरा इसी पर बेस्ड है। खास तौर से इसको ध्यान में रखते हुए एक कहानी लिखी है इसमें 'पाँड़े कौन कुमति तोहे लागी', जिसमें किस तरह से पहले जिन्हें 'म्लेच्छ' कहा जाता था विदेशियों को, उनको किरायेदार बनाया जा रहा है। और उनकी सुविधा के लिए जो घर का शिवमन्दिर था, उसे शौचालय में तब्दील किया जा रहा है। पैसे के लिए कि किराया ज्यादे मिलेगा यानी देशी किरायेदारों की तुलना में विदेशी किरायेदार होंगे। वे उन्हें जब चाहें तब हटा सकते हैं और कभी भी छोड़ के जा सकते हैं। उनसे वो अपने आपको ज्यादे सुरक्षित मानते हैं। और सबसे बड़ी बात कि आर्थिक लाभ दिखाई पड़ रहा है उन्हें। विदेशी किरायेदार से वे मनमानी रकम वसूल सकते हैं क्योंकि उनकी मजबूरी है। होटल ज्यादे महँगे होते हैं और ये 'पेइंग गेस्ट' के रूप में रख सकते हैं इन्हें अपने यहाँ। खिला-पिला सकते हैं, कपड़े-लत्ते धो सकते हैं। मतलब, चाय-नाश्ता वगैरह और सारा कुछ कर सकते हैं। और काफी सुरक्षित महसूस कर रहे हैं। तो भूमंडलीकरण के चलते विदेशियों की तादाद बहुत ज्यादे बढ़ी है यानी अस्सी घाट से लेके मणिकर्णिका घाट तक अधिकतर घाट के मकान जो हैं, होटल बन चुके हैं या लॉज बन चुके हैं। तो, ये फर्क तो आया है।

वाराणसी में जातिवाद को कैसे देखते हैं आप?

वाराणसी में जातिवाद पहले नहीं था। जहाँ तक मुझे याद है, हमारे आने के समय भी यानी आजादी के बाद हम आए, तब भी जातिवाद का ये रूप नहीं था।

ये रूप नहीं था, लेकिन था?

था, जाति थी, लेकिन वो चाचा के रूप में, बाबा के रूप में, चाची के रूप में, भाभी के रूप में, दो लोग दूसरी जाति के लोगों को भी जिन्हें 'सवर्ण' हम कहते हैं, वे लोग सम्बोधित करते थे। एक रिश्ता होता था यानी जातिवाद कहीं रहा हो तो भीतर रहा होगा। व्यवहार में वह दिखाई नहीं पड़ता था उस तरह से। ये चीजें धीरे-धीरे बढ़ती गईं और इन्हें पार्टियों ने और हवा दी, जातिवादी पार्टियों ने। आरक्षण ने इसे मजबूत किया। जहाँ आरक्षण का उद्देश्य था कि दोनों करीब आएँ। यहाँ दूरियाँ और ज्यादे बढ़ गईं, जो मुझे लगता है।

ये बात 'मणिकर्णिका' में तुलसीराम जी ने भी कही है, लेकिन बीते हुए समय में, समय जैसे-जैसे बीतता गया, जातिवाद खत्म नहीं हुआ और ज्याद हो गया।

हाँ, ज्यादा हुआ है, बढ़ा है। पहले इसका यह रूप नहीं था। इतना भयावह रूप नहीं था इसका।

शुरुआत के दिनों में वो (तुलसीराम) 1966-67 में जब आए थे बनारस, उस समय वो जातिवाद के घेरे में थे। उनको मकान नहीं दिये जाते थे और मतलब, पता चल जाता था कि किस जाति से हैं तो निकाल भी दिया जाता था। मन्दिरों के सामने नहीं जाने दिया जाता था। ये अभी भी है या फिर उसी समय था?

अब तो देखो हमारे बगल में ही, जिसमें तेजभान रहते थे, किसका घर था वो? *(अपनी पत्नी से पूछते हुए)* तेजभान जिसमें रहते थे। *(डॉक्टर, उनका, पत्नी का जवाब)*। तेजभान मऊ के ही हैं। पी-एच.डी. कर रहे थे और दलित थे वो। उनके मकान में किरायेदार थे वो। घर के लोग जो थे, हाँ उनके यहाँ आना-जाना था। शादी-विवाह में भी आना-जाना था। ये सब था। तो ये आरम्भ में तो था। काशी हिन्दू विश्वविद्यालय में ही याद आ रहा है कि लोग किसी हरिजन या दलित लड़के को पी-एच.डी. के लिए अपने साथ, अपने अंडर में नहीं लेते थे। छात्रावास में जो दलित लड़के रहते थे, दूसरे लड़के उनके साथ दुर्व्यवहार करते थे। वे गाली देते थे उनको। उसी जाति को लेकर गाली देते थे। पढ़े-लिखे समुदाय में ये चीजें थीं, लेकिन जो आम आदमी है, उसके भीतर इतनी गहरी फीलिंग नहीं थी। हालाँकि इसमें भी एक अन्तर्विरोध है। उसमें भी प्राय: जो जागरूक थे, समाज को समझते थे, लोगों को समझते थे, उनके भीतर इस तरह की फीलिंग नहीं थी। छिटपुट जैसे तुलसीराम के गुरु ब्राह्मण थे। ब्राह्मण थे या बाबू साहब थे?

जिनके अंडर पी-एच.डी. किए थे?

अरे प्राइमरी में, मिडिल में कहीं थे न?

अच्छा, हाँ। जिनका जिक्र वो करते हैं। बाबू साहब थे।

तो ऐसे बहुत-से लोग हैं, जिन्होंने प्रोत्साहित किया दलितों को लिखने-पढ़ने के लिए, लेकिन उसी स्कूल में दूसरे भी मास्टर थे, जिनके दिमाग दूसरे थे। तो दोनों तरह के लोग रहे हैं। *(हँसते हुए)* ऐसा नहीं कि नहीं रहे हैं, लेकिन ये हमें लगता है कि आरक्षण के बाद इस तरह की फीलिंग ज्यादे बनी है, बढ़ी है कि सवर्ण है, ये ठाकुर है, ये ब्राह्मण है। हाँ, और उनके बीच में भी इस तरह की फीलिंग आई कि वह दलित है, आमुच है, तमुच है। हाँ, पहले इतनी गहरी नहीं थी। एक सौमनस्य का भाव बराबर बना रहता था। तो और चीजों ने बढ़ाया है इन चीजों को।

पेज नं. 16 —'काशी का अस्सी'
अस्सी पर प्रवासियों की एक ही नस्ल थी शुरू में—लेखकों-कवियों की। आजादी के बाद देश में जगह-जगह 'केन्द्र' खुलने शुरू हो गए थे—'मुर्गीपालन केन्द्र', 'मत्स्यपालन केन्द्र', 'सूअरपालन केन्द्र', 'मगर-घड़ियालपालन केन्द्र'। इन कवियों-लेखकों ने भी अपना एक केन्द्र खोल लिया—केदार चायवाले की दुकान में। 'कविपालन केन्द्र'। पढ़ने से एक व्यंग्य-सा लगता है। क्या यह केवल व्यंग्य मात्र है या फिर आप यह भी बताना चाहते हैं कि वाराणसी सदियों से कवियों और लेखकों का शहर रहा है?

केवल व्यंग्य नहीं है यह। कहने में व्यंग्य जैसा लगता है, लेकिन इस बहाने से वाराणसी के साहित्यिक इतिहास की झलक है इसमें।

उपन्यास के अन्तिम अध्याय का शीर्षक 'कौन ठगवा नगरिया लूटल हो' है। और उसमें टी.वी., नये इलेक्ट्रिक सामानों का उल्लेख इत्यादि दिखाया गया है। क्या तात्पर्य है इन सब बातों का इस उपन्यास में?

दरअसल, वैश्वीकरण के बाद जो बदलाव हुआ था इस नगर में और बाजारीकरण आया था, संकेत उसकी तरफ है। कैसे एक ट्रेडिशनल परम्परागत शहर अपनी चीजों को छोड़ के नये-नये आविष्कारों को अपने अन्दर जोड़ रहा है, उस परिवर्तन की झलक देता है ये।

पेज नं. 110—'काशी का अस्सी'
जिसमें कैथरिन वार्तालाप में कहती है, 'वाराणसी इज डाइंग'! बनारस जिसे लोग पढ़ते, सुनते, जानते थे—मर रहा है आज!

क्या यह सचमुच वाराणसी के बारे में है या फिर उन विदेशियों की वाराणसी आने के पूर्व की मानसिकता पर क्रिटिक है? जो एक मानसिकता वो इंडिया के बारे में लेके आते हैं या शहर के बदलते स्वरूप पर क्रिटिक है?

इसमें दोनों शामिल है। एक तो वाराणसी के बारे में सोच के आते हैं जो कि रंडी होंगी, साधू होंगे, संन्यासी होंगे, सीढ़ियाँ होंगी, चना-चबेना होगा और यहाँ आके वे देखते हैं कि जिस बनारस की कल्पना उन्होंने की थी, पढ़ के जाना था, बनारस उससे कुछ अलग है। एक तो ये, इसमें बनारस का बदलाव भी बताया जाता है और उनकी अपनी मानसिकता पर टिप्पणी भी है ये।

['उत्तरवार्ता' ब्लॉग, 4 जून, 2019]

आलोक पराड़कर →
← काशीनाथ सिंह

बनारस में नहीं रहा बनारस

कोरोना संकट के डेढ़ वर्ष में अस्सी और पप्पू की चाय की दुकान छूट जाने की काफी कसक होगी आपके भीतर।

सब छूट गया है। इधर कुछ लिखा नहीं। दो-ढाई साल से स्वास्थ्य ठीक नहीं चल रहा। इसी के चलते घर से बाहर ही नहीं निकला। एक ऑपरेशन कराया था जो सफल नहीं रहा। लोग किताबें लेकर आते हैं और यहीं फोटो खींच लेते हैं। चीजें ऑनलाइन चल रही हैं।

आपके साढ़े चार यारों में विजयमोहन सिंह, रवीन्द्र कालिया और फिर दूधनाथ सिंह का, साथ ही भैया नामवर सिंह का बिछड़ना भी आपको अकेला कर गया।

हाँ, अकेलापन तो है। जबलपुर में ज्ञानरंजन (कथाकार, सम्पादक) हैं। उन्हें भी कोरोना हो गया था। उसके बाद उनसे भी बातचीत नहीं हुई। सारे लोग धीरे-धीरे बिछड़ रहे।

आपके संस्मरण काफी चर्चित हुए हैं। 'काशी का अस्सी' पर तो फिल्म भी बनी है, पर लम्बे समय से आपने कोई संस्मरण भी नहीं लिखा।

संस्मरण प्राय: मैंने उन्हीं के बारे में लिखा है, जिन्हें भीतर-बाहर बहुत अच्छी तरह जानता हूँ। जिन्हें बाहर से ही जानता हूँ, अन्दर से नहीं जान पाता, उनके बारे में नहीं लिखता। बाबा नागार्जुन पर लिखना चाहता था। वे आते तो हमारे घर ठहरते थे। हमारे लिए ही आते थे। उनके बारे में लिखने की सोची थी मैंने, लेकिन कुछ ऐसे विरोधाभास मुझे दिखाई पड़ रहे थे, जिन्हें मैं समझना चाहता था, नहीं समझ सका। इसलिए लिखने से रह गए बाबा।

अब तो आपका बनारस, उसका साँचा-ढाँचा भी बहुत बदल रहा है।

अब तो बनारस भी बनारस में नहीं दिखता। जिन गलियों के लिए जाना जाता था, बाबा विश्वनाथ उन गलियों के बीच थे पर अब वे भी कॉरिडोर में चले गए। बनारस अब बचा कहाँ है? बनारस के लिए क्या-क्या नहीं किया लोगों ने, पर अब वह बनारस रहा ही नहीं। ध्वंसावशेष के रूप में कुछ लोग आज भी रह गए हैं तो रह गए हैं, जैसे भाँग-ठंडई वाले, मस्ती वाले।

उत्तर प्रदेश में चुनाव आ रहे हैं, क्या सोचते हैं?

चुनाव के बारे में मैं क्या बताऊँ? सारी चीजें तो बिकती चली जा रही हैं। आदमी ही बचा हुआ है। अभी खुद को बचाए हुए चल रहा है। अब तो सीधे अस्तित्व पर ही संकट है, भाई।

['आजतक', 25 सितम्बर, 2021]

वासुदेव उबेराय ➡
⬅ काशीनाथ सिंह

विश्वसनीय हैं पुस्तकें और पत्रिकाएँ ही

यह बात सही है कि डॉ. काशीनाथ सिंह को काशी का बनाया काशी के अस्सी ने। इसे अड़ी कहें या चौपाल, कोई फर्क नहीं पड़ता। इन अड़ियों की खासियत है कि यहाँ हुआँ-हुआँ नहीं चलता। कोई बीमार है तो लोग अस्पताल जाकर हाल नहीं पूछते। "पूछते हैं गुरु ऽऽ नर्स कइसन हौ?" कोई चल बसे तो कहते हैं, "गुरु ऽऽ आराम करत हउअन!" पृथ्वी के गोले की राजनीति हथेली पर आँवला की तरह रखकर बयान करते हैं। रीवा कोठी की सीढ़ी से लेकर पप्पू की दुकान तक का सफ़र तय करने में कई देशों की सरकार गिर जाती है। फटे कुर्ते और कन्धे पर लटकते झोले से सबकी गिरस्थी चलती है। दुनिया का ज्ञान एक बकलोल बता देता है। सिद्धान्त और आदर्श की राजनीति कोई राजनीति नहीं होती। जो करते हैं, वे दाँत निपोरते हैं और हाथ पसारे गायब हो जाते हैं। जा कहीं और जाकर इ कुल बतियाव। विचार-उचार सोने क गहना हौ कभी-कभार पहिनल जाला। इज्जत एतना हल्का नाहीं हौ कि एक-आध बार हरले चल जाई। लड़त रह ऽऽ बचवा। ये सब यहाँ के वेद वाक्य हैं। काशीनाथ सिंह इसी में पले-बढ़े। बस, यहाँ खरा-खरा बोला जाता है। कुछ बघारनेवाले को लोग बघार देते हैं। कुछ भी करिए पर में-में मत करिए। पाखंड मत करिए, यह सब मिल-जुलकर काशीनाथ सिंह का व्यक्तित्व काशी का हो गया। वे आजकल लगभग तीन साल से अस्वस्थ चल रहे हैं। बीच में तो पांडिचेरी भी रह गए काफी वक्त तक। फिर यहाँ बनारस में हैं। इन दिनों प्रोस्टेंट का ऑपरेशन हो चुका है, पर कुछ न कुछ तकलीफ बनी हुई है। इस अंक के प्रकाशन की अनुमति लेने तथा उसके स्वरूप पर चर्चा के दौरान यह तय हुआ कि उनका एक ताजा साक्षात्कार भी इस अंक में दिया जाए।

मैं, सम्पादक नरेन्द्र मिश्रा और मनीष खत्री—तीनों जब उनके घर पहुँचे तो डॉ. काशीनाथ सिंह प्रसन्न मुद्रा में थे। वार्ताक्रम में डॉ. काशीनाथ सिंह ने बताया कि उनके साक्षात्कार तो बहुत हो चुके हैं। वे सब एक

पुस्तक रूप में शीघ्र ही प्रकाशित भी होनेवाले हैं। कुछ ऐसा करिए जो कुछ नयापन लिये हो। केवल साहित्य तक सीमित मत रखिए। एक आदमी के हर सरोकार के प्रश्न करिए, चाहे जो विषय हो, लेकिन आज बहुत देर हो गई है। ज्यादा देर बैठने में अब सुख नहीं मिलता। थकान-सी होती है। तय हो गया कि दूसरे दिन मैं 11 बजे पहुँच जाऊँगा और बातें हो जाएँगी।

दूसरे दिन मैं निर्धारित समय से दस मिनट देरी से वहाँ पहुँच गया। डॉक्टर साहब ड्रॉइंग रूम में आए और बोले—आप जो चाहे सो पूछिए, कहीं संकोच मत करिएगा। मेरे बारे में कही-अनकही कुछ भी पूछिए, मुझे बुरा नहीं लगेगा। सबका जवाब देने के लिए मैं तैयार हूँ।

मैंने कहा—डॉक्टर साहब, मैं यहाँ वो सब पूछूँगा जो मैं चाहता हूँ। दूसरों के कथन का जवाब लेना उन्हें बेमतलब महत्त्व देना है। मैंने कुछ प्रश्न तैयार किए हैं, आप देख लें। ठीक लगे तो इस कार्य को आगे बढ़ाया जाए। काशीनाथ सिंह जी ने प्रश्नावली देखी और सहजता से बताया—आपने ठीक तैयारी की है। यह असाहित्यिक होते हुए भी साहित्य के मर्म को छूते हुए सवाल हैं। प्रस्तुत है क्रमवार वार्ता—

जब आपने हमें साक्षात्कार के लिए खुला मंच दिया है तो सबसे पहले हम यही जानना चाहेंगे कि आप हमारे पाठकों को क्या कहना चाहते हैं?

हम इतना जरूर बताना चाहते हैं कि जब टीवी, इलेक्ट्रॉनिक मीडिया और सोशल मीडिया की शुरुआत हुई तो धीरे-धीरे लोगों की राय बनने लगी कि पुस्तकें और पत्रिकाएँ बन्द हो जाएँगी। इनको पाठक नहीं मिलेंगे। यहाँ तक कि प्रकाशक भी कम हो जाएँगे और एक दिन नहीं रहेंगे, लेकिन धीरे-धीरे यह महसूस किया गया कि पुस्तकें और पत्रिकाएँ भी छप रही हैं और पहले से ज्यादा छप रही हैं। यहाँ तक कि उनके पाठक भी बढ़ रहे हैं और जैसे-तैसे मीडिया से लोगों का भरोसा खत्म हो रहा है। ऐसी स्थिति में भरोसे की विश्वसनीय बची हैं तो पुस्तकें और पत्रिकाएँ ही। इस अँधेरे में वे प्रकाश स्तम्भ ही हैं। मैं उम्मीद करता हूँ कि 'सोच-विचार' के पाठक इसे और ज्यादा रौशन करेंगे। आनेवाली पीढ़ी की यही ताकत होगी। आनेवाली पीढ़ियों के लिए हर हाथ में यही प्रकाश होगा और वो अँधेरा दूर करेंगी।

यह तो ठीक ही है, पर मेरा सवाल बड़े फलक पर इसके उत्तर की अपेक्षा रखता है। वैश्विक स्तर के पाठकों से आप क्या कहना चाहेंगे?

आज हमें यह देखकर अच्छा लगता है कि कवि, कथाकार, लेखक वे ही नहीं रह गए हैं जो साहित्य-पथ के हैं। हर कोई कहीं-न-कहीं अपने मन की, आत्मा की, दिल की बात कहना चाहता है, चाहे वह किसी वर्ग का हो, पेशे का हो। इसलिए आज लिखनेवालों में बड़ी संख्या में साहित्य से इतर अनुशासनों के लोग दीख रहे हैं। चाहे वे डॉक्टर हों या व्यवसायी हों, इंजीनियर हों या दुकानदार अथवा किसी

नौकरी-पेशे में। मैं कह सकता हूँ कि जिस आधुनिक कहानी का जनक चेखव को माना जाता है, वह पेशे से डॉक्टर था, साहित्य का विद्यार्थी नहीं।

बचपन से आज तक आपका समय तमाम विद्वानों और विचारधारा के लोगों के साथ गुजरा है। अपने कुछ संस्मरण साझा करें, जो आपको बताना अच्छा लगे।

यूँ तो मेरे तमाम संस्मरण हैं, बहुत-से प्रकाशित भी हो चुके हैं। नागार्जुन के साथ, बड़े भैया के साथ, त्रिलोचन के साथ, सुमन जी के साथ, राजेन्द्र यादव, अशोक वाजपेयी और भी लोग हैं, पर आज इनकी चर्चा नहीं करूँगा। लेखकों के संस्मरणों को छोड़ रहा हूँ। एक संस्मरण है जिसे लिख नहीं पाया, पर भूल भी नहीं सका। ये बात तब की है जब संयुक्त परिवार हुआ करते थे, अब तो नहीं रहे। किसी मित्र की शादी में मुझे जाना था आजमगढ़ के एक गाँव में। रात तक पहुँचना जरूरी था। मैं आजमगढ़ में बस से उतर गया। वहाँ से वह गाँव आठ किलोमीटर दूर था। पैदल चलने के अलावा और कोई साधन नहीं था। रास्ता भी अनजान था। ढोल-नगाड़े की आवाज को लक्ष्य कर मैं एक गाँव में पहुँच गया, परन्तु यह वह गाँव नहीं था जहाँ के लिए मैं निकला था। जिस दरवाजे पर मैं पहुँचा, रात के आठ बज चुके थे। वहीं पता चला कि मैं भटक गया हूँ। रात हो गई थी। उस घर के लोगों ने कहा, इस समय यात्रा करना उचित नहीं है। आप सुबह जाइएगा। वह घर खाते-पीते अच्छे परिवार का था। इसी क्रम में मुझे आभास हुआ वे लोग किसी बात से परेशान हैं। मैं उसी घर में सो रहा था। जब सुबह उठा तो देखा, घर के सामने नीम के पेड़ के नीचे एक लाश रखी हुई है और गाँव की सारी औरतें रो रही हैं। बड़ा हृदय विदारक रुदन था। पता करने पर मालूम हुआ कि नई आई हुई बहू थी जो आधी रात को चल बसी। बहू गर्भवती भी थी। घर के सारे बड़े-बूढ़े और दूसरे लोग भी दुखी थे और उसकी अर्थी की तैयारी में लगे थे। वह खूबसूरत थी, अच्छे घर की थी। घर के लोग उससे प्यार करते थे। मुझे जिज्ञासा हुई कि इसका पति कहाँ है? जिस आदमी से मैंने पूछा, उसने बताया कि वह तालाब की तरफ गया है, अभी आता होगा। मैंने एक लड़के को गन्ना चूसते हुए आते देखा। उस आदमी ने बताया, वही उसका पति है। मुझे आश्चर्य हुआ, पूछा कि क्या दोनों के सम्बन्ध खराब थे? वह आदमी रोते हुए बोला कि वह उसे छोड़कर कहीं जाता ही नहीं था। जो संयुक्त परिवार को नहीं जानता, वह इस एब्नॉर्मल व्यवहार की कल्पना ही नहीं कर सकता। वह क्यों ऐसा कर रहा था? मुझे याद आया कि जब भी मेरे पिता मुझे प्यार करना चाहते थे, वे थप्पड़ मारते थे। भाइयों के बेटों को प्यार तथा अपने बेटों को थप्पड़ मारते थे। यही उनका प्यार था। इस कहानी को मैं लिखना चाहता था पर कहानी लिख न सका। इस तरह प्यार करने का संस्कार मेरे बड़े भाई नामवर सिंह को भी मिला था। मैंने उन्हें अपने बेटे से कभी प्यार से बात करते नहीं देखा।

एक और संस्मरण बताता हूँ। यह 1992 के आसपास की बात है। मेरे मित्र ज्ञानरंजन 'पहल' पत्रिका के सम्पादक थे। वे अमरकंटक में एक गोष्ठी कर रहे थे। हम 15-20 लेखक जबलपुर से रात्रि की गाड़ी से रवाना हुए शहडोल के लिए। वहाँ पहुँचे लगभग रात ढाई बजे। अमरकंटक ले जानेवाली बस सुबह सात बजे आने की सम्भावना थी। हम लोगों ने सोचा, इस समय को कैसे बिताया जाए? तय किया गया, रात को सोया न जाए। तब तक प्लेटफॉर्म पर ही नाच-गाना किया जाए और समय काटा जाए। हम लोगों ने सारा सामान एक जगह रख दिया और वहीं प्लेटफॉर्म पर गोला बनाकर बैठ गए। पहले ज्ञानरंजन ने ही कीर्तन शुरू किया—

बम भोलेनाथ! बम भोलेनाथ!
हम चलेंगे साथ, ले के हाथ में हाथ
तेरी बहन के साथ...बम भोलेनाथ!
जानी आओ अन्दर में
कोई नहीं है मन्दर में
साधु-सन्त सब सोए पड़े हैं
भोलेनाथ! बम भोलेनाथ!

इसको देर तक गाते रहे हम लोग। उसके बाद मेरी बारी आई। मुझसे गाने के लिए कहा गया। मैंने कहा, "सब लोग खड़े हो जाइए और हाथ एक-दूसरे की कमर में डाल लो। क्योंकि नाचना भी पड़ेगा।" मैंने एक कहरवा सुनाया—

रेंगे रे सखी, मोरे अंग अंग पानी
रेंगे रे सखी
ससुरु ह्यह्य कहैं ल ह्यह्य
बेटा सोव ह्यह्य खरिहनवा
रोय रोय बिताई हम रतिया—बिहनवा
अरे जोबना के भार भइलीं कमर कमानी,
रेंगे रे सखी
अरे कुल दुर्गतिया करावे ई जवानी,
रेंगे रे सखी

और हम सब घंटों नाचते रहे। सुबह होने तक। वेटिंग रूम के यात्री और तमाम लोग हम लोगों को इस तरह से देख रहे थे कि मानो यह लुच्चों की मंडली है।

संस्मरणों में अपने मित्र दूधनाथ की बराबर याद आती है। मैं अपनी बेटी की शादी के लिए उसके घर गया। उसने कहा, "चलो, चिकन खाया जाए।" स्कूटर उठाया और चिकन लाने चल पड़े। वह स्कूटर चला रहा था। मैं पीछे बैठा था। मैंने दूधनाथ से धीरे से कान में कहा, "दूधनाथ मेरी बेटी की शादी अपने बेटे से

करोगे?" वह ठठाकर हँसा और स्कूटर खड़ा कर दिया। हम दोनों नीचे उतर गए। उसने कहा, "साले, मैं पूछता हूँ तुम बोलो, तुम अपनी बेटी की शादी मेरे बेटे से करोगे?" उसके बाद हम दोनों गले मिले। बस इतनी-सी बात हुई और शादी हो गई। ऐसे बहुतेरे संस्मरण याद आ रहे हैं पर अब और आगे नहीं।

एक समय आपने बहस शुरू की थी, 'खिड़कियों के शीशे तोड़कर नये शीशे लगाने की'। आज भी आपको क्या ऐसा लगता है या अब खिड़कियाँ अनावश्यक हैं?

खिड़कियाँ अनावश्यक तो कभी नहीं होंगी। मकान भले ही ढह जाए, पर खिड़कियाँ रहेंगी। खिड़कियों का मतलब है—एक परम्परा तोड़कर दूसरी परम्परा बनाना। हमेशा कुछ नया करने की ख्वाहिश। इस सृष्टि का विकास इसी शैली में हुआ है। पुराना जड़ हो जाता है तो नये की जरूरत होती है। साहित्य भी इसी गति से बढ़ा है। छायावाद जब रूढ़ होने लगा तो प्रगतिवाद आया। प्रगतिवाद भी जब फॉर्मूला बनने लगा तब प्रयोगवाद और नई कविता सामने आई। कहानियों का विकास भी ऐसे ही हुआ, लेकिन उन परम्पराओं में ही कुछ मूल परम्परा होती है जो कभी रूढ़, फॉर्मूला या मृत नहीं बनती। वह हमेशा नवीन रहती है, जैसे कबीर और प्रेमचन्द। जब तक भारत में साम्प्रदायिकता रहेगी तब तक कबीर रहेंगे और जब तक किसान रहेंगे तब तक प्रेमचन्द। औजार भले ही बदलते रहें खेत वही रहेंगे, इसी तरह जब तक आध्यात्मिकता रहेगी, निर्गुण-सगुण विवाद रहेगा तब तक कबीर भी रहेंगे, वस्तुतः टूटना और नया बनना यह सृष्टि के विकास के नियम की तरह हैं। मेरे ही उपन्यास 'उपसंहार' में जब द्वारका नष्ट होने पर कृष्ण का बेटा साम्ब रोता है कि उसके नष्ट होने की जिम्मेदारी उस पर आ रही है, तब कृष्ण कहते हैं, "इसके लिए दोषी तुम नहीं हो। जब तक द्वारका का ध्वंस नहीं होगा नई द्वारका कैसे बनेगी?" प्रसाद की 'कामायनी' में भी प्रलय के बाद नया संसार बना है। यह प्रकृति का नियम है। एक खिड़की टूटती और दूसरी खिड़की बनती रहेगी। पुरानी खिड़की नये लोगों के काम की नहीं हो तो वे खुद नई खिड़की बनाते रहेंगे।

अनेक कहानियाँ-उपन्यास आपने लिखे हैं। हजारों किताबें पढ़ी हैं। हिन्दी जगत् में आज गिने-चुने लोग हैं जो इस मुकाम पर हैं। ऐसे में आपने अपने परिवार को कितना समय दिया या आपकी गृहस्थी कैसे ठीक-ठाक चली?

मेरी शादी 1962 में हुई। और समझिए जिसे हनीमून कहते हैं, वह मनाया मैंने 1987 में। बीच के दिनों में पाँच बच्चे हुए। छोटा-सा घर और तीन भाइयों का परिवार तथा माँ-पिता मेरे साथ। मुझे आश्चर्य होता है कि मैं कैसे लिख गया बीच के दिनों में? बड़े भाई नामवर जी के बेटे और बेटी को पढ़ाना। मझले भाई की तीन बेटियों को पढ़ाना। माँ व पिताजी की देखभाल करना। पत्नी कुसुम बड़े अरमान के साथ

बी.ए. करके आई थीं, एम.ए. करने के इरादे से कि नामवर सिंह का परिवार है, एम.ए., बी.एड. करेंगे, सर्विस करेंगे और हुआ ये कि 1971 में एम.ए. किया, उसके 7-8 साल बाद बी. एड.। उसके दो साल बाद 200 रुपये वेतन पर एक स्कूल में मास्टरी की। अच्छी बात ये थी कि मझले भाई गाँव की खेती देखते थे, पर बनारस की सारी जिम्मेदारी मेरी थी। लम्बा-चौड़ा परिवार, परिवार की हर जरूरत देखना, नौकरी करना और उसमें लिखना जारी रखना। बड़े भाई वैरागी किस्म के आदमी थे। इन सारे झमेलों के बीच मेरे पाँच कहानी-संग्रह, एक उपन्यास और एक नाटक प्रकाशित हुए। कभी-कभी मुझे भी आश्चर्य हुआ कि यह सब कैसे हुआ? लेकिन इन्हीं के बीच मैंने एक रास्ता निकाला था अपने लिए। मैं घर में हूँ, किसी बच्चे को सुला रहा हूँ, पढ़ रहा हूँ, पढ़ा रहा हूँ, चाहे जहाँ हूँ, अधूरी रचना मुझे छोड़ती नहीं थी, वह मेरे साथ रहती थी। विभाग में मैं लोगों से बात कर रहा हूँ, तब भी कहानी अटकी रहती थी मेरे दिमाग में। थपकी देते समय भी दिमाग में कहानी ही रहती थी। बाजार करते समय, पैदल या साइकिल पर तब भी कहानी दिमाग में अटकी रहती थी, जिसे पूरा करना रहता था या वो अधूरी रहती थी। सच कहिए तो अपना मनचाहा मैंने लगभग 1986-87 के बाद लिखना शुरू किया, जब बनारस में मेरा परिवार रह गया। दरअसल, मैंने मान लिया था कि अगर कुछ करना है तो इन झमेलों के साथ ही जीना है।

आपने वामपंथी विचारधारा को गहरे से जिया है। आज पूरे विश्व में जो वैचारिक शून्यता है, उसे आप कैसे देखते हैं?

प्रश्न बहुत अच्छा है और महत्त्वपूर्ण भी। संक्षेप में उत्तर देना और कठिन है। यह जानना जरूरी है कि वैचारिक शून्यता की बात कब कही गई, किन लोगों ने कही और इसके पीछे उनका मकसद क्या था? यह एक जुमला है कि स्लोगन है? फलसफा है या प्रक्षेपास्त्र? विचारशून्यता की बात तब कही गई जब सोवियत संघ का विघटन हुआ। कहनेवाले थे अमेरिकी विचारक, साम्राज्यवादी चिन्तक। उनके कहने के पीछे अमेरिकी राजनैतिक, सांस्कृतिक, आर्थिक विचारनीति थी। टारगेट थे दक्षिण-पूर्वी एशियाई देश, जिनमें इराक, ईरान, अफगानिस्तान, पाकिस्तान और भारत थे। वे यहाँ अपना वर्चस्व बनाना चाहते थे क्योंकि उनके रास्ते का रोड़ा सोवियत संघ विघटित हो चुका था। उन्होंने मान लिया था कि मार्क्सवाद एक विचार था, जो खत्म हो गया। अब साम्राज्यवाद के अलावा कोई विचार नहीं रहा जबकि सत्य यह है कि व्यक्ति मरता है, विचार नहीं। जैसे मार्क्स विचार है, बुद्ध विचार है, गांधी विचार है, अम्बेडकर विचार है, इनके मरने का सवाल ही नहीं, लेकिन इसके बाद ही विचारशून्यता की चर्चा के समानान्तर उन्होंने अपना साम्राज्यवादी फलसफा फिर फेंका था। आपको याद होगा, वह था वैश्वीकरण, उदारीकरण,

बाजारीकरण, निजीकरण। 1990 के बाद दक्षिण-पूर्व एशियाई देशों में तेजी से बदलाव हुआ। इसमें भारत शामिल है। कहने की जरूरत नहीं कि उसके बाद बाबरी मस्जिद ढहाई गई, गोधराकांड हुआ। एक मजहब विशेष को टारगेट किया गया। हिन्दुत्व की लहर चली। ढेर सारे लेखक-पत्रकार मारे गए। निजीकरण की प्रक्रिया तेज हुई। लाभ देनेवाले सार्वजनिक उपक्रम भी बेचे जाने शुरू हुए। लोकतंत्र गहरे संकट में पड़ा। अभिव्यक्ति की आजादी सन्दिग्ध होने लगी, जो लोकतंत्र का आधार थी। 'असहमति' को देशद्रोह समझा जाने लगा। सबसे ज्यादा दुखद यह है कि वे स्वायत्तशासी संस्थाएँ जो स्वतंत्र थीं, वे सत्ता की कठपुतली होने लगीं, जैसे सुप्रीम कोर्ट, चुनाव आयोग और इसी तरह की अन्य संस्थाएँ। हम इन्हीं दिनों एक ऐसे नये शब्द से परिचित हुए, जिससे गुलामी के दिनों में भी ठीक-ठीक परिचित नहीं थे। वह शब्द है, 'देशद्रोह'। आवाज उठनी शुरू हो गई है कि हम अपने संविधान और लोकतंत्र को छोड़कर फासिज्म की तरफ बढ़ चुके हैं जबकि फासिज्म के हश्र से सत्ता परिचित है। दूसरे विश्वयुद्ध का और तानाशाहों का अन्त कैसे हुआ था, इसे दुनिया जानती है। अब हम यह प्रश्न पूछ सकते हैं कि करोड़ों किसान जो साढ़े चार महीने से आन्दोलन कर रहे हैं, वह क्या विचारशून्यता है? बैंकों के लाखों कर्मचारी अगर हड़ताल पर हैं तो क्या वह विचारशून्यता है? करोड़ों की संख्या में जो युवक बेरोजगार हैं, वो आए दिन धरना-प्रदर्शन करते हैं, वो क्या विचारशून्यता है? भारत के लगभग 99 प्रतिशत कवि-लेखक और पत्रकार जो स्वाधीनता के बाद मार्क्सवादी रुझान के हैं, वे प्रतिरोध का संघर्ष जारी रखे हुए हैं। हम यह मानने को तैयार नहीं कि अमेरिकी विचारकों के अपने हित में कह देने मात्र से वैचारिक शून्यता आ गई है।

हमारा लोकतंत्र भी दूसरे लोकतंत्रों की तरह 20 वीं सदी का एक विचार ही है, जिसका अपना संविधान है। उसके निर्माता सभी वर्गों के थे और साधारण लोग नहीं थे। आज कुछ उत्साही, निरंकुश और तानाशाही प्रवृत्ति के लोग उस संविधान की धज्जियाँ उड़ाने की कुचेष्टा कर रहे हैं। स्वाधीनता संग्राम के योद्धा और भारतीय जनता ऐसा नहीं होने देगी किसी भी कीमत पर। उनका झूठ और फरेब काम नहीं आएगा।

लघु पत्रिकाएँ आपसे बराबर जुड़ी रही हैं। आपने अपने रचनाकाल में उन्हें अनवरत अपने सृजन से जोड़े भी रखा। आज की लघु पत्रिकाओं मे छप रही सामग्रियों पर आपकी क्या प्रतिक्रिया है?

सन् 1967 के आसपास लघु पत्रिका आन्दोलन हमने शुरू किया था। बनारस में ये पहले से निकल रही थीं। 50 के दशक में विष्णु शर्मा सम्पादित 'कवि' नामक पत्रिका निकलती थी दो आने की, जिसे वे जेब में रखकर बेचा करते थे। उसी तरह यहाँ 'बासन्ती', 'मराल', 'रचना', 'आमुख' आदि पत्रिकाएँ निकलनी शुरू हुईं। हम

लोगों ने आन्दोलन शुरू किया था व्यावसायिक और बड़े घरानों से निकलनेवाली पत्रिकाओं के खिलाफ जिसमें 'धर्मयुग', 'हंस', 'सारिका' आदि प्रमुख थीं। इनमें छपनेवाली सामग्री भी अलग तरह की होती थी। आन्दोलन के चलते हम लोगों ने फैसला लिया कि इन पत्रिकाओं में लिखना बन्द कर दें और उस दौर के अधिकांश लेखकों ने यही किया। मैंने जबलपुर में 'प्रगतिशील लेखक संघ' के आयोजन में 'लघु पत्रिका प्रदर्शनी' का उद्घाटन किया था। यह पाया गया कि प्राय: हर शहर से कोई-न-कोई लघु पत्रिका निकलती थी। इन पत्रिकाओं के संसाधन बड़े सीमित थे, इसलिए वे नियमित भी नहीं थीं और उनकी उम्र भी कम होती थी। उनके पाठक भी सीमित होते थे क्योंकि संसाधनों की कमी यहाँ भी उन्हें प्रभावित करती थी। मैंने ज्यादातर अपना लेखन व कहानियाँ लघु पत्रिकाओं में ही भेजीं। मेरी जो भी पहचान बनी, वह उन्हीं से बनी। आज ढेर सारी पत्रिकाएँ निकलती हैं जो शुरू तो लघु पत्रिका के रूप में हुई थीं, परन्तु आज वे लघु नहीं हैं। अभी हाल में लघु पत्रिकाओं पर एक सम्मेलन समारोह कलकत्ता में हुआ था, शम्भुनाथ जी के संयोजकत्व में। अब यह विवादग्रस्त और विचारणीय है कि लघु पत्रिका किसे कहा जाए? हालाँकि यह सचाई है कि महत्त्वपूर्ण और युवा लेखकों ने अपनी शुरुआत लघु पत्रिकाओं से ही की है। पत्रिकाएँ भले ही लघु कहलाती हों, लेकिन वे कवि, लेखक और आलोचक लघु नहीं रह गए हैं। यह ज्यादा महत्त्वपूर्ण है।

मेरा ऐसा मानना है कि आपके उपन्यासों में शोषण, विपदा, आडम्बरों का विरोध, बदलते समय को अपने आसपास से गुजरते देखने के दृश्य बहुतायत से हैं, केवल 'उपसंहार' को छोड़कर। इस पूरे दौर को 1960 के पूर्व से जोड़ते हुए आज तक आपने अपने अन्दर कैसा बदलाव महसूस किया है?

मैं कहा तो जाता हूँ साठोत्तरी लेखक, लेकिन साठोत्तरी रह नहीं सका। मेरे अपने समय का यथार्थ बदलता गया। 'उपसंहार' 2014 में छपा था। उसके बाद यथार्थ में भयंकर बदलाव होता गया। इस बदलाव के बारे में लिखने की तड़प मेरे भीतर शुरू से है और अब भी है, लेकिन स्वास्थ्य ने साथ नहीं दिया। तीन साल से अस्वस्थ हूँ और ऐसी शारीरिक व्याधि है जो दिमाग को भी जकड़े रहती है। एक घटना का स्मरण है। 2014 में ही मैंने देखा, देश के सबसे बड़े पद पर आसीन नेता मडुआडीह से अस्सी आते हैं। स्वच्छता आन्दोलन की शुरुआत करते हैं। उसके सबसे ज्यादा भुक्तभोगी नगर को स्वच्छ रखनेवाले ही होते हैं। हमारे सुन्दरपुर चौराहे के आगे नरिया मोड़ पर 10-15 झुग्गी-झोंपड़ियाँ थीं, जिनमें मेहतर रहते थे। टाट-बोरे, कच्ची टूटी-फूटी ईंटों के घर और चूल्हे, सबसे पहले उन पर बुलडोजर चलता है। उनके आने के तीन दिन पहले ढहा दिये जाते हैं। वे ही मेहतर इन मोहल्लों और सड़कों की सफाई करते रहते हैं। हर बार उनके आने-जाने में वे घर गिरते हैं, फिर 10-15

दिन में बन जाते हैं। स्वच्छता आन्दोलन की विडम्बना ही कहिए कि उसके सबसे पहले शिकार वे ही सफाईकर्मी होते हैं जो सड़कें और मोहल्ले साफ करते हैं। उनसे मैंने बात की थी। उन्होंने बताया कि जाने कितनी बार नगर निगम से आवेदन कर चुके हैं कि उन्हें स्थायी आवास मिल जाए, पर नहीं मिला। इसी तरह अनेक समस्याएँ देखीं मैंने और वे अलिखी रह गईं। मैंने लोकतंत्र तो देखा ही उसका पतन भी देख रहा हूँ, लेकिन यह अस्थायी है। हाँ, मेरे अन्दर बदलाव हुआ है जरूर इसी दौर में, इसमें दो राय नहीं।

आपकी रचनाओं का मंचन होना, फिल्में बनना, अनुवाद होना अभी भी जारी है। खास तौर से जो अनुवाद हुए हैं, उनके पाठकों और समीक्षकों की राय साझा करने की कृपा करें। यह बताएँ कि इन अनुवादकों ने आपसे कैसे सम्पर्क किया?

मैंने नाटक तो एक ही लिखा 'घोआस', जिसका मंचन भोपाल में हुआ एक बार, लेकिन कई कहानियों के मंचन हुए और हो रहे हैं। यहाँ तक कि उपन्यासों के भी मंचन हुए हैं। 'अपना मोर्चा' का मंचन हुआ था 1981 में। एम.के. रैना की संस्था थी और निर्देशन किया था देवेन्द्र राज अंकुर ने, जिसमें 'ज्वान' नाम के चरित्र की भूमिका निभाई थी मनोज वाजपेयी ने। उसके बाद बांग्ला के क्लासिकल थियेटर में 'सदी का सबसे बड़ा आदमी' का मंचन हुआ। बांग्ला भाषा में अनुवाद करके हुआ था। फिर उषा गांगुली ने 'पाँड़े कौन कुमति तोहे लागी' का 'काशीनामा' नाम से मंचन किया। उस मंचन की संख्या 125 से अधिक हो गई। यह देश ही नहीं विदेशों में भी मंचित हुआ। एक फिल्म भी इसी पर 'मोहल्ला अस्सी' नाम से बनी थी। फिर कीर्ति जैन ने 'कौन ठगवा नगरिया लूटल हो' का दिल्ली और वाराणसी में मंचन किया। दिल्ली के ही एक निर्देशक राजनारायण दीक्षित हैं, वो आज भी मंचन कर रहे हैं मेरे उपन्यासों—'महुआचरित', 'रेहन पर रग्घू' और कथा-रिपोर्ताज 'कौन ठगवा नगरिया लूटल हो' का। कई बार इनके मंचन हो चुके हैं। अभी 27 मार्च को 'रेहन पर रग्घू' का मंचन दिल्ली में होना है। ऐसे ही एक निर्देशक हैं इमरान रजा, वो टी.वी. सीरियलों में भी आते रहते हैं। उन्होंने खबर दी थी कि वे हर शनिवार को 'रेहन पर रग्घू' का मंचन करते हैं। वे इसका मंचन साल भर पहले मुगलसराय में कर चुके हैं। इस तरह कुछ सूचनाएँ तो मुझे मिल जाती हैं। जैसे इप्टा के एक चतुर्वेदी जी हैं, जयपुर के हैं, जो 'कहानी सरायमोहन की' का मंचन गाँव में और जयपुर में करते रहते हैं। 'जंगलजातकम्' का मंचन शिमला में हुआ था। मुझे इसका आभास है कि प्रेमचन्द के अलावा बहुत कम समकालीन लेखक हैं, जिनकी कहानियों के इतने ज्यादा मंचन हुए हैं जितनी मेरी कहानियों के। रही अनुवाद की बात, तो अनुवादक मुझसे अनुमति लेते हैं पहले ही। 'रेहन पर रग्घू' की अनुमति साहित्य अकादेमी देती है, मुझे सूचित करती है। इसका अनुवाद कई

भाषाओं में हुआ है। मैं अनुवादकों पर कोई बन्दिश नहीं लगाता। उड़िया, राजस्थानी, बांग्ला में अनुवाद होते रहते हैं।

त्रिलोचन, धूमिल, नागार्जुन जैसे तेवर के कवियों के साथ रहते हुए आपने कुछ कविताएँ भी तो लिखी होंगी। उन्हें आपने कहीं जाहिर नहीं किया है। और यदि नहीं तो क्यों नहीं लिखीं?

हिन्दी के अधिकांश कवियों के निकट होने, उनसे मित्रता रखने का सौभाग्य मुझे मिला है। मैंने हमेशा उनसे कुछ न कुछ सीखा है। त्रिलोचन, धूमिल, नागार्जुन, केदारनाथ सिंह, लीलाधर जगूड़ी, राजेश जोशी, मंडलोई, केदारनाथ अग्रवाल को निकट से देखा है, सुना है, जाना है। उनसे सीखा और उसका उपयोग अपनी भाषा में किया। मैंने कविता लिखने का साहस बी.ए. में पढ़ते समय किया था। दो-तीन कविताएं लिखी भी थीं और बड़े उत्साह से नामवर जी को दीं। अपने बड़े भाई को, कि देखें और बताएँ। देखने के बाद उन कविताओं पर बिना किसी टिप्पणी के उन्होंने मुझसे सिर्फ इतना कहा, "ये सब लिखना छोड़िए आप अपनी पढ़ाई देखिए। मैं उन्हें जानता था। इससे समझ गया कि मुझे कविता नहीं लिखनी चाहिए। फिर मैंने हिम्मत नहीं की। नागार्जुन जी तो प्राय: घर आया करते थे। वे खाने के बहुत शौकीन थे। चटनी कैसे बनेगी, ये बनाओ वो बनाओ कहते चौके तक चले जाते थे, पर मैंने उन्हें कभी नहाते और ब्रश करते नहीं देखा। ऐसे बहुत-से संस्मरण हैं, पर अब थकान हो रही है। बस, अब इतना ही। आगे फिर कभी।

चलते-चलते मैंने पूछ ही लिया, "आप भोजपुरी बोलते हैं, बतियाते हैं, लेकिन भोजपुरी में आपने कुछ लिखा क्यों नहीं?" वे ठिठक गए, पलटकर बोले, "भोजपुरिया होने का जो प्रभाव है, वह हमारे गद्य में है। कभी-कभी मन में आया जरूर, लेकिन मैं बोल-बतिया तो लेता हूँ, पर भोजपुरी में सहजता से लिख नहीं पाता।"

और धीरे-धीरे उनके कदम अन्त:कक्ष की ओर बढ़ते गए। उन कदमों में ठहराव की धमक आज भी है। मैं रोमांचित-सा यह देखता रहा। थोड़ी देर में वहाँ की पुस्तकों और चित्रों में काशीनाथ सिंह के अक्षर-अक्षर चेहरे देखते हुए वापस लौट आया।

['सोच विचार', वाराणसी, अप्रैल, 2021]

प्रीति पांडे →
← काशीनाथ सिंह

साहित्य संघर्ष का हथियार है

आप लेखन-कार्य की ओर कब प्रवृत्त हुए? लेखन की प्रेरणा आपको किससे मिली। अपना आदर्श किसे मानते हैं?

प्रारम्भ तो मैंने किया था 1960 के आस-पास से और आदर्श उस समय हमारे चेखव, टॉलस्टाय और प्रेमचन्द थे। उसमें एक नाम मैं और जोड़ देना चाहता हूँ फणीश्वरनाथ 'रेणु'। मुख्य रूप से यही लोग मेरे आदर्श रहे हैं। प्रेरणास्रोत तो हमारे भाई थे। उन्हें लिखते हुए देखता था बराबर, काम करते हुए, पढ़ते हुए। तो मैंने सोचा कि जब मैं हिन्दी से ही एम.ए. कर रहा हूँ, रिसर्च कर रहा हूँ और कहीं-न-कहीं मास्टर ही होना है तो सोचा कि जीविका तो विश्वविद्यालय या विद्यालय दे सकता है, लेकिन जीवन नहीं दे सकते तो जीवन की खोज मैंने लिखना शुरू किया और अपने आदर्श का जहाँ तक सवाल है प्रेमचन्द और 'रेणु' मेरे आदर्श थे।

आप अपने पारिवारिक पृष्ठभूमि का संक्षिप्त परिचय देने की कृपा करें।

मेरे पिता सीधे-सादे एक चुप्पे किस्म के व्यक्ति और दफ्तर में मुदर्रिस थे। उन्हें सोलह रुपये माहवार मिला करता था। हम उन्हें 'बाबू' कहते। वे इतना तेज चलते थे कि उनके साथ चलने वाले उनके पीछे-पीछे दौड़ते हुए नजर आते थे। वे हमेशा गम्भीर रहते थे। परन्तु किसी मौके पर हँस भी लिया करते थे। वे धोती-कुर्ता पहनते और धोती-कुर्ता को तब तक पहनते, जब तक उनमें चकत्तियों के लिए भी जगह नहीं बचती थी। वे अपने जीवनकाल में कभी बीमार नहीं हुए और जब बीमार हुए तो अस्पताल भी मरने के एक दिन पहले गए। सन् 1984 में उनका देहावसान हो गया। वे अपने सिद्धान्तों के इतने पक्के थे कि मरणोपरान्त भी बेटों की कमाई को कभी अपना नहीं समझा, कफ़न और श्राद्ध के लिए पेंशन छोड़ गए।

मेरी माताजी पढ़ी-लिखी नहीं थीं। वे सीधी-सादी महिलाओं की भाँति हमेशा हँसी-खुशी, उल्लास, उत्साह से भरी हर मौसम और हर तीज-त्योहार के लिए

उनके पास हर तरह के गीत हुआ करते थे। वे गाते-गाते रोने भी लगतीं। वे गाँव में अहिरान, लोहरान, कहरान चली जातीं और उनके साथ सुख-दुःख में गाने, बजाने के लिए। कहानियाँ भी उन्हें खूब आतीं और उतनी ही खूबी से सुनाती भी थीं। घर के सारे बच्चे शाम को कहानी सुनने को उनके पास जुट जाते, वे इतनी सहज, सरल और निश्छल हृदय थीं कि जब वे मेरे पास लोलार्क कुंड आईं तो उन्होंने देखा कि वहाँ लोगों को 'जी' लगाकर बुलाते हैं तो वह हिन्दी विभाग के चपरासी को 'चपरासी जी' कहा करती थीं।

मेरे बड़े भाई नामवर सिंह, मझले भाई रामजी सिंह हैं। 23 मई, 1962 में 'कुसुम देवी' के साथ मेरा विवाह हुआ। पहले कम उम्र में विवाह हो जाया करता था, परन्तु मेरे बड़े भाई नामवर सिंह मेरे विवाह को लेकर सभी से कहते थे कि जब तक मैं अपने पैरों पर खड़ा न हो जाऊँ तब तक विवाह न करना, लेकिन शमशेर बहादुर सिंह ने उन्हें विवाह के लिए मना लिया और अपनी पुत्री 'कुसुम देवी' जो बी.ए. उत्तीर्ण कर चुकी थीं, उनसे ब्याह करवाया, जिन्होंने आगे एम.ए. की पढ़ाई ससुराल में ही की।

आपके जीवन में व्यक्तिगत अनुभवों और संघर्षों की क्या भूमिका रही है, आप इससे किस प्रकार प्रभावित रहे?

हिन्दी विभाग के वो तीस साल का तीन-चौथाई वर्ष बड़ा ही संघर्षपूर्ण रहा, किसी-न-किसी मुकदमों और 'इन्क्वायरी' का जवाब देते ही गुजरा और इतना ही नहीं, मुझ पर तरह-तरह के आरोप और लांछन भी लगाए गए। कई प्रकार की अफवाहें भी उड़ाई गईं। मैं इन सभी समस्याओं को झेलता गया, जिनसे मेरा कोई लेना-देना नहीं था, जिनकी मुझे जानकारी भी नहीं थी। इन संघर्षों और विवादों से मैंने ये जाना कि विभागीय जीवन भी एक प्रकार का 'पॉलिटिक्स' है, जिसमें व्यक्ति का चुपचाप काम करना, ईमानदार बनकर सच का ढोंग करना उसका प्रमुख अंग है और दूसरी बात यह है कि मेरी आधी से ज़्यादा ज़िन्दगी लोगों को यह समझाते और साबित करते हुए बीत गई कि मैं नामवर सिंह का सिर्फ भाई हूँ। मेरी प्रतिभा उसका प्रमाण है, वह केवल नामवर सिंह का भाई ही हो सकता है, जिसने जीवन देखा ही नहीं भोगा भी और समय-समय पर प्रमाणित भी किया और अपनी प्रतिभा का परिचय भी दिया।

कहानी-लेखन के प्रति आपकी दिलचस्पी कैसे उत्पन्न हुई?

कहानियों में दिलचस्पी बचपन से ही थी। माँ हमेशा मुझे नाई, कहारिन और कई किस्से-कहानियाँ सुनाया करती और मैं बड़े ही ध्यान से सुना करता। उनका कहानी

कहने का ढंग भी प्रभावशाली था, कहानी का सारा चित्र और सभी चरित्र आँखों के समक्ष हूबहू प्रतिबिम्बित होने लगता। कहानी लिखने का शिल्प मैंने उन्हीं से सीखा तथा आज मेरे कथाकार होने का श्रेय मैं अपनी माता को देता हूँ, जिनकी इन सब में महत्त्वपूर्ण भूमिका रही है।

पाँचवें दशक की कहानी और आज की कहानी में आप क्या अन्तर पाते हैं?

बहुत अन्तर है। एक तो हमारे समय का यथार्थ दूसरा था और आज का यथार्थ बदला हुआ है। आज के यथार्थ में भी 2014 तक का यथार्थ दूसरा था और उसके बाद का यथार्थ एकदम दूसरा है। पूरा माहौल बदल गया है। कोरोना के दौरान कहानियों का रंग बदला है। यह देखोगी कि प्राय: हर दशक की कहानियाँ उसके पहले के दशक से भिन्न होती गई हैं। हमारे समय की स्थिति दूसरी थी फिर 1970 के बाद की स्थिति बदली, आपातकाल लागू हुआ, दूसरी आजादी की लड़ाई शुरू हुई। उसके बाद फिर जनता सरकार आई। परिस्थितियाँ बदल गईं तो यथार्थ भी बदलता गया। तो यथार्थ के बदलाव के साथ कहानियों में भी बदलाव और परिवर्तन होता गया।

आप अपनी कहानियों में कल्पना, अनुभव एवं विचारों में से किसे अधिक महत्त्व देते हैं?

सर्वप्रथम तो मैं यह स्पष्ट कर दूँ कि कहानी एक कला है जिसमें लेखक अपने मनोभावों को विभिन्न घटनाओं और विषयवस्तु के माध्यम से व्यक्त करता है। वैचारिक कहानियों के लिए मेरा मानना है कि एक समय और एक स्थान विशेष में आए परिवर्तन और होने वाले आन्दोलनों को व्यक्त करती है जो कि एक खास वर्ग को प्रभावित करती है। समय बीतने के पश्चात् उसका महत्त्व कम हो जाता है, परन्तु संवेदनशील कहानियाँ सार्वकालिक होती हैं। मैं संवेदना को कहानी का प्राण मानता हूँ।

अपनी चर्चित कहानी 'लोग बिस्तरों पर' में आप क्या कहना चाहते हैं?

हँसते हुए, देखिए कहानी लिखना मेरा कार्य है सो मैंने कर दिया उसे समझना पाठकों का कार्य है, वे जिस तरह से चाहें उसे समझने के लिए स्वतंत्र हैं। अच्छा अब आपके सवाल का जवाब यह है कि यह एक प्रतीकात्मक कहानी है। इसमें मैंने उत्तर आधुनिक परिवेश को दिखाने का प्रयास किया है, जहाँ सभी अपनी मौलिकता से पृथक् भटक रहे हैं। लाश प्रतीक है घटती हुई मानवीय संवेदनाओं का, जहाँ परिवार का प्रत्येक व्यक्ति अपनी पारिवारिक पृष्ठभूमि से कटा-कटा नज़र आता है।

आपकी नजर में आपकी रचनाओं में कौन-सी रचना सर्वश्रेष्ठ है?

यह सवाल तो मुझे आपसे करना चाहिए कि आपको मेरी कौन-सी रचना सबसे ज्यादा अच्छी लगी। जहाँ तक मेरा सवाल है तो मेरी सभी रचनाएँ मुझे उसी प्रकार प्रिय हैं, जिस प्रकार एक माँ को अपनी सारी सन्तानें प्रिय होती हैं। श्रेष्ठ और सर्वश्रेष्ठ ढूँढ़ने का कार्य तो आलोचकों, विमर्शकों और आप शोधार्थियों का है।

आपके अनुसार वह कौन-सी विधा है जिसमें लेखक स्वयं को अच्छे से व्यक्त कर सकता है?

देखिए ऐसा है कि हर विधा का अपना अलग-अलग महत्त्व है। किसी को कम या ज्यादा करके नहीं आँका जा सकता है। वैसे भी लेखकों की पसान्द अलग-अलग होती है। कोई उपन्यास में अधिक प्रभावी ढंग से लिख सकता है, तो कोई कविता में। हम इसे खानों में नहीं बाँट सकते। जहाँ तक मेरी व्यक्तिगत पसन्द-नापसन्द का सवाल है तो मैंने पहले के 15-16 वर्षों में कहानियाँ लिखीं, फिर संस्मरण लिखे, तत्पश्चात् उपन्यास। इस प्रकार मैंने और मेरी कलम कई प्रकार के पड़ाव पार करके यहाँ तक पहुँचे हैं।

आप स्वयं को किस विचारधारा का मानते हैं?

मार्क्सवाद। मार्क्सवादी विचारधारा का हूँ मैं। विचाराधारा तो वही है लेकिन कहानियाँ उससे आक्रान्त नहीं हैं। आतंकित नहीं हैं।

लिखते समय अपनी विचारधारा व रचना तथा यथार्थ में समन्वय कैसे कर पाते हैं?

लिखते समय मैं। ऐसा कह चुका हूँ कि विचारधारा तेल नहीं है कि पानी में डाला और ऊपर तैरने लगे। विचारधारा से प्रभावित होकर कहानी लिखी जाती है तो वो बहुत कुछ नकली होती है। उसमें कहानीपन नहीं होता। विचाराधारा हमारी रगों में होता है। वो विचारधारा अलग से दिखाई नहीं पड़ती। तो, समन्वय का सवाल नहीं है, विचारधारा जो दृष्टि देती है वही दृष्टि कहानी को प्रभावित करती है।

आप अपने समशील समानधर्मा किन रचनाकारों को पाते हैं?

हँसते हुए, देखो प्रीति ये तो वही रचनाकार बताएँगे कि समानधर्मा वे किस रूप में मुझे पाते हैं।

कथा के शिल्प और शैली पर आपके क्या विचार हैं?

लिखते समय मैं यह नहीं देखता कि शिल्प क्या बन रहा है। जो कहानी हम लिखते हैं वो शिल्प अपने आप ढूँढ़ लेती है। शिल्प का चयन हमारे वश में नहीं है कहानी के वश में है। कहानी जैसी होती है शिल्प को अपने अनुसार ढूँढ़ लेती है।

आपकी अपनी सबसे प्रिय रचना कौन-सी है और क्यों?

उपन्यासों में मेरा सबसे प्रिय उपन्यास है 'काशी का अस्सी' और कहानी में सबसे प्रिय कहानी है 'कविता की नई तारीख'।

आपने अपनी अभिव्यक्ति का माध्यम गद्य को ही क्यों चुना?

मैंने शुरुआत में कविताएँ लिखने की कोशिश की। कविता मुझसे बन नहीं सकी। आलोचना में जिस शिखर पर नामवर सिंह थे, उस समय भी, उस हद तक मैं नहीं जा सकता था। ले-दे के मेरे सामने कहानी, उपन्यास थे। इसमें मैंने एक नई चीज जोड़ी संस्मरण। मुझसे पहले के संस्मरण बड़े सूचनाधर्मी होते थे, जैसे—निराला, पंत की बातचीत, या निराला से महादेवी वर्मा की बातचीत, यानी कि इसी स्तर के अन्य संस्मरण जिनमें सूचनाएँ दी जाती थीं। संस्मरण जीवन्त नहीं होते थे। तो मैं अपनी तरफ से यह मानता हूँ कि संस्मरण को मैंने पुनर्जीवित किया फिर से एक नई विधा के रूप में संस्मरण को मैंने पैदा किया।

आप पर आरोप लगता रहा है कि आप कहीं-कहीं अपनी रचनाओं में अश्लील शब्दों का प्रयोग करते हैं। एक साहित्यकार के रूप में आप इसे कहाँ तक उचित मानते हैं?

दरअसल अश्लील शब्द जिन्हें कहा जाता है वे लेखक के लिए अश्लील नहीं होते क्योंकि यथार्थ कहीं पुंजीभूत हैं तो उन्हीं शब्दों में हैं, जिसे लोग अश्लील कहते हैं। इसीलिए अश्लील कहे जाने वाले शब्द कभी-कभी रचना में डायनामाइट का काम करते हैं। विस्फोट का काम करते हैं। झकझोरते हैं पाठक को। तो हम उन्हें अश्लील मानते हैं। जैसे 'काशी का अस्सी' में ही लोगों ने कहा कि गालियों का प्रयोग है, लेकिन वे गालियाँ हमारी अपनी नहीं हैं। लोग बोलते हैं तो मैं क्या करूँ। मैं तो वही लिखता हूँ जो लोग बोलते हैं। उन्हीं गालियों से पूरा बनारस शहर जाना जाता है, झलकता है पूरा शहर तो मैं क्या करूँ। उन गालियों की जगह पर कोई शिष्ट शब्द काम नहीं कर सकता।

आपके व्यक्तित्व निर्माण में किन स्थिति-परिस्थितियों का सर्वाधिक योगदान रहा?

मैं एक छोटे-से गाँव के मामूली किसान परिवार का आदमी था। गाँव मुझे कभी

भूला नहीं। गाँव और गरीबी। गाँव ने मेरे व्यक्तित्व को तैयार किया और गरीबी ने मुझे काफी शिक्षा दी। पारिवारिक जिम्मेदारियाँ ज्यादा थीं। अपने भाई के परिवार को भी देखना, खुद के परिवार को देखना, गाँव का भी ध्यान रखना ये सारी चीजें मिलकर मेरे व्यक्तित्व का निर्माण करती हैं।

अपने दौर के कौन से रचनाकार आपको सर्वाधिक प्रिय हैं और क्यों?

हमारा दौर एक तो रहा नहीं है। सन् 1960 से लिखना शुरू किया और लगभग इक्कीसवीं शताब्दी के दूसरे दशक तक लिखता रहा मैं। तो ऐसे में बहुत से ऐसे लेखक हैं जो हमें प्रिय रहे हैं। सबका जिक्र तो सम्भव है नहीं रुचियाँ बदलती रही हैं लेकिन बेस हमारा वही था, जिन्हें मैं पसन्द करता था। नाम तो मैं किसी का नहीं लूँगा।

क्या केवल लेखन-कर्म आजीविका का साधन हो सकता है?

बहुत कम लेखक रहे हैं जिन्होंने लेखन को आजीविका का साधन बनाया था, यानी कि आजीविका उनसे जुड़ी हुई थी। किसी जमाने में प्रेमचन्द थे, जैनेन्द्र थे, यशपाल थे आगे चलकर राजेन्द्र यादव हुए जिन्होंने प्रेस खोला अलग से। शायद निर्मल वर्मा भी थे। तो बहुत कम लेखक थे जिनहोंने लेखन को आजीविका का साधन बनाया। वरना, केवल लिखना और कुछ न करना ये आज सम्भव नहीं है।

भारतीय कथा-साहित्य को आपका क्या योगदान है?

खिलखिलाकर हँसते हुए—यह मैं कैसे बताऊँ कि क्या योगदान है? योगदान है कि नहीं इस पर काम करने वाले ही बताएँगे। अब तुम्हीं लोग तय करोगी जो शोध कर रहे हैं। हाँ, शोध काफी हो चुका है और लगातार हो भी रहा है। इलाहाबाद विश्वविद्यालय में भी हो रहा काम। योगदान के बारे में तो हम नहीं बता सकते हैं। हमारा काम था लिखना, हमने लिखा। योगदान का मूल्यांकन दूसरे करेंगे या आलोचक करेंगे। इतना जरूर मानता हूँ मैं कि साहित्य में रुचि रखने वाले प्राय: हिन्दी के अध्यापक व प्राध्यापक थे या हिन्दी पढ़ने वाले इंजीनियर, डॉक्टर, ऑफिसर सहित हर तबके के लोग मिलेंगे। यहाँ तक कि टूरिस्ट भी इसे पढ़कर बनारस को जानने के लिए आते थे। तो मैं यह जरूर मानता हूँ कि 'काशी का अस्सी' उपन्यास ने साहित्यिक दायरे को तोड़ा है।

साहित्य के क्षेत्र में सक्रिय युवाओं को आप क्या सन्देश देना चाहेंगे?

सन्देश एक ही है—साहित्य संघर्ष का माध्यम है। औजार है लड़ाई का और हमेशा

रहेगा। जब तक गरीबी रहेगी, भुखमरी रहेगी, बीमारियाँ रहेंगी, शोषण रहेगा, सत्ता का वर्चस्व रहेगा, सत्ता मनमाना करती रहेगी तब साहित्य शौक नहीं रहेगा। वह संघर्ष का हथियार है इसलिए प्रेमचन्द को कलम का सिपाही कहा जाता है। यानी प्रेमचन्द ने साहित्य को राजनीति के आगे जलने वाली मशाल कहा था। आज भी मानते हैं, लेकिन राजनीति के विरुद्ध साहित्य चलता है, बराबर और मशाल सत्ता अपने लिए दूसरा आदर्श रखती है साहित्य को नहीं रखती।

[14 नवम्बर, 2021, वाराणसी, उत्तर प्रदेश]

शैलेन्द्र कुमार सिंह ➡
⬅ काशीनाथ सिंह

मेरे प्रिय लेखक फणीश्वरनाथ 'रेणु' हैं

डॉक्टर साहब, आप इस पड़ाव पर हैं कि आपके लेखन से युवा लेखक सीख लेते रहे हैं। किन्तु आप किस परम्परा के लेखक हैं—प्रेमचन्द या फणीश्वरनाथ 'रेणु' के?

मैं अपने को फणीश्वरनाथ 'रेणु' की परम्परा का लेखक ही बताना चाहूँगा, लेकिन प्रेमचन्द की भाषागत चेतना को मैं भूल न सका हूँ। दोनों होलटाइमर लेखक रहे हैं। वे अपने लेखन की बदौलत ही पाठकों को अपनी ओर खींचते हैं, किन्तु दोनों की लेखन कला में भिन्नता है। जहाँ तक लोकरंग की बात है, उसमें 'रेणु' अव्वल हैं और मेरे प्रिय लेखक भी रहे हैं। यहाँ तक कि मैं अपनी धर्मपत्नी को हिन्दी में शोध करवाना चाहा तो फणीश्वरनाथ 'रेणु' मेरे प्रिय रहे, इसलिए वे भी उन्हीं के कथा-साहित्य पर रिसर्च करना चाहती थीं। फिलहाल मेरा, फणीश्वरनाथ 'रेणु' की परम्परा से जुड़ा लेखन है। उनके करीब मैं अपने को ज्यादा सहज मानता हूँ।

आपने आरम्भ में कविता भी लिखी?

नहीं। हमारे जमाने में सवैया व चौपाई होती रही, जिसे बड़े चाव से लोग सुनते-सुनाते रहे, लेकिन मेरा ध्यान इस ओर कभी न पड़ा। हाँ, आरम्भ में तुकबन्दी करके ही सीधे गद्य लेखन की ओर अपने को पाया। कविताएँ अवश्य पढ़ीं और पढ़ाईं भी। यहाँ तक कि विभाग में नये कवियों को मुझे ही पढ़ाना पड़ता था। अज्ञेय, मुक्तिबोध, धूमिल को मैंने पढ़ाया है। विभाग में इन्हें पाठ्यक्रम में रखवाया था और इन्हें लेकर अपने निर्देशन में शोधकार्य भी सम्पन्न कराया। इसी तरह हमारे ही निर्देशन में समकालीन लेखकों पर शोधकार्य सम्पन्न करने का जोखिम रहा तो वहीं ओझल कथा-लेखकों को फिर से लाने के उपक्रम में उन पर शोध कराया जो आज फिर से पढ़े जाने लगे हैं।

आप अपने उपन्यासों में सबसे प्रिय उपन्यास किसे मानते हैं जो आपको प्रिय है।

'उपसंहार' लिखने में मुझे काफी मेहनत-मशक्कत करनी पड़ी थी। बहुत कुछ पढ़ना पड़ा। विभिन्न भाषाओं की हिन्दी में अनूदित कृष्णकथा को फिर से देखना और अध्ययन करना पड़ा। कृष्ण के मानवीय चरित्र को फिर से समझना पड़ा। उसे अपना प्रिय अन्तिम उपन्यास मानता हूँ।

आपके सबसे प्रिय कवि कौन हैं?

तुलसीदास। इन्हें सभी अपना मानते हैं, यहाँ तक कि शम्बूक-वध के कारण दलित समुदाय में भी लोकप्रिय हैं। बड़ा कवि वही होता है जिसके पद आमजन की जुबान पर चढ़े हों। यही नहीं, राही मासूम रजा ने रावण के रूप में अकबर को परखने की कोशिश की है। इसलिए पढ़े-लिखे से लगायत अन्य समुदायों में भी तुलसीदास की लोकप्रियता कम नहीं है। तुलसीदास हर भाषा नें पढ़े जाते हैं। मुझसे विदेश यात्रा के एक इंटरव्यू में पूछा गया कि आपको स्वदेश से दो किताबें ही ले जानी हों तो किसे चुनेंगे? तब भी मेरा उत्तर रहा कि 'रामचरितमानस' और रामधारी सिंह दिनकर की पुस्तक 'संस्कृति के चार अध्याय'। दोनों अपने-आपमें बेजोड़ हैं और इसे हर किसी को एक बार पढ़ लेनी चाहिए।

क्या इधर आपकी कोई पुस्तक आनेवाली है?

हाँ, साक्षात्कारों का एक जगह संकलन करके 'बातें हैं बातों का क्या' पुस्तक के रूप में आनेवाली है। मैं धूमिल के साथ 'उपकार' फ़िल्म देखने गया था तो उसके गीत 'कसमे वादे...' के बीच के टुकड़े से ये शीर्षक लिया। आप पाठक बन्धु जानें कि पुस्तक कैसी होगी?

आपने कोई आत्मकथा लिखी है?

नहीं। मैंने बड़े भैया यानी नामवर सिंह को आगे करके कुछ घरेलू व अन्य बातें लिखी हैं। अपने बारे में लिखना छूट गया है। अब दलित लेखक बन्धुओं ने इसे अपनी खास विधा के रूप में चुन लिया है और बढ़िया लिख रहे हैं। कुछ लेखिकाओं द्वारा इस विधा को बढ़ाने की कोशिश की जा रही है।

हाँ, मैंने 'आत्मतर्पण' जरूर लिखा है 'हंस' के सम्पादक राजेन्द्र यादव के कहने पर, जिसमें अपनी चिता पर लेटे-लेटे सोच रहा हूँ कि समाज के लोग मुझे क्या-क्या कह रहे हैं? उसकी अभी एक ही कड़ी लिखी थी।

['शहर समता', काशीनाथ सिंह विशेषांक, इलाहाबाद, 2 जनवरी, 2022]

विजय राणा ⟶
⟵ काशीनाथ सिंह

बनारस विमर्श

क्या है बनारस?

ये ऐसा प्रश्न आपने किया कि इसके बारे में मैंने खुद कभी नहीं सोचा, लेकिन मैं इतना बनारस के बारे में कह सकता हूँ कि ये जीवन को उत्सव की तरह देखता है—उत्सव, उल्लास, जीवन्तता यानी यूँ देखें तो यहाँ मृत्यु भी उत्सव की तरह है। आदमी जब मरता है तो गाते-बजाते हुए लोग मणिकर्णिका घाट या हरिश्चन्द्र घाट ले जाते हैं। तो राग-विराग, सुख-दुःख को एक नजर से और एक तरह से देखनेवाला ये नगर है। उल्लास के साथ-साथ यानी ऐसा नहीं कि रोते हुए जिन्दगी बिता दें। ये न हो। पूरी जीवन्तता के साथ जब तक जीवन है, उसे जीएँ, पूरी मस्ती के साथ। मौज के साथ। हाय-हाय कट-कट करते हुए नहीं।

जीवन का तीर्थ है बनारस?

देखिए, बनारस की एक खास चीज है, जिस बात के लिए देश जाना जाता है, भारत, अपने बहुलतावाद के लिए। ये नगर बेसिकली इसी बहुलतावाद पर टिका हुआ है। जितनी भाषाएँ हैं, जितने खान-पान हैं, जितने कपड़े-लत्ते हैं, पहनावे हैं, जीवन के जितने ढंग हो सकते हैं यानी ये नगर है जिसमें योगी भी हैं, सन्त भी हैं, भोगी भी हैं, विद्वान् भी हैं, मूर्ख भी हैं, जाहिल भी हैं। कई तरह के लोग हैं। ये आलसी भी है। बहुत ही इत्मीनान से काम करनेवाला है। कोई जल्दी नहीं, लेकिन ऐसे लोग भी हैं जो बड़ी हड़बड़ी में आपको दिखाई पड़ेंगे और ये विरासत में मिला हुआ है इसे। जैसे पुराने जमाने से हम देखें तो अनेक दर्शनों का मिला-जुला रूप रहा है ये। इसे आदिम डेमोक्रेसी या लोकतंत्र भी कह सकते हैं आप, जहाँ वैदिक धर्म भी है और बौद्ध धर्म भी है। जैन धर्म भी है। बाद में ईसाई भी शामिल हुए यानी एक साथ ही इस नगर में अपने क्रियाकलाप सारनाथ में बौद्ध भी करते रहते हैं। और नगर में जो हिन्दू हैं, वो भी करते रहते हैं। आज इसे हिन्दू तीर्थ के रूप में जाना जाता है,

लेकिन बेसिकली ये कहा जाए तो सारे धर्मों का तीर्थ है यह। यह जीवन का तीर्थ है एक तरह से। एक साथ ही नमाज भी पढ़े जा रहे हैं उधर। इधर हिन्दू कीर्तन भी कर रहे हैं। गंगा केवल हिन्दुओं की नहीं है, मुसलमान की भी उतनी ही है। नजीर बनारसी भी एक शायर हो चुके हैं, पिछली शताब्दी में; जो लिख चुके हैं—

नमाजें भी पढ़ते हैं अक्सर
गंगा तेरे पानी से वजू कर करके।

तो, गंगा के पानी से वजू करके नमाज पढ़ना, ये संस्कृति है।

यह शिव की नगरी है। इस बारे में कुछ बताइए।

देखिए, शिव तो कुलदेवता माने जाते हैं हमारे। शिव का मतलब है, कल्याण। जो कल्याण संसार का करता हो, केवल अपना नहीं या इस शहर का ही नहीं। जो विश्व कल्याणकर्ता हो, वह शिव है। एक बात और इसके सन्दर्भ में बता दें कि ये वो नगर है जहाँ आस्तिक और नास्तिक, निर्गुण और सगुण, दोनों होते हैं यानी शिवजी हैं, लेकिन यह न मानकर चलिए कि शिव सर्वमान्य हैं। नहीं माननेवाले लोग भी हैं यहाँ। और यह शिव का बड़प्पन है कि स्वीकार करते हैं। वही कल्याण की भावना। जो भी मनुष्य है, वो जिये, सुखी रहे और रहने दे, ये नहीं कि खुद है। *(हँसते हैं)*

कबीर के बनारस के बारे में बताइए।

हाँ, कबीर तो अमर हैं। वो कभी नहीं मरेंगे। जब तक ये धर्म रहेंगे न, धर्म के चोचले रहेंगे जब तक, कर्मकांड रहेगा, पाखंड रहेंगे, पंडे रहेंगे, पुरोहित रहेंगे, मुल्ला रहेंगे, मौलवी रहेंगे, ये सारे लोग रहेंगे जब तक, पादरी रहेंगे जब तक, तब तक कबीर रहेंगे। एक तो उस आदमी ने धार्मिक पाखंडों पर, जितने भी पाखंड हैं, उन पर प्रहार किया। धार्मिक कट्टरता पर प्रहार किया। दूसरे, वह आदमी है जो जात-पाँत यानी एक तरह से देखें तो इतिहास इसका बहुत पुराना है, बुद्ध तक जाता है। और बौद्ध दर्शन से लेकर कबीर तक जो आज हमारा सबसे बड़ा सामाजिक कोढ़ है जाति-पाँति की, असमानता, छुआछूत यानी अगर आप शूद्र हैं तो केवल शूद्र नहीं हैं। शूद्र में भी जाने कितनी जातियाँ हैं? यादव हैं, ठाकुर हैं, ब्राह्मण हैं, उनमें भी जाने कितनी जातियाँ हैं? ये सारी चीजें नष्ट कर रही हैं समाज को, भारतीय समाज को। और बराबर टकरा रहा है, जूझ रहा है इनसे। हम आज भी झेल रहे हैं इस मुसीबत को। इसीलिए मैंने कहा, कबीर अमर हैं, प्रासंगिक हैं। वे कभी खत्म नहीं होनेवाले हैं। जब तक ये सब रहेंगे, जातियाँ रहेंगी और धर्म के पाखंड रहेंगे तब तक कबीर रहेंगे।

बनारस में गंगा के बारे में कुछ बताइए।

गंगा तो प्राण है इस नगर का यानी प्राण इस अर्थ में है कि जो काम सरकार नहीं कर सकती कोई, वह काम अकेले गंगा करती है। *(हँसते हुए)* यानी डोम हों, माँझी हों, मल्लाह हों, माला बेचनेवाले लोग हों, झोंपड़-पट्टी के लोग हों, कोई नगर में आए, सोने की जगह न मिले उसके लिए, पंडे-पुरोहित यानी आप कल्पना नहीं कर सकते कि नगर की आधी आबादी को जीवित रखनेवाली गंगा है। एक तो यह है, दूसरे वह हिन्दुओं के लिए ही माँ नहीं है, करघे के काम करनेवाले भी घाटों पर होते हैं। नमाज पढ़नेवाले भी हाथ-पैर धोते हैं। गंगा के किनारे बैठकर बिस्मिल्लाह खान ने शहनाइयाँ बजाई हैं यानी सारे धर्म भी मिलते हैं वहाँ और रोजगार भी मिलते हैं। और आज क्या कहिए कि गंगा में प्रदूषण के नाम पर सफाई चल रही है। और गंगा मैली की मैली है। *(हँसते हैं)* क्यों सँकरी होती जा रही हैं? क्यों अब गंगा में बाढ़ नहीं आती? पानी नहीं रहता। गर्मी में क्यों सूखती हैं और पंडे लोग बिस्लेरी लेकर बैठे क्यों रहते हैं वहाँ? कि जिसको आचमनी करना होगा वह बिस्लेरी के पानी से करेगा। गंगा के पानी में दोष है। *(हँसते हुए)* मैं क्या बताऊँ, बनारस पिछले बीस वर्षों से बहुत तेजी से बदला है यानी गंगा का किनारा देखिए, जहाँ लोग शान्ति के लिए जाया करते थे। थके-माँदे हों, किसी तनाव में हों, घरेलू या ऑफिशियल, शान्ति के लिए वे गंगा किनारे जाया करते थे। अस्सी घाट पर चले जाते थे। दशाश्वमेध घाट पर चले जाते थे। आज जाइए आप—घंटा-घड़ियाल, लाउडस्पीकर, हो-हल्ला। इन बीस वर्षों ने इस नगर की सारी शान्ति छीन ली है।

['इंडिया ब्रीफिंग्स' यूट्यूब चैनल, 8 जनवरी, 2022]

विष्णु नारायण →
← काशीनाथ सिंह

बनारस अपनी पहचान खोता जा रहा

बनारस की असली पहचान क्या है और आज बनारस में क्या बदलाव दिखाई पड़ रहे हैं?

अक्खड़ मिजाज के लिए, फक्कड़ी के लिए। वह बनारस धीरे-धीरे गायब हो रहा है। जो गलियाँ होती थीं बनारस में। गलियों का मतलब क्या था? आमने-सामने लोग हैं। कोई ग्राहक आ रहा है, नहीं आ रहा है, लेकिन एक-दूसरे से बात कर रहे हैं। एक-दूसरे को जान रहे हैं। उनके सुख-दु:ख को जानते हैं। तो बनारस का तो अब क्योटीकरण हो रहा है। क्योटो हो रहा है। बनारस का बनारसीपन गायब हो रहा है। बहुत दु:ख है लोगों को यानी इमारतें ऊँची होती जा रही हैं और इनसान और इनसानियत हमेशा नीचे की तरफ जा रहे हैं। और ये बनारस में ही नहीं, पूरे देश में हो रहा है यानी जो सड़क, जिस पर धूल-धक्कड़ थी। धूल-धक्कड़ वाली सड़क, जिससे आते-जाते थे लोग यानी सड़कें अब चौड़ी करा रहे हैं कारों के लिए। ये नगर रहा है साइकिल और पैदल वालों के लिए। अब जिसके पास कार हो और कार में बैठने की योग्यता हो, वह तो जाए उस सड़क से। ये लोग कहाँ जाएँगे, जिनके पास बस पाँव है और साइकिल है? ये चीजें खत्म हो रही हैं। आपस का सुख-दु:ख लोग बाँटते थे यानी यहाँ मुहल्ला कल्चर था, कॉलोनी कल्चर नहीं था। मुहल्ला कल्चर का मतलब कि हर आदमी एक-दूसरे के सुख-दु:ख में भागीदार होता था। उसके लिए जो कर सकता था, करता था। जानता था कि कहाँ पर क्या हो रहा है। अब तो कॉलोनी में पता ही नहीं चलता। कोरोना किसको हुआ है यानी जो एम्बुलेंस गुजरती है, सीटी देती है, तब मालूम होता है कि कोरोना में कोई आदमी बीमार है कहीं। पता नहीं चलता। बनारस ये नहीं था। माने ज्यादा नहीं, 1953 से मैंने देखा है इस नगर को। तो 1953 में जो बनारस था, जिस तरह का बनारस था, जो यूनिवर्सिटी थी, जो लोग थे, ये चीजें गायब हो गई हैं अब यानी बनारस की पहचान ही गायब हो रही है धीरे-धीरे। एक पत्रकार हैं आपकी तरह सुरेश प्रताप,

उन्होंने 'उड़ता बनारस' नाम की किताब लिखी है। उड़ रहा है बनारस। जमीन छोड़ चुका है। तो वह बनारसीपन तो गायब हो रहा है।

कारण क्या मानते हैं? क्या कारण है बनारसीपन गायब होने का?

कारण बहुत-से हैं। विकास के नाम पर जो कुछ हो रहा है, हम चाहते हैं, ऐसा नहीं है कि हम चाहते हैं कि अवशेष की तरह यह नगर रहे। हम चाहते हैं कि विकास हो, लेकिन आदमी का विकास हो। भवनों का, सड़कों का और दूसरी चीजों का जो विकास हो रहा है, हम आदमी से उसे जोड़ नहीं पा रहे हैं। गरीबी से इसका क्या सम्बन्ध है? भुखहाली से क्या सम्बन्ध है? रोटी से क्या सम्बन्ध है? इनका सम्बन्ध होगा, इन सारी चीजों का, कॉरपोरेट से होगा। आम आदमी का, साधारण किसान का इससे क्या सम्बन्ध? अब दुनिया भर की बातें लोग कर रहे हैं। सरकार ही कर रही है। वो आठ-नौ महीने से किसान आन्दोलन कर रहे हैं। 700 से ऊपर लोग मर गए। उनसे बात नहीं कर सकते ये लोग। तकलीफ यहाँ से है यानी बनारस जो, आप बता रहे थे अभी, अच्छा मुझे सुनकर लगा कि कुछ ऐसे लोग मिल जाते हैं, जो बचे हुए हैं। उन्हें आप ध्वंसावशेष समझिए। ध्वंस से बचे हुए लोग हैं वे। ये चीजें गायब हो गई हैं। नई पीढ़ी से देखिए। मुझे अच्छा लगा यह सुनकर कि बिहार जहाँ कहीं भी है, वह अपने बिहारीपन के साथ है। बहुत अच्छा लगा मुझे। अपनी आइडेंटिटी गायब हो जाए, ये बहुत दुखद है। यहाँ सारा कुछ एक जैसा होना चाहिए। ये अमरीका ने कहा, वही आपने करना शुरू कर दिया। सारी दुनिया ने करना शुरू कर दिया। एक जैसा खाना हो। एक जैसे यानी दिल्ली और लखनऊ में फर्क था। लखनऊ-बनारस में फर्क था। ये फर्क मिट जाए। इमारतें, भवन सारा कुछ एक जैसा दिखाई पड़े। कपड़े-लत्ते एक जैसे दिखाई पड़ें। मन कहाँ जाएगा? आत्मा कहाँ जाएगी? बनारस की आत्मा, लखनऊ की आत्मा। लखनऊ वो तो नहीं था जो हो रहा है आज। बनारस तो वो नहीं था यानी अस्सी घाट पर ही मिट्टी पड़ी रहती थी। दूर तक मैदान रहता था। हम लोग शान्ति के लिए घाट पर जाते थे, गाना-बजाना सुनने के लिए नहीं जाते थे। बैठते थे अस्सी पर। देर तक बैठते थे। घाट पर। अब तो बैठ ही नहीं सकते आप। आपका कान भन्नाता रहेगा। कुछ-कुछ आता रहेगा कान में। एक तो ये बात इस नगर के बारे में मैं बता दूँ। दूसरी एक बात ये शंकराचार्य और बुद्ध के जमाने से ही असहमतियों का नगर रहा है। तुलसीदास रहे हैं तो कबीर भी रहे हैं। एक वर्ण-व्यवस्था को मानता था, दूसरा जात-पाँत को मानता ही नहीं था। समान रूप से आदर इन दोनों का होता था। असहमति तब से लेकर आगे यानी 19वीं शताब्दी में दयानन्द सरस्वती रामनगर में आए थे। रहे थे। आनन्द पार्क है यहाँ। बहस हुई थी यहाँ के पंडितों और उनके बीच नास्तिकता-आस्तिकता को

लेकर। क्योंकि घोर आस्तिक थे दयानन्द भी। उन्होंने चूहे को शिव के ऊपर से दौड़ते हुए देखा था। उन्हें लगा, जो अपनी रक्षा नहीं कर सकता वह हमारी क्या रक्षा करेगा? नास्तिक वहाँ से हुए थे। वेदों में भी नास्तिकता-आस्तिकता का द्वन्द्व है। हाँ, स्थिति है कि असहमति जैसी चीज पूरे देश से गायब हो रही है। गायब की जा रही है। आप हड़ताल नहीं कर सकते, आप विरोध नहीं कर सकते, आप आन्दोलन नहीं कर सकते, 'इंकलाब जिन्दाबाद' पब्लिकली आप नहीं कर सकते यानी यहाँ तक कि पिछले दिनों तक तो, अब भी शायद हो, होता ही होगा। कोई आदमी अपनी बात मंच से कह रहा है, सेमिनार में, तो उसके खिलाफ खड़े हो जाते थे बोलनेवाले लोग। अरे, सब्र करो। अपनी बात आकर यहाँ से कहना हो कहो। ये चीजें आपके बौद्धिक चिन्तन को, समझ को, इसके विकास को मार डालेंगी। जब असहमति ही न हो, विरोध, विपक्ष और पक्ष दोनों होते हैं, होने चाहिए। लोकतंत्र का मतलब ही यही था।

जिस अस्सी की बात आप कर रहे थे, वो अस्सी, काशी का अस्सी, वो मर चुका है। बीसवीं शताब्दी में ही मर गया यानी हम समझते हैं 2003-04 के आसपास से धीरे-धीरे जाना मैंने बन्द कर दिया क्योंकि उसी पप्पू की दुकान पर जहाँ बहसें हुआ करती थीं, विश्व हिन्दू परिषद् या आर.एस.एस. के लड़के बैठते थे और वे सुन नहीं सकते थे। तर्क नहीं कर सकते थे। लॉजिक नहीं कर सकते थे। उनके पास गुरुमंत्र दिया हुआ था। उसी का जाप करते थे और बोलने नहीं देंगे आपको। बकवास कर रहे हैं आप। ये ढंग शुरू हुआ जबकि हम ऐसे ही बातें कर रहे हैं। आजादी के बाद जब स्वाधीनता हुई तो सारी पार्टियों, पटना में भी 'कॉफी हाउस' है, आज वह 'कॉफी हाउस' न होगा जहाँ जयप्रकाश नारायण बैठते थे। इसी तरह से 'कॉफी हाउस' बनारस में भी था। चाय की दुकानें थीं, जहाँ प्रोफेसर लोग बैठते थे, छात्रनेता बैठते थे। इलाहाबाद में था। लखनऊ में था। दिल्ली में था। हर जगह यानी 'कॉफी हाउस कल्चर' शुरू हुआ जहाँ इंटेलेक्चुअल्स, राइटर्स, जर्नलिस्ट्स, लिखने-पढ़नेवाले या नेतृत्व करनेवाले देश का, ऐसे सारे लोग बैठते थे और वहाँ जनता में क्या हो रहा है, दुनिया में क्या हो रहा है, देश में क्या हो रहा है, इसके बारे में बातें करते थे लोग। यहाँ से शुरू हुआ था देश। लोकतंत्र से। हमको ध्यान है यानी विद्यार्थी रहे हैं आप लोग काशी हिन्दू विश्वविद्यालय के। हमारा खयाल है कि पं. जवाहरलाल नेहरू को बुलाया गया था। चाय-वाय पर आए थे। लड़कों के साथ चाय-वाय पी। कोई सुरक्षा सैनिक नहीं यानी वो अकेले घूम रहे थे एम्फीथियेटर मैदान में। वहीं पर चाय-वाय चल रहा था तो वाइस चांसलर, अध्यापक और विद्यार्थी सब एक साथ थे। तो अध्यापकों के बीच से निकलकर लड़कों के बीच आए। बात कर रहे थे। वह विश्वविद्यालय काशी हिन्दू विश्वविद्यालय है। वह धीरे-धीरे खत्म हो गया। छात्र संघ ही खत्म हो गया।

छात्र संघ को लेकर बहुत बात होती है। छात्र संघ को लेकर कहा जाता है कि छात्र संघ को बन्द कर देना एक अच्छा निर्णय था। इलाहाबाद यूनिवर्सिटी से तुलना की जाती है कि वहाँ छात्र संघ है तो बड़ी खराब स्थिति है। आपके समय में जब आप थे तो था छात्र संघ। इस दौर में नहीं है। तो यह जो चेंज है, छात्र संघ के न होने से कैसा बदलाव है? छात्र संघ के न होने से क्या असर पड़ा काशी हिन्दू विश्वविद्यालय में ?

बहुत असर पड़ा। छात्र संघ, एक तरह से भविष्य में जो देश चलाएँगे लोग, उन नेताओं की नर्सरी था। वहीं से तैयार होते थे लोग। काशी हिन्दू विश्वविद्यालय में तो बाद में खत्म हो गया था छात्र संघ, लेकिन जब यहाँ पर लोग थे तो पार्लियामेंट हुआ करती थी। छात्र संघ का पार्लियामेंट जिसमें बहस होती थी। लेखा-जोखा पेश होता था मार्च के महीने में। क्या खर्च किया यानी कुलपति ने क्या खर्च किया विश्वविद्यालय के लिए और छात्र संघ ने क्या खर्च किया छात्रों के लिए, ये सारी बहसें होती थीं दो-तीन दिन आर्ट्स कॉलेज के मैदान में। फैकल्टी ऑफ आर्ट्स के। टेंट लगा होता था। हम लोग बैठते थे। देखते थे। सुनते थे यानी काशी हिन्दू विश्वविद्यालय में छात्र संघ का मॉडल पार्लियामेंट था। ये हालत थी, लेकिन धीरे-धीरे ये चीजें खत्म होती गईं।

आपके लेखन और जीवन में विचारधारा का क्या महत्त्व है?

विचारधारा तो आँख है, जिससे हम दुनिया देखते हैं। नजर है। उससे पता चलता है कि क्या खूबसूरत है, क्या बदसूरत है, क्या सही है, क्या गलत है, क्या अच्छा है, क्या बुरा है? मैंने एक कहानी लिखी थी 'दलदल' नाम की। कश्मीर से घूमकर आया था तब। कश्मीर में बड़े बाग थे और बड़े बाग मैंने देखे। शाहीबाग सब। बहुत अच्छा लगता था फूल-वूल सब। कार्तिक का महीना था। 1967 की बात होगी। सूखा पड़ा था। अमेरिका बिहार की मदद कर रहा था गेहूँ से। देश की भी मदद कर रहा था। लाल गेहूँ आता था उस समय। पानी नहीं था। नहर में पानी नहीं, खेतों में पानी नहीं। धान भी सूखा हुआ था। पहुँचा तो हमारा घर कुएँ के पास था। हमारे घर का ही कुआँ था वह बगल में और बगल से खेत शुरू होता था। वहाँ पर कुछ फूल-पौधे लगाए गए थे गेंदे के, गुलाब के इनके-उनके। तो रात तो बीत गई, लेकिन सुबह मैंने देखा कि पिताजी गुलाब के उन पौधों को उखाड़-उखाड़कर फेंक रहे हैं। मैंने पूछा, 'काहे'। तो बोले कि इसमें आलू बोना है यानी आपके लिए जब तक नजर नहीं रहेगी, गुलाब का फूल खूबसूरत ही खूबसूरत दिखाई पड़ेगा। जब नजर होगी तब मालूम होगा कि उससे ज्यादा जरूरी आलू है। विचारधारा का मतलब साहित्य में भी यही है और जीवन में भी यही है कि सही-गलत की पहचान आप कर लेते हैं। अच्छे-बुरे का ज्ञान होता है। पता चलता है। हमने तो मार्क्सवाद

ऐसे नहीं पढ़ा। किताब नहीं पढ़ी। 'मेनिफेस्टो' कभी देखा होगा तो देखा होगा। ध्यान नहीं। मैंने बाल्जाक को, मैक्सिम गोर्की को, टॉल्स्टॉय को, तुर्गनेव को, चेखव को—इन सारे लोगों को पढ़कर जाना है कि जीवन क्या है? इस मायने में जीवन और साहित्य में हम फर्क ही नहीं देखते।

आपने इतनी दुनिया घूमी। अलग-अलग जगहों पर गए। कौन-सी जगह या कौन-सा शहर आपका पसन्दीदा है?

देखिए, मजबूरी भी कह सकते हैं आप। जिम्मेदारी माँ-बाप की देखनी थी। भाभियों की देखनी थी। भाई के बच्चों की देखनी थी। बनारस मैं छोड़ना चाहता था 1960-61 के आसपास, जब हमारे गुरु आचार्य हजारीप्रसाद द्विवेदी जा रहे थे चंडीगढ़। हम जाना चाहते थे उनके साथ। स्टेशन पर छोड़ने भी गए थे। जब चंडीगढ़ जा रहे थे तो उनसे मैंने कहा। तो उन्होंने कहा कि देखो, बनारस तो छूट जाएगा नामवर से। बनारस में रहें या न रहें, नौकरी तो मिलेगी नहीं। निकाले गए हैं दो जगह से, दो विश्वविद्यालयों से। माँ-बाप की उमर तुम्हारी क्या है? मालूम है? दोनों बूढ़े हो गए हैं। बाप रिटायर कर गया है। ये लोग कहाँ जाएँगे? क्या करेंगे? इन्हें कौन देखेगा? तुम भी अगर बाहर चले गए तो कौन देखेगा? तो पंडित जी ने कहा कि रहो यहीं। लड़ो। संघर्ष करो। बाद में तो कई अवसर आए बाहर जाने के, लेकिन फिर बनारस जो रह गया सो रह गया। और बनारस रहा तो अच्छा लगने लगा बनारस। क्योंकि बनारस में इत्मीनान था। जिन्दगी थी। जीवन मुझे दिखाई पड़ता था। तबीयत अगर बेचैन हुई, घबराई तो गंगा किनारे जाकर बैठ जाइए। किसी नाव पर बैठे रहिए देर तक। शान्ति मिलती है यानी हर तरह से इत्मीनान से। बनारस में आप गमछा पहनकर भी पूरा नगर घूम सकते हैं। कोई कुछ बोलनेवाला नहीं।

आज जब नामवर सिंह नहीं हैं और उनका इतना काम पड़ा हुआ है। आप कैसे देखते हैं इन चीजों को?

देखिए, शताब्दियों में नामवर जैसा आदमी पैदा होता है। वे थे तो घर के आदमी, लेकिन घर की कभी परवाह करने की चिन्ता नहीं हुई। और वे बहुत कुछ हमारे और हमारे मझले भाई के कारण। उनके बेटे और बेटी को पढ़ाया-लिखाया मैंने। भाभी को रखा। एक तरह से योगी का जीवन जिया उन्होंने। मैंने तो किताब भी लिखी है, 'घर का जोगी जोगड़ा'। 25-26 भागों में तो उनकी किताबें आई हैं। आज ही दे गया है एक लड़का, जो सम्पादक है वह। दो किताबें। आज ही दे गया। बाकी समय-समय पर आती रही हैं। चार किताबें और आनेवाली हैं। तो, नामवर हमेशा नहीं पैदा होते, सदियों में पैदा होते हैं। अन्त में वह चाहते थे बनारस आना और

यहीं शरीर त्याग करना, जो सम्भव नहीं था। कई कारणों से सम्भव नहीं था। मैं तो अन्तिम दिनों में एम्स में देखने उन्हें गया था। दो बार गया। आँखें भर आईं। कुछ नहीं कर सकते थे।

आज लेखक-प्रकाशक सम्बन्ध चर्चा में हैं। आप इस पूरे सम्बन्ध को किस तरह से देखते हैं ?

देखो, सम्बन्ध तो आरम्भ से दोनों के बीच दिखाई पड़ता है कि बड़ा सौहार्दपूर्ण है, लेकिन बराबर तनावपूर्ण रहा है। लेखक की वाजिब, जो उसकी मेहनत का पैसा है, वह नहीं मिलता उसे। कभी नहीं मिलता उसे। प्रकाशक अगर दे दे तो दे दे, न दे तो आप कुछ कर नहीं सकते हैं। वह कह सकता है कि किताब बिकी ही नहीं तो हम क्या करें? कहाँ से पैसा दें जबकि किताबों को आपने किसी पाठक के यहाँ देखा भी होगा। किताबें बिक रही हैं, फिर भी वह कह सकता है और कायदे से किसी भी लेखक को प्रकाशक रॉयल्टी नहीं देता है। अपने हिसाब से देता है।

'काशी का अस्सी' की भाषा पर कुछ बात करें।

वो भाषा हिन्दी में इसके पहले नहीं थी तो तनाव दूसरा था। छपने का तनाव, फिर छापने का साहस कोई करेगा कि नहीं करेगा?

लोग तो ये कहते हैं कि आपके भाई रहे हैं नामवर जी, और स्पेस है आपका साहित्य में काफी। ये तनाव आपको भी झेलना पड़ा?

भाई का तनाव नहीं था। तनाव था कि मैं हिन्दी विभाग का अध्यक्ष हूँ, काशी हिन्दू विश्वविद्यालय। ढेर सारे लोगों ने निकालने के लिए चिट्ठियाँ भी लिखी थीं यानी ऐसा अध्यापक जो ऐसी गाली लिखता हो, निकाला जाए यूनिवर्सिटी से। इस तरह के भी पत्र आते थे। तो यह कि यह भाषा कुछ हमसे पहले राही मासूम रजा ने 'आधा गाँव' में इस्तेमाल किया था, लेकिन इतनी मात्रा में नहीं थी गाली। तो दूसरे कि वही अस्सी है जहाँ रोज-रोज हम जाते हैं और उन्हीं लोगों के बारे में लिखते हैं और इस तरह का लिखते हैं बहुत निरपेक्ष भाव से। तो लिखने के क्रम में या लिखने के मूड में हम पक्ष-विपक्ष नहीं देखते थे। हमने तय किया कि जो मैं लिखूँगा, वो जो हो रहा है या जो होता है या जो देखता हूँ, वही लिखूँगा। परिणाम चाहे जो हो। हुआ कि 'हंस' में छपा था पहली बार तो रातोरात तीन-चार सौ प्रतियाँ फोटोस्टेट करके बँटवा दी गई थीं। और मुझे गालियाँ सुनने को, फोन पर, लैंडलाइन था उस समय, मोबाइल नहीं था। गालियाँ मिल रही थीं। साले, आओ तो अँगूठा काट लेंगे। हाथ काट लेंगे। गोली मार देंगे। तो ये करेंगे वो करेंगे। महीने भर तक धमकी दी जाती रही।

तो ऐसी भाषा है इसलिए?

नहीं, ऐसी भाषा और उन लोगों के बारे में भी तो लिखा है। उन पात्रों के बारे में जो बैठते थे दुकानों पर लोग। जो बात करते थे, जिस भाषा में बात करते थे। अपनी तरफ से भाषा मैंने क्रिएट नहीं की। उन्हीं की भाषा ली। जैसा बोलते थे, जैसी बहस करने के दौरान बोलते थे, वही चीज मैंने ली।

एक रिपोर्टर जो करता है।

हूँ?

एक रिपोर्ट जो करता है।

हूँ।

बनारस के स्थानीय लोगों का ऐसा रिएक्शन था इस पर?

शुरू में।

जो यहाँ के थे?

हाँ।

जिन लोगों का जिक्र है इसमें।

हाँ।

उनके चाहनेवाले हैं वो लोग?

हाँ, वे लोग, उनके चाहनेवाले। तो धीरे-धीरे जब दो-तीन छप गए और देखने के लिए लोग आने लगे उड़ीसा से या गोवा से यहाँ, कहीं से भी, जिन्होंने पढ़ा था। अस्सी मोहल्ला।

पात्रों को खोजने।

उन पात्रों को खोजते थे। तो लोगों को लगा कि अरे, महत्त्वपूर्ण हो गए हैं। अरे, मुहल्ले के ही आदमी थे। कोई जानता तक नहीं था, लेकिन बताइए, गोत्रा से आकर खोज रहा है। लेकर खुद घुमाकर बताते थे। तो धीरे-धीरे मैं भी लोगों को प्रिय लगने लगा कि इन्हीं के कारण हमारी पहचान बन रही है वरना शुरू में बहुत विरोध झेलना पड़ा।

तो क्या आप जाते-वाते थे उस दौरान?

महीने भर तो नहीं गए। उसके बाद हिम्मत जुटाकर, हुआ कि ठीक है। अब विभाग के अध्यक्ष हैं, भाई। मारना हो मारें, चाहे जो कुछ करना हो करें और समझते थे

कि वे धमकी दे रहे हैं, लेकिन हमारे सामने हमारी इज्जत करते हैं। हमारे सामने कोई गाली नहीं देता था। हमारे आ जाने के बाद फिर गाली शुरू हो, वह अलग बात है। और होती थी। जब तक हम रहते थे तब तक लोग चुपचाप चाय पीते थे, बातें करते थे यानी घट-बढ़ जाते थे लोग।

लिख देंगे। सुनेंगे तो लिख देंगे इसलिए।

हमको गाली नहीं देते थे। उलटा-सीधा बोला करते थे।

यानी ये किताब जितनी मजेदार है, उतना झेलना पड़ा है इसको लिखने के दौरान।

हाँ, झेलना पड़ा है। बहुत झेलना पड़ा है।

अभी भी इसकी बहुत आलोचना हिन्दी के लोग करते हैं।

साहित्यकारों के कारण ये है ही नहीं। साहित्य पढ़नेवालों के कारण नहीं बल्कि हिन्दी से इतर जो दूसरे विषयों के लोग हैं, जैसे बहुत-से इंजीनियरिंग के, बहुत-से मेडिकल साइंसेज के, बहुत-से डॉक्टर, इंजीनियर और यहाँ तक हमने सुना है कि जो कोई अधिकारी यहाँ पर भेजा जाता है, उससे कह दिया जाता है कि यह किताब बनारस को जानना है तो पढ़कर आप जाइए ज्वाइन करने के पहले। कई लोगों ने हमसे कहा ऐसा। और फिर तो इतनी पॉपुलर ये हुई कि विदेशों से लोग अस्सी और दुकान ढूँढ़ते हुए आते हैं।

कोई स्पेशल याद है आपकी एक-दो इस किताब से ?

हूँ?

(काशीनाथ जी ध्यान से सुनने की कोशिश करते हुए)

कोई बहुत स्पेशल बात याद है आपको?

नहीं, स्पेशल ऐसी कोई नहीं। ऐसी चिट्ठियाँ बहुत हमारे पास आती थीं। यादव के पास आती थीं। गालियों से भरी हुई चिट्ठियाँ यानी जो सम्पादक थे 'हंस' के। हाँ, एक जरूर हुआ था ऐसा। जब पहला हिस्सा छपा था तब जीप चलाकर बिलासपुर से दोपहर में पिए हुए बाकायदे एक आदमी आया था। तहसील में काम करता था। कुछ नहीं, केवल देखने के लिए। जब छप रहा था तब की बात है। छपा था गर्मी में। जून में हमारा खयाल है कि आया था। वह बिलासपुर से जीप चलाते हुए आया और ऐसे ही बस पाँव पर पड़ा। देखता रहा। बताया अपना परिचय और उसके बाद भभका वगैरह खूब निकल रहा था उसके मुँह से। तो, उसने कहा कि हम केवल देखने के लिए आए हैं। बस, आज्ञा दें आप। हमने पानी-वानी के लिए

भी पूछा मगर कुछ नहीं पिया। बस रहा थोड़ी देर। देखता रहा हमको और उसके बाद लौट गया। वापस चला गया। ये घटना हुई थी। जब यही 'देख तमाशा लकड़ी का' आया था तब। मैंने ये गाना दरअसल सुना था, लकड़ी वाला, गाजियाबाद से आ रहा था। ट्रेन में मैंने सुना था ये। *('काशी का अस्सी' उठा लेते हैं और 'देख तमाशा लकड़ी का' से पाठ करने लगते हैं)*

यह जग बना है लकड़ी का
जीते लकड़ी, मरते लकड़ी
देख तमाशा लकड़ी का।

ऐ दुनियावालो! वह पालना लकड़ी है जिस पर बचपन में सोए थे! वह गुल्ली-डंडा भी लकड़ी है जिससे खेले थे! वह पटरी भी लकड़ी है जिसे लेकर मदरसा गए थे! वह छड़ी भी लकड़ी है जिससे मुदर्रिस की मार खाई थी! ब्याह का मड़वा और पीढ़ा भी लकड़ी है जिस पर ब्याह रचाया था! सुहाग की सेज भी लकड़ी है जिस पर दुल्हन के साथ सोए थे और बुढ़ापे का सहारा लाठी भी तो लकड़ी ही है!

ऐ दुनियावालो! अन्तकाल जिस टिकठी पर मसान जाते हो और जिस चिता पर तुम्हें लिटाया जाता है—सब लकड़ी है!

एक भिखमंगा गा रहा था ट्रेन में एकतारा पर। अब तो भूल गया मुझे, लेकिन ये गाया था गाजियाबाद से आते हुए तो नोट किया था।

बातचीत का अन्त करते हैं। शाही सर ने पूछा है आपसे कि क्या आप अपने लेखन से सन्तुष्ट हैं?

लेखक के पास सन्तोष नाम की चीज नहीं होती। सन्तुष्ट नहीं हूँ, लेकिन जितना है, कर सका हूँ जो कर सकता था, किया। अगर ठीक हो जाऊँ, करने लायक हो जाऊँ तो फिर मैं करूँगा। अच्छा करूँगा, बुरा करूँगा, यह नहीं जानता, लेकिन करूँगा जरूर। हमेशा रह जाता है कुछ न कुछ बाकी।

कुछ ऐसा है जो अभी भी आप करना चाहते हैं?

कुछ है, लेकिन बताने की मेरी आदत नहीं है। लिखने के दौरान मैं क्या लिख रहा हूँ, किसी को पता नहीं होता। जब छपता है तब लोगों को मालूम होता है। इसीलिए कहा जाता है कि ये साहित्य में धमाका करनेवाले आदमी हैं। मैं बता दूँ तो मैं लिख नहीं सकता।

तो आप किसी को नहीं बताते? मैम को भी नहीं?

किसी को भी नहीं।

अगर कुछ आया और भूल जाते हैं तो क्या करते हैं?

भूलते नहीं हैं। वाक्य कहाँ छोड़कर आया हूँ, कक्षा में पढ़ाते हुए भी अगर पूछा जाए तो बता दूँगा कि वाक्य यहाँ छूटा है क्योंकि दिमाग में हमारे घूमता रहता था। जो लिखता रहता था, वह क्लास करते समय भी यानी पढ़ाते समय भी उतना दिमाग में रहता था कि इसका आगे का हिस्सा क्या होगा या आगे मुझे क्या करना है? इस मायने में कहा जा सकता है कि मैंने अध्यापन के साथ पूरी ईमानदारी नहीं बरती क्योंकि लिखता रहता था और उसके बाद छोड़कर जाता था पढ़ाने के लिए। और जो छूट रहा होता था, वह दिमाग में गूँजता रहता था बराबर कि वह रह गया है बाकी। कैसे पूरा करना है, कहाँ पूरा करना है। पूरा करने के विकल्प कई होते हैं। इससे बेहतर क्या है?

तो ऐसा लगातार चलता रहता था?

नहीं, हमेशा ऐसा नहीं रहा। जैसे बिरला हॉस्टल में वार्डन था एक बार। तो गर्मी के दिनों में, ये है कि मैं बन-ठन के, कुर्ता-वुर्ता पहन के, पैंट-वैंट पहन के मैं नहीं लिख सकता। लिखने के लिए अपना असल जो ड्रेस था, गमछा या लुंगी या गंजी। रात को मैं बैठता था घर के बाहर। रात भर बाहर की बत्ती जलती रहती थी। परिवार सो रहा है, बच्चे-बच्चियाँ। मैं रात भर लिखता था और जब सुबह होती थी तो सुबह थोड़ा सोता था। गर्मी की छुट्टियों में जून में। बाकी तो जब लिख रहा हूँ, छिटपुट तो चलता रहता था दिमाग में।

['दि जनताना' यूट्यूब चैनल, जनवरी, 2022]

चन्द्राली मुखर्जी ➡
⬅ काशीनाथ सिंह

सोचा था बुढ़ापा आएगा तो प्रेम पर लिखूँगा

टॉल्स्टॉय और हेमिंग्वे से किस्सागोई सीखने, कभी धूमिल की भाषा दुरुस्त करने से लेकर बनारस का नैरेटिव गढ़ने तक, मशहूर कथाकार काशीनाथ सिंह का रचनात्मक सफरनामा उनकी अपनी जबान में।

एक मोंटाज जैसा चल रहा है आँखों के सामने। चौखट से सोफे के बीच की छोटी-सी दूरी को पार करते हुए व्यग्र नजरें यह समझ नहीं पातीं कि यह ख्वाब है या हकीकत? एक दीवार पर जापानी पेंटिंग जहाँ कमरे की आभा बढ़ा रही है, वहीं दूसरी दीवार पर स्वनामधन्य आलोचक नामवर सिंह की बड़ी-सी पेंटिंग हल्के-से धमकाती भी है। अलमारी पर सजे तमाम स्मृतिचिह्नों और उत्कृष्ट सम्मान-पत्रों के बीच जो कसर बचती है, उसे पूरा कर जाते हैं कहानी के पात्र। इस कहानी का नायक है एक बूढ़ा किस्सागो—जो पीढ़ियों के लिए शहर को समझने का जरिया है। शहर जिसका जिक्र ही मिथकों की तरह होता आया है, मानो जैसे वह खुद कोई पौराणिक पात्र हो। है भी तो। काशी में काशीनाथ सिंह भी एक मिथक की तरह हैं, जिन्हें सुनने, पढ़ने और देखने के बाद आप इस कभी पुराने, कभी नये शहर को कुछ बेहतर तरीके से महसूस कर सकते हैं।

दूर किसी मन्दिर में कुछ घंटियाँ सुनाई दे रही हैं। थोड़ी और दूर से अजान की भी आवाज आती है। ठंड की एक दुपहरी में चमकते सूरज की अनन्त सम्भावनाओं के बीच आँखों के सामने अचानक एक फिल्म-सी चलती दिखती है। बनारस के एक पॉश रिहायशी इलाके में अवस्थित घर का दरवाजा खुलता है। एक नायक दिखता है जो शायद अपनी कहानी बताना भी नहीं चाहता। उम्र और बीमारी ने जीवन में एक अजीब किस्म का एंटीक्लाइमैक्स रच दिया है। इस कहानी की जमीन है काशी और नायक हैं काशीनाथ सिंह। जाहिर है, कहानी रोमांचक ही होगी। उनके अलावा कुछ और पात्र भी हैं इस कहानी में। एक लोकप्रिय सम्पादक और एक विख्यात कवि-रंगकर्मी, जो किसी टाइटरोप पर चलते नजर आते हैं। काशी जी से मिलने आए सम्पादक सौरभ द्विवेदी और

कवि-रंगकर्मी व्योमेश शुक्ल उनका साक्षात्कार करना चाहते हैं, लेकिन जिन्हें किसी से बात करनी ही न हो, उनसे बात कैसे की जाए?

किताबों से ठसाठस भरी एक अलमारी पर सूरज की परावर्तित किरणों की आभा में बैठा नायक असहज है, किन्तु वर्षों की आदत ने उसे ऐसी परिस्थितियों के लिए तैयार किया है। नायक की आँखों में असीम धैर्य और सहायक पात्रों के मन में बेशुमार आस के साथ बातें शुरू होती हैं, या यूँ कहें कि यह फिल्मी कथानक शुरू होता है। ज्याँ लुक गोदार के किसी फिल्म जैसा। सभी आवश्यक चीजें हैं, लेकिन किसी क्रम में नहीं।

आँखें बन्द करिए और कल्पना कीजिए। बनारस की कड़कड़ाती ठंड में धुन्ध के बीच सुबह-सुबह दो आकृतियाँ दिखती हैं। काशी हिन्दू विश्वविद्यालय की सड़कों पर दो साइकिल सवार एक-दूसरे से बतियाते चले जा रहे हैं, अपने सुख-दु:ख साझा करते हुए। एक हैं काशीनाथ सिंह और दूसरे हैं धूमिल। शायद किसी कविता-संग्रह के नाम पर विचार कर रहे हैं या व्याकरण पर या शायद धूमिल के कविता-संग्रह 'संसद से सड़क तक' पर चर्चा करते हुए। व्योमेश के याद दिलाने पर काशी जी कहते हैं, "यह शीर्षक मैंने ही सुझाया था।"

एक अलग किस्म का क्रॉसकट बन जाता है जब एक नये पात्र का जिक्र होता है। काशी जी बताने लगते हैं, "जिन दिनों हम दोनों साइकिल से आते-जाते थे, उन्हीं दिनों किसी दिन धूमिल ने बताया कि उसका सम्बन्ध मंच के उन कवियों से रहा है जो अपने उपनाम के साथ बनारसी लगा लिया करते हैं। यह उन दिनों की बात है जब वह 'बाँसुरी जल गई' के गीतकार के रूप में जाना जाता था। ऐसे कवियों में चकाचक बनारसी, साँड़ बनारसी, धूर्त बनारसी, चपाचप बनारसी, जाने कितने बनारसी थे? उनके असल नाम दूसरे थे। साँड़ बनारसी हास्य-व्यंग्य लिखनेवाले इन्हीं कवियों में थे, जिनका नाम सुदामा तिवारी था। कद में वे धूमिल से लम्बे थे वरना काठी, मूँछ की नोकों और रंग में फर्क नहीं था। फर्क बस तिवारी और पाँड़े का था। धूमिल ने बताया था कि वह बहुत सटीक चाकूबाज है। किसी भी पेड़ पर, तने पर, खड़िया से घेरा बनाकर वह दूर से फेंकता है और क्या मजाल कि चाकू घेरे से बाहर चला जाए। इसी कारण कुछ लोग उसे गुंडा समझते हैं। मेरा अनुमान है कि धूमिल ने सोचा होगा कि बनारस में कोई सुदामा नाम सुनेगा तो मुझे कवि नहीं गुंडा समझेगा तो उन्होंने अपना नाम 'धूमिल' रख लिया। इसी तरह एक दिन वह तुलसी रोड के सामने किसी युवक से बात कर रहा था। युवक गोरा, छरहरा और भला लग रहा था। धूमिल ने मुझे देखा तो बुलाया। पूछा, "इन्हें जानते हो?" मैंने कहा, "नहीं।" "ये चकाचक बनारसी हैं। जलकल विभाग में नौकरी करते हैं। घूस लिया था, निकाल दिये गए। तुम्हारा यदि कोई नल खराब हो या टोंटी से पानी टपक रहा हो तो इन्हें बता देना, ये ठीक करवा देंगे। इससे पता चलता है कि हास्य-व्यंग्य के मंचीय कवियों से वह परिचित था।"

क्रोध जिसकी कलम की स्याही हो, क्या उस धूमिल का व्यवहार भी वैसा ही था?

"नहीं। वह बेहद सरल, सहज और नम्र आदमी था। अनायास गुस्सा नहीं करता था। गुस्सा सिर्फ वहीं करता था जहाँ उसे पाखंड या ढकोसला दिखाई पड़ता था। जिस आदमी की कथनी और करनी में फर्क था, उस पर नाराज होता था। बनावटीपन और दिखावे से उसे चिढ़ थी। चिढ़ उसे उन अध्यापकों से भी थी जो आदर्श बघारते हैं, लेकिन जीवन में उसका पालन नहीं करते। गुस्सा उसे जनतंत्र पर भी था। उसने जनतंत्र को आजीवन अपनी कविता के केन्द्र में रखा। वह उसकी कविता का टारगेट था अन्त तक।" काशी जी ने जवाब दिया।

पर दो अलग प्रकृति के लोगों का सामंजस्य कैसे बैठता होगा?

"दरअसल हम दोनों गाँव से आए थे। हमारे पास खेत-खलिहान की भाषा थी। सरल और सहज हम भी थे। वह भी था। धूमिल और मुझमें सामंजस्य की सबसे बड़ी वजह यह थी कि मैं कविता नहीं लिखता था और वह कहानी नहीं लिखता था। क्योंकि कविता लिखनेवाले आदमी को वह अपने प्रतिस्पर्धी के रूप में देखता था। वस्तुत: यह सम्बन्ध इसलिए भी बना रहा कि उसने मुझे कभी भी नामवर जी तक पहुँचने की सीढ़ी नहीं समझा। मैं उस आदमी से अलर्ट हो जाता था, जो नामवर जी तक पहुँचने का माध्यम मुझे समझता था। धूमिल के साथ ऐसी कोई बात नहीं थी। हमारी दोस्ती के दो-तीन साल बाद नामवर जी से बात करने की उसने हिम्मत की। हमारे परिवार के सदस्य के रूप में था। माँ उसे अपना बेटा समझती थी। पिताजी उससे घर-दुआर की बातें करते थे। मेरे बच्चों के लिए वह चाचा था। हम दोनों में न बनने जैसी बात ही नहीं थी।"

व्योमेश फिर उन्हें फ्लैशबैक में ले जाते हैं, "आपको उनकी एक आदत बड़ी खराब लगती थी। वे आपके आधे-अधूरे ड्राफ्ट पढ़ लेते थे।"

"हाँ, छोड़ देता था मैं उसको लिखना। कमरे में पड़ी रहती थी जहाँ मैं लिखता था, और कोई पढ़ ले तो मैं फिर छोड़ देता था।"

"इसकी क्या वजह है?" सौरभ ने कौतूहलवश पूछा। "हमें लगता है कि नंगा देख लिया गया हूँ मैं और कहानियाँ अधूरी रह जाती हैं। हम कुछ लिख रहे थे तो एक बार भैया (नामवर सिंह) ने पढ़ लिया था। उन्होंने कहा, "आप यह बन्द कर दीजिए, मत लिखिए। मैं समझ गया, क्या लिखना चाहते हैं।" दस साल बाद जाकर मैंने फिर कलम उठाई और उस पर लिखना शुरू किया। ऐसा होता रहता है। बहुत चीजें जो मैं लिखना चाहता था, लिख नहीं सका।"

अफसोस तो होगा ही।

"बीमारी के दौरान तुलसीदास के अन्तिम दिनों के बारे में लिखना चाहता था, 'उपसंहार' (उपन्यास) लिखने के बहुत पहले से मेरे मन में पर्दे के लिए एक लोकनाटक लिखने की चाहत थी।"

जिनकी रचनाएँ कितनी ही बार, कितने मंचों पर खेली गईं, वे भी नाटककार बनना चाहते थे।

"अब जब अपने अन्तिम दिनों में हूँ तो सोचता हूँ कि तुलसीदास जी के अन्तिम दिनों के बारे में भी लिखा जाना चाहिए था।"

(जम्प कट)

व्योमेश याद दिलाते हैं, "आपने एक प्रसंग में लिखा है कि मोहल्ले के लड़के तुलसीदास को बड़ा तंग करते थे।"

"पंडितों से ही सुनता था यह सब। जब तुलसीदास के साथ हुआ, तो हम लोग क्या हैं?"

व्योमेश अचानक पप्पू के सामनेवाली चाय की दुकान पर भाँग मिलने का जिक्र करते हैं। काशी जी मुस्कराते हुए हामी भरते हैं। तभी सौरभ एकाएक पूछ बैठते हैं, "अच्छा, भाँग के नशे के विषय में बताया जाता है कि यह खाओ, वह खाओ तो असर होता है, क्या यह सब कवि सत्य है?" काशी जी बड़े ही सहज ढंग से अनुभूत जवाब देते हैं, "भाँग के साथ अगर चाय पीते हैं तो उसका असर तेजी से होगा। भाँग और शराब के नशे में फर्क है।"

"कैसा फर्क है?" सौरभ पूछने से रोक नहीं पाते। "भाँग जो है, आपको उड़ाती है और दारू जो है, वह आपको जमीन पर रखती है।"

(एक जम्प कट दूसरे दृश्य की ओर)

"रायपुर से जगदलपुर के रास्ते किसी कार्यक्रम में शरीक होने के लिए हम लोग सड़क मार्ग से यात्रा कर रहे थे।"

काशी जी किस्सा शुरू करते हैं, "आयोजक ने कहा, सवेरे गाड़ी जा रही है, आप और कैफी (आजमी), दो आदमियों को उससे जाना है। तो हम पीछे बैठे और कैफी आगे। हमारे बगल में बाबा नाम का युवक था। उन्होंने बताया कि ये बाबा हैं, शबाना आजमी के मैनेजर।"

सौरभ बीच में जोड़ते हैं, "बाबा आजमी भाई हैं शबाना के। कैफी के बेटे। काम भी सँभालते थे उनका?"

काशी जी हँसते हुए गौर करते हैं, "ओह, भाई हैं।"

"एक पत्रकार था हमारा परिचित, राजनारायण, वो भी साथ था। कैफी आगे बैठे थे क्योंकि पीछे बैठने में उन्हें असुविधा होती थी। आगे टाँग फैलाने की जगह होती थी और वे छड़ी लेकर चलते थे। चलना थोड़ा मुश्किल था उनके लिए क्योंकि लकवा हो गया था। तो हम लोग सवेरे-सवेरे रायपुर से चले। अभी 25-30

किलोमीटर ही आए होंगे कि कैफी ने उस पत्रकार से कहा, "हाँ, लाओ निकालो।" वो समझा नहीं। बाबा पीछे बैठा था, उसने कहा, "बीयर।" अब वो तो बीयर लेकर चला ही नहीं था रायपुर से। उसे मालूम ही नहीं था कि रास्ते में जरूरत पड़ती है उनको। कैफी ने गाड़ी रोक दी और कहा, "वापस चलो।" राजनारायण बाहर निकला और पूछा कि क्या करें? तो उन्होंने कहा, "वापस चलते हैं और बीयर का एक क्रेट लेते हैं।" उस वक्त 'देशबन्धु' अखबार के मालिक, ललित सुरजन के पिता मायाराम सुरजन भी थे। उन्होंने कहा, "चलिए, बीयर लेकर फिर चलते हैं।" हम लोग रायपुर लौटे, बीयर का क्रेट लिया और फिर...जैसे ही गाड़ी आगे बढ़ी, फिर हुआ कि ग्लास दे दो। सभी एक साथ हँस पड़ते हैं।

"जगदलपुर तक, कम-से-कम डेढ़ या दो बजे तक, रास्ते में पीते हुए गए वे। हमसे पूछा उन्होंने, हमने कहा, 'दिन में नहीं लेते, शाम को ले लेते हैं।' तो कुछ नहीं बोले, लेकिन पीते हुए वहाँ तक गए और जगदलपुर जाने के बाद तो उनकी व्यवस्था शायद कलेक्टर के यहाँ थी तो वहाँ से वे अलग हो गए।"

व्योमेश एक बार फिर उन्हें एक रोचक स्मृति में ले जाते हैं, "याद है, सर! आपको एक बार बन्दर दौड़ा रहे थे? उन्होंने आपको घेर लिया और चोट भी लग गई थी आपको। आपके पास बहुत सारी विधियाँ थीं बन्दर भगाने की। आजमाई विधि और टॉर्च लेकर गए थे, लेकिन बन्दरों ने एक साथ हमला कर दिया।"

उत्साह से भरे सौरभ जोड़ते हैं, "मानव वानर संग्राम! लग रहा है, जैसे डायमंड पॉकेट बुक्स की किसी किताब का शीर्षक हो 'बन्दर भगाने के 13 तरीके'—लेखक प्रोफेसर काशीनाथ सिंह।"

बातों के बीच काशी जी की जीवनसंगिनी, कुसुम जी बताने लगीं, "एक बार कपड़ा लेकर जा रहे थे, तो काट लिया था बन्दर।"

काशी जी का स्पष्टीकरण आया, "उनके मनोविज्ञान को मैं समझ गया कि क्यों इतना पीछे पड़े थे? उनमें से एक को मारा था एक बार मैंने। भूला नहीं था वह।"

किसी छोटी बच्ची की तरह हामी भरकर कुसुम जी ने टिप्पणी की, "तभी न काटने दौड़ा था!"

कुछ सोचते हुए फ्लैशबैक में चले जाते हैं वे, "प्राइमरी में हमारे एक मास्टर थे जो हमें पढ़ाने लेकर जाया करते। गाँव से लड़कों को बटोरते थे और लेकर जाते थे। बगीचा बन्दरों से भरा पड़ा था। गुरुजी आगे-आगे चलते, हम पीछे-पीछे। और बन्दर चारों तरफ से आते रहते थे, लेकिन कुछ करते नहीं थे। उन्होंने बताया था कि 'बन्दरों से डरो मत, छेड़ो मत, उधर देखो मत।' बस नीचे सिर किए हुए चले जाते थे।

सौरभ खुद को रोक नहीं पाते—

"यह फॉर्मूला तो साहित्य में भी अप्लाई किया जा सकता है। जितने मठाधीश

टाइप लोग हैं, उनकी तरफ देखो मत, छेड़ो मत। बस, अपना काम करते जाओ। बस यही मन्तर लेकर आप आगे बढ़े क्या?"

काशी जी खूब हँसते हैं। कुसुम जी एक सिरा पकड़कर बात आगे बढ़ाती हैं, "तब क्या, 'काशी का अस्सी' जब लिखे थे तब अस्सी वाले मारने के लिए दौड़े थे। जाना ही छोड़ दिये थे वहाँ बहुत दिन तक।"

"धारावाहिक आने के बाद महीने भर तक अस्सी गया ही नहीं। जब पहला चैप्टर आया। 'हाथ काट देंगे, पैर काट देंगे, यह कर देंगे वह कर देंगे, गोली मार देंगे।' इस तरह की चीजें सुनते थे। महीने भर मैं नहीं गया उस तरफ। उसके बाद हुआ कि अब लिख रहे हैं, तो जो लिखना था, लिख दिया। तो मैंने फिर जाने का साहस किया और गया। दूसरी बार जब छपा तब सब आपस में ही गालियाँ देते तो मुझे, मेरे सामने कुछ नहीं कहते थे। धमकी नहीं देते थे। तो मैं धीरे-धीरे जाने लगा। फिर बाद में जब तीसरा कुछ आया तो...।"

"सन्तों, असन्तों और घोंघाबसन्तों...," व्योमेश याद दिलाते हैं।

"हाँ, तो हुआ कि गोवा से एक लड़का हम पर रिसर्च कर रहा था। अस्सी में घूम-घूम कर पूछता था कि उसमें जो पात्र हैं, कहाँ हैं? एक कोई भुवनेश्वर से आया था, पढ़ के। देखना चाहता था। अस्सी गया तो लोगों को पूछने लगा। तब वहाँ से लोगों की मुझे देखने की दृष्टि बदली। हुआ यह कि जिन्हें मोहल्ला छोड़कर कोई जानता नहीं था, अब बाहर से उनसे मिलने लोग आ रहे थे।"

(जम्प कट)

खुद को फणीश्वरनाथ 'रेणु' की परम्परा का लेखक बतानेवाले काशीनाथ सिंह को देखकर मन में सवाल उठता है—जो हम लोगों को साहित्य के प्रति प्रेरित करते हैं, उन्हें कौन प्रेरित करता होगा? वैश्विक साहित्य में उनकी क्या पसन्द थी? वे शुरू करते हैं, "खास तौर से दो लेखक पसन्द हैं। एक तो रूसी साहित्यकार लियो टॉल्स्टॉय और दूसरे हैं अमेरिकी लेखक, अर्नेस्ट हेमिंग्वे। भाषा के लिए मैं पसन्द करता हूँ उसे यानी संक्षिप्त वाक्य, अर्थों से भरा हुआ हो। छोटे से छोटा वाक्य जिसमें अर्थ भरे हों। व्याकरण का विद्यार्थी रहा हूँ न, पी-एच.डी. किया है उस पर। शायद उसी कारण से भाषा की फिजूलखर्ची मुझे नापसन्द है। जितना प्रीसाइज वाक्य हो सके, उतना अच्छा। मीनिंगफुल। और टॉल्स्टॉय के डिटेल्स, विवरण जो देता है, जैसे घोड़ों का वर्णन। जैसे इवान इल्यिच कहानी में बहुत छोटी चीजें, जो माइन्यूट डिटेल्स जिसे लोग नेगलेक्ट करते हैं, ऐसी चीजों को डालना और उनका विवरण मुझे पसन्द है।"

इतना सुनकर जैसे ही मैं उनके पसन्दीदा उपन्यास के बारे में पूछने का खयाल करती, वे खुद से बोल पड़ते हैं, "वैश्विक साहित्य में एक उपन्यास और मुझे पसन्द है, मिगेल डे सर्वांतीस का 'डॉन क्विजोट', जिसे विश्व साहित्य का पहला मॉडर्न

नॉवेल माना जाता है। उसमें भेड़ों को अपनी ओर आते देख वो फौज समझ लेता है। ह्यूमर का अद्‌भुत सेंस है।"

उपन्यासों का जिक्र हो रहा था तो कविताओं को क्यों भूला जाए? दशकों तक उन्होंने कितने ही विद्यार्थियों को पढ़ाया। मेरी आँखों से ही जिज्ञासा समझ गए वे, शायद। हँसते हुए कहा, "कवियों को मैंने बहुत कम पढ़ा है, लेकिन नाटककारों में बर्तोल्त ब्रेख्त। जो नाटक उसने लिखे हैं।" वे ठहरकर कुछ सोचने लगते हैं।

"उनके कौन-से नाटक पसन्द हैं आपको? मैं पूछ बैठी।" जवाब आता है, "'द कॉकेशियन चॉक सर्किल' और 'मदद करेज।' दूसरे भी नाटक हैं, लेकिन ये दो।" खड़िया का घेरा। एबेंडेड नैरेटिव, स्टोरी विदिन अ स्टोरी, प्ले विदिन अ प्ले। ठीक इस साक्षात्कार की तरह। सीन्स जैसे सुपरइम्पोज हो रहे हैं एक-दूसरे पर।

"क्लासिक लिटरेचर पसन्द है खास तौर से, वर्तमान का नहीं।"

वाराणसी के जीयनपुर गाँव में 1937 में जन्मे काशीनाथ सिंह आधुनिक हिन्दी साहित्य के प्रमुख स्तम्भ माने जाते हैं। मैं हठात् पूछ बैठती हूँ, "समकालीन और क्लासिक साहित्य में आपको क्या अन्तर दिखता है? इतने लोग लिख रहे हैं, इतना साहित्य सृजन हो रहा है।"

"लिख तो रहे ही हैं लोग, लेकिन उनसे सीखने की इच्छा...वे सम्पूर्ण मनुष्यता के लिए लिखते रहे हैं। लेखन बदलता रहता है बराबर, जैसे आज जो लिखा जा रहा है, कोरोना पर या समकालीन सरकार पर। समकालीन लेखन और तत्कालीन लेखन तो होता रहता है, लेकिन वह लेखन जो मनुष्यता को छुए, उस किस्म का लेखन जो उसकी संवेदना का स्पर्श करे, चाहे भारत का लेखक हो, चाहे अमेरिका का या रूस का। कोई पढ़े तो उसे महसूस हो कि उसके बारे में कही जा रही हैं बातें, उसके लिए लिखा गया है।"

"बीसवीं सदी के आखिरी दशक से भूमंडलीकरण, उदारीकरण, निजीकरण के साथ ही मंडल आयोग लागू हुआ तो हिन्दी में एक नये तरह के साहित्य की शुरुआत हुई। शुरुआत तो पहले ही हो चुकी थी, नब्बे से पहले, लेकिन ये विमर्शवादी साहित्य कहा जाने लगा, जैसे स्त्री विमर्श, दलित विमर्श, जनजाति विमर्श आदि। यही साहित्य की मुख्यधारा के रूप में अब तक चल रहा है। 2014 के बाद जब अपने लोकतंत्र में तानाशाही की बू आने लगी, तब से इसे प्रतिरोध का साहित्य कहा जाने लगा। इसके प्रमाण हिन्दी की पत्रिकाएँ, वेबिनार, सेमिनार, ऑनलाइन ढेर सारे आयोजन हैं। इसमें छोटे-बड़े हर पीढ़ी, धर्म, वर्ण, जाति और उम्र के लेखक शामिल हैं। शाहीनबाग आन्दोलन, किसान आन्दोलन और दूसरे आन्दोलनों में इप्टा (इंडियन पीपुल्स थियेटर एसोसिएशन) के रंगकर्मियों और लेखक संगठनों ने तो शिरकत भी की है क्योंकि हम ये मानकर चल रहे हैं कि यह लोकतंत्र की रक्षा का ही नहीं, मनुष्यता का भी प्रश्न है। अफसोस यह है कि बीमारी के चलते मैं अपनी

सक्रिय भागीदारी नहीं निभा पा रहा हूँ।"

पर मन वहीं है? " *(हँसते हुए)* मन उसी में लगा हुआ है।"

बातचीत के दौरान काशी जी ने सौरभ को धूमिल के रचना-संघर्ष के बारे में बताया। "यह सबको पता है कि धूमिल हाईस्कूल पास थे और इंटर में भी विज्ञान के विद्यार्थी थे। समकालीन साहित्य के बारे में पता नहीं था कुछ। जिस समय हमसे मुलाकात हुई, वह बेचैन था। छायावाद के बारे में पढ़ा-सुना था, लेकिन छायावाद के आगे वह कम जानता था। और जानने के लिए बेचैन था। प्रगतिवाद, प्रयोगवाद, नई कविता और उसकी समकालीन कविता क्या है, इसमें क्या है, जिज्ञासाओं से भरा हुआ था। इनसे सम्बन्धित किताबें एवं पत्रिकाएँ मेरे यहाँ सुलभ थीं। और आरम्भ के वे दो-तीन साल धूमिल के लिए निर्णायक थे। अपने समकालीन कवियों की कविताओं में उसने देखा कि अकविता है, भूखी पीढ़ी कविता है, श्मशानी कविता है यानी कविताएँ अराजनीतिक एवं अराजक होती थीं। वो अमूर्त और नकारात्मक थीं। धूमिल धीरे-धीरे बदल रहा था। उसकी सबसे बड़ी चिन्ता यह थी कि पिछले 10-15 सालों से जिस गाँव को वह जानता-सुनता है, जिसे जीता है वह गाँव, किसान, मजूर, उनकी मेहनत, उनकी भाषा, मुहावरे, बोलने का लहजा, यह सारा कुछ नदारद है। ये ड्राइंग रूम और फूलों, पेड़ों, पत्तों, चिड़ियों तक सीमित है। ये शहर में रहनेवाले भद्र लोगों की कविताएँ हैं। वे गाँव कहाँ हैं, जहाँ हम साँसें ले रहे हैं? यहीं से उसने अपनी कविता का लक्ष्य तय किया। उसे वह नहीं लिखना है जो लिखा जा रहा है। वह मेरी जिन्दगी भी नहीं है और यहीं से उसने गाँव और जनतंत्र को अपनी कविता का विषय बनाया। उसका विचार था कि कविता किसी-न-किसी को सम्बोधित करनी चाहिए। इस निर्णय पर आने से पहले उसने निराला, मुक्तिबोध, सप्तक के कवियों और समकालीन कवियों का गहरा अध्ययन किया था और इसके बारे में मुझसे प्राय: बहस किया करता था। आते-जाते हुए उसका नियम था सवेरे नवाबगंज से मेरे घर चला आता था। और प्राय: 'संसद से सड़क तक' के लिखे जाने के पहले तक वह जो कुछ लिखता था, उसके बारे में हम लोग बातें करते थे। वह कविताएँ अपने तक सीमित नहीं रखता था। अगर चार पंक्तियाँ भी लिखी हैं तो आता था, सुनाता था। वह भाषा को धार देना चाहता था। उसमें तल्खी और तेवर पैदा करना चाहता था। इसके लिए उसने हिन्दी कवियों के अलावा जिन्सबर्ग, मायकोवस्की, नाजिम हिकमत, नेरूदा, येव्तूशेंको आदि सभी कवियों को पढ़ा डिक्शनरी लेकर। और अपना रास्ता चुना ऐसा रास्ता जो उसका निजी और अपना हो।" उन्होंने उन लोगों को कविता के माध्यम से स्वर दिया जिन्हें इस योग्य भी न समझा जाता था।

उसी बैठकी में काशी जी से एक और बात पता चली—काउंटरकल्चर बीट जनरेशन के प्रसिद्ध कवि जिन्सबर्ग 1963 में छह महीने बनारस में रहे और विश्वविद्यालय में कविता पाठ भी किया।

वाल्ट व्हिटमैन की कोई कविता आपको प्रिय है?

"हाँ, 'लीव्स ऑफ ग्रास संग्रह'। बाकी धूमिल तो हमारे साथ ही रहे हैं। तो उन्हें देखा है यानी एक सादगी और उस जमाने में आलोचना के चलते भाषा में सपाटबयानी, लेकिन सपाटबयानी से जो तेवर पैदा होता है, जो तल्खी पैदा होती है, तो भाषा मारक हो जाती है। ऐसी ही चीजें मुझे पसन्द हैं।"

एक साहित्यकार की तरह नहीं बल्कि साधारण मनुष्य की तरह, उनके खुद के जीवन के लिए साहित्य कितना महत्त्वपूर्ण है?

"साहित्य जीवन है और जीवन के बाहर कुछ भी साहित्य नहीं है। जीवन में नदी भी हैं, नाले भी हैं, पर्वत भी हैं, घाटी भी है, हरियाली भी। तो बस यह हरियाला जीवन प्यारा है मुझे, अच्छा लगता है।"

तब बनारस क्या है उनके लिए?

"बनारस तो छोड़कर जा नहीं सकता।"

ऐसा क्या है बनारस में? क्या अच्छा लगता है इस शहर में?

"बनारस शहर होते हुए भी एक बड़ा गाँव है। अगर आपको दुःख है, तो बगल वाला आदमी आकर पूछ लेगा। शेयर करनेवाले मिलते हैं, पहचानते हैं लोग। पर अब जैसे नई कॉलोनियाँ हैं, यहाँ तो अपने बगल के घर के लोगों को भी कोई नहीं जानता। बनारस बेसिकली मुहल्लों का नगर रहा है, जिसके विस्तार में कॉलोनियाँ बना दी गईं। यह नब्बे के बाद से शुरू हुआ और इस चीज ने व्यक्ति को काफी व्यक्तिवादी बना दिया है। सिर्फ अपने हितों, अपनी जरूरतों के बारे में सोचना। दूसरों को क्या जरूरत है, इसकी उसे परवाह नहीं। इनसानियत हमारे खयाल से बनारस में सबसे ज्यादा रही है। इसे अक्खड़ता कहो या फक्कड़पना यानी आप दूसरे के कपड़ों की परवाह नहीं करते, गमछी में हों, लुंगी में हों। बस चले जा रहे हैं। कोई परवाह नहीं किसी चीज की।"

"बनारस तो पैदल चलनेवालों का शहर रहा है। विश्वविद्यालय में भी पहले एक ही गाड़ी थी और अध्यापक या तो पैदल चलते थे या साइकिल से।"

आप भी पैदल ही...

"खूब चला करते थे। प्री यूनिवर्सिटी कोर्स के दौरान अस्सी से कमच्छा पैदल जाते थे, और जब विश्वविद्यालय में पढ़ते थे तो अस्सी से लंका पैदल।"

थोड़ा सोचकर वे फिर शहर पर लौटते हैं, "बनारस की खासियत रही है कि आप कहीं भी सो सकते हैं, किसी भी घाट पर। अभी जितना हो-हल्ला, इतना प्रदर्शन, घटाटोप नहीं था तब। जो चीज जैसी है, वैसी ही दिखती थी।"

उनका ध्यान काशी विश्वनाथ मन्दिर की ओर भी जाता है। "उसके किसी महन्त ने एक साक्षात्कार में बताया था कि जिसमें गति हो, वही है गंगा। किसी भी जल प्रदूषण को प्रवाह ही बदलता है। गंगा खुद से साफ हो जाएगी अगर बहती

रहेगी। बाँध और पुल जब-जब उनका प्रवाह रोकेंगे, बाधाएँ पैदा होंगी ही।"

गंगा की बात उठने पर मुझमें एक हिम्मत की लहर-सी दौड़ गई। मैं पूछ बैठी, "आपने तो इतनी बेटियों को बड़ा किया है। आप स्त्रियों के बारे में उतना क्यों नहीं लिखते? एक बार उनकी तरह क्यों नहीं सोचते आप?"

"ओह हो हो...जीवन भर मुझे प्यार मिला। मैंने देखा है कि प्यार पर सर्वोत्तम उन्होंने लिखा है जो प्यार के भूखे रहे हैं। जिसने प्रेम चाहा, और उसे नहीं मिला। जो प्यार करते रहे हैं, उन्होंने या तो बड़ा भावुकता भरा लिखा, या सस्ती किस्म की भावुकता को लिख डाला...मैंने कभी सोचा था कि बुढ़ापा आएगा तो प्रेम पर लिखूँगा क्योंकि तब मैं प्रेम से बहुत दूर हो चुका होऊँगा। दूर से मैं प्रेम को देख सकूँगा। ऑब्जेक्टिवली। दूसरों की तरह सब्जेक्टिवली नहीं, लेकिन बीमार होने के पहले शायद बूढ़ा होने का अवसर ही नहीं आया।"

"जिन बेटियों की तुम बात कर रही हो, कहीं-न-कहीं शायद वे ही प्रेम पर लिखने में बाधक थीं।" इस बीच मेरे चेहरे पर उभरे आश्चर्य को पढ़कर वे बोले, "क्योंकि उन्हें मालूम नहीं था कि उनका बाप प्रेम भी कर सकता है। अगर मैं प्रेम पर लिखता और मेरी बेटियाँ पढ़तीं, तो जैसे लोग प्रेम को गलत नजर से देखते हैं, वैसे शायद वे भी ऐसा ही समझतीं जबकि दुनिया प्यार पर ही टिकी हुई है। जिस आदमी ने प्रेम नहीं किया, वो बेहद क्रूअल किस्म का होता है, जानवर जैसा, नफरत से भरा हुआ आदमी। लेखक और मनुष्य जिसमें प्यार न हो, वह मनुष्य ही नहीं है।"

प्रेम पर उन्होंने अपना पक्ष जारी रखा—"परिवार में मैं नहीं चाहता कि अपने बाप के बारे में उनका खयाल खराब हो जाए। जैसा सामन्ती समाज रहा है, जो आज पूँजीवादी है, उस समाज में प्यार को अच्छी नजर से कभी देखा ही नहीं गया।" भाषा को सँवारनेवाले, विचारों को गढ़नेवाले और काल को चुनौती देनेवाले भी कहीं-न-कहीं डरते हैं। "एक अध्यापक प्यार कर सकता है, यह समाज को गवारा नहीं होगा। अध्यापक बस प्रेमरहित और किताबी रहे।"

तो क्या इस बात का कभी अफसोस हुआ उन्हें? "अफसोस तो है। स्त्रियों पर मैंने सबसे कम लिखा, बहुत कम लिखा। एक 'महुआचरित' लिखा, लेकिन उससे सन्तोष नहीं है। बाकी 'रेहन पर रग्घू' में स्त्रियाँ आती हैं और बोलती हैं कि हर पति को प्रेम के लिए छोड़ दें, मुक्त कर दें क्योंकि अगर वह बाहर प्यार पाता रहेगा तो तुम्हें भी प्रेम देगा। उनके जीवन की मोनोटॉनी को तोड़ सकता है यह प्रेम। अगर उसे बाहर प्रेम नहीं मिलेगा, तो वो तुम्हें भी प्रेम नहीं करेगा।"

मैं उन्हें बताती हूँ कि मेरे बड़े भाई ने मुझे बनारस आने से पहले दो किताबें दी थीं बनारस को समझने के लिये—'काशी का अस्सी' और 'रेहन पर रग्घू'। छोटे बच्चे-सी मुस्कान लिये उन किताबों का रचयिता शरमाते हुए कहता है, "ये तुम क्या कह रही हो? मैं तो बहुत साधारण आदमी हूँ, फुटपाथ का। मैंने तो बीमार

होने के पहले तक कभी ऑटो नहीं लिया। अस्सी तक तो पैदल ही जाता। तुम जरा कल्पना करो कि 1986-87 में नामवर जी की षष्ठिपूर्ति पर हमने अस्सी पर एक कार्यक्रम किया था जिसमें नागार्जुन, त्रिलोचन, केदारनाथ सिंह, भगवत रावत, राजेश जोशी सरीखे कवियों का काव्यपाठ करवाया था वहीं घाट पर। उसी घाट पर अब गाना-बजाना हो रहा है।..."

लेकिन अस्सी घाट की लोकप्रियता के लिए कहीं-न-कहीं वे खुद भी तो जिम्मेदार हैं। अस्सी घाट का तो पूरा आकर्षण ही 'काशी का अस्सी' से आता है।

वे एक लम्बी साँस लेते हैं और कहते हैं, "अब जब मैं अस्सी घाट जाता हूँ, तो मेरी आँखों में आँसू आते हैं। जिसके बारे में लिखा था, वो अस्सी नहीं रहा। गंगा से और उन घाटों से बड़े गहरे सम्बन्ध रहे हैं।"

अपने मन के किसी कोने को टटोलते हुए वे फ्लैशबैक की तरह फिर प्रेम पर लौट आते हैं—"प्रेम पर आज भी कोई अच्छा उपन्यास नहीं है। आज भी सब कुछ मिलाकर शरत्चन्द्र ही हैं, जिनके अनुवाद पढ़े जाते हैं।" तो फिर शरत्चन्द्र की कौन-सी कहानी उनकी सबसे पसन्दीदा है?

"'चरित्रहीन', जो चरित्रहीन है नहीं। श्रीकान्त भी। जो अनुभव उनको और टैगोर को मिला, वह किसी और लेखक को नहीं मिल सका अपनी भाषा में।"

"तुमने प्यार की बात की थी न, चे ग्वेरा ने कहा है, प्यार रेवोल्यूशन है, जिस पर सबसे अधिक अंकुश लगाया जाता है। सबसे अधिक दबाया जाता है।"

(जम्प कट)

बनारस का मोह तो खैर अपनी जगह है, पर हिन्दी के इस स्वनामधन्य रचनाकार को कभी विदेश जाने की इच्छा नहीं हुई?

"अरे एक तो मौका ऐसा था जिसमें आईसीसीआर (भारतीय सांस्कृतिक सम्बन्ध परिषद) का इंटरव्यू दिया था मैंने। मुझे किसी भी देश में जाने की छूट थी, पर उस समय सबसे अच्छा माना जाता था कोरियाई डॉलर। मेरा नाम कोरिया के लिए प्रस्तावित किया गया। फोन पर बात हुई। फिर चिट्ठी भी आई। उस समय तक 'अपना मोर्चा' का कोरियाई अनुवाद भी हो चुका था। अजीब बात है कि निमंत्रण मिलने के बाद एक बार मुझे लगा कि वहाँ पान तो मिलेगा नहीं। पैसा तो मिलेगा, लेकिन सारा कुछ यहीं छूट जाएगा। लिख नहीं पाएँगे और 'काशी का अस्सी' नहीं लिखेंगे तो बाकी कुछ आगे कभी नहीं कर पाएँगे।"

इस मोड़ पर व्योमेश विचारते हैं अमर होने और धनी होने में से एक चुनना था। स्क्रीन फेडआउट होने से पहले जवाब आता है, "अमर होने का तो नहीं मालूम, लेकिन लेखक होना चुना था।"

['इंडिया टुडे', साहित्य वार्षिकी, 2022]

पाणिनि आनन्द ➡
⬅ काशीनाथ सिंह

बनारसी रंग दहशत के रंग से गहरा

बनारस में विस्फोट करनेवालों से मैं कहना चाहता हूँ कि अगर उनका मकसद लोगों के बीच दहशतगर्दी पैदा करना था, उन्होंने सोचा हो कि इससे लोग डरेंगे, भयभीत होंगे तो इस लिहाज से उन्होंने गलत जगह चुन ली ऐसा काम करने के लिए।

बनारस पर उसका कोई असर नहीं पड़नेवाला है।

यह नगर जैसा था, वैसा ही रहेगा। गंगा वैसे ही बह रही हैं, मन्दिरों में वैसे ही घंटियाँ गूँज रही हैं और सड़कों पर वैसे ही निर्भीक होकर लोग चल रहे हैं।

होली का मौसम है। खरीद-फरोख्त जारी है। लोग रंग-अबीर-गुलाल खरीद रहे हैं। कोई फर्क पड़ता नजर नहीं आ रहा है।

बनारस तो इस मूड में रहता है कि दुनिया रहे न रहे, यह नगर रहेगा। परम्पराएँ चलती रहेंगी।

यह वो शहर है जहाँ 'ठलुआ क्लब' होता था, 'उलूक' नाम की पत्रिका निकलती थी और हँसी-मजाक को सामाजिक मान्यता प्राप्त थी। भारतेन्दु का नगर है यह।

हँसी-ठहाके, मस्ती करने और घाटों पर घूमते हुए मजे करने के कितने ही बहाने हैं लोगों के पास।

विस्फोटक राजनीति

बनारस में जब विस्फोट हुए, लोगों की जानें गईं, कितने ही लोग घायल हुए, तब तक तो दुर्घटना का साम्प्रदायिकता से कोई लेना-देना नहीं था।

घटना को साम्प्रदायिक रंग देने की कोशिशें शुरू हुईं अगली सुबह से, जब कई राजनीतिक दलों के लोगों ने आना शुरू किया।

इसका एक कारण यह भी है कि इसी एक वर्ष में राज्य में कई चुनाव होने हैं।

दूसरे चिन्ता का विषय यह भी है कि ज्यादा अहमियत दी जा रही है संकटमोचन पर हुए बम कांड को जबकि वाराणसी रेलवे स्टेशन पर इन धमाकों से मरने और घायल होनेवालों की तादाद ज्यादा रही है।

स्टेशन पर प्रभावितों की संख्या का भी सही अनुमान नहीं है, पर यह धार्मिक स्थल था, इसलिए स्टेशन की घटना को नजरअन्दाज किया गया।

पर यह बनारस की खासियत है कि इस दौरान बनारस होली के मूड में रहता है। घटना की अगली सुबह भी था और अब भी है।

असल बात तो यह है कि बनारस में भय जैसी कोई चीज ही नहीं है, न तो मुसलमानों में और न ही हिन्दुओं में।

जब विस्फोट हुआ तो मदनपुरा के मुसलमान भाइयों का सिर शर्म से झुक गया इसलिए कि विस्फोट करनेवालों का नाम उनके सम्प्रदाय से जोड़ा जाएगा।

हाँ, मगर बनारस यह बखूबी समझता है कि विस्फोट करनेवाले इस्लाम के भी दुश्मन हैं और इनसानियत के तो हैं ही।

बनारसीपन

यह वह नगर है जहाँ शवयात्रा में बच्चे कहते हैं, 'राम नाम सत्य है, मुर्दा साला मस्त है'। लोग शवयात्रा भी ढोल-नगाड़ों और बैंड-बाजों से साथ निकालते हैं। लोग गाते हुए जाते हैं।

मरना और जीना इस शहर के लिए एक जैसी चीजें हैं। शहर ज्यों-का-त्यों है। कहीं से किसी के भीतर कोई डर नहीं है।

यहाँ के बारे में यह गलत धारणा है कि यह हिन्दुओं का ही तीर्थस्थल है। ध्यान दिला दूँ कि बनारस के ही एक शायर हुए हैं नजीर बनारसी, जिन्होंने बनारस को काबा-ए-हिन्दुस्तान कहा था।

यानी यह नगर जितना महत्त्वपूर्ण हिन्दू के लिए है, उससे कम महत्त्वपूर्ण मुसलमानों के लिए नहीं है।

उनका एक शे'र याद आता है—

हमने तो नमाजें भी पढ़ी हैं अक्सर,
गंगा तेरे पानी में वजू कर-कर के

बनारस के रहनेवाले, इसे गंगा का पानी कहिए या शिव का स्वभाव, जो एक ऐसा अलमस्त रहनेवाला प्रतिमान है, जिसकी नजर में सब बराबर हैं और यही स्वभाव यहाँ के लोगों को मिला हुआ है।

फिर वे शायर रहे हों या कवि, मस्ती सब जगह रही है और उनका इस सामाजिक-सांस्कृतिक संरचना में काफी बड़ा योगदान है।

[पाणिनि आनन्द से बातचीत पर आधारित, 'बीबीसीहिन्दी.कॉम', शुक्रवार, 10 मार्च, 2006]

हिमांशु शर्मा ⟶
⟵ काशीनाथ सिंह

कोई लौटा दे मुझे पहले वाली काशी

वो 'अस्सी' के हुए नहीं, लेकिन अस्सी उनका है। हर कोई इस बात से वाकिफ भी है, वो 'काशी' हैं और काशी के हैं। ऐसे में अस्सी उनका न हो, यह सवाल ही नहीं उठता। उन्होंने काशी और अस्सी, दोनों को बहुत ही संजीदगी से महसूस किया है। काशी के इसी खास मोहल्ले में उन्होंने अपनी जिन्दगी के तकरीबन 27 साल गुजारे हैं और जब अस्सी बदलने लगा तो काशी का परेशान होना स्वाभाविक ही था। इसी परेशानी को उन्होंने अपने उपन्यास 'काशी का अस्सी' में प्रस्तुत किया है। अब तक तो आप समझ ही चुके होंगे कि यहाँ किसकी बात हो रही है? जी, यहाँ बात हो रही है हिन्दी के प्रख्यात साहित्यकार व लेखक डॉ. काशीनाथ सिंह की। डॉ. सिंह ने उपन्यास 'काशी का अस्सी' में बदलते बनारस का ऐसा चेहरा प्रस्तुत किया जो आज के बनारस से हूबहू मेल खाता है। बेलौस, बेबाक, बेपरवाह, थोड़ा हटकर कहें तो बेअन्दाज बनारस बदला और पूरे देश की तरह उसने भी ग्लोबलाइजेशन के दौर में साँस लेना शुरू किया। इसी बदलते दौर की नब्ज को डॉ. काशीनाथ सिंह ने टटोला और उपन्यास की रचना कर डाली। उन्हीं के शब्दों में 'काशी का अस्सी' भूमंडलीकरण, उदारीकरण और निजीकरण के खिलाफ एक आवाज है। यह सिर्फ एक उपन्यास ही नहीं काशी का यथार्थ है। भूत अच्छा था, यथार्थ से मैं परेशान हूँ और भविष्य तो खैर भविष्य ही है। बनारस के यथार्थ से परेशान 75 साल के युवा साहित्यकार काशीनाथ सिंह से हमने बात की। जितनी भी बातें हुईं, सबमें काशी का दर्द ही सामने आया।

'काशी के अस्सी' में ग्लोबलाइजेशन

अपने उपन्यास के लिए अस्सी मोहल्ले को चुनना अनायास ही नहीं था। उनकी नजर में अस्सी ही एक ऐसा मोहल्ला था जहाँ बनारस को ग्लोबलाइजेशन का सबसे पहला एहसास हुआ। डॉ. सिंह कहते हैं कि ग्लोबलाइजेशन की शुरुआत ने

परम्परावादी मोहल्ले अस्सी में भी पैसे की ललक पैदा कर दी। यह आज से करीब 25 साल पहले की बात है। तब भी लोग फॉरेनर्स को कमरे किराए पर रहने के लिए देते थे। लेकिन तब सम्बन्ध किराएदार और मकान मालिक का हुआ करता था, लेकिन समय बदला और इसी के साथ सम्बन्ध भी। किराएदार अब गेस्ट हो गया था। उसके खाने-पीने से लेकर कपड़े धोने-धुलवाने तक की जिम्मेदारी मकान मालिक लेने लगे थे। इसके बदले में उन्हें अच्छा पैसा मिलने लगा था। मैंने अपने उपन्यास में 'पप्पू चाय वाले' की दुकान का उल्लेख किया है। मुझे अस्सी पर स्थित पप्पू चाय वाले की दुकान बनारस के हर तबके का प्रतिनिधित्व करती दिखाई दी। यहाँ पढ़े-लिखे लोग भी आते थे तो बिना पढ़े-लिखे भी। अमीर भी आते थे और गरीब भी। यहाँ आनेवालों में विविधता के बावजूद यह एक बात कॉमन थी कि वे बदल रहे बनारस के नागरिक थे। यही तो थे मेरे उपन्यास के कैरेक्टर्स।

अब पहले वाला वह बनारस नहीं रह गया है जो आज से चालीस-पचास साल पहले हुआ करता था। गमछा लपेटे और मुँह में पान जमाए सामने के व्यक्ति की हैसियत का अन्दाजा लगा पाना मुश्किल होता था। भोले की नगरी में लखपति भी इसी वेश में रहता था और कंगालपति भी। कहने का मतलब कि दिखावा नहीं था। पान और चाय मिल जाए तो लोगों को भोजन की फिक्र नहीं रहती थी। आज पैसे की होड़ बढ़ी है। बनारस जो मोहल्लों का शहर था, आज कॉलोनियों का शहर हो गया है। शहर होकर भी शहर नहीं था बनारस, जो अब हो गया है।

अमीर भी मस्त था और गरीब भी

अलमस्त और फक्कड़ जिन्दगी जीनेवाले बनारस की पहचान हुआ करते थे। अमीर और गरीब का कोई भेद नहीं था। कोई पैसे वाला है तो हुआ करे। हमें उससे क्या? मारकीन ओढ़कर जाड़ा बिता देनेवाले लोग थे, लेकिन खुद को किसी राजा-महाराजा से कम नहीं समझते थे। दिव्य नहाने-निपटने का इन्तजाम हो? बस, फिर क्या था? इसके लिए गंगा घाट थे ही। बनारस की यही जीवन्तता विदेशियों के लिए 'सेंटर ऑफ अट्रैक्शन' बनी और उनका यहाँ आना-जाना शुरू हुआ। मेरा यहाँ फॉरेनर्स के आने-जाने से मतलब देश में ग्लोबलाइजेशन का दौर शुरू होने से है। देश बदलने लगा तो बनारस भी बदलने लगा।

उठ गई है अड़ी

बनारसियों का एक खास शौक हुआ करता था, अड़ीबाजी का। बनारसी बड़े अड़ीबाज होते हैं। मैं भी बनारसी हूँ। जहाँ दो-चार अच्छे लोग मिल गए, शुरू हो गया बातचीत का सिलसिला। अब यह कब तक चलेगा पता नहीं, लेकिन अब अड़ी उठने लगी है। अड़ियों पर नेता, पत्रकार, साहित्यकार, अध्यापक, समाजसेवी,

व्यापारी हर तरह के लोगों का जमावड़ा होता था। यहाँ सभी राष्ट्रीय व अन्तरराष्ट्रीय विषयों पर सार्थक बहस हुआ करती थी। हर इलाके में अलग-अलग अड़ी हुआ करती थी। अस्सी पर पप्पू की चाय की दुकान भी ऐसी ही अड़ी थी। बीएचयू में था तो नियमित रूप से टहलते हुए यहाँ आता था। अच्छे-अच्छे लोगों का जमघट होता था, लेकिन अब यहाँ कुछ 'अतिवादी' लोगों का प्रभाव हो गया है। यहाँ अच्छी बातों की गुंजाइश थोड़ी कम हो गई है। गोदौलिया के 'दी रेस्टोरेंट' में इसी तरह की एक अड़ी जमती थी। लहुराबीर, चौक भी अड़ीबाजों के अड्डे हुआ करते थे लेकिन आज ये सब चीजें खत्म हो रही हैं। तकलीफ देता है यह।

फिलहाल फिल्म पर चल रहा है काम?

पढ़ने-लिखने का काम जारी है। इसी के साथ फेमस फिल्ममेकर चन्द्रप्रकाश द्विवेदी मेरे उपन्यास 'काशी का अस्सी' के एक अध्याय 'पाँड़े कौन कुमति तोहे लागी' पर फिल्म भी बना रहे हैं। मेरे उपन्यास पर फिल्म बनाने को लेकर मेरे पास कई बड़े डायरेक्टर्स के प्रपोजल्स आए, लेकिन मुझे द्विवेदी जी में वह एप्रोच दिखा जो मेरे साहित्य के साथ न्याय कर सकता था। किसी भी विषय को देशकाल और वातावरण के साथ सेल्युलॉइड पर उतार देने की कला द्विवेदी जी में मैंने देखी है। फिल्म पर तेजी से काम चल रहा है।

[हिमांशु शर्मा से बातचीत पर आधारित, 'आई नेक्स्ट', वाराणसी, 28 नवम्बर, 2010]

अटल तिवारी ⟶
⟵ काशीनाथ सिंह

गालियाँ रहेंगी, भले 'ए' सर्टिफिकेट मिले

'काशी का अस्सी' उपन्यास अल्हड़ बनारसी अन्दाज में लिखा गया है। इसमें बाजारवाद, राजनीति, कर्मकांड-पाखंड, कट्टरपंथ व जातिवाद पर एक साथ प्रहार है। ठेठ बनारसी गालियाँ भी इसका हिस्सा हैं। ये सब इसी उपन्यास पर आधारित फिल्म 'मोहल्ला अस्सी' में देखने को मिलेगा, गालियाँ भी। इसके लिए भले कोर्ट-कचहरी व सेंसर बोर्ड तक का सामना करना पड़े। वैसे हमारी इस पर डायरेक्टर चन्द्रप्रकाश द्विवेदी व प्रोड्यूसर विनय कुमार तिवारी से बात हो रखी है। यह बात लखनऊ में एक साहित्यिक आयोजन में हिस्सा लेने आए 'काशी का अस्सी' के लेखक डॉ. काशीनाथ सिंह ने 'हिन्दुस्तान' से खास मुलाकात में कही।

बनारस के अस्सी मोहल्ला पर (जिस पर 'काशी का अस्सी' लिखा गया) फिल्म 'मोहल्ला अस्सी' बनाने की पहल पर डॉ. काशीनाथ सिंह कहते हैं—मेरे पास चन्द्रप्रकाश का फोन आया। पूछा—आपने 'पिंजर' फिल्म देखी है? मैंने नहीं में उत्तर दिया। वह बोले—हम डीवीडी भेज रहे हैं, इसे देखिए। फिर बात करते हैं। मैंने फिल्म देखी। पाया—'पिंजर' उपन्यास से ज्यादा असरदार व मार्मिक इस पर फिल्म बनी है। यह फिल्म चन्द्रप्रकाश ने ही बनाई थी। इसके बाद 'मोहल्ला अस्सी' फिल्म बनाने की बात। मैंने एक बात रखी—मुम्बई में हिन्दी लेखकों का सम्मान नहीं हुआ। उन्हें बेइज्जत किया गया। हमें केवल सम्मान चाहिए। चन्द्रप्रकाश ने स्क्रिप्ट पढ़ने का प्रस्ताव दिया, पर मैंने पाया कि उनके अन्दर बाजारू चेहरे को तोड़ने-बदलने की एक तड़प है। उन्होंने 16 बार लिखने के बाद स्क्रिप्ट फाइनल की। 'काशी का अस्सी' पूरा उन्हें कंठस्थ है। यह देख मैंने स्क्रिप्ट पढ़ने से मना कर दिया। चन्द्रप्रकाश भी मुझे चौंकाना चाहते थे, इसलिए मन उनका भी यही था। उनका साहित्य के प्रति लगाव इस कदर कि शूटिंग स्थल पर अभिनेता रवि किशन ने मुझसे कहा—डॉक्टर साहब, इस फिल्म के लिए पूरे संवाद रटने पड़े हैं। एक शब्द भी इधर-उधर करने की इजाजत नहीं।

चेतन भगत के उपन्यास 'फाइव प्वाइंट समवन' पर बनी 'थ्री ईडियट्स' व उस पर स्क्रिप्ट को लेकर हुए विवाद के बावजूद एक डायरेक्टर पर इतना विश्वास करने के सवाल पर काशीनाथ सिंह कहते हैं—"मेरा उपन्यास बाजारवाद के खिलाफ है। इसलिए मैंने यही कहा कि फिल्म में उसकी आत्मा नहीं मरनी चाहिए। हाँ, फिल्मी माध्यम की अपनी मजबूरियाँ होती हैं। कलम और कैमरे में फर्क होता है। डायरेक्टर का कहानी को कनेक्ट करने का अपना नजरिया होता है। इसके बावजूद फिल्म में संवाद हमारे ही हैं। उनमें वही जान है। गालियाँ नहीं होंगी तो संवादों की आत्मा मर जाएगी। इसको लेकर उपन्यास पढ़नेवालों में जिज्ञासा है।" इस पर काशीनाथ सिंह कहते हैं—"उपन्यास में जिन मसलों पर प्रहार किया गया है। उम्मीद है, उसमें से कुछ छूटेगा नहीं। बनारस के एक मोहल्ले की कहानी क्या बड़े फलक पर लोगों का ध्यान खींच पाएगी और उसकी व्यावसायिक सफलता की उम्मीद क्या होगी—फिल्में किसी एक मुद्दे को ही उठाकर बनती हैं। फिर 'मोहल्ला अस्सी' में तो पूरे इलाके की जीवनशैली का प्रतिनिधित्व है। रही बात सफलता की तो व्यावसायिक फिल्म नहीं बन रही, पर व्यवसाय की उम्मीद पूरी है।" 'मोहल्ला अस्सी' में स्थानीयता का पुट देने के लिए गत मार्च में बनारस के घाटों, अस्सी चौराहे पर, पप्पू की चाय की दुकान आदि की शूटिंग हुई। शूटिंग स्थल पर गए काशीनाथ सिंह बताते हैं—पंडित धर्मनाथ शास्त्री की भूमिका कर रहे सनी देओल की पत्नी पंडिताइन (साक्षी तँवर) का सीन देखा तो मुँह से एकाएक निकल पड़ा, यह तो असली पंडिताइन जैसी ठसकदार है। सनी पर लम्बी चोटी, धोती-कुर्ता-गमछा व कोल्हापुरी चप्पल उन्हें एकदम बनारस के पारम्परिक पंडित साबित करती है। लम्बे समय बाद हिन्दी साहित्य पर बन रही फिल्म एक नई शुरुआत है।

['हिन्दुस्तान' लखनऊ, 24 मई, 2011]

शशिभूषण →
← काशीनाथ सिंह

साहित्य रचना के लिए जरूरी है संवेदना

साहित्य और शासन एक दूसरे के विरोधी

साहित्य हमेशा से जनता की आवाज बना रहा है। साहित्य और साहित्यकार हमेशा विपक्ष की भूमिका निभाता रहा है। यही वजह है कि सरकार साहित्य के उत्थान को लेकर गम्भीर नहीं दिखाई देती। कौन चाहेगा कि विपक्ष सशक्त हो? पिछले 10 वर्षों में साहित्य पर बाजार का काफी असर पड़ा है। आज साहित्य में कंटेंट कम हो गए हैं और सूचना ज्यादा हो गई। हालाँकि इसमें बदलाव आएगा। 2000 के आसपास जितने भी नये राज्य बने हैं, वहाँ साहित्य के विकास पर कोई ध्यान नहीं दिया गया। खासकर झारखंड में तो पिछले 10 वर्षों में साहित्य के उत्थान के लिए कुछ भी नहीं किया गया। न तो साहित्यकारों के लिए सम्मान ही घोषित किया गया, न ही उन्हें कोई सहूलियत ही दी गई।

छात्र आन्दोलन को दबा दिया हमारी सरकार ने

किसी भी बड़े परिवर्तन में युवा वर्ग की प्रमुख भूमिका होती है। छात्र संघ से युवा नेतृत्व निकलकर आता है, लेकिन हमारी सरकार ने जगह-जगह से छात्र संघों को खत्म करके युवा नेतृत्व का रास्ता ही बन्द कर दिया। मेरा उपन्यास 'अपना मोर्चा' बी.एच.यू. के छात्र आन्दोलन को आधार बनाकर लिखा गया है, लेकिन आज छात्र संघ के समाप्त होने की वजह से छात्र आन्दोलन ही समाप्त हो गए हैं।

नए उपन्यास पर चल रहा है काम

मैं वर्तमान में एक उपन्यास पर काम कर रहा हूँ। इस उपन्यास में मैं उपन्यास के परम्परागत ढर्रे को तोड़ने की कोशिश कर रहा हूँ। मैं कभी एक तरीके से लिखने में विश्वास नहीं करता। यही वजह है कि एक रचना के बाद दूसरी रचना करने में मुझे वक्त लगता है। मैं अपनी रचनाओं के बीच दो से तीन वर्ष का फासला रखता हूँ। ताकि पिछली रचना के प्रभाव से मुक्त हो सकूँ।

भूमंडलीकरण ने तोड़ दिए पुराने ताने-बाने

'काशी का अस्सी' में ग्लोबलाइजेशन के प्रभाव को पेश किया गया है। इस उपन्यास में मैंने अस्सी को इसलिए चुना क्योंकि पूरे देश को पटल मानकर लिखता तो इसके प्रभाव को सम्भवत: सही तरीके से पेश नहीं कर पाता। इस वजह से मैंने अस्सी पर ही अध्ययन करना शुरू किया। वहाँ क्या-क्या और कैसे बदलाव आए, इन बातों को 'काशी का अस्सी' में पेश किया गया। जिस समय यह उपन्यास लिखा जा रहा था उस समय रूस का विघटन, आडवाणी की रथ यात्रा, मंडल आयोग, ग्लोबलाइजेशन—ये सारी चीजें एक साथ चल रही थीं। भारत में तेजी से बदलाव आ रहा था। इस बदलाव को अस्सी से महसूस कराने की कोशिश की गई।

मुम्बई से मायूस लौटे हैं साहित्यकार

आज तक जिस भी साहित्यकार ने मुम्बई का रुख किया, उसे वहाँ तवज्जो नहीं मिली है। किसी भी साहित्यकार के लिए उसकी रचना अमूल्य होती है, लेकिन फिल्म बनाने के दौरान मूल रचना से काफी छेड़छाड़ की जाती है। इस वजह से जो भी साहित्यकार मुम्बई का रुख किए हैं, उन्हें कुछ हासिल नहीं हुआ। ये बातें मैंने 'काशी का अस्सी' पर फिल्म बनाने से पहले चन्द्रप्रकाश द्विवेदी से कहीं, जिस पर उन्होंने मूल रचना की आत्मा सुरक्षित रखने का वादा किया। हालाँकि साहित्यकार जो काम कलम से करता है, वो काम फिल्ममेकर कैमरे से करता है। इसलिए फिल्ममेकरों को रचना में थोड़ा बदलाव करने की छूट दी जानी चाहिए।

['दैनिक भास्कर', धनबाद, सोमवार, 27 जून, 2011]

अमितांशु पाठक ➡
⬅ काशीनाथ सिंह

यह सम्मान तो काशी का है

"यह सम्मान तो काशी का सम्मान है, मेरे पाठकों का सम्मान है। इस सम्मान की सूचना से मैं बहुत अच्छा अनुभव कर रहा हूँ।" साहित्य अकादेमी सम्मान मिलने पर वाराणसी के अपने घर के ड्राइंगरूम में कुर्ता-धोती, स्वेटर पहने और शॉल ओढ़े बैठे प्रफुल्लित साहित्यकार काशीनाथ सिंह बनारसी मस्ती की धारा में खिलखिलाते हुए कहते हैं, "यह सम्मान मिला तो पर देर से मिला। यह ऐसा ही है जैसे बुढ़ापे में किसी को सन्तान हो।"

ठहाका मारकर हँसते हुए काशीनाथ सिंह अपनी गम्भीरता और कम-से-कम बोलने की आदत के विरुद्ध इस मौके पर आह्लादित दिखाई पड़े। प्रशंसकों से घिरे तथा उन्हें मिठाइयाँ खिला रहे थे।

'नई दुनिया' से बातचीत में काशीनाथ सिंह भावुक हो उठे। कहने लगे, "मेरी साहित्यिक ऊर्जा काशी की ऊर्जा है। आज मैं जो कुछ भी हूँ, काशी की ही देन हूँ। सचमुच यह पुरस्कार काशीनाथ सिंह को नहीं, काशी (नगरी) को मिला है। मैं तो इस शहर के शंकर का अदना-सा कंकर हूँ। यहाँ तो ऐसी-ऐसी शिलाएँ हैं कि उनके सामने मैं कुछ भी नहीं हूँ। मैं जो कुछ भी हूँ, इसी काशी की देन हूँ।" पुरस्कार की घोषणा से अभिभूत काशीनाथ सिंह कहते हैं कि मेरी प्रेरणा के केन्द्र बिन्दु मेरे दो गुरु हैं। पहले, आचार्य हजारीप्रसाद द्विवेदी और दूसरे, मेरे बड़े भाई नामवर सिंह। जो कुछ सीखा इनसे सीखा, इनके चलते सीखा। वैसे, बनारस शहर से मस्ती और जिन्दादिली सीखने-समझने को मिली और इस तत्त्व से मेरी सारी रचनाएँ भरी पड़ी हैं। बनारस को अपनी रचनात्मक ऊर्जा का श्रेय देते हुए वे कहते हैं, "इस शहर में विरोध या असहमति किसी भी आदमी को बड़ा बनाने के लिए पर्याप्त है। हजारीप्रसाद द्विवेदी, नामवर सिंह, और यहाँ तक कि तुलसीदास को भी विरोध या असहमति झेलनी पड़ी। आज भी यदि कोई कुछ कर रहा है तो उसका विरोध होता है। जो कोई कुछ करना या बदलना चाहता है तो उसका विरोध होता ही है। इस

नगरी की खूबी है कि यह अपने विरोध से दूसरों को बड़ा बनाता है।" आगे की योजनाओं के बारे में काशीनाथ सिंह की एक खास चिन्तनधारा है। इसके तहत वे चाहते हैं, "कहानियों का रूप बदले। कहानियों का वही ढाँचा न रहे, जो 125 सालों से चला आ रहा है।" अपने पाठकों को 'प्रिय पाठक' सम्बोधन के साथ सन्देश देते हुए काशीनाथ सिंह की आँखों में भावुकता, कृतज्ञता और उल्लास के आँसू छलक उठे। अपने उपन्यास 'काशी का अस्सी' पर बन रही फिल्म 'मोहल्ला अस्सी' को लेकर उत्साहित काशीनाथ सिंह का कहना है, "मेरी लेखन की यह यात्रा जारी है। काशी की गंगा के अविरल प्रवाह की तरह—यही मेरी इच्छा और अभिलाषा है।"

['नई दुनिया', 22 दिसम्बर, 2011]

दीपक सेन ⟶
⟵ काशीनाथ सिंह

काश पुरस्कार 'अस्सी' को मिलता

हिन्दी साहित्य में 'रेहन पर रग्घू' के लिए साहित्य अकादेमी पुरस्कार से नवाजे गए लोकप्रिय कथाकार काशीनाथ सिंह ने कहा कि देश की अकादेमियों से अधिक साहसी फिल्म वाले हैं, जिन्होंने उनके बहुचर्चित उपन्यास 'काशी का अस्सी' पर फिल्म बनाने का फैसला किया।

अकादेमी पुरस्कार मिलने के बाद काशीनाथ सिंह ने वाराणसी से फोन पर कहा, "मेरे लोकप्रिय और पाठकों के सराहे गए उपन्यास 'काशी का अस्सी' को साहित्य अकादेमी पुरस्कार नहीं दिए जाने से अकादेमियों में साहस का अभाव दिखाई दिया। मेरी नजर में फिल्म वाले अधिक साहसी हैं, जिन्होंने इस पर फिल्म बनाने का फैसला किया।"

सिंह ने कहा, "इन पुरस्कारों के प्रति मेरी दिलचस्पी खत्म हो गई थी। अगर यह पुरस्कार 'काशी का अस्सी' को मिलता तो मुझे ज्यादा खुशी होती, जो बनारस के परिवेश को दर्शाता है। कुछ लोगों ने यहाँ तक कहा था कि अगर इस उपन्यास से गालियाँ निकाल दी जाएँ तो इसे यह पुरस्कार मिल सकता है, लेकिन ऐसा करना उपन्यास की आत्मा से छेड़छाड़ होती।"

इस उपन्यास के पात्रों की राष्ट्रीय और अन्तरराष्ट्रीय मुद्दों पर लट्ठमार और बेमुरौवत टिप्पणियाँ काशी की देशज और लोक परम्परा की याद दिलाती हैं। 'काशी का अस्सी' पर बन रही फिल्म के बारे में उन्होंने कहा, "निर्देशक डॉ. चन्द्रप्रकाश द्विवेदी ने मुझे बताया कि फिल्म में मूल उपन्यास में बनारस की रोजमर्रा में इस्तेमाल होनेवाली गालियों का करीब 50 फीसद हिस्सा है। द्विवेदी का कहना है कि वे इसके लिए सेंसर बोर्ड का सामना करने के लिए तैयार हैं।"

हाल में प्रकाशित कहानी 'महुआचरित' के बारे में सिंह ने कहा, "इस कहानी के जरिए मैंने उस ढाँचे को तोड़ने की कोशिश की है, जिस पर पिछले करीब सौ साल से हिन्दी कहानी चल रही थी। यह कहानी बताती है कि पति और पत्नी के

रिश्ते में बीते कल की बात नहीं करनी चाहिए, क्योंकि हर किसी का अतीत होता है और इससे दोनों के मन में मैल आ जाता है।"

एक सवाल के जवाब में उन्होंने कहा, "मैं किसी तरह के विमर्श को ध्यान में रखकर कभी नहीं लिखता हूँ। मेरी प्रकृति है कि मैं जिस विधा को हाथ में लेता हूँ, उसे पूरी तरह निभाता हूँ। एक दौर था जब मैंने संस्मरण लिखना शुरू किया और इसे साहित्य में विधा के रूप में स्थापित किया।"

काशीनाथ सिंह की अन्य कृतियों में 'याद हो कि न याद हो', 'आछे दिन पाछे गए' (संस्मरण), 'कहनी उपखान' (कहानी-संग्रह), 'आलोचना भी रचना है' (समीक्षा)और 'अपना मोर्चा' (उपन्यास) प्रमुख हैं। उन्होंने कहा, "पाठकों को अच्छा लगनेवाला मेरा साहित्य हमारे शिष्ट और शहरी लेखकों व आलोचकों को खराब लगता है। मुझे साहित्य अकादेमी पुरस्कार मिलना भूल सुधार या यूँ कहिए कि 75 साल की उम्र में पुरस्कार देना 'देर आए दुरुस्त आए' जैसा है।"

'रेहन पर रग्घू' के बारे में उन्होंने बताया, "भूमंडलीकरण और उदारीकरण के बारे में लिखने का विचार मेरे मन में 'काशी का अस्सी' लिखते वक्त आया था। यह उपन्यास वैश्वीकरण में गाँव और शहर की नई कॉलोनियों में विकसित होते एकल परिवार की टूट और रिश्तों के विध्वंस की गाथा है।" यह उपन्यास वास्तव में गाँव, शहर और अमेरिका तक फैला हुआ है, जो अकेले और निहत्थे पड़ते जा रहे समकालीन मनुष्य का बेजोड़ आख्यान है।

['जनसत्ता', नई दिल्ली, 23 दिसम्बर, 2011]

सुरेन्द्र कुमार अधाना →
← काशीनाथ सिंह

पाठकों का लेखक हूँ, पुरस्कारों का नहीं

'अपना मोर्चा', 'काशी का अस्सी' और 'रेहन पर रग्घू' उपन्यासों के चर्चित रचनाकार काशीनाथ सिंह को साल के जाते-जाते प्रतिष्ठित साहित्य अकादेमी पुरस्कार से नवाजने की घोषणा हुई। उनको 'सब तीरथ बार-बार गंगासागर एक बार' की तरह माना जानेवाला साहित्य अकादेमी पुरस्कार चर्चित कृति 'रेहन पर रग्घू' के लिए दिया जा रहा है। यह कृति उनकी सृजन-यात्रा का नव्य शिखर है। यह भूमंडलीकरण के दौर में गाँव और नगर की सुसज्जित कॉलोनियों में विकसित होते एकल परिवार की टूट और संवेदना, सम्बन्ध और सामूहिकता के निर्मम विध्वंस की गाथा है।

मानो 75 साल की जवान होती बुढ़ौती में 'देर आए दुरुस्त आए' जैसा है यह पुरस्कार। साहित्य अकादेमी पुरस्कार देरी से दिए जाने के बारे में पूछे जाने पर एक संवाद में डॉ. काशीनाथ सिंह ने कहा, "ऐसा हुआ करता है और कई बार ऐसा हुआ भी है, जैसे कि मैं बताऊँ कि डॉ. नामवर सिंह को पहले ही यह पुरस्कार मिल गया जबकि उनके गुरु आचार्य हजारीप्रसाद द्विवेदी को दो-तीन साल बाद मिला। ऐसा होता रहता है और साहित्य अकादेमी भी सुधार करती रहती है। जो गलतियाँ हो गई होती हैं, उन्हें ठीक करती है। दूसरी बात यह है कि ऐसा भी हुआ है कि जिन किताब को मिलना चाहिए, उन किताबों को नहीं मिलता है और ऐसी किताबों को मिलता है, जिन्हें नहीं मिलना चाहिए। ऐसा हमारे साथ नहीं हो सका है। जैसा कि सर्वाधिक लोकप्रिय कृति 'काशी का अस्सी' से कमतर 'रेहन पर रग्घू' नहीं है। पुरस्कार देने के लिए लेखक को भी ध्यान में रखा जाता है कि वह कब से सेवा कर रहा है। यहाँ ऐसा नहीं हुआ है। पुरस्कार की घोषणा कर साहित्य अकादेमी ने कोई कृपा नहीं की है। किताब को ध्यान में रखा गया है।"

उपन्यास लिखने की प्रेरणा कहाँ से मिली जैसे औपचारिक सवाल के जवाब में उनका कहना था, "प्रेरणा जैसी चीज वो मैं नहीं कहूँगा। जब भूमंडलीकरण,

उदारीकरण वगैरह का प्रभाव मैं देख रहा था हमारे मोहल्ले पर, तो मेरे दिमाग में आया कि इसका प्रभाव शहर में ही नहीं बल्कि गाँव में भी पड़ा होगा। तो गाँव में क्या बदलाव आया? 21वीं सदी में जो गाँव हैं, वह गाँव तो नहीं जो मैथिलीशरण गुप्त के जमाने में थे। तो, भूमंडलीकरण के बाद बदलते हुए भारतीय गाँव में एकल परिवार का विकास हुआ क्योंकि पूँजी के साथ परिवार एकल होते चले गए। पहले जमीन बहुत महत्त्वपूर्ण हुआ करती थी, लेकिन मैसूर, मुम्बई, बेंगलुरु, दिल्ली जैसे महानगरों में पठन-पाठन करनेवाले लोग वहीं रच-बस गए हैं। जमीन की जगह नौकरी ने ले ली है। तो हमें लगा कि लोग गाँव को छोड़ शहर में बसना चाहते हैं। गाँव से निकल कॉलोनियों में बसना चाहते हैं। भूमंडलीकरण के कारण गाँव भी बदले हैं। आम लोगों की चाह कि वह गाँव में भी घर-बार चाहते हैं और शहर में भी उनके लिए ठिकाना रहे, ये चीजें रहीं जबकि उस आदमी के बेटों की जमीन भी छूटी, बाप ने जिस शहर में मकान लिया, वह भी छूटा और नौकरी करने चले गए। इस उपन्यास में केन्द्रीय पात्र रघुनाथ का एक बेटा अमेरिका में है, दूसरा बेटा नोएडा में है और रघुनाथ अकेले पड़े हुए हैं और उस लड़की के साथ रह रहे हैं, जिसे उनका बेटा छोड़ दूसरी शादी कर चुका है। अब वह ससुर भी नहीं, अब किस प्रकार रह रहे हैं। कुछ विसंगतियाँ, जटिलताएँ, जो समस्याएँ खड़ी हुई हैं, उन पर हमारा ध्यान गया। इस पर भी भूमंडलीकरण का इम्पैक्ट है, लेकिन 'काशी का अस्सी' एक मोहल्ला है। यह गाँव है और नई बनी कॉलोनियाँ हैं। उनके बीच आदमी का अकेलापन, निरन्तर आदमी के अकेले होते जाने की प्रक्रिया इसमें उठाई गई है। आक्रामक, महत्त्वाकांक्षी और हिंस्र यथार्थ।"

आगामी योजना में उन्होंने बताया कि अभी तो एक कहानी 'तद्भव' (लखनऊ से प्रकाशित) पत्रिका में भी आई है और एक संस्मरण जनवरी में 'शुक्रवार' पत्रिका के 'साहित्य विशेषांक' में आ रहा है।

नये साल पर कुछ विशेष पर उन्होंने कहा, "ऐसा है कि कहानियों का ढाँचा बदलने में लगा हूँ। कहानी की जो मोनोटॉनी है उसे तोड़ने में लगा हूँ। इसे तोड़ने के क्रम में अब तक मैं तीन कहानी लिख चुका हूँ। 'महुआचरित' कहानी के जरिए मैंने उसी ढाँचे को तोड़ने की कोशिश की है। दो छोटी कहानी है और एक लम्बी। मेरे दिमाग में है कि जितनी कहानियाँ हो जाएँ, उनका एक नये ढंग से एक कहानी संग्रह हो। नया ढंग महत्त्वपूर्ण है, कहानी-संग्रह नहीं। नये ढंग का कहानी-संग्रह आएगा अगले वर्ष। मैं वस्तुत: पाठकों का ही लेखक हूँ, पुरस्कारों का नहीं। मैं जो भी लिखता हूँ, चाहता हूँ कि लोग पढ़ें वरना हमारा लिखना बेकार है। मैं खुद अपने भीतर नयापन खोजता रहता हूँ। मुझे नया करने की नित तलाश रहती है कि अपने आपको रिपीट नहीं करना है। पाठकों को कुछ नूतन-नवीन देने का निरन्तर प्रयास जारी रहता है।"

उम्मीद है कि 'आछे दिन पाछे गए' (संस्मरण), 'कौन ठगवा नगरिया लूटल हो' (कहानी), 'कहनी उपखान', 'आलोचना भी रचना है' सहित अनेक महत्त्वपूर्ण रचनाओं के लेखक काशीनाथ सिंह 75 साल की उम्र में और निखरेंगे। अपनी रचनाओं की तरह जवान, खिलंदड़े, हँसमुख और सब मिलाकर गम्भीर और महत्त्वपूर्ण।

['दैनिक प्रभात', मेरठ, 25 दिसम्बर, 2011]

दीपक सेन →
← काशीनाथ सिंह

शरीफ इनसान कभी कायदे का लेखक नहीं हो सकता है

भारत के बारे में अंग्रेजी में नहीं बल्कि भारतीय भाषाओं में लिखा जा रहा है। पढ़िए लेखक काशीनाथ सिंह से समूह सम्पादक दीपक सेन के साथ 14 नवम्बर, 2012 की मुलाकात के अंश।

हिन्दी के बहुचर्चित लेखक काशीनाथ सिंह ठेठ बनारसी अन्दाज में कहते हैं कि शरीफ इनसान कभी कायदे का लेखक नहीं हो सकता है। हिन्दी सहित सभी भारतीय भाषाओं में भारत के बारे में लिखा जा रहा है। काशीनाथ सिंह ने दीपक सेन से खास बातचीत में कहा, "भारत के बारे में अंग्रेजी में नहीं बल्कि भारतीय भाषाओं में लिखा जा रहा है। अंग्रेजी की पत्र-पत्रिकाओं में गरीबों का मजाक उड़ाया जा रहा है। इसका विरोध किया जाना चाहिए। हम 70 के दशक में इसका विरोध कर चुके हैं।"

काशीनाथ सिंह ने कहा, "मनोरंजन के लिए लिखे जानेवाला साहित्य समाज के लिए नहीं लिखा जाता। इसलिए भद्र आदमी कभी कायदे का लेखक नहीं होता। लेखक होने के लिए थोड़ा आवारापन और थोड़ी बदमाशी बेहद जरूरी है। दूसरों की नजर में अच्छा दिखने की कोशिश करनेवाला रचनाकार बेहतर लेखक हो ही नहीं सकता है।"

काशीनाथ सिंह का नाम आते ही जेहन में 'काशी का अस्सी' आता है। मगर उन्हें 'रेहन पर रग्घू' के लिए साहित्य अकादेमी पुरस्कार मिला था।

भाषा बदल रही है

काशीनाथ सिंह ने कहा, "इस वक्त भाषा बदल रही है और भाषा में देशज शब्दों को ही स्थान मिलना चाहिए, क्योंकि यही उचित है। मगर साथ ही अंग्रेजी के वे शब्द भी लिये जाएँ जो आम जनता की प्रचलित भाषा में आ गए हैं।"

उन्होंने कहा, "प्रकाशक अपने स्वार्थ पूरे करने के लिए हिंग्लिश में अखबार निकाल रहे हैं। इसका सीधा प्रभाव भाषा पर हो रहा है। एक भाषा या बोली मरती है तो एक सभ्यता और संस्कृति मरती है।"

उन्होंने कहा, "नेहरू के दौर के अन्त और भारत-चीन युद्ध के बाद देश भ्रष्टाचार की गिरफ्त में आ गया था। इसी दौर में अमेरिका दूरदृष्टि के साथ रूस को दरकिनार करने में लगा हुआ था। वर्तमान वैश्वीकरण उसी अमेरिकी नीति का परिणाम है।"

पूर्णिया से काशी तक

काशीनाथ सिंह ने बताया, "व्यक्तियों पर संस्मरण लिखे जाते रहे हैं, लेकिन मैंने सोचा कि स्थान पर संस्मरण क्यों नहीं लिखा जा सकता है? हालाँकि 'रेणु' के उपन्यास में पूर्णिया मिलता है, मगर 'काशी का अस्सी' में पप्पू की चाय की दुकान एक शहर के मोहल्ले की संस्कृति को दर्शाती है।"

सिंह ने कहा, "इस उपन्यास के प्रकाशित होने के बाद एक महीने तक वह अस्सी घाट तक जाने लायक नहीं रहे थे। बाद में जब लोग चाय की दुकान और उसके पात्रों गया सिंह, तन्नी गुरू को खोजते हुए आने लगे तो उन लोगों को लगा कि उनकी निन्दा नहीं की गई है बल्कि वे प्रसिद्ध हो गए हैं।" उन्होंने साफ तौर पर कहा, "उपन्यास के अस्सी और आज के अस्सी में बहुत बदलाव आ गया है। उस चाय की दुकान में चाय के साथ भाँग मिलती थी और साधनहीन, विद्यार्थी और अध्यापक वहाँ आते थे।" उन्होंने कहा, "पहले साहित्य का केन्द्र बनारस, इलाहाबाद और पटना हुआ करते थे, लेकिन बीते दो दशकों में साहित्य का केन्द्र बदल गया है। फिर भी मेरी सोच हमेशा से यह रही है कि वह लिखना चाहिए, जो लिखना चाहते हो।"

[14 नवम्बर, 2012 को लिया गया तथा 'न्यूजस्टम्प', 5 जुलाई, 2020 में प्रकाशित]

Puja Bhattacharjee ➡
⬅ **Kashinath Singh**

In Conversation with Author Kashinath Singh

The book I am reading now
Kissago by Mario Vargas Llosa

If I was not a writer
I would have been either a flute player or a folk singer

My biggest strength
My naivety (murkhta, nischhalta)

My biggest weakness
Easily believing in people

My favourite writer:
Leo Tolstoy

The person I admire the most
My elder brother [Namwar Singh]

The person I despise the most
Cunning people

My favourite quote
'Truth is concrete'

One thing I wish I had done

Written a sequel to Apna Morcha

The first thing I do after getting up in the morning
Drink water and go out for a walk

My favourite pastime
Go out and interact with people at paan or tea shops to find out what they are thinking

My fitness regime includes
I exercise after coming back from my morning walk

My greatest challenge
To write better than what I have already written, and write on diverse topics

My advice to the young generation is
It is foolish to give them any advice. It suggests that we do not believe in them. I believe they have the imagination for creating a better world.

My favourite vacation spot
Anywhere in the mountains or by the sea.

My idea of comfort food
Banarasi paan

My passion
Writing
Right now I am working on
I have a hangover of my last published novel.
I am trying to get over it

I want to be remembered as
A writer

('Governance Now', March 7, 2015)

राजेश जोशी ⟶
⟵ काशीनाथ सिंह

अगर राष्ट्रप्रेम यही है तो ईश्वर ही इस देश का मालिक है

मैं 32 सालों तक काशी हिन्दू विश्वविद्यालय में नौकरी कर चुका हूँ और 64 सालों से इस यूनिवर्सिटी को देख रहा हूँ। इसके पहले जो भी आन्दोलन हुए हैं, या तो छात्र संघ ने किए हैं या छात्रों ने किए हैं।

यह पहला आन्दोलन रहा है, जिसमें अगुवाई लड़कियों ने की और सैकड़ों की तादाद में लड़कियाँ आगे बढ़कर आईं। वे काशी हिन्दू विश्वविद्यालय के सिंह द्वार पर धरना दे रही थीं।

वे धरने पर इसलिए बैठी थीं कि उस रास्ते से प्रधानमंत्री जानेवाले थे जो इस क्षेत्र के सांसद भी हैं। लड़कियों का यह हक बनता था कि वे अपनी बातें उनसे कहें। इसके बाद प्रधानमंत्री ने तो अपना रास्ता ही बदल लिया और चुपके से वे दूसरे रास्ते से चले गए।

बनारस के लिए बड़ी बात

लड़कियों की समस्या यह थी कि उनकी शिकायतें न तो वाइस चांसलर सुन रहे थे और न ही प्रशासन। वे 'बेटी बचाओ और बेटी पढ़ाओ' का नारा देनेवाले देश के प्रधानमंत्री से अपनी बात कहना चाहती थीं।

बहरहाल, यह हो नहीं सका। लड़कियों ने वाइस चांसलर के आवास पर धरना दिया। पुलिस ने सिंह द्वार पर भी लाठीचार्ज किया और वीसी आवास पर भी किया। इसमें सबसे शर्मनाक बात यह है कि लाठीचार्ज करने में महिला पुलिसकर्मी नहीं थीं।

लाठी बरसानेवाली पुरुष पुलिस थी। उन्होंने लड़कियों की बेमुरौवत पिटाई की और यहाँ तक कि छात्रावास में घुसकर पुलिस ने लाठीचार्ज किया। ये बनारस के इतिहास में पहली ऐसी घटना हुई थी जबकि काशी हिन्दू विश्वविद्यालय को देश की सबसे बड़ी यूनिवर्सिटी माना जाता है।

पूर्वांचल पिछड़ा हुआ इलाका है और ये लड़कियाँ इसी पिछड़े इलाके से आती हैं। उन्होंने आगे बढ़कर पूरे राज्य को और पूरे देश को ये सन्देश दिया। यह बनारस के लिए बड़ी बात थी।

कहाँ चूक गया बीएचयू

सबसे बड़ी समस्या यही थी। छेड़खानी तो एक बहाना था। बहुत दिनों से गुबार उनके दिल के भीतर भरा हुआ था। लड़कियों ने खुद अपने बयान में कहा था कि महिला छात्रावासों को जेल की तरह बनाया जा रहा है और वॉर्डनों का बर्ताव जेलर की तरह है।

यानी वे क्या पहनें-ओढ़ें, क्या खाएँ-पिएँ, कब बाहर निकलें, कब अन्दर आएँ, ये निर्णय वे करती हैं। लड़के और लड़कियों के बीच भेदभाव किया जाता है, खान-पान से लेकर हर चीज में। बीएचयू में जमाने से एक मध्ययुगीन वातावरण बना हुआ है और यह चल रहा है।

कभी इसे कस दिया जाता है तो कभी इसमें ढील दे दी जाती है। इसलिए लड़कियों की सारी बौखलाहट इस आन्दोलन के रूप में सामने आई। छेड़खानी तो हुई थी, लेकिन इतनी लड़कियाँ केवल छेड़खानी के कारण इकट्ठा नहीं हुई थीं।

छेड़खानी उनके साथ भी होती रही होगी, लेकिन कहीं-न-कहीं उनके जीवन पर जो अंकुश लगाया गया है, उसे लेकर पहली बार उन्होंने अपनी अस्मिता और अभिव्यक्ति की आजादी के लिए आवाज उठाई।

क्या सोचते हैं बनारसी

'लड़कियों को दायरे में रहना चाहिए' जैसी सोच वाले लोग हमेशा रहे हैं। यह ब्राह्मणवादी और सामन्तवादी सोच है। इस बदले हुए जमाने में बहुत-से लोग ये चाहते हैं कि लड़कियाँ जींस न पहनें जबकि लड़कियाँ जींस पहनना चाहती हैं।

वे उन्मुक्त वातावरण चाहती हैं, अपनी अस्मिता चाहती हैं। वो लड़कों जैसी बराबरी चाहती हैं। उन्हें ये आजादी नहीं देनेवालों में उनके अभिभावक भी हैं और लड़कियाँ उनसे भी कहीं-न-कहीं असन्तुष्ट हैं।

एक तरफ तो ऐसी सोच रखनेवाले लोग हैं और दूसरी तरफ इस समय सत्ता में जो राजनीतिक पार्टी है, उसकी सोच भी पुरानी मान्यताओं वाली है

दुख की बात यही है। अभिभावकों की सोच तो बदली जा सकती है। जिनकी बेटियाँ पढ़ रही हैं, वे समय के साथ बदल जाएँगे, लेकिन ऊपर की सोच का जो दबाव बना हुआ है, उसे कैसे बदला जाए? आवाजें बराबर उठती रहीं हैं, लेकिन वे बेअसर होती रही हैं।

वीसी की राष्ट्रवादी सोच

बताया जाता है कि वाइस चांसलर 'राष्ट्रीय स्वयंसेवक संघ' से जुड़े रहे हैं। उनकी वहाँ से ट्रेनिंग हुई है। वे इसी सोच के हैं। इसी कारण से आन्दोलन कर रही लड़कियों को 'राष्ट्रद्रोही' कहा जा रहा था। यह एक ऐसा आरोप है जो किसी पर भी चस्पाँ किया जा सकता है।

अगर राष्ट्र के प्रति प्रेम यही है तो ईश्वर ही इस देश का मालिक है।

बनारसी बुद्धिजीवी

उन्होंने तो सीधे ही प्रतिरोध मार्च निकाला था। यह मार्च रविवार को निकाला गया था। बनारस के बुद्धिजीवी इस सोच के खिलाफ हैं।

वे चाहते हैं कि लड़के और लड़कियों को बराबरी का हक मिले।

आप सोचिए कि जो लोग लवजिहाद के विरोधी हैं, जो लड़के-लड़कियों को साथ तक नहीं देखना चाहते, वैलेंटाइन डे को निकलते हैं और घूरते रहते हैं कि कहाँ उन्हें इस तरह के दो दोस्त दिख जाएँ और वे उनके साथ दुर्व्यवहार कर सकें।

उन्हें मारने-पीटने का अवसर मिले, ऐसे लोगों के बारे में क्या कहा जा सकता है?

जिम्मेदारी किसकी

प्रधानमंत्री ने इस पर कोई टिप्पणी नहीं की। कई ऐसे मसले होते हैं जिन पर वे चुप्पी साध लेते हैं।

जहाँ तक विश्वविद्यालय प्रशासन का सवाल है, वहाँ तो कोई एंटी-रोमियो स्क्वॉड नहीं है।

ये कहा जा रहा है कि छेड़खानी करनेवाले तत्त्व बाहरी लोग हैं और यही नहीं, आन्दोलन करनेवाली लड़कियों को भी बाहर की राजनीति से जोड़ा जा रहा है।

लड़कियों की आजादी से किसे खतरा

महानगरों की स्थिति से तुलना करके बनारस को देखा जा सकता है।

हमारा मानना है कि बनारस की लड़कियों में इतना विवेक है कि वे ये तय कर सकती हैं कि उन्हें कहाँ और कब बाहर जाना है, किसके साथ जाना है और कब लौट आना है।

वे स्वयं ये तय कर सकती हैं और उन पर विश्वास किया जाना चाहिए। गड़बड़ी तब होती है जब उन पर भरोसा नहीं किया जाता है।

['बीबीसी हिन्दी' के रेडियो सम्पादक राजेश जोशी से बातचीत पर आधारित, 'बीबीसी हिन्दी', 25 सितम्बर, 2017]

Dipti Nagpaul ⟹
⟸ **Kashinath Singh**

Tea, Time and Kashi

On a walk through Assi Ghat, veteran Hindi writer Kashinath Singh shows us the city that Varanasi once was —and hopes that it might be found again.

Dipti Nagpaul

The sun is poised to set over Ganga and Assi Ghat as if preparing for an occasion. A loudspeaker comes alive somewhere while temple bells toll in a distance. A temporary stage has been set up for a kavi sammelan, turning the steps leading to the ghat into an amphitheatre.

Kashinath Singh picks a quiet corner on the first flight of steps. Walking up to the two boys seated there, he asks, "Bhai, idhar baith sakte hain kya? (Can we sit here?)" They turn to look and make space for the frail, old man they see. The veteran Hindi writer catches his breath before he speaks. "Assi used to be the last ghat. So, it was quiet and peaceful. But it's been turned into a spectacle, a tourist spot. Yoga, aarti and bhajan happen here now. It wasn't like this before."

It's a warm weekday evening and Singh is still a little tired from a book launch he attended the previous day. At 82, he is worn down by a few hours of activity, he confesses. Yet, he has offered to play guide. We are at Assi, which he considers "the essence of Kashi."

The Sahitya Akademi-winning author's 2004 novel Kashi ka Assi chronicles life at the ghat during the 1990s. More importantly, it is a memoir of a city at the cusp of change. "Kashi is an ancient city that has managed to hold on to its culture even as the world changed around it. But three crucial events that defined the 1990s—economic liberalisation, the protests against the Mandal Commission report and the rath yatra that led to the Babri Masjid demolition—changed the fabric of the city forever," says Singh.

Kashi ka Assi is also an account of how globalisation shaped Varanasi, as it became an international tourist attraction. Not all the foreigners came in search of clichés of incredible India but to learn Indian languages and arts, and stayed with residents who turned their homes into homestays. Torn between faith and need, some from the Brahmin community were faced with the dilemma of giving up the temple space in their house to construct a room or a toilet to accommodate a guest. This delicious irony was captured in Chandraprakash Dwivedi's film Mohalla Assi, which was based on a story from Singh's novel. The visitors became a source of income, but the city also accepted them, without forcing its traditions on them. Today, a number of European cafés and Korean restaurants dot the neighbourhoods around the ghats.

"But this pluralism has been under threat after the rise of the right wing. When culture is viewed through the narrow prism of religion, it ignores the history of a city as old as Kashi," says Singh. The change was as subtle as it was tangible. "For centuries, Kashi has been home to the culture of dissent. It is here that Buddha gave his first sermon. This city was home to Sant Kabir and Ravidass. It has always encouraged and given space to divergent ideas, which made the city a democratic space. But the voice of the right, which emerged around the time of the Rath Yatra, was not only loud but also deafening," he says.

Singh gives an example of the annual kavi sammelan, held every year at Assi around Holi. "It first came under attack in the early 1990s for being 'obscene'. The sammelan was no holds barred, and no one was exempt from ridicule, not the prime minister of the country and not even gods. It continued until a few years ago but changed in essence and venue, because people began fearing harassment," he says.

A large part of his book is set at the various tea stalls at Assi Ghat, which, in Singh's opinion, were once Varanasi's most democratic spaces. "Assi was my home for many years. It's my Bodh Gaya and the tea stalls are where I attained my nirvana," says the writer, who calls Varanasi by its ancient name. "Kashi never runs out of tea and conversation. Doesn't matter if you walk into a stall without a penny in your pocket, you are bound to find someone who will buy you a cup or more," he says with a laugh.

The tea stalls once doubled as addas for poets, writers and artistes. Take, for instance, Kedar Tea Stall, frequented by some of the biggest names in Hindi literature in the 1960s, such as Kedarnath Singh, Vijaymohan, Vidyasagar Nautiyal and Vishwanath Tripathi Dehlavi. These gatherings, Singh says, would be presided over by his elder brother and noted author Namvar Singh, along with Trilochan Shastri, and would conclude with a trip to Tulsi Pustakalay, the bookshop that stood around the corner. "These visits groomed me as a writer. They helped me understand ideas such as communism and socialism, which shaped my work," he says.

The central character in Kashi ka Assi remains Pappu Tea Stall, which provides a vantage point from where the reader views the city. "The greatest attraction of this shop was that it sold bhang. A rich businessman and a rickshaw-puller would walk in here, wearing the same Banarasi gamcha. Supporters of the Congress, the BJP, the Janata Dal or BSP leader Kanshi Ram all gathered there to debate politics and current affairs, their differences reduced under the effects of bhang, which is as much a part of Kashi's culture as chai and conversation," says Singh.

Whether the shop was already famous or first made popular by Kashi ka Assi is debatable but it continues to attract visitors. It's also where the BJP kicked off Narendra Modi's 'Chai pe Charcha' campaign ahead of the 2014 Lok Sabha elections.

It's 7pm and the tiny tea shop is milling with people, seated on benches placed on either side of a single narrow table. As Singh steps inside, he is warmly welcomed and a glass of tea placed in front of him even before he can slip into a vacant spot on the bench. "Well, a lot of us are dead now," says Singh, laughing as he remembers Tanni Guru, his dear friend and a regular at Pappu's. "But after the Babri demolition, the nature of debates changed. The VHP and BJP supporters would often try to shout others down and some discussions turned into brawls. Slowly, the liberals and socialists moved out of here." It is now, he says, a less democratic space.

Some of them went to Kedar Tea Stall, now popularly known as Poi's Tea Stall, a hundred metres away. Here, Singh is greeted as 'Gurudev' and within minutes, another glass of tea materialises, along with Gaya Singh, a Hindi writer who features in Kashi ka Assi. He brings Singh his favourite paan too, but without the bhang, which he quit a decade or so ago. In the book, Gaya Singh is also a bhang-loving Varanasi resident, who puts up a fight against the crackdown on illegal cannabis sellers. He also indulged in an occasional chicken curry —till the day he saw the image of his late father in a rooster he was about to cook. In his 70s, Gaya Singh comes across as a fine example of a generation that used humour and sarcasm as a means to counter opinions. "If we had mobile phones back in the day when Gurudev was working on Kashi ka Assi, at least I could have sued him for adding so much colour to my character," he says.

Gaya Singh might not have minded, but Singh's novel ended up angering a host of Varanasi characters. "I didn't want to create fictional characters because the real people here were entertaining enough. Because I didn't want a lawsuit against me, I added some flavour to the conversations. Not everyone took that kindly," says Singh. Kashi ka Assi was also accused of being 'indecent' because of the generous use of swear words. "Swear words were common between friends and used with a certain degree of endearment in Kashi. But it was misunderstood as a language that goes against Indian tradition and culture," says Gaya Singh. "Today, the language Kashi speaks has become cleaner but the endearment is lost. And a swear word, when uttered, feels like a cuss," Singh adds.

Many believe that as a result of this criticism, Singh didn't bag any notable state or central award for Kashi ka Assi. He got the Sahitya Akademi award in 2011 for Rehan Par Ragghu, a novel that looks at how globalisation changes human relationships. In Singh's opinion, the award was to make up for Kashi ka Assi, which had, by then, won a lot of acclaim. The author, a vocal detractor of Prime Minister Narendra Modi and right-wing politics, was one of the many writers who returned their awards in 2016.

With a little over a year left for the next Lok Sabha election, the author is now curious to see how Varanasi, Modi's constituency, will react. But he also knows that the fabric of the city has changed forever. "You won't find a peepal tree in the city, where an idol has not been placed and which people don't bow before. It wasn't so before. After the RSS claimed that Narad Muni was the first-ever journalist, the Banaras Hindu University (BHU) even held a conference on the subject. How the BJP and the RSS are working towards limiting Indian culture to religion can also be seen in the way they promote Sanskrit. The perception is that Sanskrit is closely tied with Hindu religion. But 'Sanskrit' is derived from sanskriti, which means culture. In India, culture has always been superior to religion and the attempt is to change that."

Singh sees a hint of hope in the recent students protests across the country. He has closely witnessed student life and politics, first as a student and then as a professor and head of the Hindi department at BHU, the job he retired from in 1997. "The protests by the girls last year was the first organic protest in decades and laudable especially because the BHU girls, for the first time that I can remember, stood up for their rights," he says. "The anger is brimming somewhere and the next revolution may just be around the corner. Only, this time it won't be driven or led by any political party but by people. I hope I live to see that day."

('The Indian Express', April 15, 2018)

प्रश्नोत्तर

कहानी जीवन से बनती है

प्रश्न ज्यादा भी हैं और गम्भीर भी। संक्षेप में उत्तर देने के भी खतरे हैं—ठीक-ठीक न समझे जाने या गलत समझ लिए जाने के। फिर भी...

हिन्दी कहानी की वर्तमान स्थिति पर आपकी राय?

'कविता' और 'आलोचना' को देखते हुए बुरी नहीं है। आज भी कहानीकार ज्यादा हैं और कहानियाँ भी ज्यादा लिखी जा रही हैं। आज के यथार्थ से मुठभेड़ भी यहाँ ज्यादा प्रत्यक्ष है।

आपको अपनी पीढ़ी की कहानी और अपने वरिष्ठ तथा युवा कहानीकारों की कहानी में वस्तु और शिल्प के स्तर पर क्या भेद लगता है?

एक बहुत बड़ा फर्क तो यही है कि हमारी—और हमारी ही नहीं, पहले की अधिकांश पीढ़ियों की कहानियों में जिनके जीवन और संघर्ष 'वस्तु' हुआ करते थे, वे आज स्वयं कहानीकार हैं। यह शुभ है और इससे रचनात्मक क्षेत्र की चुनौतियाँ और स्पर्द्धाएँ और तीखी हुई हैं। मेरा संकेत 'दलितों' और 'लेखिकाओं' की ओर है। इससे कहानियों के कथ्य में विस्तार भी आया है, गहराई भी और विविधता भी। वह जिन्दगी अकुंठ भाव से व्यक्त होना शुरू हुई है जो अपने को सामने लाने के लिए दूसरों का मोहताज हुआ करती थी। अच्छी बात यह है कि यह पहचान कहानियों के माध्यम से आ रही है। अपवाद छोड़ दिए जाएँ तो शिल्प उपेक्षित हुआ है, इसमें दो राय नहीं।

क्या आप सहमत हैं कि आज हिन्दी में कहानियाँ हैं, कहानीकार नहीं?

किसी जमाने में ऐसा सबसे अधिक कहनेवाला मैं ही था, लेकिन आज ऐसी बात नहीं है। ऐसे लेखकों-युवा लेखकों की भी तादाद कम नहीं है जो लेखन के प्रति गम्भीर हैं।

क्या आज की कहानी में जीवन की कोमलता, सौन्दर्य के लिए कोई जगह है?

है, लेकिन कम और ऐसा तब तक रहेगा जब तक जीवन में बीभत्स कुरूपता और भयावहता है।

कहानी पर विचारधारा के दबाव को आप किस तरह लेते हैं?

अव्वल तो दबाव होना नहीं चाहिए, यदि हो तो पाठकों को दिखना नहीं चाहिए। कहानी इतनी कलात्मक होनी चाहिए कि यह पता न चले। कहानी बनती है दृष्टि से, दृष्टि बनती है विचारधारा से और विचारधारा बनती-ठनती है जीवन और जगत की समझ से। अक्सर विचारधारा का दबाव कहानी की 'संवेदना' पर भारी पड़ा तो ऐसी इकहरी कहानी में न 'विश्वसनीयता' रहेगी, न अपील। आज का कहानीकार इस ओर से सावधान है। यह समस्या सत्तर-अस्सी के दशकों में थी।

हिन्दी कहानी में विगत दशकों में चलाए आन्दोलनों पर आपकी राय। इनके हानि-लाभ?

कुछ आन्दोलन सर्जनात्मक तड़प और भूख के साथ पैदा हुए थे और कुछ निजी महत्त्वाकांक्षा के चलते। इन दोनों तरह के आन्दोलनों ने कुछ अच्छी कहानियाँ भी दी हैं। हानि यह है कि वह 'जेनुइन' कहानीकार जो आन्दोलन से असहमत होता है या शामिल नहीं होता—अच्छा लिखने के बावजूद उपेक्षित और अचर्चित रह जाता है—मगर कुछ ही समय के लिए।

हिन्दी कहानी भारतीय भाषाओं से अधिक जुड़ी है या विदेशी प्रभाव से?

हिन्दी क्या, भारतीय भाषाओं के अपने पुश्तैनी घर में कथा-शैली का खजाना है—पंचतंत्र, जातक, वृहत्कथा सरित्सागर, महाभारत। उसे किसी प्रभाव की कभी जरूरत ही नहीं रही है। आज वह शब्दकोशों ही नहीं, लहजे और तमीज के लिए अपनी बोलियों यानी जड़ों के करीब गई हैं। इक्के-दुक्के लोग समय-समय पर 'आधुनिकता' के बहाव में विदेशी प्रभाव में गए हैं।

हिन्दी कथा-आलोचना के बारे में आपके क्या विचार हैं? यदि आप असन्तुष्ट हैं तो आपकी राय में इसके कारण और समाधान?

सौ बरस की कहानी की जिन्दगानी में पौने-दो आलोचक-दुर्भाग्य किसका है? कहानी का या आलोचना का? मैं न तो असन्तुष्ट था और न हूँ क्योंकि जानता हूँ कि कहानियों में ही ताकत न होगी तो किसी आलोचक के बनाने-बिगाड़ने, उठाने-गिराने से मेरा कुछ नहीं होना जाना।

['वागर्थ', सितम्बर, 1998 एवं 'बिहार ऑब्जर्वर', 28 अक्टूबर, 2001]

अमर उजाला ⟶
⟵ काशीनाथ सिंह

प्रेमचन्द की जमीन अब उपजाऊ नहीं रही

लिखना कब से शुरू किया? आम पाठकों को कुछ अपनी शुरुआत के बारे में बताइए।

सन् 1960 से काशी में अस्सी के पास साधुबेला आश्रम से एक पत्रिका निकलती थी 'बासंती'। इस पत्रिका के सम्पादक महेन्द्र शंकर 'अधीर' ने वर्ष के आरम्भ में मुझसे कहा था हिन्दी कहानी पर लेख के लिए। मेरे लेख का शीर्षक था 'हिन्दी कहानी के साठ वर्ष'। वह लेख मेरी पहली प्रकाशित रचना थी। 'कृति' के अगस्त और सितम्बर अंक में मेरी दो कहानियाँ छपीं—'समस्या' और 'संकट'। इनसे पहले मैंने 'रेणु' के प्रभाव में एक और कहानी लिखी थी 'जोतसी ने कहा था', लेकिन यह कहानी हैदराबाद से निकलनेवाली 'कल्पना' पत्रिका में इन कहानियों के बाद प्रकाशित हुई।

यानी आप अपनी कहानियों पर 'रेणु' का प्रभाव मानते हैं।

सिर्फ एक कहानी 'जोतसी ने कहा था'। किसी और में नहीं। शायद उन्हीं दिनों 'मैला आँचल' पढ़ा था।

अगर नई कहानी से आपका विकास माना जाए तो?

जी नहीं। मेरी कहानी उनके विरोध में खड़ी हुई थी।

नई कहानी और आपकी पीढ़ी के कथा लेखन में बुनियादी फर्क क्या माना जाए?

नई कहानी और मेरे दौर की कहानी के यथार्थ में बुनियादी फर्क यह है कि नई कहानी के यथार्थ का आधार स्वाधीन भारत की आशा और आकांक्षा था, जबकि हमारी शुरुआत ही उस यथार्थ के मोहभंग से हुई थी।

क्या आपको नहीं लगता कि नई कहानी का कथा विवेक हिन्दी कहानी का कथा विवेक बन गया है?

ऐसा नहीं है। नई कहानी ने दो महत्त्वपूर्ण काम किए। एक तो तत्कालीन युवाओं को कथा लेखन की ओर आकृष्ट करना और दूसरे, कहानी के लिए पाठकों की जमीन तैयार करना। पाठक के मन में कहानी पढ़ने की रुचि पैदा हो और कथा विवेक भी हो, ये अलग-अलग चीजें हैं।

आपके कहानी-संग्रह 'आदमीनामा' में काफी बदलाव जैसा दिखाई देता है। इसके पीछे कौन सी वजह रही है?

वस्तुत: 'आदमीनामा' की कहानियाँ 'लोग बिस्तरों पर' और 'सुबह का डर' की सामाजिक चेतना के विस्तार की कहानियाँ हैं और उस समय के सामाजिक संघर्ष की भी। ऐसा नहीं है कि 'आदमीनामा' के दौर की कहानियाँ एकदम से अलग और नई शुरुआत जैसी हैं। फर्क इतना ही है कि साठ के बाद की कहानियों में सामाजिक चेतना तो है, किन्तु संघर्ष चेतना नहीं।

लेकिन चेतना का यह स्तर आपकी कहानी में बड़ी जल्दी करवट लेता है। ऐसा क्यों?

दरअसल, 'कविता की नई तारीख' और 'मंगलगाथा' दो लम्बी कहानियाँ 'आदमीनामा' के बाद के दौर की कहानियाँ हैं। ये तब की कहानियाँ हैं, जब मैं अपने मोहभंग के साथ घर लौटता हूँ और मुझे लगता है कि वर्ग या वर्गीय चरित्र एक ही घर में अलग-अलग हो सकते हैं।

घर वापसी का प्रतीक मार्क्सवादी राजनीति के त्याग का संकेत तो नहीं है?

मैं इसके बारे में सिर्फ इतना कहूँगा कि मुझे वहाँ भी एक तरह का पाखंड, अन्तर्विरोध और विडम्बनापूर्ण स्थिति नजर आती थी। यह मैंने तब महसूस किया था जब दुर्गापुर स्टील फैक्ट्री में इमरजेंसी के दौरान माले के विभिन्न ग्रुपों की 'को-ऑर्डिनेशन कमेटी' का गुप्त सम्मेलन हुआ था और मैं भी अपने ग्रुप के साथ गया था। मुझे लगने लगा था कि मेरी कहानियाँ उस यथार्थ पर कम केन्द्रित हैं जो सचमुच हैं। वे वैचारिक उत्तेजनाएँ अवश्य दे रही थीं, पर संवेदनाओं को छूने से कतरा रही थीं। 'कविता की नई तारीख' मेरी तकलीफ की कहानी है।

उबाऊपन और तथ्य को हटाने के लिए ही शायद आपने अपने संस्मरण या कहानी की भाषा में नये प्रयोग किए, आप क्या मानते हैं?

मैंने ऐसा कोई प्रयोग नहीं किया है। बात सिर्फ इतनी-सी है कि कहानियों में मुझे लगता था कि मैं हमेशा बाहर छूट रहा हूँ। यह जरूर है कि मेरी कहानियों की भाषा

का अपना व्यक्तित्व है, लेकिन वह व्यक्तित्व मेरा नहीं, मेरी कहानियों का है। कहानियाँ कुछ कहती जरूर होंगी, लेकिन संवाद नहीं बना पा रही हैं। पाठकों से मुखातिब होने, उनके साथ संवाद कायम करने का रास्ता मुझे संस्मरणों में दिखाई पड़ा। जहाँ मैं भी रहूँ, मेरे समकालीन मित्र और रचनाकार भी हों और उन्हें देखने-सुननेवाले पाठक और श्रोता भी हों।

संस्मरणों में आपने जो कुछ लिखा है, उसे लेकर लोग आप पर 'सत्यकथा' लिखे जाने का आरोप लगा रहे हैं। आपका क्या कहना है?

सत्य अगर यथार्थ से भी ज्यादा आकर्षक और लुभावना हो तो उसको कथा कहने में कोई हर्ज नहीं देखता।

अभी आप कहानी में संवादहीनता की बात कर रहे थे। इसके लिए आप किसे जिम्मेदार मानते हैं?

मैं दूसरे कहानीकारों की बात नहीं करता। यह मेरी अपनी कहानी की समस्या मुझे लगी है। हो सकता है, दूसरों की कहानियाँ संवाद करती हों। कहानी लिखते हुए मुझे यह लगा था कि प्रेमचन्द की जमीन अब उपजाऊ नहीं रही।

आपकी पीढ़ी के कथाकारों में वापसी किसकी हुई है?

मेरी पीढ़ी में वापसी यदि किसी की हुई है तो वह दूधनाथ की, वह भी एक जानदार और शानदार वापसी। मैं गया ही कहाँ था जो वापस हुआ। साठ से लेकर अब तक मैं बराबर मौजूद हूँ। 'ज्ञान' स्थगित नहीं है, उसने केवल कहानी लिखना स्थगित किया है। रहा 'कालिया' तो अस्वस्थता ने उसे विवश कर दिया है। इसके बावजूद वह शायद किसी उपन्यास पर काम कर रहा है।

['अमर उजाला', अक्टूबर, 1998]

तीसरी दुनिया का साहित्य अधिक प्रासंगिक

आपकी गणना उन साहित्यकारों में होती है, जिनकी 'तीसरी दुनिया' के साहित्य पर भी गहरी नजर है। तीसरी दुनिया के साहित्य की आप भारतीय साहित्य से किस प्रकार तुलना करना चाहेंगे?

जब हमने 1960 के आसपास लिखना शुरू किया था तब यूरोप का साहित्य ही हमारा आदर्श हुआ करता था। उन दिनों ज्याँ पॉल सार्त्र, फ्रैंज काफ्का, अल्बर्ट कामू या फिर अमेरिकी कवियों और पत्रिकाओं, खासकर 'इनकाउंटर' पत्रिका की चर्चा ज्यादा होती थी और उनके द्वारा उठाए गए सवाल ही चर्चा के विषय हुआ करते थे, लेकिन 1970 के बाद जब लातिनी अमेरिकी और अफ्रीकी साहित्य से धीरे-धीरे हमारा परिचय हुआ तो लगा कि अमेरिकी और यूरोपीय साहित्य यानी पूँजीवादी और विकसित देशों के साहित्य अब हमारे लिए प्रासंगिकता खो चुके हैं तथा तीसरी दुनिया के देशों का साहित्य हमारे लिए कहीं अधिक प्रासंगिक है। क्योंकि ये देश बहुत कुछ उन्हीं समस्याओं से जूझ रहे हैं जिन समस्याओं की वजह से हमारा देश पीछे है। इसका आभास तो पहले से मिलने लगा था, लेकिन 1980 में जापान के कावासाकी नगर में अफ्रो-एशियाई लेखकों का एक सम्मेलन हुआ। उसमें भाग लेनेवाले देशों में मैक्सिको, केन्या, दक्षिण अफ्रीका, पाकिस्तान, इंडोनेशिया, वियतनाम, जापान और मेरा खयाल है जर्मनी (पूर्वी जर्मनी) का भी एक लेखक था। उसमें जिन लेखकों ने भाग लिया था, वे अपने-अपने देशों के महत्त्वपूर्ण नागरिक थे। उसमें अलेक्सला गुमा (ये दक्षिण अफ्रीका से निकाल दिए गए थे) थे। केन्या का एक लेखक थिंयागो वांग था जो केन्या से बाहर कर दिया गया था। पाकिस्तान के फैज अहमद फैज थे। भारत से बांग्ला के सुभाष मुखोपाध्याय थे और दूसरा मैं था। इस सम्मेलन के बाद से तीसरी दुनिया के देशों के साहित्य और वहाँ के साहित्यकारों को मान्यताएँ मिलीं, लेकिन हमारा भारतीय साहित्य उनसे कम धनी नहीं है न ही पहले, न ही अब।

इधर नब्बे के दशक और उसके बाद तीसरी दुनिया के देशों के साहित्य को मान्यता की मात्रा में कुछ ज्यादा ही बढ़ोतरी हुई है। क्या ये बात सही है? यदि सही है तो इसके पीछे आपको कौन सा कारक तत्त्व दिखाई देता है?

बिलकुल सही बात है। नब्बे के दशक से इन्हें अधिक मान्यता मिली। मारखेश हैं, गार्डिमर हैं, लेकिन जिस एक लेखक को बहुत ज्यादा महत्त्व नहीं दिया गया (थिंयागो वांग), जो बहुत बड़े उपन्यासकार के रूप में उभरकर सामने आया। उसे नोबेल पुरस्कार मिलना चाहिए था, मिला नहीं, यह बात अलग है। यह तीसरी दुनिया के ही वोल सोइन का (नाइजीरिया) को मिला। इस तरह तीसरी दुनिया के देशों के साहित्य को पहचाना गया, उसको अन्तरराष्ट्रीय स्तर पर मान्यता मिली और सबसे बड़ी बात, भारतीय लेखकों ने उनके साथ अपना निकट का भाईचारा महसूस किया।

आज लगभग सारे भारतीय पुरस्कार विवादित हो गए हैं। इनकी घोषणा होते ही इनके साथ कोई-न-कोई विवाद छिड़ जाता है। इस पर आपकी क्या प्रतिक्रिया है? क्या ये सही नहीं है कि इसमें भेदभाव बरता जाता है?

मैं समझता हूँ कि आज भारत में जितने अधिक पुरस्कार दिए जा रहे हैं, उतने अधिक पुरस्कार इसके पहले कभी नहीं थे। इनमें से कुछ पुरस्कार निजी संस्थाओं द्वारा दिए जाते हैं, कुछ को सरकारें देती हैं तो कुछ पूँजीपतियों द्वारा दिए जानेवाले पुरस्कार हैं। यह अवश्य है कि 'ये पुरस्कार किसो विशेष साहित्यिक उपलब्धि के लिए दिया गया है', ऐसा किसी पुरस्कार को देखकर नहीं लगता। ऐसा भी नहीं है कि पुरस्कार देते समय लेखक की पुरस्कृत कृति की गुणवत्ता या उसकी विशेषता को ध्यान में रखा जाता हो या फिर उस लेखक के रचनात्मक आत्म-संघर्षों को ध्यान में रखकर उसे पुरस्कार दिया जाता हो, चाहे वह 'साहित्य अकादेमी' हो, 'दयावती मोदी' हो, 'व्यास' हो या फिर 'ज्ञानपीठ।' वैसे मेरी समझ से 'साहित्य अकादेमी' पुरस्कार आज भी सबसे ज्यादा सम्मानित है।

कहते हैं कि पिछले दस वर्षों में ऐसी कृतियों पर पुरस्कार दिए जाते रहे हैं जो सबसे कमजोर थीं। तो यह बात अन्य भारतीय भाषाओं में दिए जानेवाले साहित्य अकादेमी पुरस्कारों पर भी लागू होती है या फिर आप केवल हिन्दी भाषा की बात कर रहे हैं?

मैं यह बात हिन्दी भाषा के बारे में कह रहा हूँ कि ज्यादातर रचनाकारों की उनकी सर्वोत्तम कृति पर कम ही पुरस्कार मिले हैं। एक बात पुरस्कारों के सम्बन्ध में और, जो मुझे बेहद गलत लगती है, वह यह कि अच्छी-खासी उम्र पा जाने के बाद जब कहीं लोगों के दिमाग में आता है कि अब यह लेखक बहुत उम्रदराज हो

गया। काफी दिनों तक लिख चुका, या लिखना लगभग खत्म कर रहा है—और उसकी कोई पुस्तक प्रकाशित हो गई हो उस बीच-तो उसे पुरस्कार दे दिया जाता है। यह एक गलत परम्परा है। मैं समझता हूँ कि पुरस्कार देते समय साफ-साफ कहा जाना चाहिए कि उसके सम्पूर्ण पिछले 'कॉन्ट्रिब्यूशन' को ध्यान में रखकर ये पुरस्कार दिया गया है, लेकिन ऐसा नहीं कहा जाता। ये जो पुरस्कार—जो कृति विशेष पर दिए जाते हैं, ये गलत बात है। ये पुरस्कार लेखक की सम्पूर्ण सेवा पर दिए जाने चाहिए। ऐसा इसलिए क्योंकि लेखक की जो कृति आप पुरस्कार हेतु चुनते हैं, निश्चित रूप से वह लेखक अपना सर्वोत्तम उससे पहले लिख चुका होता है। ऐसे में जिस कृति पर पुरस्कार दिया जाता है, वह उसकी सबसे कमजोर कृतियों में से एक हो सकती है।

आजकल आप क्या लिख रहे हैं?

ढेर सारी योजनाएँ हैं मेरे दिमाग में। इधर सोचा था कि एक-दो नाटक लिखूँगा। दो-तीन उपन्यास शुरू किए थे। छिटपुट ही लिखे थे, लेकिन बाद में मुझे लगा कि इन्हें इस रूप में सामने नहीं आना चाहिए बल्कि इन्हें नये सिरे से लिखे जाने की जरूरत है। इधर कहानी पर भी काम करना शुरू किया है। लम्बे समय से कहानियाँ नहीं लिखी थीं। इसी तरह बहुत पहले मैंने एक कथा-रिपोर्ताज 'देख तमाशा लकड़ी का' लिखा था। फिर एक कथा-रिपोर्ताज इधर 'हंस' में लिखा—'सन्तों घर में झगरा भारी।' मेरे दिमाग में यह भी है कि उसका अगला भाग भी आना चाहिए बल्कि इस समय मैं उसी पर काम कर रहा हूँ। इस तरह इरादे तो ढेर सारे हैं। इनमें से कितने पूरे होते हैं—उनके बारे में पहले से कुछ नहीं कह सकता।

आपके 'अपना मोर्चा' उपन्यास की छात्रों में क्या प्रतिक्रिया रही थी और क्या आप इसे अपनी सर्वश्रेष्ठ कृति स्वीकार करते हैं?

वे दिन थे छात्र आन्दोलनों के, जबकि भारत के अधिकांश विश्वविद्यालयों में आन्दोलन हुए। उसी को आधार बनाकर यह उपन्यास लिखा गया। कहीं-न-कहीं विद्यार्थियों के आन्दोलन को 'कॉमन मैन' की समस्याओं से जोड़ने की बात उपन्यास में थी। इसलिए काफी पसन्द किया गया, पढ़ा भी खूब गया। इसे सर्वश्रेष्ठ कृति स्वीकार करने का सवाल ही नहीं उठता। एक छोटा सा उपन्यास है, वह भी शुरुआती दिनों का है। उसमें ढेर सारी कमियाँ थीं। वस्तुत: वह उपन्यास की भूमिका थी, उपन्यास नहीं। 'अपना मोर्चा' पढ़ा जरूर गया, लेकिन कथाकार के रूप में मेरी जो पहचान बनी, वह बहुत कुछ 'आदमीनामा' की कहानियों से बनी है, जो सत्तर और छिहत्तर के बीच लिखी गई थीं। इस तरह 'अपना मोर्चा' मेरी सर्वश्रेष्ठ कृति नहीं हो सकती।

ऐसी किसी रचना का उल्लेख करें।

'हंस' के अगस्त, 98 अंक में मेरा जो कथा-रिपोर्ताज आया है, मेरे दिमाग में ये पहले से नहीं था। चुनाव के चार-पाँच दिन पहले मेरा ध्यान गया कि इस पर कुछ लिखा जा सकता है। फिर वहाँ मैंने चार-पाँच शामें दीं, तब मेरे दिमाग में आया कि आजादी के बाद की जो राजनीति है, भारतीय राजनीति, उसका चेहरा नंगा हो सकता है, अगर ऐसा लिखा जाए तो? फिर इसे मैं हफ्ते भर में लिख गया जबकि उससे कहीं ज्यादा छोटी कहानी, जो अभी 'वागर्थ' के सितम्बर, 98 अंक में आई है, के कुछ टुकड़े चार-पाँच साल पहले लिखे गए थे। बीच में मैंने सोचा कि इसे कहानी का रूप दिया जाए। कई बार लिखना भी चाहा, किन्तु फिर रख दिया। फिर कथा-रिपोर्ताज लिखने के पहले हाथ माँजने की नीयत से इसे मैंने कहानी के रूप में पूरा किया। इस तरह इस कहानी में बहुत समय लगा। हालाँकि यह जरूरी नहीं कि इस अवधि में यही कहानी मेरे दिमाग में घूमती रही हो। उस बीच ढेर सारा लिखा। यह कहानी मुश्किल से छह-सात पृष्ठ की है, लेकिन इसमें समय काफी लगा जबकि कथा-रिपोर्ताज इसकी तुलना में पचास पृष्ठ का था। इस तरह रचना सध या बन जाने पर होती है। समय कितना लगा, यह महत्त्वपूर्ण नहीं होता।

इसकी भाषा पर बड़ा विवाद हो रहा है। कुछ लोगों का कहना है कि इसमें अश्लीलता कूट-कूट कर भरी गई है। क्या कहेंगे इस पर?

कल इस पर बात उठी थी, लेकिन पता नहीं क्यों कुछ नहीं कहा मैंने। लम्बे अरसे बाद जब मैं लखीमपुर में (यहाँ) अपने मित्र गिरिराज (गिरिराज किशोर) से मिला तो उसने गाली देकर कहा—"बिना गाली-गलौज के तुम नहीं लिख सकते। जब भी लिखते हो गाली-गलौज ही लिखते हो।" तब मेरे दिमाग में आया कि गिरिराज जिस भाषा के लिए मेरी भर्त्सना कर रहा है, वही वह मेरे लिए इस्तेमाल कर रहा है। हो सकता है आज गिरिराज से पूछा जाए तो उसे अपनी बात याद भी न हो कि उसने मुझे गाली दी थी। उसने जो कुछ कहा—प्यार में कहा, लगाव और आत्मीयता के कारण कहा, मुस्कराते हुए कहा। एक तो 'सन्तों घर में झगरा भारी' नामक कथा-रिपोर्ताज में जो भाषा लिखी गई है, वह वहाँ के लोगों की रोजमर्रे की जुबान है। बनारस के जिस चौराहे के बारे में लिखा गया है, वहाँ के लोगों के लिए वह गाली नहीं है। पढ़े-लिखे शिष्ट समाज के लिए जो गाली है, जनसाधारण के लिए वह गाली नहीं है। वह उसकी जुबान है। फिर सैकड़ों वर्षों से इस्तेमाल होते-होते ये हमारे या आम आदमी के रोजमर्रा की जुबान बनकर रह गई है, जिसका अब कोई अर्थ नहीं रह गया है, एक चीज। दूसरी बात, हम बचपन से अपने गाँव में पिता द्वारा माँ के साथ-साथ गायों, बैलों, बेटों और अपनी बहुओं को इस तरह की गालियाँ देते हुए देखते रहे हैं और वे उन्हें गाली समझकर कभी नहीं दिए और न वे गाली समझकर

लेते ही थे। तीसरी बात कहूँ—मैं इस बात को बहुत ही गलत मानता हूँ कि लिखने के बाद 'डॉट-डॉट' (...) करके अधूरा छोड़ दिया जाए। यह कायरता है। साहस की कमी भी कह सकते हैं। 'डॉट' से गाली का संकेत करना ही गाली है। पूरी की पूरी गाली, गाली नहीं है। एक उदाहरण देता हूँ—हमारे गुरु आचार्य हजारीप्रसाद द्विवेदी थे। एक बार उनसे अश्लीलता पर बात हो रही थी। ये 1960 की बात है। तब उन्होंने एक घटना बताई थी। घटना गुरुदेव रवीन्द्रनाथ ठाकुर से सम्बन्धित थी। गुरुदेव के पास जाने-माने चित्रकार नन्दलाल बसु एक सद्य:स्नाता स्त्री का चित्र लेकर आए। उन्होंने गुरुदेव से बड़े उत्साह के साथ कहा कि मैंने ये पेंटिंग बनाई है। गुरुदेव ने देखा उस चित्र को, सद्य:स्नाता स्त्री के भीगे हुए आँचल और उसके भीतर से झाँकते हुए उसके स्तनों को देखने के बाद उन्होंने कहा कि कूची कहाँ है? नन्दलाल बसु ने उन्हें कूची दी और रंग लेकर गुरुदेव ने उसके स्तनों पर पड़ी हुई भीगी साड़ी हटा दी और कहा—"पहले अश्लील था अब अश्लील नहीं है।" मैं भी यही कहता हूँ। 'डॉट्स' अश्लील हैं, अधूरापन अश्लील है, अधनंगापन अश्लील है, पूरा का पूरा 'न्यूड' अश्लील नहीं है। जहाँ हम छिपाने की कोशिश करते हैं—अश्लीलता वहाँ होती है, किन्तु उसी चीज को खुलकर सामने आना अश्लीलता नहीं है। इसलिए शायद ही मेरी किसी कहानी में 'डॉट्स' हों। मैं इसके इस्तेमाल के खिलाफ हूँ। ये कहीं-न-कहीं हमारी कायरता की तरफ संकेत करता है।

मकबूल फिदा हुसैन की कृतियों से जुड़े अश्लीलता के विवाद पर आपका क्या दृष्टिकोण है? यह अश्लील है या नहीं?

मुझे याद है कि एक बार अस्सी से गोदौलिया जाते समय एक मन्दिर में रखी सीता-राम की मूर्ति देखकर 'धूमिल' ने कहा था कि ये अगल-बगल जाने कितने वर्षों से खड़े हैं, लेकिन इन्हें एक-दूसरे से लिपटते हुए, प्रेम करते हुए, सम्भोग करते हुए हम कभी नहीं देखते। तो 'धूमिल' अगर कहते हैं तो उनकी बातें इसलिए क्षम्य हैं कि वे हिन्दू हैं और यदि दूसरा...। मैं कहना चाहता हूँ कि साहित्यकार या कलाकार का कोई धर्म नहीं होता, कोई जाति नहीं होती। कम-से-कम ये ऐसी जगह हैं जहाँ इन लोगों को बख्शा जाए। यहाँ इन्हें धर्म से जोड़कर न देखें। हाँ, यह बात अलग है कि जैसी उदारता हिन्दू धर्म में हम देख रहे हैं, वैसी इस्लाम धर्म में नहीं है। इस्लाम धर्म के लोगों के बारे में ऐसा कुछ लिखा जाए तो वे स्वीकार करेंगे या नहीं करेंगे, इसमें सन्देह है।

आप जनता को गुटों में बँटी नहीं मानते, लेकिन लेखकों में तो जबरदस्त गुटबन्दी है, विशेषकर वामपंथी लेखकों में। यह सब क्या प्रमाणित करता है?

वामपंथी लेखकों के जो संगठन हैं, वे वैचारिक स्तर पर बने हुए हैं। वैचारिक स्तर का मतलब कि वामपंथी विचारधारा के लेखकों के ही संगठन हैं। एक 'प्रगतिशील

लेखक संघ' है, दूसरा 'जनवादी लेखक संघ' और तीसरा है 'जन संस्कृति मंच'। ये लेखक संगठन हैं, गुट नहीं। गुट और संगठन में फर्क है, बहुत बड़ा फर्क। इनके बारे में हमें यही कहना है कि इनकी कविताओं-कहानियों को पढ़कर आप ये नहीं कह सकते कि इनमें से अमुक लेखक 'जलेस' का है, अमुक 'प्रलेस' का है। सभी वैचारिक स्तर पर एक हैं। सबका सामाजिक सरोकार लगभग एक जैसा है। उस स्तर पर ये तीनों संगठन एक हैं। इनकी अपनी-अपनी राजनैतिक एवं अराजनैतिक पार्टियाँ हैं। मेरा भी सम्बन्ध 'प्रगतिशील लेखक संघ' से है और मैं इसमें आज तक इसलिए बना हूँ क्योंकि मैंने सी.पी.आई. को इनके मामले में कभी हस्तक्षेप करते नहीं देखा। सी.पी.आई. से सम्बन्धित जो पदाधिकारी लेखक हैं 'प्रगतिशील लेखक संघ' के, भीष्म साहनी से लेकर नीचे तक, उनमें से किसी ने ये नहीं कहा कि ऐसा नहीं लिखना चाहिए। हम इतना जरूर मानते रहे हैं कि एक वक्त था जब लेखक संगठन राजनैतिक पार्टियों के पुछल्ले की तरह हुआ करते थे, लेकिन अब ये बात नहीं रही। हम अलग संगठनों से ताल्लुक रखते हुए भी वैचारिक स्तर पर एक हैं।

['पत्रकार सदन', अप्रैल से जून, 1999]

प्रेमचन्द से उलट चल रहे हैं आजकल के साहित्यकार

वरिष्ठ साहित्यकार काशीनाथ सिंह संस्मरण लिखें, कहानी या उपन्यास।—उनकी हर रचना में कहीं-न-कहीं काशी की कैफियत झलकती है। समय और साहित्य के बदलते रंग-ढंग पर उनके विचार।

सुबह-सुबह गंगा के किनारे से उगता सूरज, चाय के कुल्हड़ों से उठता धुआँ, मन्दिर के घंटों की आवाज और कड़ाही से निकलती गर्म-गर्म कचौरियाँ अनायास ही काशी की याद दिलाती हैं। कहते हैं, जिसने काशी में कदम रखा, वो यहाँ का हो गया। ऐसे काशी के जिक्र के साथ वरिष्ठ साहित्यकार काशीनाथ सिंह का जिक्र भी खुद-ब-खुद शामिल हो लेता है। काशीनाथ सिंह काशी में बसते हैं और काशी उनमें, उनकी रचनाओं में बसती है। उनके शब्द, उनका अन्दाज, उनका सोचने का ढंग—सब कुछ औरों से जुदा है। वे जो सोचते हैं, उसे जीते हैं और उसे वैसा ही रचते भी हैं। साहित्य जगत् के वरिष्ठतम लोगों में से एक काशीनाथ सिंह जी से जब गुफ्तगू का सिलसिला चला तो जीवन और साहित्य के कई रंग उभरकर सामने आए।

कहते हैं, मरने के बाद अगर स्वर्ग पाना हो, तो काशी आइए, शिव की यह नगरी कभी भी नष्ट नहीं होती, इस दर्शन पर आप क्या कहेंगे और आप खुद को इससे कैसे जुड़ता पाते हैं?

काशी में जीवन और मृत्यु का जश्न समानान्तर चलता रहता है। इस शहर की यह खासियत है कि यहाँ बीता हुआ कल होता है, आज होता है, लेकिन आनेवाला कल नहीं होता। किसी को आनेवाले कल की फिक्र नहीं होती। यही काशी का परम्परागत रूप है, लेकिन इन दिनों यह रूप थोड़ा बदल रहा है। नई पीढ़ी आनेवाले कल के बारे में सोचने लगी है।

जहाँ तक मेरा सवाल है, इस शहर का अन्दाज तो मुझसे मेल खाता है, लेकिन मेरे अपने नाम से नहीं। मेरा ईश्वर में कोई विश्वास नहीं है, लेकिन मैं दूसरों के भरोसे को तोड़ना पसन्द नहीं करता। इस नाते कई बार मन्दिर गया भी हूँ।

साहित्य और समाज में क्या अन्तर होता है?

लेखक अपनी रचनाओं में वह रचता है जो वह चाहता है यानी कहीं-न-कहीं आइडियलिज्म होता है बैकग्राउंड में जबकि समाज का सच इस आइडियलिज़्म से अलग होता है। इसी कारण साहित्य में रचे गए में और समाज में कुछ अन्तर देखने को मिलता है।

इस बदलते समय में 'परम्परा' और 'संस्कार' जैसे शब्दों के क्या मायने रह गए हैं ?

'परम्परा', 'संस्कार', 'मर्यादा'—ये सारे शब्द नये समय में नये अर्थ खोज रहे हैं। इन शब्दों की पुरानी परम्परागत परिभाषाएँ अब टूट रही हैं। यह टूटन स्वाभाविक है। इसे मैं इस रूप में देखता हूँ कि इस टूटन के बीज से जो कुछ नया जन्म लेगा, वह बहुत अच्छा होगा।

आनेवाले समय में साहित्य का क्या भविष्य है?

साहित्य का काम होता है, अपने समय का साक्षात्कार करते हुए उस समय का अपनी रचनाओं में डॉक्यूमेंटेशन करना, लेकिन यह सचमुच दुखद है कि आजकल के लेखक इस ओर ध्यान नहीं दे रहे हैं। इन दिनों पाठकों को निरपेक्ष मानकर लिखा जा रहा है। इन दिनों ज्यादातर इसलिए लिखा जा रहा है क्योंकि लिखना है। ऐसे लेखन में गम्भीरता नहीं है, लापरवाही है। यह लापरवाही साहित्य के लिए शुभ संकेत नहीं है।

साहित्य केवल कविता और कहानी तक ही सिमट गया है?

सही कहा आपने। साहित्य इन दिनों सिर्फ कुछ विधाओं में ही सिमट गया है। आलोचकों की नजर सिर्फ कविताओं पर ठहरती है, पाठक आम तौर पर कहानी, उपन्यास को साहित्य समझता है, जबकि ऐसा है नहीं। साहित्य की और भी विधाएँ हैं।

साहित्य के मौजूदा चलन पर आप क्या कहेंगे?

इन दिनों एक चीज बहुत देख रहा हूँ कि ज्यादातर उपन्यास पुस्तकालयों में बैठकर या आर्कियोलॉजिकल सर्वे ऑफ इंडिया से जानकारी इकट्ठा करके लिखे जा रहे हैं। आजादी के दौर की घटनाएँ—पात्र उपन्यास में आ रहे हैं। प्रेमचन्द से उलट यह काम हो रहा है। प्रेमचन्द देखकर—महसूस करके लिखते थे जबकि इन दिनों पढ़कर, जानकारी हासिल करके लिखा जा रहा है। ऐसे लेखन में संवेदना कहीं उपेक्षित है। इसका परिणाम यह हो रहा है कि पाठकों में ऐसी रचनाओं के प्रति एक उदासीनता का भाव आने लगा है।

इन दिनों आत्मकथाओं का दौर चल पड़ा है। आप क्या कहेंगे?

इन दिनों आत्मकथात्मक लेखन काफी बढ़ गया है। जब मैंने नामवर सिंह, त्रिलोचन, धूमिल आदि पर संस्मरण लिखे, तब इस ओर ज्यादा काम नहीं हो रहा था। इसके बाद जो दलित लेखक आए, उन्होंने इस परम्परा को आगे बढ़ाया। राजेन्द्र यादव, मन्नू भंडारी, प्रभा खेतान और मैत्रेयी पुष्पा ने भी आत्मकथात्मक लेखन किया। यह प्रवृत्ति इन दिनों बढ़ी है। मुझे लगता है कि आत्मकथा या संस्मरण का ऐसा होना जरूरी है, जिसमें लेखक का जीवन पाठकों को कुछ दे जाए वरना एक कमरे में बैठकर अपनी दास्तान लिख देना तो बहुत आसान है।

लेखन में शैली कितनी महत्त्वपूर्ण है?

यह बहुत महत्त्वपूर्ण है। शैली वह हथियार है जो किसी भी रचना को जीवन्तता देती है। 'जुलूस' और 'अपना मोर्चा' जैसे उपन्यासों में जिस तरह की फोटोग्राफिक शैली देखने को मिली, वह बाद में नहीं मिली। हालाँकि 'काशी का अस्सी' को उपन्यास माना नहीं गया, लेकिन उसमें भी वही शैली थी। वह शैली तो पॉपुलर हुई, लेकिन उस शैली में उपन्यास फिर देखने को नहीं मिला।

नई पीढ़ी के रंग-ढंग के बारे में आप क्या कहेंगे?

इस पीढ़ी की कुछ चीजें तो बहुत अच्छी लगती हैं, जैसे छोटे-छोटे बच्चे कम्प्यूटर ऑपरेट कर लेते हैं। चैनल्स पर लाइव शो में भाग लेते बच्चों को देखना हमारे लिए किसी चमत्कार से कम नहीं है, लेकिन तकलीफ भी होती है कि ये बच्चे अपने बचपन से दूर जा रहे हैं। ये पैसे की भूख लेकर पैदा होते हैं और उसे ही लिये हुए जी रहे हैं। एक जो आध्यात्मिक व सांस्कृतिक मन हुआ करता था, वो अब देखने को नहीं मिलता।

['अनामीशरण' ब्लॉग, 24 नवम्बर, 2010]

दैनिक जागरण ⟹
⟸ काशीनाथ सिंह

सन्तान पैदा होने जैसी खुशी

साहित्य अकादेमी पुरस्कार मिलने पर आपको 'दैनिक जागरण' की ओर से बधाई। कैसी लग रही है नई खुशी?

(ठठाकर हँसते हुए) जानता हूँ। खुशी हुई होगी। मुझे तो घर में सन्तान पैदा होने जैसी खुशी महसूस हो रही है।

'रेहन पर रग्घू' के किसी तत्त्व की ओर पुरस्कार के निर्णायक मंडल का ध्यान गया होगा?

देखो, यह उपन्यास भूमंडलीकरण, उदारीकरण व पूँजी के नये अट्टहास के दौर में बदलते गाँव में बनते एकल परिवार और सम्बन्धों के टूट की कहानी है। संवेदनाओं के विध्वंस में गाँव से लेकर शहर की नई कॉलोनियाँ बसने के बीच आदमी के सच की पहचान है। बेटों में प्रेम परखने के लिए रग्घू अपना अपहरण कराता है। देखना चाहता है कि उसकी औलाद उसकी फिरौती देते हैं कि नहीं? आज की कहानी है।

आपको क्या लगता है कि पुरस्कार निर्णायक मंडल का ध्यान आपकी अन्य रचना की ओर जाना चाहिए था?

निश्चित तौर पर। मुझे लगता है कि यह पुरस्कार हमें 'काशी का अस्सी' पर मिलता तो ज्यादा खुशी होती। हालाँकि निर्णायकों में वह साहस नहीं है। 'रेहन पर रग्घू' से यह रचना हर मायने में उम्दा है। इसने हिन्दी में सर्वाधिक पाठक को जोड़ा है। यह तो पाठकों का दबाव है कि हमें अवार्ड दिया गया। काश! 'काशी का अस्सी' पर निर्णायकों ने साहस दिखाया होता।

हालाँकि नामवर सिंह 'रेहन पर रग्घू' को अच्छा मानते हैं।

यह नामवर सिंह का विचार हो सकता है। हमें तो 'काशी का अस्सी' ही अच्छा लगता है।

अपने पाठकों के लिए क्या सन्देश देंगे?

पाठकों को धन्यवाद देना चाहूँगा, क्योंकि उन्हीं की बदौलत यह सम्मान मिला है।

[धनबाद प्रतिनिधि से दूरभाष पर, 'दैनिक जागरण', वाराणसी, 22 दिसम्बर, 2011]

दैनिक जागरण ➡
⬅ काशीनाथ सिंह

पुरस्कार से बढ़ती है रचनाकार की कद्र

यह साक्षात्कार तब लिया गया था जब काशीनाथ सिंह 'रेहन पर रग्घू' के लिए 'साहित्य अकादेमी पुरस्कार' से नवाजे गए थे।

साहित्य अकादेमी पुरस्कार से नवाजे जाने के बाद कैसा महसूस कर रहे हैं?

लेखक की हर कृति उसके दिल से निकलती है। यदि किसी भी एक के लिए उसे पुरस्कार मिलता है तो खुश होना स्वाभाविक है। इससे अधिक फर्क तो नहीं पड़ता है, लेकिन इतना जरूर है कि इससे रचनाकार की कद्र बढ़ जाती है।

युवाओं के हिन्दी साहित्य के प्रति प्रेम व नजरिये के बारे में क्या कहेंगे?

आज के युवा साहित्य को फैशन के तौर पर लेते हैं। पैसे, शोहरत व व्यावसायिकता की दौड़ में साहित्य बस फैशन-मात्र ही रह गया है। हालाँकि साहित्य में रुचि लेने और वक्त निकालकर उसे पढ़नेवाले युवा भी हैं, लेकिन उनकी संख्या में कमी आई है।

अंग्रेजी भाषा के बढ़ते प्रचार के दौर में हिन्दी को कहाँ पाते हैं?

भारत में कई दौर आए जब अलग-अलग शासकों ने अपनी-अपनी भाषा को यहाँ थोपने की कोशिश की। हिन्दी ने सभी में से कुछ लिया, तो कुछ दिया भी। संस्कृतियों पर कब्जा करने के उद्देश्य से सबसे पहले भाषा को प्रभाव में लेना होता है, लेकिन परिस्थितियों से जूझने के बावजूद हिन्दी अपनी धरोहर को समेटे हुए सदियों से चली आ रही है।

भाषा के प्रति रचनाकार या लेखक की क्या जिम्मेदारी होती है?

लेखक या रचनाकार साहित्य के माध्यम से जनता की संवेदना व संघर्ष को उजागर

तो करता ही है, समस्याओं के समाधान के लिए एक प्लेटफॉर्म भी तैयार करता है। दिनोंदिन साहित्य की जिम्मेदारी बढ़ती जा रही है। लेखक का दायित्व होता है कि वह भाषा के विकास में मददगार बने।

हिन्दी का विकास कैसे सम्भव है व भविष्य में इसका स्वरूप क्या होगा?

देश की सभी भाषाएँ अपने-आपमें महत्त्वपूर्ण हैं। किसी भी एक के बिना हमारी संस्कृति अधूरी है। हर भाषा के विकास के साथ हिन्दी का भविष्य भी जुड़ा है। भाषा का महत्त्व उसकी रोचकता और उसके बोलनेवालों की तादाद पर निर्भर करता है। भविष्य में हिन्दी और खूबसूरत होगी। दूसरी भाषाओं को काफी कुछ देगी और अपने में बहुत कुछ समाहित भी करेगी जैसाकि सदियों से करती आई है। आदान-प्रदान तो चलता रहता है। हजारीप्रसाद द्विवेदी कथित पंक्ति सार्थक है, "सारा कुछ मिला है, अविशुद्ध है।"

[प्रस्तुति : शिप्रा सुमन, 'दैनिक जागरण', नई दिल्ली, 16 फरवरी, 2012]

अमर उजाला ⟶
⟵ काशीनाथ सिंह

मोदी जीते तो काशी हार जाएगी

मशहूर साहित्यकार काशीनाथ सिंह काशी से नरेन्द्र मोदी के चुनाव लड़ने से बेहद व्यथित हैं। इतना व्यथित कि पूर्व में अपने लिखे से पल्ला झाड़ने की मन:स्थिति में आ गए हैं। कहते हैं, "अपने ही लिखे 'काशी का अस्सी' को अब नकारता हूँ। उसे इतिहास के तौर पर देखा जाना चाहिए, वर्तमान तो कुछ और है। जिस पप्पू की दुकान पर वह उपन्यास केन्द्रित था, उस दुकान पर जाना ही बरसों से छोड़ दिया है। अब वहाँ वह खयालों की अलमस्ती, विचारों की बेबाकी और उसमें से कुछ नहीं बचा है, जिसके आधार पर उपन्यास लिखा गया था।"

'रेहन पर रग्घू' उपन्यास के लिए प्रतिष्ठित साहित्य अकादेमी पुरस्कार से नवाजे गए काशीनाथ सिंह इतने पर ही नहीं रुकते। माथे पर हाथ रखकर कहते हैं कि अगर नरेन्द्र मोदी वाराणसी से चुनाव जीत गए तो काशी हार जाएगी। चुनावी घमासान के बीच छोटी-सी बातचीत के प्रमुख अंश...

काशी के चुनावी परिदृश्य को कैसे देखते हैं?

उत्तरकाशी की परम्परा और संस्कृति पर गहरा संकट देख रहा हूँ। दरअसल, काशी हिन्दुओं का तीर्थ अवश्य रही है, पर कभी हिन्दुत्ववादी नहीं रही। हिन्दुओं के सैकड़ों मठ, अखाड़े-आश्रम और मन्दिर हैं, पर कट्टरता नहीं थी। हिन्दुत्व के लिए स्वामी करपात्री ने 'रामराज्य परिषद्' पार्टी बनाई थी पर विधर्मियों के लिए तल्खी नहीं थी। पर अब जो माहौल बनाया जा रहा है, उसको देखकर लगता है कि धार्मिक उदारता को नेपथ्य में धकेल दिया जाएगा।

काशी की संस्कृति से अभिप्राय?

अलमस्ती, फक्कड़ी, वैचारिक खुलापन और 'ना काहू से दोस्ती, ना काहू से बैर' वाले भाव पर टिकी जीवनशैली।

चुनाव से इस संस्कृति को आघात कैसे पहुँच रहा है?

देख नहीं रहे हैं, राजनीतिक विरोधियों पर किस तरह के हमले हो रहे हैं? मुँह पर गन्दगी फेंकी जा रही है, जानलेवा हमले हो रहे हैं, विरोधी दलों के कागजात छीनकर फाड़े जा रहे हैं। काशी ने 'जियो और जीने दो' की संस्कृति पर विश्वास किया है। मंडन मिश्र यहीं के थे। शंकराचार्य को एक चांडाल तक ने चुनौती दी थी। स्वामी दयानन्द सरस्वती ने यहीं दुर्गाकुंड में विरोधी मान्यता वाले लोगों से शास्त्रार्थ किया था। काशी असहमति का भी सम्मान करती रही है। कामरेड रुस्तम सैटिन नामांकन दाखिल करने कांग्रेसी दिग्गज सम्पूर्णानन्द से आशीर्वाद लेकर जाते थे। पर चुनाव के दौरान बराबर मंच लगाकर उनके खिलाफ झन्नाटेदार भाषण देते थे। कमलापति त्रिपाठी व समाजवादी राजनारायण के बीच भी ऐसा ही रिश्ता रहा। राजनारायण कांग्रेस के खिलाफ मोर्चा खोलने में कभी कोर-कसर नहीं छोड़ते थे, पर चुनाव के समय जब कभी पैसों की कमी महसूस करते थे तो कमलापति के पास जाते थे और कमलापति मदद भी करते थे। यह परम्परा बुद्ध के समय से चली आ रही है, पर अफसोस है कि इस परम्परा को अब दाग लग रहा है। पिछले दिनों भाजपा के मुरली मनोहर जोशी और शंकर प्रसाद जायसवाल यहाँ से सांसद हुए, पर अपने विरोधियों के प्रति उनका भी व्यवहार इतना अलोकतांत्रिक और असभ्य नहीं था। पहली बार काशी में यह देखने को मिल रहा है कि जिससे वैचारिक असहमति हो उसका जबरिया मुँह बन्द कर दो, अपनी गली-मुहल्लों में आने न दो और न माने तो उसके हाथ-पैर तोड़ दो।

ड्रॉइंग रूम में बैठकर ही आँसू बहाएँगे?

हरगिज नहीं। काशी की आत्मा को जगाने सड़कों पर उतरेंगे। काशी की आत्मा व संस्कृति को बचाने की गुहार करूँगा।

अगर मोदी जीतते हैं तो चुनाव बाद काशी की क्या तसवीर देखते हैं।

बस, पछतावे, कड़वाहट और अफसोस के सिवा कुछ न होगा।

['अमर उजाला', वाराणसी, 04 मई, 2014]

पत्रिका ⟶
⟵ काशीनाथ सिंह

खतरे में है अभिव्यक्ति की आजादी

यह साक्षात्कार तब लिया गया था जब देश में बढ़ती साम्प्रदायिकता के खिलाफ काशीनाथ सिंह ने 'साहित्य अकादेमी पुरस्कार' लौटाने की घोषणा की थी।

आखिर इतना बड़ा फ़ैसला लेने का क्या कारण रहा?

देखिए, जो पुरस्कार लोग वापस कर रहे हैं, वह ऐसे ही नहीं है। इसके पीछे कई कारण हैं। कन्नड़ के वरिष्ठ लेखक की हत्या कर दी जाती है। एक-दो घटनाएँ और होती हैं। फिर देश में दादरी जैसी घटना होती है। ऐसे में हम साहित्यकार खामोश़ कैसे रह सकते हैं। यह रोष है। यह चेतावनी है कि असहमति बर्दाश्त नहीं होगी।

आखिर देश में कैसा माहौल है?

देश में अभिव्यक्ति की आजादी खतरे में है। भारत बहुलतावादी देश है। यहाँ कई संस्कृतियाँ हैं। सबकी अपनी बोली है, रहन-सहन का तरीका है। सबकी अपनी लेखनी है। संविधान ने हमें बराबर का अधिकार दिया है। ऐसे में वर्तमान में जो परिस्थितियाँ बन रही हैं, उससे लग रहा है कि लोकतांत्रिक मूल्यों की हत्या हो रही है। किसी भी कीमत पर समाज को बँटता नहीं देख सकते।

इन सबके लिए जिम्मेदार कौन है?

सबसे अधिक आहत मैं सरकार के मंत्रियों से हूँ। दादरी कांड के बाद जिस तरह से केन्द्रीय मंत्रियों के बयान आए, उससे साफ लगता है कि केन्द्र सरकार में सहिष्णुता नाम की चीज नहीं है। सरकार को सभी को साथ लेकर चलना चाहिए, न कि समाजों में बाँटना चाहिए।

आप भारतीय साहित्य अकादेमी को लेकर भी असन्तुष्ट हैं?

भारतीय साहित्य अकादेमी में इन दिनों जो हो रहा है, वह ठीक नहीं है। जिस तरह केन्द्र सरकार स्वायत्त संस्थाओं पर नियंत्रण कर रही है, उससे साहित्य अकादेमी के अस्तित्व पर खतरा है। साहित्य अकादेमी की जब स्थापना हुई थी, तभी उसे स्वायत्त घोषित कर दिया गया था। ऐसे में यह तय था कि अकादमी का अपना कायदा होगा, उस पर किसी भी स्थिति में सरकार का नियंत्रण नहीं होगा, लेकिन मौजूदा परिवेश में अकादमी के अस्तित्व को खतरा लग रहा है।

अकादमी को केन्द्र सरकार से कैसे खतरा है और कौन जिम्मेदार है इसके लिए?

देखिए, कौन जिम्मेदार है, इसके बारे में तो मैं कुछ नहीं बता पाऊँगा, लेकिन जिस तरह से सरकार अन्य संस्थानों में अपने आदमी बैठा रही है, उससे तो यही लगता है।

['पत्रिका', 16 अक्टूबर, 2015]

नवोदय टाइम्स ➡
⬅ काशीनाथ सिंह

न पाठक कम हुए हैं, न हिन्दी का महत्त्व घटा है

यह बातचीत हिन्दी दिवस के मौके पर हुई थी।

दिल्ली समेत तमाम बड़े शहरों में हिन्दी पर अंग्रेजी भारी दिखती है। अंग्रेजी बोलनेवालों को ज्यादा तरजीह दी जाती है। अंग्रेजी के मुकाबले हिन्दी बोलनेवाले को कमतर समझने की मानसिकता से हम उबर नहीं पाए हैं, यह मानसिकता कैसे बदलेगी?

दिल्ली में यूपी-बिहार के लोगों की संख्या बढ़ी है। ऐसे में मुझे नहीं लगता कि हिन्दी का महत्त्व कम हुआ है। वैसे, इसकी एक वजह दूतावास का होना है, तो दूसरी वजह यह है कि अफसर कम्युनिटी के लोग दिल्ली में ज्यादा हैं, जिनका प्रशिक्षण ही अंग्रेजी के जरिये हुआ है। हिन्दी को कमतर समझने की मानसिकता अंग्रेजों के जमाने से बनी हुई है। अंग्रेजी बोलनेवालों को भद्र मानुष, सुसंस्कृत और पढ़ा-लिखा समझा जाता रहा है। जब तक समानता का भाव नहीं आता है, इस मानसिकता को हम बदल नहीं सकते हैं। सामाजिक असमानता भी इसके पीछे एक बड़ा कारण है।

क्षेत्रीय भाषाओं के बोलचाल के बहुत-से शब्द हिन्दी में धड़ल्ले से इस्तेमाल होने लगे हैं। मसलन पंजाबी के 'बन्दा', 'फुकरा' जैसे शब्द हिन्दीभाषियों की जुबान पर आ चुके हैं, इसे आप किस नजरिये से देखते हैं?

यह स्वाभाविक है। हिन्दी बहुत लचीली भाषा है। शुरुआत से ही लोक-बोलियों को अपना बनाया है। किसी भी भाषा से शब्द आते हैं तो परहेज नहीं करना चाहिए। यह हिन्दी की प्रकृति में रहा है।

सोशल मीडिया में भी एक तरह की रचनात्मकता दिख रही है, क्या इसे साहित्य की श्रेणी में रखेंगे?

सोशल मीडिया में कूड़ा-कचरा भी है, पर बौद्धिक विमर्श, कल्पनाएँ और काफी

कुछ सर्जनात्मकता भी है। फेसबुक, ट्विटर या व्हाट्सएप पर जो कुछ रचनात्मकता है, वह एकदम व्यर्थ नहीं है।

यह तो मानेंगे कि सोशल मीडिया के चलते किताब, अच्छा साहित्य पढ़ने की आदत कम हुई है?

मुझे ऐसा नहीं लगता है। दिल्ली से ही बहुत-सी साहित्यिक पत्रिकाएँ निकल रही हैं। प्रकाशक भी अच्छी तादाद में हैं। पाठक कम होते तो न इतनी पत्रिकाएँ होतीं, न इतने प्रकाशक। हाँ, मुझे लगता है कि टीवी चैनलों के दर्शक कम हो रहे हैं, क्योंकि विश्वसनीयता घटी है। इसके मुकाबले आज भी अखबार ज्यादा विश्वसनीय हैं।

'काशी का अस्सी' को जबरदस्त लोकप्रियता मिली। बाद में इस पर फिल्म भी बनी, पर रिलीज नहीं हुई? किसी अन्य कहानी पर फिल्म की योजना है?

लोकप्रियता तो इतनी मिली कि 14-15 संस्करण प्रकाशित हो चुके हैं। मजे की बात यह है कि इसे पढ़नेवालों में हिन्दी के विद्यार्थियों की तुलना में दूसरे पेशे से ताल्लुक रखनेवाले ज्यादा हैं, जैसे कि डॉक्टर, इंजीनियर आदि। इस पर बनी फिल्म कई वजहों से आज भी अटकी है, जिनमें एक वजह राजनीतिक भी है। चूँकि यही फिल्म अभी तक रिलीज नहीं हुई है, इसीलिए किसी दूसरी कहानी या उपन्यास पर फिल्म बनाने की मैंने इजाजत ही नहीं दी।

[प्रस्तुति : नीरज, 'नवोदय टाइम्स', नई दिल्ली, 15 सितम्बर, 2017]

एपीएन न्यूज →
← **काशीनाथ सिंह**

समस्या की वजह संवादहीनता

छात्र राजनीति बीएचयू के लिए नई चीज नहीं है। लेकिन 2017 में वहाँ एक अप्रत्याशित स्थिति तब पैदा हुई जब कुछ माँगों को लेकर आन्दोलन कर रही लड़कियों ने विश्वविद्यालय पहुँचे प्रधानमंत्री से मिलना चाहा। पर प्रधानमंत्री उनसे नहीं मिले और लड़कियों पर लाठी चार्ज किया गया। इस साक्षात्कार में इसी घटना का सन्दर्भ है।

सर, इतनी बड़ी घटना हो गई। एक महामना की बगिया, यहाँ पर शिक्षा-दीक्षा का हमेशा से बोलबाला रहा है। ऐसे में बी.एच.यू. को जला दिया गया। जिस तरीके से हिंसा फैलाई गई, इस पर सबसे पहली आपकी प्रतिक्रिया क्या है?

देखिए, घटना तो बेहद दुर्भाग्यपूर्ण है और शर्मनाक भी। प्रशासन ने उनकी अनसुनी न की होती, अनदेखी न की होती, उन्हें सुना होता, उनकी समस्याओं पर ध्यान दिया होता, निराकरण को उपाय लगाया होता तो ये घटनाएँ न होतीं।

महिलाओं की सुरक्षा से जुड़ा हुआ है। महिलाओं की सुरक्षा प्राथमिकता में होनी चाहिए, लेकिन ऐसे में इतना बड़ा लापरवाह रवैया, संवादहीनता आपने कहा। मुलाकात भी नहीं किए वीसी साहब और ऊपर से लाठीचार्ज भी हुआ। किसकी गलती है?

सीधे-सीधे प्रशासन की गलती है। इसमें पूछने का कोई सवाल ही नहीं है। अगर प्रशासन ने उपेक्षा न की होती तो ऐसी घटनाएँ ही न होतीं।

जो आपका समय रहा उस दौरान क्या स्थिति थी? आज के मौजूदा हालात से अगर हम तुलना करें।

उस समय छात्र संघ हुआ करता था। 1990 के आसपास तक छात्र संघ था। छात्राओं को कभी आगे आने की जरूरत नहीं पड़ी। उनकी समस्याएँ होती थीं। लड़के बात करते थे। उसके बाद कुलपति से कहते थे। कुलपति जितना कर सकते थे, करते

थे। एक चीज पता नहीं क्यों इस पूरी व्यवस्था में ही कुछ वर्षों से देख रहे हैं कि एक संवादहीनता ऊपर भी है और ऊपर से नीचे तक बनी है।

क्या वजह है गुरुजी, संवादहीनता की वजह आप क्या मानते हैं? मुख्य वजह क्या है?

देखिए, संवादहीनता की वजह तो सरकार ही बता सकती है कि क्यों वह संवाद करने के लिए तैयार नहीं होती किसी भी समस्या का, और कुलपति भी उसी परम्परा में आते हैं।

['एपीएन न्यूज', 29 सितम्बर, 2017]

राष्ट्रीय सहारा ⟶
⟵ काशीनाथ सिंह

खुशी इतनी जैसे बुढ़ापे में सन्तान पैदा हो

अपने उपन्यास 'रेहन पर रग्घू' के लिए वर्ष 2011 का साहित्य अकादेमी पुरस्कार मिलने पर हिन्दी के प्रसिद्ध रचनाकार डॉ. काशीनाथ सिंह बेहद प्रसन्न दिखे। बुधवार को 'राष्ट्रीय सहारा' से खास बातचीत में डॉ. काशीनाथ सिंह ने इस उपलब्धि को अपने चिर-परिचित अन्दाज में बयाँ किया। उन्होंने इसे शब्दों में कुछ यूँ ढालते हुए कहा, "मैं उसी तरह खुश हूँ जैसे बुढ़ापे में किसी को सन्तान पैदा हो जाए।" इतना कहने के साथ ही वह खिलखिलाकर हँस पड़े। अकादेमी द्वारा उन्हें पुरस्कृत करने की घोषणा पर उन्होंने स्पष्ट रूप से कहा कि इसमें देर हुई। यह पुरस्कार उन्हें लगभग दस साल पहले ही मिल जाना चाहिए था। साथ ही कहा कि कोई बात नहीं। पुरस्कार देने की प्रक्रिया में देर-सबेर होती रहती है। अकादेमी की लेटलतीफी को झेलनेवाला न तो मैं पहला रचनाकार हूँ और न ही आखिरी। अपने उपन्यास के बारे में फिक्र करते हुए श्री सिंह ने कहा कि कहानी भूमंडलीकरण, उदारीकरण और निजीकरण के कारण बदलते गाँव और वहाँ रहनेवाले एकल परिवार के रिश्तों की विसंगतियों व टूट-फूट की गाथा है। भूमंडलीकरण के कारण गाँव-गिराँव में बदलाव हुआ है। कहानी मुख्य रूप से एक छोटे किसान की है जो अध्यापक भी है। उसके दो पुत्र हैं। एक अमेरिका चला जाता है और दूसरा नोएडा में जिन्दगी गुजर-बसर कर रहा होता है। पिता-पुत्र के रिश्तों के बन्धन को आजमाने के लिए वह खुद अपना अपहरण करवा लेता है। यह जानते हुए भी कि उसके बेटे उसे छुड़ाने का प्रयास नहीं करेंगे। बावजूद इसके वह यह सोचकर अपने बेटों की परीक्षा लेता है कि क्या उनमें अपने पिता के लिए स्नेह व प्रेम बचा है। बस यही है 'रेहन पर रग्घू' की कहानी जो मानवीय रिश्तों के ताने-बाने से बुनी गई है।

['राष्ट्रीय सहारा', वाराणसी, 22 दिसम्बर, 2011]

आई नेक्स्ट ⟶
⟵ काशीनाथ सिंह

मीना का आशिक है 'रग्घू' का रचनाकार

यह बातचीत उस समय हुई थी, जब 'रेहन पर रग्घू' के लिए काशीनाथ सिंह को 'साहित्य अकादेमी पुरस्कार' प्रदान करने की घोषणा हो चुकी थी। इस बातचीत में उन्होंने फिल्मों में अपनी दिलचस्पी का खासतौर पर जिक्र किया है।

डॉ. काशीनाथ सिंह बताते हैं कि मीना कुमारी में मुझे आदर्श भारतीय नारी की झलक दिखती थी। उनके बोलने का दिलकश अन्दाज उन्हें अपने समय की तमाम ऐक्ट्रेसेज से अलग करता था। उनकी आवाज में एक सेक्स अपील थी। स्मिता पाटिल की आँखों और होंठों में भी वही अपील थी, जिसने मुझे आकृष्ट किया। इन दोनों ऐक्ट्रेसेज ने अपनी हर फिल्म में कला का एक मानदंड स्थापित किया है। जितनी बार इन्हें देखा मुझे यह अलग दिखीं।

जब भी देखा, रोया हूँ।

बतौर हीरो राजकपूर ने मुझे बहुत प्रभावित किया है। राजकपूर की 'श्री 420' मैंने 12 बार देखी है। यह 60 के दशक की बात है। 'रमय्या वस्ता वइया' गाने में एक खास जगह आते ही मैं रोने लगता था। जब भी मैंने इस फिल्म को देखा है, मैं रोया हूँ। आज भी फिल्में देखते हुए किसी खास सीन पर भावुक हो जाता हूँ। 'रमय्या वस्ता वइया' गाने के बोल और उसका फिल्मांकन कुछ अलग-सा है।

कभी नहीं सोचा था।

मैंने कभी नहीं सोचा था कि कभी मेरी लिखी कहानी पर भी फिल्म बनेगी। जैसे सब लोग फिल्म देखते थे, मैं भी देखता था। इसके अलावा मुझे 'सिने ब्लिट्ज' व 'फिल्मफेयर' मैगजीन बहुत पसन्द आते हैं। जवानी के दिनों से मैं इनका फैन

रहा हूँ। यह मेरे लिए अलग एहसास रहा कि जिस मैगजीन में मैं दूसरे लोगों की फोटो देखता था, उसमें मेरी फोटो भी प्रकाशित हुई। 'काशी का अस्सी' फिल्म की शूटिंग के सिलसिले में मुम्बई दौरे के दौरान की ये फोटो थी। इन सबके अलावा मैं एक बात कहना चाहता हूँ कि मैं फिल्मों के लिए नहीं लिखता। मैं लोगों के लिए लिखता हूँ। किसी फिल्म बनानेवाले को अगर मेरे उपन्यास पसन्द आते हैं तो उनका स्वागत है, लेकिन यह कि मैं फिल्मों के लिए लिखने की शुरुआत कर दूँ, यह मुझसे नहीं होगा।

डॉ. काशीनाथ सिंह किसके लिए लिखते हैं?

निस्सन्देह दूसरों के लिए। मेरे सभी उपन्यास, कहानियों के मूल में समाज ही रहता है और जब समाज लिखूँगा तो समाज ही पढ़ेगा भी। हाँ, काशीनाथ सिंह इनमें छिपा रहता है क्योंकि काशीनाथ सिंह भी तो इसी समाज का हिस्सा है। मैं उपन्यास या कहानी लिखता ही नहीं हूँ, उसमें शामिल भी रहता हूँ। यह पाठक पर निर्भर करता है कि वह मुझे मेरे उपन्यासों में से कहाँ और किस रूप में खोज पाता है।

ये 'काशी' का सम्मान है।

बनारस में बहुत जान है। कुछ लोग सोचते हैं कि शायद मैं ही अन्तिम हूँ, लेकिन यह गलत है। पता नहीं कितने काशीनाथ सिंह यहाँ की गलियों में छिपे पड़े हैं। जो बाहर आएँगे। 'रेहन पर रग्घू' के लिए साहित्य अकादेमी ने डॉ. काशीनाथ सिंह के साथ काशी का भी सम्मान किया है।

['आई नेक्स्ट', 23 दिसम्बर, 2011]

वीर अर्जुन ⟶
⟵ काशीनाथ सिंह

भद्र आदमी कायदे का लेखक नहीं हो सकता

हिन्दी सहित तमाम भारतीय भाषाओं में 'भारत' के समाज के बारे में लिखे जाने का जिक्र करते हुए हिन्दी के वरिष्ठ रचनाकार काशीनाथ सिंह ने कहा कि भद्र आदमी कायदे का लेखक नहीं हो सकता है। 'काशी का अस्सी' और 'रेहन पर रग्घू' के लेखक ने 'भाषा' से खास मुलाकात में कहा, "भारत, अंग्रेजी में नहीं बल्कि भारतीय भाषाओं में लिखा जा रहा है और इस वक्त अंग्रेजी पत्रिकाओं में गरीबों का मजाक उड़ाया जा रहा है, जिसका 1967 की तरह विरोध किया जाना चाहिए। मनोरंजन के लिए लिखा जानेवाला साहित्य समाज के लिए नहीं लिखा जाता।" बनारस के रहनेवाले सिंह का मानना है, भद्र आदमी कायदे का लेखक नहीं हो सकता, क्योंकि इसके लिए थोड़ा आवारापन और थोड़ी बदमाशी जरूरी है। दूसरों की नजर में अच्छा दिखने की कोशिश करनेवाला रचनाकार बेहतरीन लेखक नहीं हो सकता। सम्मान को रास्ते में पड़ी चीज बताते हुए उन्होंने कहा कि इस वक्त भाषा बदल रही है और भाषा में देशज शब्दों को ही स्थान मिलना चाहिए क्योंकि यही उचित है, लेकिन साथ ही अंग्रेजी के वे शब्द भी लिये जाएँ जो आम जनता में प्रचलित हैं। प्रकाशक अपने स्वार्थ पूरे करने के लिए हिंग्लिश में अखबार निकाल रहे हैं, जिसका सीधा प्रभाव भाषा पर हो रहा है। एक भाषा या बोली मरती है तो एक सभ्यता और संस्कृति मरती है। देश के वर्तमान हालात सम्बन्धी सवाल के जवाब में सिंह ने कहा कि जवाहरलाल नेहरू के दौर के अन्त और भारत-चीन युद्ध के बाद देश भ्रष्टाचार की गिरफ्त में आ गया था। इसी दौर में अमेरिका दूरदृष्टि के साथ रूस को दरकिनार करने में लगा हुआ था। वर्तमान वैश्वीकरण उसी अमेरिकी नीति की परिणति है। स्थान पर संस्मरण लिखने के बारे में काशीनाथ सिंह ने कहा कि व्यक्तियों पर संस्मरण लिखे जाते रहे हैं, लेकिन उन्होंने सोचा कि स्थान पर संस्मरण क्यों नहीं लिखा जा सकता है? हालाँकि, 'रेणु' के उपन्यास में पूर्णिया मिलता है, लेकिन अस्सी में पप्पू की

चाय की दुकान एक शहर के मोहल्ले की संस्कृति को दर्शाती है। इस उपन्यास से जुड़े संस्मरण के बारे में उन्होंने बताया कि इसके प्रकाशित होने के बाद एक महीने तक वह अस्सी तक जाने के लायक नहीं थे। बाद में जब लोग चाय की दुकान और उसके पात्रों गया सिंह, तन्नी गुरू को खोजते हुए आने लगे तो उन लोगों को लगा कि उनकी निन्दा नहीं की गई बल्कि वे लोग प्रसिद्ध हो गए हैं। उन्होंने बताया कि उपन्यास के अस्सी और आज के अस्सी में बहुत बदलाव आ चुका है। उस चाय की दुकान में चाय के साथ भाँग मिलती थी और साधनहीन, विद्यार्थी और अध्यापक वहाँ जाते थे।

['वीर अर्जुन', नई दिल्ली, 15 नवम्बर, 2012]